예제로 배우는
컴퓨팅 사고와 파이썬

저자 약력

김성백 | 제주대학교 사범대학 컴퓨터교육과 교수

서울대학교 컴퓨터공학과에서 학사, 석사, 박사를 마치고 제주대학교 컴퓨터교육과 교수로 재직 중이다. 대학에서 인공지능융합코딩, 객체지향프로그래밍, 컴퓨터 구조, 컴퓨터 통신 등을 가르치고 있다. 또한, 컴퓨터교육, 메타버스 기반 교육, 인공지능 융합교육 등에 대한 연구를 하고 있다.

김철민 | 제주대학교 사범대학 컴퓨터교육과 교수

서울대학교 컴퓨터공학과에서 학사, 석사, 박사를 마치고 제주대학교 컴퓨터교육과 교수로 재직 중이다. 대학에서 교양으로 컴퓨팅원리와프로그래밍을, 전공으로 운영체제, 알고리즘, 이산수학 등을 가르치고 있다. 컴퓨터교육, 컴퓨팅 사고, 컴퓨팅 융합, 알고리즘 시각화, 교수·학습 시스템 등에 대한 연구를 하고 있다.

박찬정 | 제주대학교 사범대학 컴퓨터교육과 교수

KAIST에서 전산학 석사, 서강대학교 전자계산학과 박사를 마치고 제주대학교 컴퓨터교육과 교수로 재직 중이다. 대학에서 교양과목인 창의기초코딩으로 파이썬을 강의하고 있고, 데이터베이스와 소프트웨어 공학을 가르치고 있다. 컴퓨터교육, 융합교육, 웹앱프로그래밍 등에 대한 연구를 하고 있다.

예제로 배우는
컴퓨팅 사고와 파이썬

발행일 2022년 08월 20일 초판 1쇄
지은이 김성백 · 김철민 · 박찬정
펴낸이 심규남
기 획 이정선
표 지 신현수 | **본 문** 이경은
펴낸곳 연두에디션
주 소 경기도 고양시 일산동구 동국로 32 동국대학교 산학협력관 608호
등 록 2015년 12월 15일 (제2015-000242호)
전 화 031-932-9896
팩 스 070-8220-5528
ISBN 979-11-92187-68-6
정 가 28,000원

이 책에 대한 의견이나 잘못된 내용에 대한 수정 정보는 연두에디션 홈페이지나 이메일로 알려주십시오. 독자님의 의견을 충분히 반영하도록 늘 노력하겠습니다.
홈페이지 www.yundu.co.kr

※ 잘못된 도서는 구입처에서 바꾸어 드립니다.

본 교재는 과학기술정보통신부 및 정보통신기획평가원의 SW중심대학지원사업 지원을 받아 제작되었습니다.

#게임 예제

#Artificial
Intelligence

```
import ...
...input(...)
print(...)
```

#인공지능 예제

예제로
배우는
컴퓨팅
사고와
파이썬

#GAME

#AI

김성백 · 김철민 · 박찬정

YD 연두에디션
Édition

최근에 프로그래밍 책들이 많이 출간되었습니다. 특히, 누구나 쉽게 배울 수 있고 인공지능 분야 등에서 많이 사용되기 때문에 파이썬 관련 책들이 많이 쏟아져 나오고 있습니다. 그럼에도 불구하고 저희가 이 책을 발간한 것은 예제 중심으로 컴퓨팅 사고와 파이썬을 익힐 수 있는 책이 거의 없기 때문입니다. 또한, 대부분의 파이썬 관련 책들이 기능과 문법 위주로 되어 있어 컴퓨팅 사고를 익히기 어렵고 교육적 관점에서 학습 목표를 제시하거나 수준별 학습을 제시하지 않고 있습니다. 따라서 저희 집필진은 사범대학에서 다년간 익힌 교육학적 이론과 지식을 토대로 체계적인 교육이 될 수 있도록 하였으며, 교육 효과를 높이기 위해 시각화 자료를 많이 제공하고자 하였습니다.

시대가 격변하고 있습니다. 제4차 산업 혁명의 수많은 이기들이 사회 전반에 엄청난 속도로 밀려들어와 우리 삶의 행태를 바꾸어 놓고 있기 때문입니다. 매일 새로운 기능의 소프트웨어들이 쏟아져 나오고, 인공지능 기술이 접목된 일상의 도구들을 우리 주변에서 쉽게 찾아 볼 수 있게 되었습니다. 컴퓨팅을 매개로, 심오한 학문적 발견과 다양한 기술들을 연결·융합시켜 만든 첨단의 기기들이 지금까지 인간이 해오던 일들을 대신하고 있습니다. 그로 인해 빚어지고 있는 사회 변화의 폭과 깊이와 너비는 우리 개개인이 따라 가며 적응할 수 있는 차원을 훨씬 넘어서 있습니다. 그에 수반되는 문제들은 고스란히 사회 구성원들 스스로가 해결해야 할 과제로 부과되어 있을 뿐입니다.

그럼 이 시대를 살아가고 있는 우리 자신이 취해야 할 해법은 무엇일까요? 그 답을 찾으려 할 때 놓치지 말아야 할 포인트는 그런 변화의 중심에 컴퓨팅이 있고, 그 해법의 핵심부에 컴퓨팅 사고가 있다는 것입니다. 컴퓨팅 사고는 컴퓨팅의 제반 요소를 해석하고 다루고 적용할 때 기본 바탕이 되는 사고입니다. 컴퓨팅 사고는 컴퓨팅이 지닌 힘의 작용 방향과 방법을 결정할 뿐만 아니라, 우리가 상상한 것들을 실세계 속에서 작용하는 실체로 만드는데 실질적 역할을 합니다. 컴퓨팅을 제대로 알면 지금까지 일어난 변화는 물론, 앞으로 일어날 변화의 본질을 알게 됩니다. 컴퓨팅 사고 능력을 키우면 자신이 원하는 방향으로 컴퓨팅의 힘을 작용시킬 수 있게 됩니다. 컴퓨팅의 막강한 힘이 우리 자신의 능력이 됩니다.

프로그래밍을 비롯해 컴퓨팅 사고를 키우는데 도움이 되는 다양한 교과목들이 대학의 필수 교양으로 자리 잡아 가고 있지만, 컴퓨팅 사고가 컴퓨팅의 본질에 어떻게 맞닿아 있고 프로그래밍 과정에 어떻게 적용되어야 하는지 체계적으로 다루고 있는 책은 거의 없습니다. 이 책의 집필 배경이 바로 여기에 있습니다. 이 책은 대학의 신입생, 컴퓨팅 비전공 대학생, 소프트웨어 및 인공 지능 개발에 입문하고자 하는 일반인 등이 쉽게 접근할 수 있게 집필된 책입니다. 독자들은 이 책을 통해 컴퓨팅 사고가 컴퓨팅의 핵심 개념과 기본 원리, 주요 기법들을 어떻게 다루는지 이해하고, 융합 관련 예제들을 다루며 컴퓨팅이 융합에 어떤 역할을 하는지 알게 될 것입니다. 특히, 간단한 게임 등 적정 규모의 다양한 예제를 수준별로 제시함으로써 프로그래밍 활동 과정에서 자연스럽게 컴퓨팅 사고와 파이썬을 익힐 수 있게 될 것입니다. 더욱이 기초 수준의 개발 경험이겠지만 GUI 기반 프로그램이나 인공지능 관련 프로그램을 다루어 보는 경험도 쌓게 될 것입니다.

최근 들어 다양한 분야의 많은 사람들이 파이썬을 사용하고 있습니다. 다른 언어에 비해 배우기 쉽고 인공지능 관련 라이브러리도 다양하게 제공되기 때문입니다. 이 책은 파이썬에 대한 기초를 다지는 동시에, 기본 응용부터 인공지능 응용까지 다양한 수준의 프로그램을 개발하며 컴퓨팅 사고를 적용해 볼 수 있도록 구성되어 있습니다. 1부는 컴퓨팅 사고에 대해 보다 심층적으로 학습할 수 있도록 컴퓨팅 사고 전반을 컴퓨팅이나 프로그래밍의 본질과 연계시켜 다루고 있습니다. 2·3·4·5부 모두 다수의 예제들을 다루고 있는데, 해당 예제들을 원활히 다룰 수 있도록 각 부의 첫 장은 관련된 기초 지식을 체계적으로 제시·설명하고 있습니다.

독자들 홀로 학습할 때 본문 내용 중 의문점이 생길 만한 곳에 '묻고 답하기' 코너를 마련해, 간단히 묻고 답하는 형식으로 의문을 해소할 수 있게 하였습니다. 이 밖에도 '실습해보기' 코너를 활용해 그때그때 간단한 실습을 해 볼 수 있게 하였습니다. 또한 장 별로 객관식, OX, 단답형 주관식, 프로그램 분석·작성 등 다양한 유형의 연습문제를 제공해 학습한 내용에 대한 이해도를 높일 수 있게 하였습니다. 독자별로 학습 수준이 다를 수 있음을 고려해 장마다 수준별 학습을 위한 학습 목표와 심화 활동을 제시하였습니다. 그리고 교수자들에게 도움이 되도록 출판사를 통해 심화활동, 연습문제 등에 대한 해답을 제공하고 강의용 파워포인트 자료도 제공합니다.

이 책을 통해 독자 여러분이 컴퓨팅 사고를 신장하고 파이썬을 익혀 인공지능 시대를 깊이 이해할 뿐만 아니라 다가오는 미래 사회에 능동적으로 대처할 수 있게 되기를 기대합니다. 이 책이 집필되어 나오기까지 많은 도움을 주신 연두에디션의 심규남 대표님, 이정선 부장님 등 관계자 모든 분들께 깊이 감사드립니다.

2022년 8월
한라산 기슭에서 저자 일동

이 책은 독자들의 컴퓨팅 사고력과 파이썬 프로그래밍 역량의 신장을 지향한다. 다양한 분야의 독자가 다양한 방식의 교수학습을 통해 해당 역량을 실질적으로 키워갈 수 있도록 지원한다는 목적 하에 집필되었기에, 그와 연계시켜 이 책의 특징을 정리하면 다음과 같다.

0. 간단하고 흥미있는 예제로 컴퓨팅 사고와 파이썬 학습 지원

- 게임, 인공지능, 실생활 문제 등을 다루는 예제 제공
- 2,3,4,5부 파이썬에 대한 기본 지식을 배운 후 예제를 활용하여 파이썬 학습 지원
- 예제를 해결하는 과정에서 컴퓨팅 사고의 주요 단계들을 학습할 수 있도록 지원

1. 컴퓨팅 사고의 본질에 기초한 프로그래밍 학습 지원

- 컴퓨팅 사고의 기본 바탕이 되는 컴퓨팅이 어떤 학문인지 올바로 이해할 수 있게 지원
- 컴퓨팅 사고가 우리의 일상이나 주변 환경을 어떻게 바라보고 다루게 하는지 고찰함으로써 컴퓨팅 사고의 본질을 이해할 수 있게 지원
- 프로그래밍과 관련해 컴퓨팅 사고의 관점에서 다루어야 할 핵심 요소들을 이해할 수 있게 지원
- 전문가들의 컴퓨팅 사고 적용 패러다임을 준용해 다양한 문제를 다루어 보게 함으로써 컴퓨팅 사고력이 자연스럽게 함양될 수 있게 지원

2. 다양한 유형의 교수학습 지원

- 컴퓨팅 사고나 프로그래밍 관련 개념에 대한 이론 학습과 풍부한 예제를 활용한 실습 학습 병행 지원
- 예제 코드를 간단히 수정·추가하는 수준의 실습해보기 문제와, 문제 상황에 대한 추가 분석이나 기능 확장 등이 요구되는 심화학습 문제를 제시해 수준별 학습 지원
- 묻고 답하기, 실습해보기, 요약정리, 연습문제 등을 체계적으로 제시해 스스로 학습 지원
- 적정 규모와 난이도의 예제를 선정해 다룸으로써 시간 제약이 있는 수업 등에서도 효과적으로 활용할 수 있게 지원
- 장별 연습문제와 부별 종합연습문제를 다양하게 제시해 교수자가 실습 과제나 평가 목적으로 활용할 수 있게 지원

3. 컴퓨팅 비전공자들을 위한 실질적 유용성 제고

- 예제 및 연습 문제, 관련 지식, 사용 용어 등의 난이도를 적절히 조율함으로써 컴퓨팅 비전공자들도 쉽게 접근할 수 있게 지원
- 일상이나 여러 학문 분야의 다양한 요소를 프로그래밍으로 다루며 게임, 알고리즘, 그래픽, 인공지능과 관련된 기본 요소들을 익히게 함으로써, 일상의 문제나 타 영역의 문제, 융합 문제 등에 대한 접근 역량 제고
- 컴퓨팅 사고나 파이썬 프로그래밍 관련 요소들을 기초 수준에서 다루고 있는 중·고등학교 정보 교과와의 연계성 및 위계성 고려

학습목표

각 장의 기본 학습 목표와 심화 학습 목표를 함께 제시해 수준별 학습을 지원한다. 해당 장의 후반부에 제시된 심화 활동을 수행하거나 난이도 높은 연습 문제를 풀어보는 방식으로 심화 학습이 가능하다.

이론

1부 전체는 이 책 전반을 학습하기 위한 기초 개념을, 2·3·4·5부의 첫 장은 해당 장의 예제들을 다룰 때 필요한 기초 지식을 개괄적으로 설명한다. 구체적 사례와 예제 코드, 그림 등을 사용해 관련 이론을 보다 쉽게 익힐 수 있도록 지원한다.

이론 적용 사례

현실 세계의 문제 상황 하나를 선정해, 1부 전반에서 이론적인 내용을 다룰 때 해당 상황과 연계시켜 설명한다. 이론 요소 각각이 해당 문제 상황의 어떤 측면과 연결 지어 이해·적용되어야 하는지 구체적으로 제시한다.

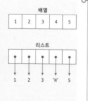

심화 학습

3부와 5부에 학습내용 중 어려운 내용이지만 깊이 있는 이해를 돕는 학습 내용을 제시한다. 학습자 수준에 따른 수준별 학습을 가능하게 한다.

핵심 학습 요소

- break 문, random 모듈, randint() 함수

○------------- 핵심 학습 요소
각 장에서 학습의 주요 대상이 되는 요소들을 나열·제시한다.

문제 상황

숫자 맞히기 게임 프로그램을 개발하고 싶다. 게임은 다음과 같이 진행된다. 컴퓨터는 1부터 30사이의 숫자 중에서 임의의 숫자를 하나 생성한 후 이를 플레이어에게 맞히어 보라고 한다. 플레이어는 정해진 횟수 안에 이를 맞히면 이기고 그렇지 않으면 진다. 플레이어의 추측한 숫자가 자신이 가지고 있는 숫자와 같으면 맞았다고 알려주고, 틀리면 자신이 가지고 있는 숫자보다 큰 지 작은지를 알려준다. 제한 횟수를 줄이거나 늘려 컴퓨터나 플레이어가 어느 한 쪽이 일방적으로 이기지 못하도록 한다.

○------------- 문제 상황
각 장에서 다룰 구체적 문제 상황을 제시한다. 파이썬 프로그래밍을 통해 해결할 수 있는 문제를 발견해 내고 그 해결책을 구상·평가하기 위해 관찰·분석해야 할 상황을 서술한다.

문제 분석

입력
- 추측한 숫자 입력
- 게임 지속 여부를 위해 'YES' 또는 'NO' 입력

출력
- 숫자 맞힘 여부
- 추측한 숫자가 큰지 작은지

○------------- 문제 분석
각 장의 문제 상황 속에 어떤 문제가 내재되어 있는지, 해결책 구상 과정에서 어떤 요소들을 고려해야 하는지 등을 기술한다. 문제 해결책을 실현하기 위해 컴퓨팅 기기와 사용자가 각각 어떤 역할을 하게 하는 것이 좋은지, 어떤 데이터를 관리·입출력할 필요가 있는지 등을 제시한다.

알고리즘

전체 알고리즘 뼈대

시작
↓
난수를 이용해 1부터 30사이의 숫자를 생성한다.
↓
게임하는 플레이어가 숫자를 추측한다.
↓
컴퓨터가 가지고 있는 숫자와 비교한다.
↓
비교 결과를 알려줘 다음 숫자를 예측하게 한다.
↓
제한 횟수 값을 증감한다.
↓
게임을 반복한다.
↓
종료

○------------- 알고리즘
각 장에 제시된 해결책 중 알고리즘 설계와 관련된 내용을 기술한다. 보다 효율적인 알고리즘을 찾기 위해 고려해야 할 사항들과, 적용되어야 할 주요 알고리즘들의 기본 틀을 개괄적으로 제시한다.

프로그래밍

변수
- playerName : 게임하는 사람 이름
- guessNumber: 난수로 생성된 숫자
- limit: 제한 횟수
- count: 추측 횟수
- playAgain: 게임 지속 여부

프로그램
우선 게임하는 사람의 이름을 입력 함수 input()를 이용하여 입력할 수 있게 한다. 또한, 1부터 30사이의 임의의 숫자를 생성하기 위해서는 randint(1, 30) 함수를 사용한다.

```
import random #난수를 사용하기 위해 필요함

print("나랑 숫자 맞히기 게임을 해 보자\n");
print("네 이름은 뭐니?\n");
playerName = input()
count=1
guessNumber=-1
limit = 5
playAgain = 'YES'

ansNumber = random.randint(1,30)
print("반가워. " +playerName+ ", 내가 1부터 30사이에 수를 가지고 있어. 맞혀봐\n")
```

○------------- 프로그래밍
각 장에 제시된 해결책 실현 활동 중 파이썬 프로그램 작성과 관련된 내용을 설명한다. 주요 변수의 역할이 제시되고, 작성해야 할 파이썬 프로그램의 코드 구성이나 세부 기능이 구체적으로 기술된다.

이 책의 구성요소

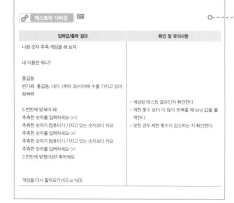

테스트와 디버깅

각 장의 프로그래밍 활동을 통해 작성된 프로그램을 어떻게 평가해야 하는지 기술한다. 프로그램이 올바로 작동하는지 테스트하기 위해 주어져야 할 입력과, 그 처리 결과로 제시되어야 할 출력이 예시된다. 더불어 테스트 및 디버깅 과정에서 확인하고 유의해야 할 사항이 기술된다.

심화 활동

게임에서 제한 횟수 내에 정답을 맞히려면 추측하는 수를 이진 탐색을 통해 추측하는 것이 효과적이다. 예를 들면, 이진 탐색이란 1부터 30사이의 숫자를 추측할 때 숫자 15를 추측해보고 맞지 않으면 다시 찾고자 하는 숫자에 가까운 부분만을 대상으로 다시 반으로 나뉘 추측하는 것을 반복하는 탐색 기법을 말한다. 이와 같이 이진 탐색을 하면 제일 앞에서부터 순차적으로 탐색하는 순차 탐색보다 얼마나 빨리 찾을 수 있는지를 구체적으로 알아보도록 수정해 보자.

심화 활동

각 장에 제시된 기본 활동 수행 이후 수행해 볼 만한 해결책 개선 활동을 다룬다. 해결책을 현장에 적용했을 때 도출될 수 있는 또 다른 대안이나 개선안을 제시해 해당 프로그램을 설계·구현해 보게 한다.

묻고 답하기

학생 이름을 메소드 get_name() 대신에 student1.name과 같이 직접 접근해서 값을 가져오는 방법은 안되는가?

가능하다. 하지만 일반적으로 속성은 클래스에 정의된 메소드를 통해서만 접근하고 변경하는 것이 바람직하다. 속성 변수 앞에 '_'를 앞에 붙여서 직접적인 접근을 막을 수 있다.

묻고 답하기

본문 내용 중에 부연될 필요가 있는 요소나 구체적 사례 제시가 필요한 요소 등에 대한 보충 설명을 간단히 묻고 답하는 형식을 빌려 제시한다. 자기 주도 학습이나 복습 등에 도움을 준다.

실습해보기 16-2

메소드를 사용하지 않고 직접 속성 값을 접근하여 동일한 출력 결과를 얻도록 수정해 보자.

실습해보기 16-3

student2에 대해서도 출력하도록 수정해 보자.

전체 프로그램은 다음과 같다. 1번째 줄부터 18번째 줄까지는 Student 클래스를 정의하는 부분이다. 20~24번째 줄은 학생의 속성 값을 입력 함수를 통해 입력 받는다. 26번째 줄이 객체를 생성하는 문장이다. 28번째 줄은 생성된 객체에 대해 메소드 calculate()를 호출한다.

```
01    class Student:      # 클래스 정의
02        def __init__(self, name, midScore, finalScore, projectScore):
03            self.name = name
04            self.midScore = midScore
05            self.finalScore = finalScore
06            self.projectScore = projectScore
07
08        def get_name(self):
09            return self.name
10
11        def get_sum(self):
12            return self.sum
13
14        def get_avg(self):
15            return self.avg
```

실습해보기

각 장에 제시된 프로그램을 일부 변경하거나 단순화시켜 코딩·테스트해 볼 수 있는 실습 문제를 제시한다. 수업 중 실습 활동이나 자기 주도 학습 시 간단히 코딩해 그 결과를 확인할 수 있다. 해당 장 후반부에 해답 코드가 제시되어 있다.

SUMMARY

PART 1 컴퓨팅 사고의 이해

1. 파이썬 프로그래밍은 우리가 어떤 계산을 원하는지 파이썬 인터프리터가 이해할 수 있도록 표현하는 작업이다.

2. 파이썬 프로그램은 하나 이상의 모듈(module)로 구성되며, 각 모듈은 파이썬 문장들이 나열된 파일로 구현된다.

3. 블록(block)은 파이썬 인터프리터가 한 단위로 처리·실행하는 한 조각의 파이썬 코드 텍스트이다. 모듈, 함수 정의, 클래스 정의, 대화형으로 입력된 각각의 문장 등이 블록에 해당된다.

4. 파이썬은 데이터뿐만 아니라 함수나 메소드, 클래스 등도 객체로 다루는데, 객체에 이름을 붙여(바인드시켜) 그 레퍼런스로 사용할 수 있게 지원한다.

5. 파이썬에서 객체는 고유식별값, 형, 값 등을 그 특성으로 갖는 데이터에 대한 추상체이다.

6. 파이썬의 내장형에는 None 형, Ellipsis 형, 수치형, 시퀀스형, 집합형, 딕셔너리형 등이 있다. 정수형, 부울형, 실수형이 수치형에 포함되고, 문자열형, 튜플형, 리스트형이 시퀀스형에 해당된다.

SUMMARY

각 장에서 다룬 내용 중에 다시 한 번 정리해야 할 요소들을 요약·제시한다. 해당 요소들이 본문이나 예제 프로그램에 어떻게 설명·적용되고 있는지 되짚어 보는 한편, 문제 해결이나 컴퓨팅 사고와 어떻게 연결 지어져야 하는지 정리해 준다.

연 습 문 제

CHAPTER 4 파이썬과 컴퓨팅 사고

1. 다음 빈 칸을 채워보자. 난이도 ★

   (1) 파이썬에서 모듈을 작성할 때 하나 이상의 다른 모듈을 불러들여 활용할 수 있는데, 여기에 사용되는 문장이 (   )이다.

   (2) 파이썬 프로그래머들이 공유할 수 있도록 유용한 함수나 클래스 등을 정의해 둔 모듈들을 (   )라 한다.

   (3) 디렉터리나 폴더 등을 사용해 계층 구조로 조직화시켜 관리하는 파이썬 모듈들의 집합을 (   )라 한다.

   (4) 파이썬의 객체는 고유식별값, 형, 값 등의 특성을 갖는데, 여기서 값은 객체의 내부 상태에 해당된다. 생성된 이후 그 값의 변경이 허용되지 않는 객체를 (   ), 필요에 따라 언제라도 그 값을 바꿀 수 있는 객체를 (   )라 한다.

2. 아래 형의 파이썬 객체 중에 가변 객체를 골라보자. 난이도 ★

   ① 정수형   ② 부울형   ③ 튜플형
   ④ 리스트형   ⑤ 집합형   ⑥ 딕셔너리형

연습문제

각 장에서 설명하고 다룬 내용 요소들을 충분히 이해하고 있는지 확인하는 한편, 간단한 응용 연습을 할 수 있도록 다수의 문제를 제시한다. 빈 칸 채우기, ○×, 단답식, 코드 분석 및 작성 등 다양한 유형의 문제들이 제시된다.

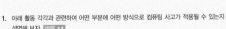

PART1 종합연습문제

1. 아래 활동 각각과 관련하여 어떤 부분에 어떤 방식으로 컴퓨팅 사고가 적용될 수 있는지 설명해 보자. 난이도 ★★

   (1) 어머니가 세탁·건조된 양말 한 무더기를 거실 바닥에 부어 놓고 그 짝을 맞추어 정리하고 있다.

   (2) 다음 주에 해야 할 일들을 정리해 해당 주간의 활동 계획을 짠다.

   (3) 산책 도중에 보았던 꽃이 어떤 꽃인지 꽃 도감에서 찾아본다.

   (4) 팀원들 모두가 모여 팀 과제를 수행 시 각자가 담당해야 할 역할을 분담한다.

   (5) 식당 개업을 앞두고 다양한 유형의 고객들을 가정해 직원들 대상의 고객 응대 교육을 준비한다.

   (6) 공을 던져 움직이는 물체를 맞추려 할 때, 공을 어떤 방향, 어떤 속도로 던져야 할지 생각한다.

   (7) 국내 여행 일정을 짜면서 어떤 교통수단(버스, 택시, 렌터카 등)을 이용하는 것이 좋을지 비교·선택한다.

   (8) 연말 문화행사 때 무대에 올릴 연극의 시나리오를 작성한다.

   (9) 동생의 학습 과정을 지켜보며 어떤 것들을 어떻게 개선하면 좋을지 생각한다.

종합연습문제

각 부에서 설명하고 다룬 내용 요소들을 충분히 이해하고 있는지 종합적으로 확인한다. 특히 개인별 혹은 팀별로 코딩해 볼 수 있도록 고급의 프로젝트형 문제를 제공한다.

강의 계획(3시수 기준)

15주 3시수 수업에 본 교재를 활용하고자 할 경우, 교재 내용 전반에 대한 학습을 목표로 강의를 진행할 수 있다. 응용문제들은 선택적 실습을 권장한다.

학습자의 경우 각 장의 본문 및 프로그래밍 활동 내용을 예·복습하고, 수업 중에는 해당 내용과 프로그램에 대한 반복 학습을 진행한다. 본문 중의 '묻고 답하기'와 '실습하기'를 통해 배운 내용을 확인한다. 각 장의 마지막에 있는 연습 문제는 문제의 난이도를 고려해 풀어 볼 것을 권한다.

교수자의 경우 먼저 각 부 첫 장의 이론을 소개한 후, 학생들이 컴퓨팅 사고 관점에서 각 부의 응용 문제들을 해결하도록 유도한다. 장 몇 개를 선택해 실습을 진행하되, 나머지 문제 중 일부를 과제로 부과하여 제출하게 한다. 종합연습문제 중에 프로그래밍 프로젝트 유형의 문제는 팀 단위로 해결하게 할 것을 권한다.

주	해당 장		해당 내용
1	1장 컴퓨팅과 컴퓨팅 사고 2장 문제 해결과 컴퓨팅 사고		컴퓨팅의 이해, 데이터와 연산의 이해, 컴퓨터간 상호작용과 컴퓨팅 사고, 문제와 문제 해결, 컴퓨팅 사고의 주요요소, 문제 해결 과정과 컴퓨팅 사고, 미래 핵심 역량으로서의 컴퓨팅 사고
2	3장 프로그래밍과 컴퓨팅 사고 4장 파이썬과 컴퓨팅 사고		프로그래밍 언어의 이해, 프로그래밍 언어 번역기의 이해, 프로그램의 구성요소, 파이썬 인터프리터의 이해, 파이썬 언어의 주요 요소와 컴퓨팅 사고, 컴퓨팅 사고로 배우는 파이썬 프로그래밍
3	5장 파이썬 기초 요소		파이썬 입출력, 변수, 데이터 형, 연산
4	5장 파이썬 기초 요소		파이썬 선택, 반복, 기타 제어
5	6장 ~ 11장 파이썬 기초 프로그래밍 문제들에 대한 선택적인 해결		커피 자동 주문기, 숫자 추측 게임기, 구구단 게임기, 도서 검색기, 설정 시간 알리미, 간단한 계산기 중 선택적 문제 해결
6			
7	12장 함수와 클래스		함수 개념, 인자 전달, 리턴값, 복수 리턴값, 변수의 참조 범위와 전역 변수, 재귀 함수
8	중간고사		
9	12장 함수와 클래스		클래스 개념, 객체 생성, 객체 초기화
10	13장 ~ 18장 파이썬 고급 프로그래밍 문제들에 대한 선택적인 해결		패턴 퀴즈 게임기, 토익 점수 분석기, 등수 계산기, 성적 처리기, 온라인 장바구니, 단어 암기 도우미
11			
12	19장 Turtle과 Tkinter 20장 ~ 21장 Turtle 프로그래밍		Turtle의 이해, 파일 I/O, 가위바위보 게임기, 기억력 테스트 게임기
13	선택 진행	19장 Turtle과 Tkinter	Tkinter의 이해, GUI 프로그래밍 이해, 위젯 이해
		24장 데이터 과학과 인공지능	빅데이터, 머신 러닝과 딥러닝, matplotlib, numpy, pendas, 경사하강법, 선형 회귀 분석, Scikit-learn, Keras
14	선택 진행	22장 ~ 23장 Tkinter 프로그래밍	GUI 계산기, 여행지 퀴즈 게임기, 버튼 위젯, 엔트리 위젯, 레이블 위젯, 이미지 처리 위젯, 라디오버튼 위젯
		25장 ~ 27장 인공지능 응용 문제 프로그래밍	미세먼지 데이터 시각화, 원주율 계산기, 숫자 인식기
15	기말고사		

강의 계획(2시수 기준)

15주 2시수 수업에 본 교재를 활용하고자 할 경우, 교재 내용 전반을 다루기보다는 기초를 잘 다질 수 있도록 기본 내용을 충실히 전달한다.

학습자의 경우 각 장의 본문 및 프로그래밍 활동 내용을 예·복습하고, 수업 중에는 해당 내용과 프로그램에 대한 반복 학습을 진행한다. 본문 중의 '묻고 답하기'와 '실습하기'를 통해 배운 내용을 확인한다. 각 장의 마지막에 있는 연습 문제는 문제의 난이도를 고려해 풀어 볼 것을 권한다.

PART 4와 PART 5의 내용 중 학습자들과 관련이 있는 분야를 3~4개 선정하여 실습을 진행하기를 권장한다. 또한 한 학기 프로그래밍 프로젝트 일환으로 학습자의 전공이나 관심 분야에 해당하는 분야의 문제를 하나 선정하게 한 후, 해당 문제에 대한 문제 해결 과정 및 프로그래밍, 결과 보고서 작성 등에 대한 프로젝트 진행을 권장한다.

주	해당 장	해당 내용
1	1장 컴퓨팅과 컴퓨팅 사고 2장 문제 해결과 컴퓨팅 사고	컴퓨팅의 이해, 데이터와 연산의 이해, 컴퓨터간 상호작용과 컴퓨팅 사고, 문제와 문제 해결, 컴퓨팅 사고의 주요요소, 문제 해결 과정과 컴퓨팅 사고, 미래 핵심 역량으로서의 컴퓨팅 사고
2	3장 프로그래밍과 컴퓨팅 사고 4장 파이썬과 컴퓨팅 사고	프로그래밍 언어의 이해, 프로그래밍 언어 번역기의 이해, 프로그램의 구성요소, 파이썬 인터프리터의 이해, 파이썬 언어의 주요 요소와 컴퓨팅 사고, 컴퓨팅 사고로 배우는 파이썬 프로그래밍
3	5장 파이썬 기초 요소	파이썬 입출력, 변수, 데이터 형, 연산
4	5장 파이썬 기초 요소	파이썬 선택, 반복, 기타 제어
5	6장 ~ 11장 파이썬 기초 프로그래밍 문제들에 대한 선택적인 해결	커피 자동 주문기, 숫자 추측 게임기, 구구단 게임기, 도서 검색기, 설정 시간 알리미, 간단한 계산기 중 선택적 문제 해결
6		
7	12장 함수와 클래스	함수 개념, 인자 전달, 리턴값, 복수 리턴값, 변수의 참조 범위와 전역 변수, 재귀 함수
8	중간고사	
9	12장 함수와 클래스	클래스 개념, 객체 생성, 객체 초기화
10	13장 ~ 18장 파이썬 고급 프로그래밍 문제들에 대한 선택적인 해결	패턴 퀴즈 게임기, 토익 점수 분석기, 등수 계산기, 성적 처리기, 온라인 장바구니, 단어 암기 도우미
11	프로그래밍 응용 기초와 프로그래밍 응용 고급 문제들에 대한 선택적 프로그래밍 진행	내용에 맞게 진행
12		
13		
14		
15	기말고사	

PREFACE   iv

이 책의 특징   vi

이 책의 구성 요소   viii

강의 계획(3시수 기준)   xii

강의 계획(2시수 기준)   xiii

PART 1   컴퓨팅 사고의 이해

CHAPTER 1 컴퓨팅과 컴퓨팅 사고   005

1.1 컴퓨팅의 이해   005

1.2 데이터와 연산의 이해   011

1.3 컴퓨터 간 상호작용과 컴퓨팅 사고   014

• SUMMARY   019

• 연습문제   020

CHAPTER 2 문제 해결과 컴퓨팅 사고   022

2.1 문제와 문제 해결   022

2.2 컴퓨팅 사고의 주요 요소   024

2.2.1 문제 분해   025

2.2.2 패턴 인식   027

2.2.3 추상화   028

2.2.4 알고리즘   031

2.3 문제해결 과정과 컴퓨팅 사고   040

2.4 미래 핵심 역량으로서의 컴퓨팅 사고   043

2.4.1 추상화와 자동화의 결합   045

2.4.2 메타지식 다루기   048

2.4.3 컴퓨터를 훌륭한 조력자로 만들기   050

2.4.4 컴퓨터 돕기   051

● SUMMARY   053

● 연습문제   055

CHAPTER 3 **프로그래밍과 컴퓨팅 사고**   058

3.1 프로그래밍 언어의 이해   058

3.2 프로그래밍 언어 번역기의 이해   060

3.3 프로그램의 구성 요소   065

● SUMMARY   074

● 연습문제   075

CHAPTER 4 **파이썬과 컴퓨팅 사고**   077

4.1 파이썬 인터프리터의 이해   077

4.2 파이썬 언어의 주요 요소와 컴퓨팅 사고   079

4.3 컴퓨팅 사고로 배우는 파이썬 프로그래밍   082

4.3.1 핵심 학습 요소   083

4.3.2 문제 상황   083

4.3.3 문제 분석   083

4.3.4 알고리즘   085

4.3.5 프로그래밍   086

4.3.6 테스트와 디버깅   086

4.3.7 심화 활동   087

4.3.8 SUMMARY   087

4.3.9 연습 문제   087

● SUMMARY   088

● 연습문제   089

PART1 종합연습문제   090

CONTENTS

PART 2 파이썬 기초

CHAPTER 5 **파이썬 기초 요소**   095

5.1   입출력   095

    5.1.1   입력   095

    5.1.2   출력   096

5.2   변수   097

5.3   데이터 형   100

5.4   연산   108

5.5   선택   112

5.6   반복   117

    5.6.1   for 문   118

    5.6.2   while 문   120

5.7   기타 제어   121

    5.7.1   continue와 break 문   121

    5.7.2   pass 문   122

    5.7.3   주석문   122

   •   SUMMARY   123

   •   연습문제   124

CHAPTER 6 **커피 자동 주문기**   128

   •   SUMMARY   137

   •   연습문제   138

CHAPTER 7 **숫자 추측 게임기**   140

   •   SUMMARY   151

   •   연습문제   152

CHAPTER **8** 구구단 게임기   153

- SUMMARY   161
- 연습문제   162

CHAPTER **9** 도서 검색기   164

- SUMMARY   174
- 연습문제   175

CHAPTER **10** 설정 시간 알리미   178

- SUMMARY   186
- 연습문제   187

CHAPTER **11** 간단한 계산기   189

- SUMMARY   198
- 연습문제   199

PART2 종합연습문제   201

PART 3   파이썬 고급

CHAPTER **12** 함수와 클래스   207

12.1 함수   207

12.1.1 함수란?   207

12.1.2 인자 전달   213

12.1.3 리턴 값   214

12.1.4 리턴 값 2개   215

12.1.5 변수의 참조 범위와 전역 변수   217

12.1.6 재귀 함수   222

12.1.7 map() 함수   224

12.1.8 map() 함수를 이용한 입력   226

12.2 클래스   228

12.2.1 클래스란?   228

12.2.2 클래스 명   229

12.2.3 객체와 클래스 관계   230

12.2.4 객체 생성하기   231

12.2.5 객체 초기화   233

12.3 예외 처리   237

● SUMMARY   244

● 연습문제   245

CHAPTER **13** **패턴 퀴즈 게임기**   247

● SUMMARY   256

● 연습문제   257

CHAPTER **14** **토익 점수 분석기**   258

● SUMMARY   266

● 연습문제   267

CHAPTER **15** **등수 계산기**   269

● SUMMARY   279

● 연습문제   280

CHAPTER **16** **성적 처리기**   282

● SUMMARY   290

● 연습문제   291

CHAPTER 17 온라인 장바구니   293

 • SUMMARY   300
 • 연습문제   301

CHAPTER 18 단어 암기 도우미   303

 • SUMMARY   316
 • 연습문제   317

PART3 종합연습문제   320

PART 4   그래픽과 GUI

CHAPTER 19 Turtle과 Tkinter   325

 19.1   Turtle   325
 19.2   Tkinter   334
 19.3   파일 I/O   343
       19.3.1 파일 열기   343
       19.3.2 파일 쓰기   343
       19.3.3 파일 읽기   344
       19.3.4 파일 닫기   344
       19.3.5 파일 처리 예제   344
 • SUMMARY   351
 • 연습문제   352

CHAPTER 20 가위바위보 게임기   354

 • SUMMARY   361
 • 연습문제   362

CHAPTER 21   기억력 테스트 게임기   366

    • SUMMARY   372
    • 연습문제   373

CHAPTER 22   GUI 계산기   378

    • SUMMARY   385
    • 연습문제   386

CHAPTER 23   여행지 퀴즈 게임기   389

    • SUMMARY   397
    • 연습문제   398

    PART4 종합연습문제   399

PART 5   인공지능 응용

CHAPTER 24   데이터 과학과 인공지능   407

    24.1 데이터과학   407
    24.2 빅데이터란?   407
    24.3 인공지능   410
        24.3.1 인공지능   410
        24.3.2 머신러닝   412
        24.3.3 딥러닝   412
    24.4 데이터 시각화 라이브러리 – matplotlib   413
        24.4.1 점과 선 그래프 그리기   414
        24.4.2 막대그래프(bar chart) 그리기   415
        24.4.3 여러 개의 그래프 같이 보여주기   416

24.4.4 한글 이름 사용하기 418

24.4.5 산포도 그래프 그리기 420

24.4.6 이미지 보여주기 – numpy 421

24.5 데이터 분석 라이브러리 – numpy 421

24.6 경사하강법과 선형 회귀 모델 425

24.6.1 경사하강법 425

24.6.2 선형 회귀 모델 428

24.7 Scikit-learn(사잇킷런) 429

24.8 데이터 분석 라이브러리 – pandas 430

24.9 Keras(케라스) 434

● SUMMARY 442

● 연습문제 443

CHAPTER 25 **미세먼지 데이터 시각화** 444

● SUMMARY 453

● 연습문제 454

CHAPTER 26 **원주율 계산기** 457

● SUMMARY 466

● 연습문제 467

CHAPTER 27 **숫자 인식기** 469

● SUMMARY 477

● 연습문제 478

PART5 종합연습문제 480

INDEX 483

1

컴퓨팅 사고의 이해

PART 1

컴퓨팅 사고의 이해

CHAPTER 1   컴퓨팅과 컴퓨팅 사고

CHAPTER 2   문제 해결과 컴퓨팅 사고

CHAPTER 3   프로그래밍과 컴퓨팅 사고

CHAPTER 4   파이썬과 컴퓨팅 사고

우리는 놀라운 속도로 발전하고 있는 환경 속에서 살아가고 있다. 그런 발전과 변화의 핵심에 **컴퓨팅**(computing)이라는 학문이 있음은 주지의 사실이다. 이 책에서 컴퓨팅이라는 용어는 컴퓨터과학과 정보기술, 그리고 그와 관련된 이론 및 기술 전반을 통칭하는 학문 분야의 이름으로 사용된다. 분명한 것은 주변 세계에 대한 컴퓨팅의 영향력이 그 폭과 깊이 면에서 엄청나다는 것이고, 컴퓨팅 분야 자체의 발전 또한 전문가들조차 쫓아갈 수 없을 정도의 속도로 진행되고 있다는 것이다. 그와 같은 발전과 영향력의 동력이 어디에서 나오는 것일까? 여러 가지로 생각해 볼 수 있겠지만, 그 핵심부에 이 책의 키워드이자 1부에서 구체적으로 다루게 될 **컴퓨팅 사고**(computational thinking)가 있음은 명백하다.

[그림 1-1] 컴퓨팅과 컴퓨팅 사고, 그리고 주변 세계

[그림 1-1]에서 컴퓨팅과 컴퓨팅 사고, 주변 세계 사이의 상호작용 관계를 볼 수 있다. 우리는 컴퓨팅 사고가 컴퓨팅의 힘을 극대화시켜 주변 세계나 여타 학문에 작용하게 함으로써 사회 발전과 변화의 큰 흐름을 만들어 내고 있음에 주목해야 한다. 독자들이 이 책을 통해 파이썬 프로그래밍을 배우며 컴퓨팅 사고력을 키울 수 있게 도와주려하는 목적도, 컴퓨팅 사고가 시대 변화의 방향을 올바로 읽어내 그런 변화에 적응하는 동시에 그런 변화를 주도해 가기 위해 이 시대를 살아 갈 사회 구성원들이 반드시 갖추어야 할 핵심 소양이기 때문이다.

1부에서는 컴퓨팅 사고의 바탕이 되는 컴퓨팅이 무엇인지, 컴퓨팅 사고가 컴퓨팅의 이론과 기술을 어떻게 작용시켜 문제를 해결하는지, 컴퓨팅 사고의 관점에서 프로그래밍을 어떻게 이해해야 하는지, 파이썬 언어와 파이썬 프로그래밍을 어떻게 익히고 다루어야 하는지 등을 살펴본다. 그리고 실제로 있음직한 상황 한 가지를 연계시켜 본문에 기술할 내용들을 설명한다. 1부 내용 전반에 걸쳐 다루게 될 구체적 문제 상황은 다음과 같다.

동생이 혼자서 문제집의 문제들을 풀어가며 큰 숫자(두 자리 이상의 숫자) 덧셈 공부를 하고 있다. 문제를 순서대로 풀어가기도 하고(아래의 문제 풀이 예 참조) 가끔씩 자신이 구한 답과 문제집에 제시된 답을 대조해 문제를 올바로 풀었는지 체크하기도 한다. 동생 또래의 학생들 대부분이 큰 숫자 더하기 문제들을 문제집에 제시된 순서 그대로 풀어가며 이와 비슷하게 공부할 것으로 보인다.

$$
\begin{array}{r}
^{1} \\
29 \\
+\ 29 \\
\hline
58
\end{array}
\qquad
\begin{array}{r}
^{1\,1} \\
736 \\
+\ 598 \\
\hline
1334
\end{array}
$$

컴퓨팅이 이와 같은 상황(이후 **[큰 숫자 덧셈 공부]** 상황이라 부름)을 어떻게 접근하고 다루는지, 해당 상황 속에 내재된 문제를 발견해 내는 데서부터 해결하기까지 어떤 틀의 사고가 적용되는지, 컴퓨팅 분야의 개념과 원리, 기법들이 문제 해결에 어떻게 활용되는지 등이 구체적으로 제시된다. 2 · 3 · 4 · 5부에서 다루고 있는 다양한 문제 상황들을 이와 동일한 방식으로 인식하고 접근해 갈 수 있도록 제시된 내용을 깊이 이해하기 바란다.

CHAPTER 1

컴퓨팅과 컴퓨팅 사고

기본 학습 목표
- 계산, 컴퓨터, 알고리즘, 프로그래밍의 네 가지 개념을 바탕으로 컴퓨팅의 본질을 설명할 수 있다.
- 아날로그 데이터와 디지털 데이터를 구분할 수 있다.
- 일상의 예를 들어 컴퓨팅 사고를 설명할 수 있다.

심화 학습 목표
- 다양한 유형의 프로그램들을 찾아내 설명할 수 있다.
- 프로그래밍에 해당되는 다양한 활동을 찾아내 설명할 수 있다.

1.1 컴퓨팅의 이해

계산(*computation*), 컴퓨터(*computer*), 알고리즘(*algorithm*), 프로그래밍(*programming*), 이들 네 가지는 컴퓨팅의 본질을 이해하는데 있어 매우 중요한 용어이다. 컴퓨팅에서 **계산**(*computation*)이란 **상태**(*state*)가 바뀌어 가는 과정, 즉 상태 변환 과정을 의미한다. 일반적으로 우리 자신이 가장 많이 수행하고 있는 '계산'이 수학적 계산 활동이기에, 우리 대부분은 "계산이 무엇인가?"라는 질문을 받게 되면 여러 수치들에 다양한 연산(사칙연산 등)을 적용해 원하는 값을 구하는 활동과 연결 지어 그 의미를 설명한다. 실제로 "상태 변환 과정"으로 '계산'이라는 용어의 의미를 확장시킨다면, 컴퓨팅 기기에 의해 수행되고 있는 수치, 문자, 이미지, 영상 등 제반 유형의 데이터 처리 작업들 모두가 계산으로 간주될 수 있다. 이는 어떤 유형의 데이터든 그 처리 작업이 진행되면 데이터의 상태가 계속 바뀌어 가게 되기 때문이다.

그럼 우리 일상의 상태나 자연의 상태까지 상태의 범주를 넓혀서 생각한다면 어떻게 될까? 사실 세상의 모든 사물은 상태(질량, 부피, 모양, 색깔, 구성 요소들의 연결 상태, 에너지 등 제반 특성의 총체)를 가진다. 그리고 그 상태는 내적·외적 요인에 의해 변환된다. 사람을 포함한 모든 생명체는 물론, 하늘과 땅, 강과 산, 대기, 돌 등의 자연 만물이 상태를 가지고 있으며 그 상태는 지속적으로 바뀐다. 물리 세계뿐만 아니라 관념 세계와 사이버 공간에 존재하는 사물들 역시 그렇다. 계산을 '상태 변환 과정'으로 일반화시켜 정의하게 되면, 우리 주변에서 일어나고 있는 수많은 현상과 활동 모두를 계산으로 간주할 수 있을 뿐만 아니라 계산이라는 일관된 틀을 적용해 다룰 수 있게 된다.

> **Q   묻고 답하기**
>
> 📋 계산을 '상태 변환 과정'이라 정의할 때, [그림 1-1]의 내용 중에 타 학문이 제공해 주는 '실세계 계산에 대한 지식'에 어떤 것들이 있는가?
>
> 📋
> 학문 분야별로 관심을 두고 탐구하는 계산들(자연 현상, 사회 현상, 인체 내부의 생명 현상 등)과 관련해 밝혀내고 정립한 제반 지식(예: 작용·반작용의 법칙, 수요공급의 법칙, DNA 복제 과정 등)

[그림 1-2]에서 두 가지 계산 활동의 예를 볼 수 있다. [그림 1-2](가)에 보인 것처럼 시간이 흐를 때 시계의 시침과 분침, 초침의 위치가 바뀐다. 이와 같은 상태 변화가 시계가 생성해내는 계산이다. [그림 1-2](나)는 사람이 컴퓨터를 사용하고 있을 때 관련된 사물들(사람, 컴퓨터 본체, 모니터, 키보드, 마우스 등) 각각이 어떤 계산을 하며 상호작용하고 있는지 보여준다. 이 경우 마우스 고장으로 인해 마우스가 자신이 수행해야 할 계산을 못하게 되면 컴퓨터를 제대로 사용하지 못하게 되는 문제가 발생하게 된다.

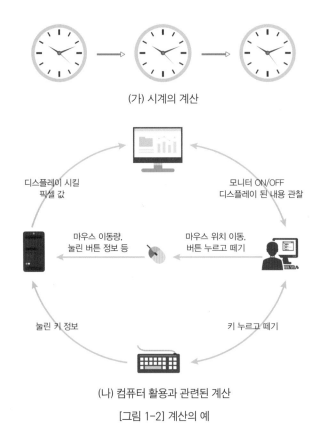

(가) 시계의 계산

(나) 컴퓨터 활용과 관련된 계산

[그림 1-2] 계산의 예

컴퓨팅은 주변 세계의 제반 상황들을 다음과 같이 계산적 관점에서 바라보고 이해하고 다룬다.

- 각 사물이 어떤 계산 특성이나 능력을 가지고 있는지 고찰한다.
- 각 사물이 어떤 계산 활동을 수행하는지 고찰한다.
- 관련된 사물들이 어떻게 상호작용하는지 고찰한다.
- 하나 이상의 사물들이 계산 활동을 수행하고 있는 상황 속에 어떤 문제가 있는지 고찰한다.
- 그 문제를 해결하려면 어떤 계산 활동을 제거 · 변경 · 대체 · 개입시켜야 하는지 고찰한다.
- 문제 해결에 필요한 계산 활동을 어떤 사물이 수행하게 하는 것이 좋을지 비교 · 선택하고, 필요할 경우 제작한다.
- 해당 사물이 우리가 원하는 계산 활동을 수행하게 만들려면 어떻게 해야 하는지, 그 실제적 방안을 설계 · 구현한다.
- 해당 사물들을 통해 실체화된 계산 활동이 문제를 충분히 효과적으로 해결해 주는지 평가한다.
- 문제해결책에 대한 개선 · 확장 방법을 탐색 · 실체화한다.
- 수시로 요구될 수 있는 문제해결책에 대한 개선 · 확장 작업을 효과적으로 수행할 수 있게 하는 방법이 무엇인지 고찰 · 적용한다.

Q 묻고 답하기

📋 [그림 1-2](나)의 상황 속에서 발생할 수 있는 문제들에 어떤 것들이 있고, 각각 어떻게 해결할 수 있는가?

🅰
[사례 1] 마우스 사용이 불편하거나 마우스가 고장 난 경우, 다른 마우스로 대체한다.
[사례 2] 모니터 크기가 작아 작업이 불편한 경우, 기존 모니터를 더 큰 모니터로 대체하거나 또 다른 모니터를 추가로 연결시켜 사용한다.
[사례 3] 너무 많은 프로그램 수행으로 컴퓨터의 처리 속도가 느려진 경우, 수행 중인 프로그램 몇 개를 선택해 종료시킨다.
[사례 4] 문서 편집기의 기능 제한으로 편집 작업에 불편함이나 어려움이 있을 경우, 해당 기능을 제공하는 문서편집 프로그램을 찾아 사용한다.

[사례 5] 문서 편집기의 기능을 제대로 활용하지 못해 문서 편집 시간이 긴 경우, 보다 효과적인 사용법을 익혀 작업 시간을 줄인다.
[사례 6] 원하는 작업을 지원하는 소프트웨어가 없거나 그 사용이 불편한 경우, 해당 작업을 지원할 프로그램을 작성해 활용한다.

일반적으로 우리는 디지털 컴퓨터와 같은 컴퓨팅 기기만을 컴퓨터라고 칭한다. 하지만 엄밀히 말해 **컴퓨터**(*computer*)는 "계산하는 기계나 사람", 즉 "계산의 주체"라는 뜻을 가진 용어이다. 그런 관점에서 본다면 나름의 계산 능력을 가지고 있어 계산 활동(상태 변환 활동)을 수행할 수 있는 사물들 각각을 컴퓨터로 간주할 수 있다. 다시 말해서 컴퓨팅의 관점에서 폭넓게 보면 사람을 포함한 모든 사물이 컴퓨터이고, 그들의 활동 모두를 계산이라 할 수 있다.

이와 관련해 유의해야 할 점은 어떤 관점에서 보는지에 따라 컴퓨터(계산의 주체)로 간주되는 대상이나 그 컴퓨터에 의해 수행되는 계산이 달라질 수 있다는 것이다. 컴퓨팅 기기 한 대를 계산의 주체로 보고 해당 기기가 수행하는 활동을 계산으로 간주할 수도 있지만, 컴퓨팅 기기를 본체와 모니터, 키보드, 마우스로 나누어 그들 각각을 계산의 주체로 간주하고 그들의 계산을 구분해 다룰 수도 있다. 물론 수많은 컴퓨팅 기기들이 연결된 인터넷 전체를 하나의 계산 주체로 설정해, 인터넷이 빚어내는 활동 전반을 계산으로 인식할 수도 있다. 우리가 처한 상황이나 하고자 하는 일의 목적에 따라, 어떤 것을 계산의 주체로 간주해 주변 세계를 인식·해석하는 것이 좋은지 그 관점을 적절히 설정할 필요가 있음을 이해하자.

컴퓨팅은 컴퓨터가 계산을 수행하고 있는 상황을 설명할 때 **알고리즘**(*algorithm*)이라는 용어를 사용한다. 컴퓨팅은 모든 계산 활동이 해당 컴퓨터에 내재된 어떤 규칙에 의해 일어난다고 생각하며, 그 규칙을 알고리즘이라 부른다. 계산 활동은 어떤 컴퓨터(사물)에 의해 야기되고, 어떤 형태로든 해당 계산 활동을 일으키는 알고리즘이 그 컴퓨터에 내재되어 있다는 것이다. 요리 활동이라는 계산은 요리책이나 우리 뇌 속에 기억되어 있는 요리법에 의해 일어나고, 스포츠 게임이라는 계산은 해당 게임의 규칙 안에서 수립된 선수나 감독의 전략·전술에 따라 일어난다. 알고리즘에 따른 계산 활동의 예를 [그림 1-3]에서 볼 수 있으며, [그림 1-3]**(가)**와 [그림 1-3]**(나)** 각각에서 컴퓨터로 간주될 수 있는 대상은 요리를 하는 사람과 오르골이다.

(가) 사람의 요리 활동

(나) 오르골의 연주 활동

[그림 1-3] 알고리즘 수행(알고리즘에 따른 계산 활동)의 예

컴퓨팅의 관점에서 보면, 학문이 수행하는 가장 중요한 활동 중의 하나가 해당 학문이 관심을 갖고 탐구하는 대상에 어떤 알고리즘이 내재되어 있는지 밝혀내는 일이다. 물체 간에 힘이 어떻게 작용하는지, 에너지가 어떻게 보존·이동되며 사물의 상태가 바뀌어 가는지 등등 물리 현상의 알고리즘은 물리학이 탐구한다. 생명 현상이 어떤 인과관계 속에 어떤 방식으로 일어나는지 그 알고리즘은 생물학이, 사회 현상과 관련된 알고리즘은 사회학이, 심리 현상에 대한 알고리즘은 심리학이 탐구한다.

그럼 학문으로서의 컴퓨팅은 알고리즘을 어떻게 탐구하는가? 특정 사물이 수행하는 것으로 추정되는 계산(태풍, 지진, 교통 흐름, 화학 반응 등)의 알고리즘을 컴퓨터로 시뮬레이션 해 본다. 주어진 어떤 상태(초기 상태)로부터 원하는 상태(목표 상태)에 이르게 만드는 계산의 알고리즘을 찾아낸다. 그런 계산 활동의 비용을 분석하기도 하고, 보다 적은 비용으로 원하는 상태에 이르는 알고리즘을 찾아내려 애쓰기도 한다. 그리고 찾아낸 알고리즘을 특정 컴퓨터가 이해하고 수행할 수 있게 설정하는 작업을 수행하기도 하는데, 컴퓨팅은 이와 같은 활동을 **프로그래밍**(*programming*)이라 한다. 프로그래밍은 **프로그램**(*program*)이라 불리는 결과물을 남기기도 하는데, 이는 특정 컴퓨터가 이해하고 수행할 수 있는 언어로 표현해 놓은 알고리즘을 말하며, 우리가 사용하고 있는 제반 소프트웨어들이 그에 해당한다. 프로그램은 한번 만들어 두기만 하면, 특정 컴퓨터를 활용해 필요할 때마다 그것을 수행하게 만들 수 있다. 프로그래밍은 우리가 상상한 계산이 특정 컴퓨터에 의해 실체화되게 만들어준다. 우리가 원하는 계산을 생성해 내도록 프로그래밍 할 수 있는 컴퓨터를 **프로그래밍 가능한 컴퓨터**(*programmable computer*)라 한다. [그림 1-4]에서 프로그래밍 작업의 예를 볼 수 있는데, [그림 1-4](가)와 [그림 1-4](나)는 각각 세탁기(세탁 능력을 지닌 컴퓨터)와 연

(가) 세탁기를 대상으로 한 프로그래밍

(나) 연주자를 대상으로 한 프로그래밍

[그림 1-4] 프로그래밍(계산의 절차로서 알고리즘의 표현) 활동의 예

주자(연주 능력을 지닌 컴퓨터)를 대상으로 한 프로그래밍 활동을 보여 준다. 세탁기 프로그래머(세탁 활동을 세팅하는 사람)의 경우 몇 개의 버튼을 눌러 원하는 세탁 활동을 프로그래밍 해야 하는데, 추후 동일한 세탁 활동이 반복되게 하려면 프로그래밍(버튼 조작) 활동을 다시 해야 한다. 반면 작곡자(연주 활동의 프로그래머)의 경우 프로그래밍의 결과가 악보(프로그램)로 남겨지기 때문에 연주자가 해당 악보를 사용해 여러 차례 연주 활동을 수행할 수 있다. 물론 컴퓨터 역할을 하는 연주자가 바뀌더라도 해당 악보를 사용해 연주 활동이 가능하다. 사실 [그림 1-3]에서 살펴 본 요리책과 오르골에 장착된 회전 원통(다수의 돌기들이 특정 패턴으로 붙여져 있는 원통) 역시 프로그래밍의 산출물로 만들어진 프로그램에 해당된다.

이제 컴퓨팅의 관점에서 앞서 제시했던 **[큰 숫자 덧셈 공부]** 상황을 살펴보자. 해당 상황 속에서 찾아볼 수 있는 계산, 컴퓨터, 알고리즘, 프로그래밍의 사례들은 다음과 같다.

- **계산** : 문제풀이 활동, 문제집을 활용해 문제를 풀고 답을 확인하는 방식의 학습 활동
- **컴퓨터** : 동생(혹은 동생 또래의 학생)
- **알고리즘** : 큰 숫자 덧셈법(덧셈 문제 하나를 풀 때 적용하는 알고리즘), 문제집 기반의 큰 숫자 덧셈 공부법(문제집을 활용해 덧셈 연습을 하며 큰 숫자 덧셈법을 학습할 때 적용하는 알고리즘)
- **프로그래밍** : 큰 숫자 덧셈법 학습(다양한 문제를 풀며 큰 숫자 덧셈 문제 각각을 풀 때 적용할 수 있는 알고리즘 습득), 문제집 기반의 큰 숫자 덧셈 공부 방법 습득(문제집을 활용해 문제를 풀고 답을 대조하며 큰 숫자 덧셈 공부를 할 때 효과적으로 적용할 수 있는 공부 방법의 습득)

> **Q 묻고 답하기**
>
> 📖 "큰 숫자 덧셈법 학습"이나 "문제집 기반의 큰 숫자 덧셈 공부 방법 습득"이 프로그래밍 활동으로 간주될 수 있는 이유는 무엇인가?
>
> 📖 덧셈법을 학습하거나 공부 방법을 습득하면 이후 그 방법대로 계산을 수행할 수 있기 때문이다.

1.2 데이터와 연산의 이해

계산을 분석하거나 표현할 때 우리가 생각해야 할 요소가 **데이터**(*data*)와 **연산**(*operation*)이다. 데이터는 계산 활동(처리 작업)의 대상이 되는 상태를 말하고, 연산은 상태 변환을 야기하는 컴퓨터의 행위이다. 사람이 망치질·톱질을 하고 있다면, 망치로 내리치거나 톱을 밀었다 당겼다하는 행위가 연산이고, 그로 인해 바뀌게 되는 못이나 나무의 상태가 데이터이다.

데이터는 **정보**(*information*)가 담겨 있는 그릇이다. 정보 3을 기호(그릇) '3'에 담아둘 수도 있지만 기호(그릇) 'Ⅲ'에 담아 둘 수도 있다. 압축 전 파일과 압축 후 파일에는 동일 정보가 담겨진다. 그림 속에는 그것을 그린 사람의 메시지(그림을 통해 전달하고자 하는 생각)가 담겨진다. 우리는 우리가 알고 있는 정보를 특정 형태(숫자, 문자, 기호, 그림, 전류, 파동, 압력, 밝기, 모양 등)의 데이터로 표현하기도 하고, 그런 데이터로부터 거기에 담겨 있는 정보를 추출해 활용하기도 한다.

데이터는 **디지털 데이터**(*digital data*)와 **아날로그 데이터**(*analog data*)로 구분된다. 이는 어떤 두 상태 값(데이터 값)이 제시되더라도 그 같고 다름을 정확히 구별해서 다룰 수 있는지 없는지에 따른 구분이다. 컵에 담겨 있는 구슬의 개수는 디지털 데이터이다. 두 컵에 각각 몇 개의 구슬이 들어 있든 상관없이 두 컵에 들어 있는 구슬의 개수가 서로 같은지 그렇지 않은지 정확히 답할 수 있기 때문이다. 책상 위에 놓여 있는 책이 몇 권인지, 물건의 가격이 얼마인지 등을 나타내는 데이터들 역시 동일한 원리로 디지털 데이터로 분류할 수 있다. 반면, 컵에 담긴 물의 양은 아날로그 데이터이다. 이론적으로는 "두 컵에 들어 있는 물의 양이 같다."라고 가정할 수 있지만, 실질적으로는 그렇지 못하다. 특정 도구를 사용해 측정했다는 전제를 두고 "두 컵에 채워진 물의 양이 서로 같다."라고 표현할 수는 있지만, 그 자체만으로 정밀도가 높은 어떤 측정 도구를 사용하더라도 두 컵에 채워진 물의 양의 측정치가 같을 것이라는 보장을 할 수 없기 때문이다. 이는 도구의 정확도 때문에 발생하는 문제가 아니라, 상태 값의 연속성, 즉 상태 값의 차이가 아무리 미세해도 두 값 사이에 또 다른 값이 존재한다는 데이터의 특성에 기인한다. 동일 방식을 적용해 보면 실재하는 상태로서의 온도, 부피, 습도, 길이, 무게, 시간 등이 아날로그 데이터로 분류되는 데이터임을 알 수 있다.

그럼 우리가 아날로그 데이터를 특정 도구로 측정해서 얻어낸 값(오늘의 최저 온도 21.3℃, 페트병에 든 생수 양 1.5L, 친구의 한 뼘 크기 23.427cm, 역도 바벨 무게 175.25Kg, 섭취한 음식의 열량 150kcal, 100m 세계기록 9.58초 등)은 어떻게 분류해야 하는가? 이들은 실재하는 아날로그 데이터로부터 비롯된 값(다소의 오차 포함)이지만 그렇게 측정된 값들을 다루게 되면 그들끼리 서로 같은지 다른지 명확히 구분할 수 있기에, 실재하는 아날로그 값들을 측정해 얻은 측정치 자체는 디지털 데이터로 간주해야 한다.

측정 등의 방식으로 아날로그 데이터를 디지털 데이터로 바꾸는 작업을 아날로그로부터 디지털로의 변환이라 한다. [그림 1-5]는 아날로그 데이터를 디지털 데이터로 변환하는 활동의 예를 보여 준다. [그림 1-5](가)의 경우 수은 온도계가 온도라는 아날로그 데이터를 또 다른 아날로그 데이터인 수은의 부피로 변환(수은의 팽창 혹은 수축에 의한 수은주 높이 변화)시켜 주게 되고, 우리는 온도계에 표시된 눈금을 이용해 해당 수은주의 높이를 눈대중으로 읽어냄으로써 온도의 측정치(디지털 데이터)를 얻어내게

(가) 수은 온도계의 수은주 높이 측정   (나) 자동점멸 가로등의 조도 측정

[그림 1-5] 아날로그-디지털 변환의 예

된다. [그림 1-5](나)에 보인 디지털 방식으로 작동하는 자동점멸 가로등의 경우 장착된 조도 센서(주변 빛의 세기를 측정하는 감지기)로 주변의 밝기를 감지해 그 값이 특정 값보다 작으면 가로등이 켜지게, 그렇지 않으면 가로등이 꺼지게 만든다. 자동점멸 가로등이 조도 센서가 감지한 주변 조도 값(아날로그 데이터)을 디지털 값(가로등이 켜지게 만들거나 꺼지게 만드는 두 값)으로 변환하여 사용한다고 볼 수 있다.

데이터 외에 계산의 또 다른 요소로 주목해야 할 대상은 연산이다. 못이 박혀 있는 상태를 바꾸는 망치질, 나무를 잘라내고 다듬는 톱질과 대패질, 방 온도를 바꾸는 냉난방 활동, 구슬을 추가하고 덜어내는 활동, 물의 양을 줄이거나 늘리는 활동, 새로운 것을 학습하는 활동, 자료를 수집하고 갱신하는 활동, 합과 곱을 구하고 몫과 나머지를 구하는 활동, 아날로그 데이터를 디지털 데이터로 변환하는 작업 등 상태를 바꾸는 행위들 모두가 연산에 해당한다.

Q 묻고 답하기
문 "새로운 것을 학습하는 활동"을 연산으로 간주할 수 있는 이유는 무엇인가?

답
학습 활동이 우리 두뇌의 상태(두뇌 속의 지식의 양, 체계 등)를 바꾸어 놓기 때문이다.

앞서 제시된 [큰 숫자 덧셈 공부] 상황 속에서 찾을 수 있는 데이터와 연산의 사례들은 다음과 같다.

- **데이터(디지털 데이터)**
  - 큰 숫자 덧셈 문제 : 문제 하나를 푸는 계산에서 다루게 되는 데이터
  - 난이도별로 분류·정리된 문제들과 제시된 문제별 정답 : 문제집 전체를 활용해 큰 숫자 덧셈 공부를 할 때 다루게 되는 데이터
- **연산**
  - 각 자릿수의 합과 올림 수 구하기 : 문제 하나를 푸는 계산에서 적용하는 연산
  - 문제 풀이 및 정답 대조하기 : 문제집 전체를 활용해 큰 숫자 덧셈 공부를 할 때 적용하는 연산

1.3 컴퓨터 간 상호작용과 컴퓨팅 사고

실제 문제가 주어졌을 때 컴퓨팅이 내어 놓게 되는 해결책은 관련 컴퓨터(사람, 자연 사물, 기기, 혹은 그들의 조합 등)들 간의 상호작용을 매개로 한 해결책이다. 컴퓨팅의 기본 목표는 우리가 구상한 컴퓨터 간 상호작용이 실제적으로 이루어지게 만들어 문제가 해결되게 하는 것이다. 이를 위해 크게 두 가지 활동이 필요하다. 그 첫째는 문제 해결에 필요한 컴퓨터 간 상호작용 방법이나 절차를 생각해 내는 것이고, 둘째는 구상한 상호작용이 실제 컴퓨터들에 의해 수행되게 만드는 것이다. 전자는 각 컴퓨터가 수행해야 할 작업의 알고리즘을 구상·설계하는 활동이고, 후자는 각 컴퓨터를 프로그래밍 하는 활동에 해당된다. 여기서 유의할 점은 후자의 활동이 효과적으로 이루어지게 하려면 전자의 활동에 정교성이 요구된다는 것이다. 이는 각 컴퓨터가 수행해야 할 활동을 피상적으로 생각해 내는 데서 멈추는 것이 아니라, 해당 컴퓨터가 실제 환경에서 그런 활동을 수행하게 만드는 것이 목표이기 때문이다.

사실 우리가 데스크톱 컴퓨터나 스마트폰 등의 컴퓨팅 기기에서 활용하는 소프트웨어들 모두가 컴퓨팅의 해결책(컴퓨터 간 상호작용) 중 일부를 구현해 놓은 것이며, 컴퓨팅 기기가 수행해야 할 작업의 알고리즘을 특정 언어로 표현해 놓은 것이다. 어떤 음식을 만들려면 사람이 해야 할 활동과 조리 기구가 해야 할 활동 모두가 포함된 해결책을 적용해야 한다. 요리책에 정리된 요리법은 적정 재료와 조리 도구를 활용해 특정 음식을 만들려 할 때 적용될 수 있는 해결책의 한 부분으로서, 사람이 수행해야 하는 활동의 알고리즘을 그림이나 사진, 일상의 언어 등으로 표현해 놓은 것이다. 특정 제품(예 : 알람시계, 다리미, 컴퓨터)을 사용해 무언가를 하려 할 때 적용할 수 있는 해결책 역시 사람이 해야 할 일과 해당 제품이 담당해야 할 기능을 포괄해서 구상된다. 그 중 사람이 수행해야 하는 일의 알고리즘이 제품 사용법이나 소프트웨어 사용법의 형태로 표현된다.

컴퓨팅은 이러한 해결책들을 어떻게 만들어낼까? 해결책을 만들어낸 사람들은 그것이 만들어지기까지 어떤 생각들을 할까? 컴퓨팅 전문가들은 실제 상황 속에 내재된 문제를 찾아내려 할 때 계산이라는 관점에서 그 상황을 관찰하고 분석한다. 컴퓨터들이 수행하고 있는 계산 활동(컴퓨터별 계산 활동이나 컴퓨터 간 상호작용 활동)을 살펴 비효율적이거나 불편한 요소를 찾아낸다. 컴퓨팅 전문가들은 그렇게 찾아낸 비효율성이나 불편함 자체를 해결해야 할 문제로 삼고, 그것을 완화 혹은 해소함으로써 그 문제를 해결한다. 계산의 방법이나 수행 주체를 바꿔서 상황을 개선할 수 있는 해결책이 있는지 탐색하고, 그렇게 찾아낸 해결책을 실세계에 구축하는 방법을 구상한다. 구상한 계산 활동이 어떤 컴퓨터에 의해 수행되면 문제가 효과적으로 해결될 수 있을지 고민하고, 해당 컴퓨터가 그렇게 작동하도록 프로그래밍하기 위해 적용할 수 있는 효과적 방법이 무엇인지 연구한다. 그리고 그 방법으로 실체화시킨 해결책을 실세계에 적용해 기대치 충족 여부를 평가한다. 그런 활동 전반에 계산적 관점의 사고, 계산을 매개로 한 사고가 요구되는데, 컴퓨팅은 그와 같은 사고를 **컴퓨팅 사고**(*computational thinking*)라 한다. 컴퓨팅 사고는 다음 두 가지를 위한 정신적 능력이자 활동이다.

- **계산의 설명과 해석** : 주변 세계를 계산(정보 처리 과정)의 복합체로 간주해 해석하고 설명한다.
- **계산의 설계** : 컴퓨터가 수행했으면 하는 계산을 설계한다.

[그림 1-6]은 컴퓨팅 사고가 주변 세계를 어떻게 바라보고 접근하는지 큰 틀로 개괄하여 보여 준다. 컴퓨팅 사고는 컴퓨팅의 기본 원리나 핵심 개념, 주요 방법론 등에 바탕을 두고 주변 세계를 해석하고 다룬다. 계산적 관점에서 상황을 관찰하고 그 속에서 일어나고 있는 현상들이 어떤 컴퓨터들의 상호작용에서 비롯되는 것인지 분석해 내재된 문제를 발견해 낸다. 발견된 문제의 해결책으로서 문제 해결에 필요한 활동(계산)을 구상·도출하고, 문제 해결책을 정형화시켜 특정 컴퓨터가 해당 활동을 수행하게

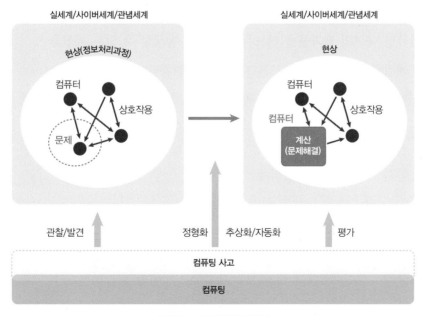

[그림 1-6] 컴퓨팅과 계산

만듦으로써 문제가 해결되게 한다. 해결책을 실제 상황에 적용·평가해 개선해 가는 과정에도 컴퓨팅 사고가 작용한다. 이와 같이 컴퓨팅 사고는 상황에 대한 인식은 물론 문제 해결 활동 전반에 작용하는데, 그 핵심 도구가 추상화와 자동화이다. 추상화는 주변 세계의 것들을 우리의 관념 세계 속으로 끌고 들어오는 활동에 해당하고, 자동화는 우리 관념 속에서 구상하고 상상한 것들을 실체화시켜 실세계에 작용하게 만드는 활동에 해당된다. 추상화와 자동화의 세부 사항들은 나중에 살펴보기로 하자.

실제 상황에 컴퓨팅 사고를 적용할 때 계산적 관점에서 고찰해야 할 계산의 세 가지 범주와, 범주별 계산 고찰의 기본 목표는 다음과 같다.

- **컴퓨팅 사고 적용 이전에 일어나고 있는 계산들**
  - 현 상황 속에서 발생하고 있는 계산들에 대한 계산적 관점의 분석·이해
  - 정확성, 효율성, 접근성, 다양성, 유연성, 지속성 등 다양한 측면에서의 문제점 발견

- **컴퓨팅 사고의 결과물이 현 상황에 적용된다고 가정했을 때 일어날 것으로 예측되는 계산들**
  - 해결책이 현 상황에 적용될 때의 상황을 가정·분석하여, 구상 중인 해결책에 대한 적정성 점검·평가
  - 다양한 해결책에 대한 비교·검토 및 개선 방안 마련

- **컴퓨팅 사고의 결과물을 만드는 과정에서 발생할 수 있는 계산들**
  - 해결책 수행에 적합한 프로그래밍 대상 컴퓨터 선정
  - 해결책에 대한 설계·구현 활동을 보다 효과적·체계적으로 수행할 수 있는 효율적 방안 마련 및 적용 : 프로그래밍 언어 및 프로그램 개발 도구 선정, 해결책 개발자들 간의 작업 분담 및 협업 방안 마련, 이해·수정·개선·재사용하기 쉬운 프로그램의 설계

이 책에서는 아래 세 부류의 계산 주체를 주 고찰 대상으로 선정하여, 그들이 수행하고 있거나 수행하게 될 계산 활동에 대한 분석·설계·구현·평가 내용을 제시하고 있다.

- **사용자** : 해결책을 적용해 문제를 해결하는 사람들

- **프로그래밍 대상 컴퓨터** : 문제 해결의 조력자 역할을 수행할 프로그래밍 대상 컴퓨터(사람, 기기 등)들
- **프로그래머** : '프로그래밍 대상 컴퓨터'를 프로그래밍 하는 사람들

이들 이외에도 **프로그래밍 대상이 아닌 사물**(사용자, 컴퓨팅 기기 등과 상호작용하는 사물)이나, 해결책이 원활히 작동될 수 있도록 관리·운영하는 사람(이들을 **운영자**라 함)을 고려해야 하는 상황도 있음에 유의하자.

[그림 1-7]은 컴퓨팅 사고가 주목하고 고려하는 대상(계산 주체와 계산 활동) 전반을 보여 준다. 그림에서는 컴퓨팅 사고의 주체를 크게 두 부류로 구분해서 보여 주고 있는데, 문제를 발견·분석하고 그 해결책을 도출·설계하는 사람과, 프로그램을 개발·테스트하고 실제 환경에 적용·평가하며 개선해 가는 사람이 그에 해당한다. 물론 문제에 따라 상황에 따라 컴퓨팅 사고의 주체가 한 부류인 경우(한 사람이 해당 활동 모두를 수행하는 경우)도 있고 더 세분될 수도 있다. 그림에서처럼 사용자나 운영자가 컴퓨팅 사고의 고려 대상이 되기도 하지만, 그들 또한 해결책이 만들어지거나 활용되는 과정에서 컴퓨팅 사고의 주체가 될 수 있다.

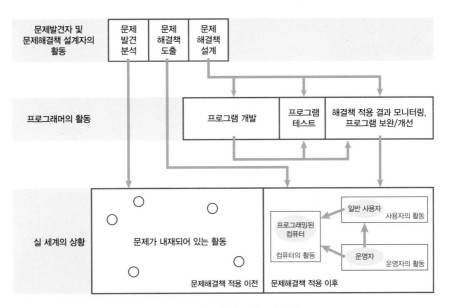

[그림 1-7] 컴퓨팅 사고의 고려 대상

[큰 숫자 덧셈 공부] 사례에서 '컴퓨팅 사고 적용 이전'의 상황을 들여다보면, 세 가지 역할(사용자, 프로그래머, 프로그래밍 대상 컴퓨터) 모두가 동생에 의해 수행되고 있음을 알 수 있다. 세 가지 역할 각각에 대해 컴퓨팅 사고의 관점에서 동생이 수행할 활동을 고려해 생각해야 할 사항은 다음과 같다.

- 사용자(동생)가 수행하게 될 활동을 고려해 생각해야 할 사항 : 동생이 편하게 적용하고 쉽게 익숙해질 수 있는 '큰 숫자 덧셈법'과 '큰 숫자 덧셈 공부 방법'이 무엇인지 생각한다.
- 프로그래밍 대상 컴퓨터(동생)가 수행할 활동을 고려해 생각해야 할 사항 : 동생이 적용할 '큰 숫자 덧셈법'과 '큰 숫자 덧셈 공부 방법'을 구상할 때 고려해야 할 요소로서, 동생이 이해할 수 있는 언어, 학습 스타일, 기본 계산 능력 등을 생각한다.
- 프로그래머(동생)가 수행하게 될 활동을 고려해 생각해야 할 사항 : 동생이 '큰 숫자 덧셈법'과 '큰 숫자 덧셈 공부 방법'을 찾아내 정리할 때 어떤 단위의 활동들로 그 방법이나 절차를 구상하고 표현해야 보다 효과적으로 정리할 수 있는지 생각한다.

1. 컴퓨팅은 계산(정보처리과정)을 탐구하는 학문이다.

2. 우리 주변에서 일어나는 수많은 상태 변환 과정을 계산이라 하고, 해당 계산의 주체들 각각을 컴퓨터라 한다.

3. 계산의 규칙이나 방법, 절차를 알고리즘이라 하고, 대상 컴퓨터를 정해 그 컴퓨터가 특정 알고리즘에 따른 계산 활동을 수행하도록 설정하는 활동을 프로그래밍이라 한다.

4. 프로그램은 특정 알고리즘을 컴퓨터가 이해·수행할 수 있게 표현한 것이며, 프로그래밍 활동의 산출물 중 하나이다.

5. 내가 원하는 계산을 수행하도록 프로그래밍 할 수 있는 컴퓨터를 프로그래밍 가능한 컴퓨터라 한다.

6. 상태에 해당하는 계산 활동(처리 작업)의 대상을 데이터라 하고, 상태 변환을 야기하는 컴퓨터의 행위를 연산이라 한다. 데이터에는 정보가 담겨 있으며, 특정 처리 작업을 통해 데이터에 담겨진 정보를 추출할 수 있다.

7. 동일 유형의 두 상태 값이 제시되었을 때 그 같고 다름을 명확히 구별해서 다룰 수 있는 데이터를 디지털 데이터, 그렇지 않은 데이터를 아날로그 데이터라 한다.

8. 주변 세계를 계산의 복합체로 간주해 해석할 때나, 특정 목적의 계산을 설계할 때 적용되는 계산적 관점의 사고를 컴퓨팅 사고라 한다.

9. 컴퓨팅 사고를 적용해 문제 해결책을 구상·설계할 때 다양한 범주의 계산들을 미리 고려하고 검토해야 한다. 해결책이 적용되고 있지 않는 현 상황 속에서 일어나고 있는 계산들과, 해결책이 적용되는 상황을 가정했을 때 일어날 것으로 예측되는 계산들, 해결책을 개발·구축하는 과정에서 이루어지게 될 계산들이 그들이다.

10. 컴퓨팅 사고를 적용해 문제 상황에 대한 해결책을 설계·구현할 때, 프로그래밍 대상 컴퓨터뿐만 아니라 사용자나 운영자, 프로그래머가 수행하는 활동(계산)도 고려해야 한다.

연 습 문 제

1. 다음 빈 칸을 채워보자. 난이도 ★

   (1) 계산이란 (   )가 바뀌어 가는 과정이다.

   (2) 넓게 볼 때 컴퓨터는 (   )의 주체를 의미한다.

   (3) (   )은 계산 활동의 규칙에 해당된다.

   (4) 특정 컴퓨터가 우리가 원하는 알고리즘을 이해하고 수행할 수 있게 설정하는 작업을 (   )이라 한다.

   (5) 계산 활동의 대상이 되는 상태를 (   )라 하고, 상태 변환을 야기하는 컴퓨터의 행위를 (   )이라 한다.

   (6) 데이터는 (   )가 담긴 그릇으로 간주될 수 있다.

2. 다음 활동들을 어떤 면에서 프로그래밍 활동으로 간주할 수 있는지 설명해 보자. 난이도 ★★
   (1) 주간 계획 작성 활동

   (2) 요리법 정리 활동

   (3) 과제 수행을 위한 팀원 간 역할 분담 활동

   (4) 도시 내 도로의 신호 체계 설정 활동

   (5) 공부하는 활동

   (6) 안무 활동

   (7) 행사 기획 활동

3. 다음 요소들을 어떤 면에서 프로그램이라 할 수 있는지 설명해 보자. 난이도 ★★

   (1) 연극의 각본

   (2) 국가의 법

   (3) 악보

   (4) TV 방송 편성표

   (5) 약 복용법

   (6) 여행 일정표

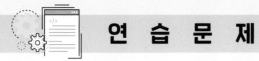

4. 아날로그 데이터와 디지털 데이터로 구분해 보고 그 이유를 설명해 보자. 난이도 ★★

   (1) 책상 위에 놓인 책의 권수

   (2) 지우개의 색깔

   (3) 라벨에 표시된 옷의 크기

   (4) 학과별 입학 정원

   (5) 지난 주 친구가 100m 달리기를 했을 때 걸린 실제 시간

   (6) 일기예보를 통해 발표된 오늘의 최고/최저 온도

   (7) 학생들의 몸무게를 측정·정리해 놓은 값들

CHAPTER 2

문제 해결과 컴퓨팅 사고

기본 학습 목표
- 문제 분해, 패턴 인식, 추상화, 자동화 등의 하위 요소를 들어 컴퓨팅 사고를 설명할 수 있다.
- 알고리즘이 충족시켜야 할 요건들을 설명할 수 있다.
- 문제 해결 활동을 계산이라는 관점에서 설명할 수 있다.

심화 학습 목표
- 알고리즘 수행 과정에서 특정 연산이 몇 차례 수행되는지 분석할 수 있다.
- 특정 상황 속의 사물들을 계층 구조로 개념화시킬 수 있다.
- 미래 핵심 역량으로서 컴퓨팅 사고 능력을 키움으로써 얻게 되는 유익을 설명할 수 있다.

컴퓨팅이 문제를 해결할 때 사용하는 가장 강력한 수단 중 하나가 프로그래밍이다. 사실 프로그래밍의 목적 자체가 문제해결이다. 컴퓨팅은 컴퓨팅 사고를 적용해 문제 해결에 적합한 해결책이 무엇이며 요구되는 구체적 활동(계산)이 무엇인지 찾아내고, 그 활동을 특정 컴퓨터가 수행하게 만듦으로써 다양한 영역의 문제들을 해결해 왔다. 2장에서는 문제 해결 과정에 컴퓨팅 사고가 어떻게 적용되는지, 우리가 살아가면서 부딪히게 될 수많은 문제를 다룰 때 컴퓨팅 사고가 어떤 유익을 주는지 살펴본다.

2.1 문제와 문제 해결

문제(*problem*)란 '**초기 상태**(*initial state*)'와 '**목표 상태**(*goal state*)' 사이에 **거리**(간격, 괴리, 장애)가 존재하는 상황을 말하고, 적정 경로를 거쳐 초기 상태에서 목표 상태로 이동해 가는 과정을 **문제해결**(*problem solving*)이라 한다. 우리가 일상에서 수행하는 모든 활동을 문제 해결과 연계시켜 생각해 볼 수 있다. '집에서 학교가기', '친구에게 문자 보내기', '여행 일정 짜기', '보고서 쓰기' 등 우리가 일상 생활 속에서 해결해야 할 문제는 다양하다. '집에서 학교가기' 문제의 초기상태는 '집에 있는 상태'이고 목표 상태는 '학교에 도착한 상태'이다. 학교에 가기 위해 처리하고 거쳐야 하는 모든 것들이 '거리'에 해당되며, 임의의 한 경로를 거쳐 학교에 도착하게 되면 문제가 해결된 것이다. 집이나 직장에서 하는 일은 물론, 학교에서 하는 공부나 친구들과 어울려 즐기는 놀이조차도 나름의 목표 상태가 있어 그 상태에 이르기까지 요구되는 활동을 수행 한다는 점에서 문제 해결 활동으로 이해할 수 있다.

여기에서 우리는 '문제 해결'이 초기 상태로부터 목표 상태에 이르는 상태 변환 과정, 즉 계산임을 알 수 있다. 이는 어떤 문제든 계산에 의해 해결될 수 있음을 뜻하며, 계 산을 계획하고 실행함으로써 문제 해결이 가능함을 의미한다. 우리가 수학 문제를 풀 때 연필과 종이로 행하는 활동이 계산이듯, 자동화된 생산 라인을 실시간 제어하기 위 해 컴퓨터가 수행하는 작업이 계산이며, 우리가 일상적인 문제를 해결하기 위해 수행 하는 활동(생각하고 행동하고 도구를 사용하는 등의 활동) 역시 계산인 것이다.

우리가 학교, 직장, 그리고 일상에서 직면하게 되는, 해결해야 할 문제의 유형은 다양 하다. 약수 찾기 문제, 일련의 숫자 중 가장 큰 숫자 찾기 문제, 소수 검사 문제, 주어 진 숫자들의 평균 구하기 문제, 최단 경로 찾기 문제, 일치 패턴 찾기 문제, 배낭 채 우기(한정된 공간에 총 효용가치가 최대가 되도록 물건 골라 넣기) 문제, 거스름돈 (최소 개수의 동전으로 거스름돈 지불하기) 문제 등은 극히 일부일 뿐이다. 여기서 우 리가 명확히 해야 할 사항은 **'문제**(*problem*)'라는 용어가 구체적 **'문제 사례**(*problem instance*)'들을 포괄한 추상적 용어라는 점이다. 28의 약수 찾기, 16의 약수 찾기 등은 '약수 찾기' 문제에 속하는 문제 사례들이고, 집에서 학교까지의 최단 경로 찾기, 병원 에서 공원까지의 최단 경로 찾기 등은 '최단 경로 찾기' 문제에 포함되는 문제 사례들 이다. 일반적으로 컴퓨팅에서 문제를 해결한다는 것은 해당 문제 유형에 속한 일련의 문제 사례들 모두에 적용할 수 있는 계산 규칙, 즉 알고리즘 찾아낸 후, 이를 적용해 주어진 문제 사례들을 해결한다는 것이다.

[큰 숫자 덧셈 공부] 상황 속에서 문제와 문제 사례로 인식할 수 있는 요소들과, 그 해결책으로 고려해 볼 수 있는 방법 중 하나는 다음과 같다.

- **문제** : 혼자서 문제집을 가지고 "큰 숫자 덧셈 공부"를 할 때 겪게 되는 어려움
- **해결책** : 데스크톱 컴퓨터가 "큰 숫자 덧셈 공부 도우미" 역할을 수행하게 만 들고, 학습자는 그 기능을 활용해 "큰 숫자 덧셈 공부"를 하게 한다.

컴퓨팅 사고는 해결책을 구상할 때 관련 컴퓨터의 계산 능력이나 제약 사항 등을 파악하는 한편, 그 컴퓨터가 프로그래밍 가능한 컴퓨터라면 어떤 방식으로 프로그래밍 할 수 있는지도 살펴본다. [큰 숫자 덧셈 공부] 상황에 대한 해결책은 데스크톱 컴퓨터와 학습자(컴퓨터)의 계산 활동으로 구성되며, 데스크톱 컴퓨터는 "큰 숫자 덧셈 공부 도우미" 역할을 수행한다. 따라서 큰 숫자 덧셈 공부 도우미의 기능을 설계할 때 데스크톱 컴퓨터뿐만 아니라 상호작용 상대인 학습자(동생이나 그 또래의 학생들)의 계산 능력이나 제약사항을 고려해야 하며, 학습자에 대한 프로그래밍 방법도 생각해야 한다. 이와 관련된 사항들을 간략히 정리하면 다음과 같다.

- 학습자의 **계산 능력** : 한 자리 숫자 덧셈을 하고 그 합으로부터 일의 자리 수와 십의 자리 수를 구별해 다룰 수 있는 능력, 마우스, 키보드, 모니터 등을 매개로 버튼, 메뉴 등을 선택·조작해 가며 컴퓨터 소프트웨어를 활용할 수 있는 능력
- 학습자가 계산을 수행할 때의 **제약 사항** : 순간적 계산 착오나 키 입력 실수 가능, 학업 성취도 분석 미숙
- 학습자에 대한 **프로그래밍 가능성** : 학습자에게 입출력 장치 활용 및 컴퓨터 소프트웨어 조작과 관련된 기본적인 직관 능력이 있고, 도움말을 활용해 소프트웨어 사용법을 익힐 수 있음.
- 학습자에 대한 **프로그래밍 방법** : 큰 숫자 덧셈 공부 도우미 사용법을 최대한 직관적으로 파악할 수 있도록 소프트웨어 인터페이스 설계, 도움말 제공

2.2 컴퓨팅 사고의 주요 요소

컴퓨팅 사고력의 정의나 분류, 하위 능력들은 다양하게 제시되고 있다. 이 책은 문제 분해, 패턴 인식, 추상화, 자동화(알고리즘)를 컴퓨팅 사고의 주요 요소로 설정하고, 이들이 문제해결 프로그래밍에 어떻게 적용되는지를 구체적으로 다루고 있다. 이들 요소가 각각 무엇인지 알아보고, 프로그래밍 활동에 컴퓨팅 사고가 어떻게 접목되는지 그들을 중심으로 살펴보자.

2.2.1 문제 분해

문제 분해(*decomposition*)는 주어진 문제를 더 작은 문제로 나누는 활동을 의미한다. 물론 문제를 쪼갤 때에는 쪼개져 나온 작은 문제의 해답을 활용해 원래 문제의 해답을 어떻게 구할지 그 방법까지 생각해야 한다. 문제 분해는 크고 복잡한 문제를 효과적으로 해결할 수 있게 해 준다. 이는 작은 문제가 큰 문제보다 다루거나 해결하기 쉽기 때문이다. 예를 들어 정수 100개의 합을 구하는 문제보다 정수 50개의 합을 구하는 문제가 해결하기 쉽다. 이때 100개의 합을 구하는 문제를 50개의 합을 구하는 문제 2개로 나누어서 각 문제의 해답이 산출된다면, 두 문제의 해답을 더하여 원래 문제의 답을 구할 수 있게 된다.

문제 A를 문제 A_1과 문제 A_2로 나누어 순차적으로 처리·해결하는 방법을 구상했다면, 문제 A를 해결하는 알고리즘은 다음과 같이 구성될 것이다.

① 문제 A를 문제 A_1과 문제 A_2로 나눈다.
② 문제 A_1을 해결한다.
③ 문제 A_2를 해결한다.
④ 문제 A_1과 A_2의 해결 결과를 활용해 문제 A를 해결한다.

단순히 문제 A_1과 A_2를 순차적으로 해결하기만 하면 문제 A가 해결되도록 문제 A를 분해했다면, 단계 ①과 ④는 생략될 수 있다. 어떤 경우든 문제 A_1과 A_2 각각에 대한 문제해결 알고리즘을 구상하는 작업이 문제 A에 대한 문제해결 알고리즘을 정의하는 데 있어 핵심 작업이 된다. 문제 분해 작업은 반복 적용될 수 있다. 분해 결과로 설정된 문제(위의 경우 문제 A_1이나 A_2)를 다시 분해할 수 있다는 것이다. 분해 결과를 다시 분해하는 식의 작업을 반복 적용해 다루기 쉬운 작은 크기의 문제를 설정할 수 있다면, 그런 문제들을 해결하고 그 결과를 활용해 처음에 주어졌던 문제(위의 경우 문제 A)를 해결할 수 있게 된다. [그림 2-1]에 문제 분해·해결·조합 기법을 적용해 문제가 해결되는 과정이 제시되어 있다.

[큰 숫자 덧셈 공부] 상황과 관련해 2.1에서 제시한 문제(*problem*)를 다음과 같이 몇 개의 부분 문제(*subproblem*)로 분해하고, 그들 각각의 해결책을 조합해 원래 문제의 해결책을 도출해 볼 수 있다.

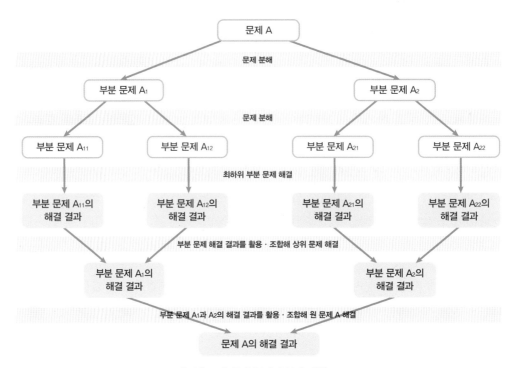

[그림 2-1] 문제 분해와 문제 해결

- **문제의 분해**
  - **부분 문제 1** : 문제를 풀어 구한 결과 값과 문제집에 제시된 정답을 학습자
    스스로 대조 · 점검하는 과정의 번거로움
  - **부분 문제 2** : 학습자가 학습 성과에 맞게 학습 과정을 안내받지 못함
  - **부분 문제 3** : 문제집에 제시된 문제의 개수 제한
- **하위 문제 각각에 대한 해결책과 그 통합** : "큰 숫자 덧셈 공부 도우미"로서
  아래 역할을 통합 · 수행하도록 컴퓨터를 프로그래밍 하여 큰 숫자 덧셈 공부에
  활용함.
  - **답안 채점자**(부분 문제 1의 해결책) : 사용자가 제시된 문제를 풀고 나면 사
    용자가 구한 답이 맞는지 확인해 주고, 구해진 답이 틀렸다면 정답을 제시해
    준다.

- **학습 안내자**(부분 문제 2의 해결책) : 특정 수준 이상의 학습 성취도를 보일 때까지 해당 수준의 문제를 다양하게 만들어 제시하고, 해당 성취도에 이르면 난이도를 한 단계 높여 문제를 풀 수 있게 해 준다.
- **문제 출제자**(부분 문제 3의 해결책) : 컴퓨터가 적정 난이도의 문제를 생성해 컴퓨터 모니터에 디스플레이 한 후 그 답을 입력할 수 있게 지원해 준다. 문제 생성은 필요한 만큼 반복해 준다.

2.2.2 패턴 인식

패턴 인식(*pattern recognition*)은 데이터 혹은 계산 활동 속에 숨겨진 패턴을 인식해 내거나, 유사 패턴 혹은 반복 패턴을 찾아내는 활동이다. 패턴 인식이 컴퓨팅 사고의 주요 요소로 다루어지는 이유는, 상황 속에서 불편이나 비효율성을 초래하는 데이터의 패턴 혹은 활동의 패턴을 찾아냄으로써 보다 효과적으로 문제를 발견하고 정확히 분석해 낼 수 있게 해 주기 때문이다. 또한, 입력으로 주어질 수 있는 데이터의 패턴을 분석·이해하고, 데이터에 따라 수행해야 할 계산 활동 속에서 반복·유사 패턴을 인식해 냄으로써 보다 쉽게 문제해결책을 찾아 낼 수 있게 해 주기 때문이기도 하다.

예로, 정수 x의 약수를 찾는 문제를 생각해보자. 구해야 할 해답은 인자 x를 나누어 떨어뜨리는 수들의 집합이다. 인자 x의 값으로 주어진 입력 값이 15이면 그 해답 1, 3, 5, 15를 구하기 위해 어떤 계산을 해야 하는가? 입력 값이 24이면 그 해답 1, 2, 3, 4, 6, 8, 12, 24를 구하기 위해, 42이면 그 해답 1, 2, 3, 6, 7, 14, 21, 42를 구하기 위해 어떤 계산을 해야 하는가? 우선 인자 값이 무엇이든 1과 인자 값 자신은 약수 집합에 포함됨을 알 수 있다. 그리고 인자 값 x를 나누어 떨어뜨리는 제수와 몫의 쌍들을 모두 찾으면 된다. 그런 값들의 쌍을 찾으려면 나누어 떨어뜨릴 가능성이 있는 숫자들을 제수로 설정해 인자 값 x를 나누어 보아야 하는데, 제수를 2로, 3으로, 4로 1씩 증가시켜 가면서 해당 작업을 수행하는 것도 그 중 한 가지 방법이다. 인자 값 이상의 값을 제수로 설정할 필요가 없으며, 나눗셈의 몫이 제수보다 클 때까지만 제수를 증가시켜 가며 약수를 찾아도 되고, $\sqrt{x}$ 보다 작거나 같은 정수까지만 제수로 설정해도 무방하다. 이와 같이 인자 x의 약수를 찾기 위해 수행해야 할 알고리즘을 찾아가는 과정은, 인자로 주어질 수 있는 다양한 값들 모두에 공통적으로 적용할 수 있는 계산 활동의 패턴을 찾아내는 과정으로 볼 수 있다.

[큰 숫자 덧셈 공부] 상황 분석이나 관련 문제의 해결책 구상과 관련해 생각해 볼 수 있는 패턴들은 다음과 같다. 이와 같은 패턴들은 문제의 핵심이 무엇인지 인식하거나, 해결책의 화면 설계, 알고리즘 설계, 데이터 저장 구조 설계 등의 방향을 설정하는데 기초가 된다.

- 문제 상황 속에서 관찰되는 패턴
  - 문제집의 데이터 패턴 : 문제집에 제시된 큰 숫자 덧셈 문제들의 패턴, 해답의 패턴, 난이도에 따른 문제들의 배치 패턴, 난이도에 따른 문제들의 패턴
  - 학습자의 활동 패턴 : 문제 하나하나를 푸는 활동, 자신이 구한 답이 맞는지 문제집에 제시된 해답을 찾아 확인하는 활동, 문제집에 제시된 문제들을 순서대로 풀어가며 학습 수준을 높여가는 활동 등의 패턴
- '큰 숫자 덧셈 공부 도우미'를 매개로 문제 해결책을 구상·설계할 때 고려해 볼 수 있는 패턴
  - 데이터의 패턴 : 문제 출력 및 답 입력을 위한 모니터 화면의 패턴, 오답이 입력된 경우 정답 제시를 위한 화면의 패턴, 난이도에 따른 문제들의 패턴, 문제의 난이도 변경을 위한 난이도 선택 화면의 패턴
  - 도우미의 활동 패턴 : 난이도 변경 화면 제시, 모니터에 설정된 난이도의 문제 생성 및 제시, 사용자가 입력한 답 읽어 들이기, 사용자가 입력한 답이 정답인지 바로 확인해 그 결과 제시(오답일 경우 정답 제시), 난이도 변경 결정에 참고하도록 최근에 풀이한 문제들에 대한 정답률 제시 등의 활동 패턴
  - 학습자의 활동 패턴 : 모니터와 키보드와 마우스를 활용한 문제 풀이, 풀이 결과의 정오 확인(오답일 경우 정답 확인하며 학습), 정답률을 참고해 난이도 변경 등의 활동 패턴

2.2.3 추상화

추상화(*abstraction*)는 세부 사항을 숨기거나 생략해 어떤 대상이나 기능을 단순화시키는 작업으로, 복잡한 문제를 공략하는 핵심 기법이다. 우리가 사용하고 있는 수많은 일반 명사들은 모두 추상화의 결과이다. 마우스, 스마트폰, TV, 냉장고, 책, 가방, 집,

거실, 버스, 꽃, 기린, 사람, 야구, 축구, 정렬(*sorting*: 데이터를 크기 순서대로 재배치하는 작업) 등의 단어 모두가 일반 명사이다. 일례로 마우스라는 일반 명사를 생각해 보면, 마우스라는 단어로 지칭할 수 있는 대상이 무수히 많음을 알 수 있다. 우리는 일상 속에서 색깔과 모양과 작동 원리, 버튼의 구성 등이 서로 다른 실제 마우스들 모두를 마우스라는 한 단어로 칭하고 있다. 이는 '마우스'라는 용어가 우리 관념 속에 '실제 마우스들 모두의 공통 속성을 가지고 있는 물품'으로 추상화되어 있기 때문이다. 추상화를 통해 만들어진 마우스라는 단어가 있기에, 우리는 서로 다른 마우스를 가진 사람들에게 "마우스의 왼쪽 버튼을 누르세요."라고 우리가 뜻한 바를 쉽게 표현·전달할 수 있는 것이다.

A가 B에게 "이 자료 좀 복사해 주세요."라는 단순한 표현으로 복사 작업을 맡길 수 있는 이유는, B가 복사 작업이 무엇인지 알고 있고, 그 작업을 수행할 능력을 가지고 있기 때문이며, B가 어떤 복사기를 사용하든, 어떤 버튼을 눌러 복사기를 작동시키든, 자료를 어떤 순서로 복사하든 A에게 별 문제가 되지 않아, 그런 구체적인 부분들을 어떻게 수행할지에 대해서는 B에게 위임할 수 있기 때문이다. 이 상황을 알고리즘과 연관 지어 생각해 보면 다음과 같다. B는 '복사 작업' 수행을 위한 나름의 알고리즘을 가지고 있다. A는 B가 해당 복사 작업을 어떻게 수행하는지 알지 못하더라도 B에게 복사할 자료를 건네주며 복사 작업을 수행해 달라고 요청하기만 하면 그 복사본을 돌려받을 수 있다. 여기에서 A가 복사본을 쉽게 얻을 수 있는 이유는 B의 '복사 작업'이 A에게 추상화되어 있기 때문이다.

추상화와 관련해 두 가지 측면을 생각해 보자. 그 첫째는 패턴인식이 추상화의 주요 도구이며, 패턴 인식의 결과를 쉽게 추상화로 귀결시킬 수 있다는 것이다. 사물들을 그들이 지닌 속성의 패턴에 따라 적절히 분류하거나 개념화하면 그들을 추상화시킬 수 있다. 이는 마우스라 불리는 장치들이 어떤 속성을 공유하는지, 복사 작업이라 칭해지는 활동들이 어떤 속성을 충족하는지 생각해 보면 알 수 있다. 두 번째는 사물의 어떤 수준의 속성에 주목하여 공통 패턴을 찾아내는지에 따라 추상화의 수준이 달라진다는 것이다. 예로 '마우스'와 '키보드'를 서로 다른 추상 개념으로 구별하여 다룰 수 있지만, '컴퓨터에 무엇인가를 입력할 때 사용되는 장비'라는 수준의 속성에 주안점을 두고 공통점을 찾아낸다면 키보드나 마우스 모두를 '입력 장치'로 추상화시켜 다룰 수 있게 된다. 중요한 것은 다루고자 하는 상황에 맞게 추상화의 수준을 적절히 설정·활용할 수 있어야 한다는 것이다.

추상화의 수준은 개념의 계층 구조와 관련지어 생각해 볼 수 있다. 하나의 계층 구조 상에서 추상화 수준이 낮은 하위 개념이 보다 구체적인 개념이고, 추상화 수준이 높은 상위 개념이 보다 일반화된 개념이다. [그림 2-2]에서 문구(文具)에 속한 사물들을 서로 다른 수준에서 추상화시켜 사용하고 있는 용어 중 일부를 볼 수 있다. [그림 2-2] (가)에 제시된 용어 중 볼펜, 연필, 붓 등이 추상화 수준이 가장 낮고, '문구'가 추상화 수준이 가장 높다. 상황을 해석하고 다루는 관점에 따라 관련 사물들을 전혀 다른 방식으로 추상화시킬 수 있는데, [그림 2-2](나)에 제시된 사례는 문구에 속한 사물들이 [그림 2-2](가)와 다른 방식으로 분류·추상화된 사례이다.

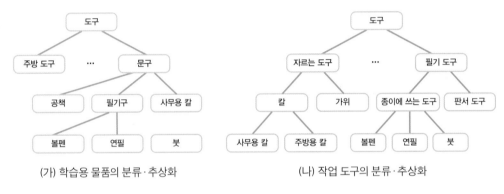

(가) 학습용 물품의 분류·추상화   (나) 작업 도구의 분류·추상화

[그림 2-2] 추상화와 개념의 계층 구조

[큰 숫자 덧셈 공부] 상황을 해석하거나 관련 문제의 해결책을 구상할 때 추상화가 어떻게 작용하는지 정리하면 아래와 같다. 여기에서 패턴 인식의 결과가 상당 부분 추상화로 연결되었음을 알 수 있다.

- **문제 상황을 해석할 때 추상화시켜 이해할 수 있는 요소**
  - **문제집 관련 데이터의 추상화** : (문제집에 제시된) 문제, (문제집에 나열·정리된) 난이도별 문제, (문제집에 제시된) 문제의 해답, 난이도에 따른 문제 구성
  - **학습자 활동의 추상화** : (문제집 문제를 대상으로 한) 문제 풀이 활동, (문제집에 제시된) 해답 확인 활동, (문제집을 활용한) 학습 과정

- '큰 숫자 덧셈 공부 도우미'를 매개로 문제 해결책을 구상·설계할 때 추상화
  시켜 다룰 수 있는 요소
  - **데이터의 추상화** : 생성된 문제, 난이도별 문제, 문제와 답의 입출력을 위한
    문제 풀이 화면, 문제 풀이 결과의 확인 화면(오답인 경우 정답 제시 화면),
    난이도 변경을 위한 난이도 선택 화면
  - **도우미 활동의 추상화** : 난이도 변경 기능, 난이도별 문제 생성 기능, 문제
    출력 기능, 사용자가 구한 답에 대한 입력 기능, 해답 확인 및 결과 제시 기
    능, 최근에 푼 문제들에 대한 정답률 제시 기능
  - **학습자 활동의 추상화** : (도우미를 매개로 한) 문제 풀이 활동, (도우미가
    제시해 주는) 풀이 결과 확인 활동, (도우미를 통한) 난이도 변경 활동

2.2.4 알고리즘

알고리즘(*algorithm*)은 컴퓨터가 수행하는 계산의 규칙으로서 계산의 방법이나 절차
를 규정한다. 알고리즘에 의해 생성되는 계산이 문제 해결 활동일 때 해당 알고리즘을
문제 해결 알고리즘이라 부르기도 한다. 요리법, 학습법, 종이접기 방법, 스포츠 경기
의 전략, 제품 사용법, 인수분해 방법, 평균과 분산 구하는 방법 등이 모두 알고리즘
이다.

컴퓨팅의 주요 활동 중 하나가 자동화이기에 알고리즘을 자동화와 관련지어 이해할
필요가 있다. 일반적으로 자동화라 하면 사람이 해야 할 일의 일부 또는 전부를 특
정 기계에 맡겨 사람 대신 수행하게 만드는 활동을 의미한다. 컴퓨팅의 관점에서 볼
때 자동화는 프로그래밍 가능한 컴퓨터(사물, 기계, 사람 등)를 프로그래밍 하여 우리
가 원하는 일을 수행할 수 있게 만드는 활동에 해당된다. 실질적으로 컴퓨팅의 자동화
는 특정 컴퓨터에게 맡기고자 하는 활동의 알고리즘을 해당 컴퓨터가 이해하고 수행
할 수 있는 언어로 표현함으로써 이루어진다. 알고리즘을 구상하고 표현하는 일이 자
동화 작업의 핵심이라는 것이다. [그림 2-3]에 알고리즘 구상 및 표현 사례 두 가지가
제시되어 있다.

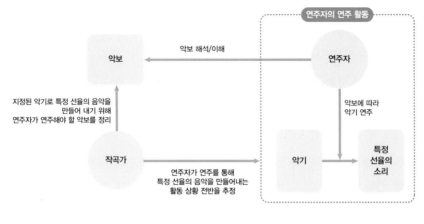

(가) 작곡(악보 작성)

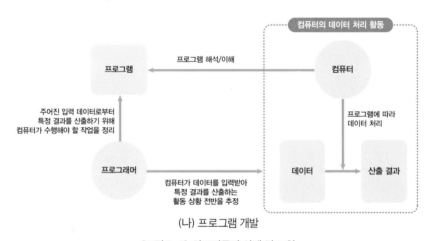

(나) 프로그램 개발

[그림 2-3] 알고리즘의 설계 및 표현

[그림 2-4]는 알고리즘과 그 알고리즘에 의해 생성되는 계산 활동을 통해 문제가 해결되는 과정을 보다 구체적으로 보여 준다. 그림에서 **연산**(*operation*)은 상태 변환을 일으키는 단위 활동을 뜻하고, **입력**(*input*)과 **출력**(*output*)은 각각 알고리즘 외부로부터 주어지는 값과 알고리즘 외부로 내보내지는 값을 말한다. 특정 알고리즘이 수행되면 초기 상태(입력 데이터가 주어진 상태)로부터 출발해 목표 상태(입력 데이터에 상응하는 출력 데이터가 산출된 상태)에 이르게 된다. 알고리즘 수행의 초기 상태가 문제 발생 상태이고 목표 상태가 문제 해결 상태일 때 해당 알고리즘을 문제해결 알고리즘이라 한다.

문제 해결 알고리즘을 작성하려면, 일련의 연산들이 어떤 순서로 수행되어야 하는지 그 순서를 적절히 규정해야 한다. 그런 순서를 표현하려면 적용할 연산들에 대한 **수행**

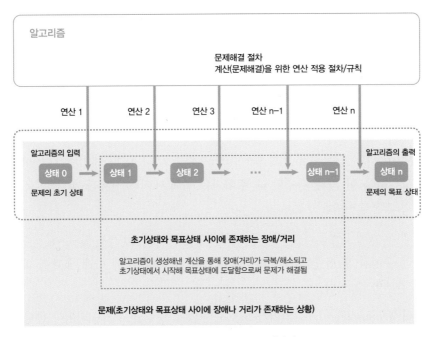

[그림 2-4] 알고리즘과 계산(문제해결)

흐름(*execution flow* : 연산들의 수행 순서)을 적절히 제어할 수 있어야 하는데, 다음 네 가지 유형의 수행 흐름을 조합함으로써 연산들에 대한 다양한 수행 순서를 다루고 표현할 수 있다.

- **순차**(*sequence*) 흐름 : 연산들이 그 나열 순서대로 적용되게 만들었을 때 나타나게 되는 수행 흐름

- **선택**(*selection*) 흐름 : 특정 그룹의 연산들을 수행할지 말지나, 다수의 연산 그룹 중 어느 그룹의 연산들을 선택·수행할지 등을 제시된 조건을 체크해 결정하도록 만들었을 때 나타나게 되는 연산들의 수행 흐름

- **반복**(*iteration*) 흐름 : 주어진 조건이 성립되는 동안 일련의 연산들이 반복 적용되게 만들었을 때 나타나게 되는 수행 흐름

- **호출**(*call*) 흐름 : 알고리즘 수행 중에 다른 알고리즘(서브알고리즘)이 적용되게 만들었을 때(이 경우 원래 알고리즘이 다른 알고리즘을 호출했다고 말함) 나타나게 되는 수행 흐름(원래 알고리즘의 수행 흐름이 일시적으로 보류되고 호출된 알고리즘에 의한 수행 흐름이 진행되며, 호출된 알고리즘의 수행 흐름이 마무리되면 보류되었던 원래 알고리즘의 수행 흐름이 재개됨)

컴퓨팅 사고는 알고리즘의 기본 요건과 품질을 생각한다. 보다 품질 좋은 알고리즘을 사용하려 하고 구상·설계·표현하려 한다. 이점에서 알고리즘이 충족시켜야 할 기본 요건뿐만 아니라, 좋은 알고리즘이 갖추어야 할 품질 요건에 대한 이해가 매우 중요하다. 알고리즘을 문제 해결 절차에 해당하는 명령들의 나열이라 볼 때, 그 기본 요건은 다음과 같다.

- **입력**(*input*) : 알고리즘 외부로부터 주어지는 0개 이상의 데이터가 있어야 한다. 알고리즘을 한 차례 수행할 때 주어지는 입력 데이터 전체를 하나의 '문제 사례'로 간주할 수 있다.

- **출력**(*output*) : 알고리즘 외부로 내보내는 데이터가 있어야 한다. 알고리즘이 한 차례 수행된 후 산출되는 출력 데이터 전체를 해당 '문제 사례'에 대한 해결 결과로 간주할 수 있다.

- **명확성**(*unambiguity*) : 의미가 모호하지 않은 명령들로 기술되어야 한다.

- **실효성**(*effectiveness*) : 컴퓨터가 수행 가능한 명령들로 기술되어야 한다.

- **유한성**(*finiteness*) : 유한 단계의 작업(명령) 수행으로 목표하는 출력이 산출되어야 한다.

- **정확성**(*correctness*) : 올바른 입력 모두에 대해 목표에 부합하는 출력이 산출되어야 한다.

Q 묻고 답하기

📋 문제 해결 알고리즘의 입력으로 주어진 데이터 전체를 하나의 '문제 사례'로 간주할 수 있는 이유는 무엇인가?

📋
'72, 23, 40의 평균 구하기', '17, 56, 42, 32의 평균 구하기' 등은 "정수 값들의 평균 구하기" 문제의 사례들이다. 일련의 정수를 입력받아 그 평균을 출력해 주는 알고리즘이 있을 때, 그 입력 72, 23, 40은 '72, 23, 40의 평균 구하기' 문제 사례에 해당되고, 17, 56, 42, 32의 입력은 '17, 56, 42, 32의 평균 구하기' 문제 사례에 해당된다. 여기서 우리는 "정수 값들의 평균 구하기"라는 문제 서술 속에는 "정수 값들"이라는 미지수들이 들어 있지만, '72, 23, 40의 평균 구하기'나 '17, 56, 42, 32의 평균 구하기' 문제의 서술 속에는 미지수가 없음을 알 수 있다. 문제 서술 속에 하나 이상의 미지수가 포함되어 있을 때 그것을 "문제"라 하고, 해당 미지수 모두가 구체적인 값으로 대체되어 미지수가 없어졌을 때 그것을 해당 문제의 사례라 한다. 문제 해결 알고리즘은 해당 문제의 서술 속에 포함된 미지수를 갖게 되는데, 알고리즘에 주어지는 일련의 입력은 해당 미지수 모두에 대입될 값들로 사용되고 그 이후 문제 해결 알고리즘은 그렇게 설정된 문제 사례 하나를 해결하는 알고리즘으로서 작동된다. 여기에 문제 해결 알고리즘의 입력으로 주어진 데이터 전체가 하나의 '문제 사례'로 간주될 수 있는 이유가 있다.

보다 많은 문제 사례를 해결해 주고 처리 비용도 적게 들고 쉽게 이해하고 다룰 수 있는 알고리즘이 좋은 알고리즘임에 분명하다. 컴퓨팅 사고는 알고리즘을 설계하고 표현할 때, 혹은 알고리즘을 선택할 때 보다 '품질 좋은' 알고리즘을 생각하도록 요청한다. 다음 요건들이 알고리즘의 품질을 평가하는 기준들이 된다.

- **일반성**(*generality*) : 해결해 주는 '문제 사례'의 범위가 넓을수록 알고리즘의 일반성이 높다고 한다.
- **효율성**(*efficiency*) : 수행 과정에서 소요되는 비용, 즉 소요 자원(예: 시간적 자원, 공간적 자원 등)의 양이 적을수록 알고리즘의 효율성이 높다고 한다. 입력이 주어진 시점부터 출력 모두가 산출되기까지 연산 적용 횟수가 적을수록 시간적 효율성이 높고, 데이터 저장 · 처리에 사용되는 공간의 총량이 적을수록 공간적 효율성이 높다.
- **가독성**(*readability*) : 읽고 이해하기 쉬울수록 알고리즘의 가독성이 높다고 한다.

입력과 출력이 아래와 같은 알고리즘 몇 가지를 예로 들어 제시된 요건들이 구체적으로 무엇을 의미하는지 살펴보자.

- **입력** : '진짜 동전보다 약간 가벼운' 가짜 동전 하나가 포함되어 있는 $n(n > 1)$개 동전의 더미
- **출력** : 입력으로 주어진 동전 중 가짜로 밝혀진 동전

[그림 2-5], [그림 2-6], [그림 2-7]은 각각 동전의 진위 판별에 사용할 수 있는 도구로 천칭 저울이 주어져 있다고 가정하고 작성된 알고리즘 하나씩을 보여 준다. 가짜 동전 찾기 알고리즘 1은 천칭 저울의 왼쪽 접시에 동전 하나를 올려놓은 채 오른쪽 접시에 나머지 동전을 하나씩 올려보며 가짜 동전을 찾아내고, 가짜 동전 찾기 알고리즘 2는 동전 더미에서 동전 두 개를 선택해 천칭 저울 양쪽 접시에 하나씩 올려놓고 그 무게를 비교하는 작업을 반복하며 가짜 동전을 찾아낸다. 가짜 동전 찾기 알고리즘 3은 동전 더미를 반으로 나누어 두 더미를 만든(동전이 홀수 개인 경우 동전 하나를 임시로 빼 두고 나머지 동전들을 반으로 나눔) 후 저울로 그 두 더미의 무게를 비교하고, 필요할 경우 그 중 가벼운 더미를 택하여 동일 작업을 반복하는 방식으로 가짜 동전을 찾아낸다.

n의 값이 커질수록 더 많은 작업이 수행되겠지만, 실제 입력이 주어져 n의 값이 특정되면 세 알고리즘 모두가 유한 단계의 작업을 거쳐 가짜 동전을 찾아낸다는 것은 분

명하다. 다시 말해 알고리즘이 유한성을 충족해 유한 시간 내에 원하는 결과를 얻게 해 준다. 우리 자신이 천칭 저울을 사용해 주어진 알고리즘대로 직접 따라해야 할 입장이 라 생각하고 살펴보면, 각 단계에 수행해야 할 작업이 무엇인지 명확하게 이해할 수 있

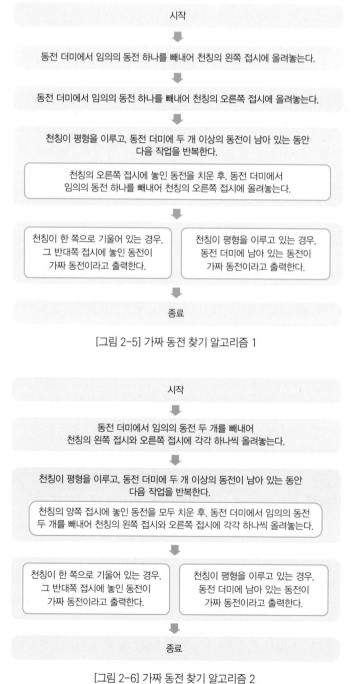

[그림 2-5] 가짜 동전 찾기 알고리즘 1

[그림 2-6] 가짜 동전 찾기 알고리즘 2

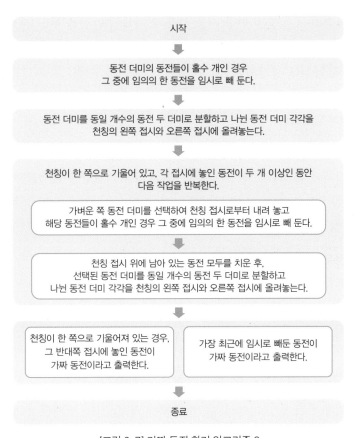

[그림 2-7] 가짜 동전 찾기 알고리즘 3

을 뿐만 아니라, 천칭과 동전들이 실제로 있다면 그 절차대로 따라 할 수도 있다. 알고리즘이 명확성과 실효성 모두를 만족시킨다는 것이다. 직관적으로 세 알고리즘 모두가 정확성을 충족해 항상 올바른 답을 출력한다는 것을 알 수 있지만, 그 증명은 생략한다. 세 알고리즘의 일반성과 가독성에 대해서는 다음과 같이 정리할 수 있다.

- 알고리즘의 일반성이 높아 다양한 문제 사례(동전 더미 속 가짜 동전의 위치가 다르거나, 주어진 동전의 개수가 다른 입력)를 해결할 수 있다.

- 순차 · 선택 · 반복의 제어 구조를 구별 표기하여 알고리즘의 가독성이 높다. 순차 흐름은 사각형(한 단계의 작업 표현) 사이에 아래쪽 방향의 화살표로, 선택 흐름은 큰 사각형 안에 한 수준 작은 가로 방향의 사각형 나열로 표현되어 있다. 반복 흐름은 작업 명령 기술 내용에 "반복한다."는 표현을 두되, 큰 사각형 안에 한 수준 작은 사각형들이 세로 방향으로 나열(사각형이 두 개 이상일 경우 각 사각형 사이에 세로 방향 화살표 표기)되어 있다.

이제 세 알고리즘의 효율성을 천칭 저울 사용 횟수에 주안점을 두고 분석하되, 최선의 경우(천칭 저울 사용 횟수가 가장 적은 경우)와 최악의 경우(천칭 저울 사용 횟수가 가장 많은 경우)로 나누어 생각해 보자.

❖ 가짜 동전 찾기 알고리즘 1

- **최선의 경우** : 동전 더미에서 빼낸 첫 번째 동전을 왼쪽 접시에, 두 번째 동전을 오른쪽 접시에 올려놓고 천칭 저울로 그 무게를 비교했을 때 한쪽으로 기울게 되면 바로 반대쪽 동전이 가짜 동전임을 알게 되므로, 최선의 경우 천칭 저울 사용 횟수는 1회이다.

- **최악의 경우** : 동전 더미에서 $n - 1$ 번째 동전을 빼내 오른쪽 접시에 올려놓고 왼쪽 접시에 놓인 동전과 무게를 비교하고 나서야 어떤 동전이 가짜 동전인지 알게 되는 경우 천칭 저울을 가장 많이 사용하게 되므로, 최악의 경우 천칭 저울 사용 회수는 $n - 2$ (두 번째 빼낸 동전부터 $n - 1$ 번째 동전까지 각각 1회씩 사용)회이다.

❖ 가짜 동전 찾기 알고리즘 2

- **최선의 경우** : 동전 더미에서 첫 번째 빼낸 두 동전의 무게를 천칭 저울로 비교했을 때 한쪽으로 기울게 되면 그 즉시 반대쪽 동전이 가짜 동전임을 알게 되므로, 최선의 경우 천칭 저울 사용 횟수는 1회이다.

- **최악의 경우** : 동전 더미에서 마지막 쌍($\lfloor n / 2 \rfloor$번째 쌍)의 두 동전을 빼내 서로의 무게를 천칭 저울로 비교하고 나서야 어떤 동전이 가짜 동전인지 알게 되는 경우 천칭 저울을 가장 많이 사용하게 되므로, 최악의 경우 천칭 저울 사용 회수는 $\lfloor n / 2 \rfloor$회이다. 여기에서 $\lfloor \rfloor$는 '내림'을 나타내는 수학 기호로, 주어진 값의 소수점 이하 숫자 모두를 버리거나 0으로 바꾸어 얻게 되는 값을 나타낸다. 예로, n이 7일 때 n / 2의 값은 3.5이지만 $\lfloor n / 2 \rfloor$의 값은 3이 된다.

❖ 가짜 동전 찾기 알고리즘 3

- **최선의 경우** : 동전 더미의 동전이 홀수 개라서 임시로 동전 하나를 빼두고 나머지 동전들의 절반씩을 천칭 저울 양쪽 접시에 올려놓았을 때 평형을 이루게 되면 임시로 빼 둔 동전이 가짜 동전임을 알게 되므로, 최선의 경우 천칭 저울 사용 횟수는 1회이다.

⊃ **최악의 경우** : 동전 더미의 동전들을 절반씩 두 더미로 나누어 어느 더미가 더 가벼운지(가짜 동전이 포함되어 있는지) 천칭 저울로 재는 작업은, 천칭 저울이 한쪽으로 기울어 그 반대쪽 더미가 더 가볍다고 밝혀지면 해당 더미에 대해 다시 반복된다. 그러므로 천칭 저울을 가장 많이 사용하게 되는 경우는 두 절반 더미에 동전 하나씩만 남을 때까지 진행된 후 가짜 동전이 밝혀지는 경우이다. n개의 동전을 절반씩 나누어가길(동전 더미에 홀수 개의 동전이 포함된 경우 그 중 하나를 빼 둠) 몇 번 반복해야 그 절반 더미에 동전 하나가 남게 되는지를 구하면 그 값이 최악의 경우 천칭 저울 사용 횟수가 된다. 이는 1에 2를 몇 번 곱해야 n에 이르게 되는지에 해당되는 값이며, 그 값은 대략 $\log_2 n$ (n이 홀수인 경우나 2^k이 아닌 경우까지 고려해 정확하게 구하면 $\lfloor \log_2 n \rfloor$)이 되므로, 최악의 경우 천칭 저울 사용 횟수는 $\log_2 n$ 정도가 된다.

위의 알고리즘 분석에서 알 수 있는 것은 동일한 문제라도 어떤 알고리즘을 적용하는지에 따라 소요되는 비용(예: 시간적 비용, 공간적 비용)이 달라질 수 있다는 것이다. 게다가 문제의 크기(위의 경우 동전의 개수 n)가 커질수록 소요 비용의 차이가 엄청나

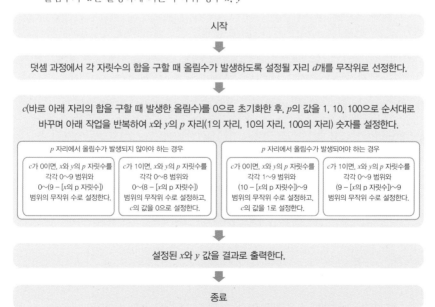

[그림 2-8] 지정 난이도의 큰 숫자 덧셈 문제 생성 알고리즘

게 커질 수 있기에, 효율성 높은(비용이 적게 드는) 알고리즘을 찾기 위한 노력이 매우 중요함을 인식해야 한다. 예로 동전 개수 n이 1,000,000일 경우, 최악의 경우 천칭 사용 횟수는 가짜 동전 찾기 알고리즘 1을 적용할 경우 999,998회, 가짜 동전 찾기 알고리즘 2를 적용할 경우 500,000회, 가짜 동전 찾기 알고리즘 3을 적용할 경우 20회 이내가 된다.

[큰 숫자 덧셈 공부] 상황과 관련해 큰 숫자 덧셈 공부 도우미를 구현하려면 여러 가지 알고리즘을 구상해야 한다. 그 중에 특정 난이도의 문제가 어떻게 만들어질 수 있는지 문제 하나(더해야 할 두 값)를 생성해 내는 문제 생성 알고리즘을 생각해 보자. 큰 숫자 덧셈 문제의 난이도를 규정하는 기준은 다양하게 설정될 수 있지만, 피연산자의 자릿수가 많을수록, 덧셈 과정의 올림수 발생 횟수가 많을수록 난이도가 높다는 것은 분명하다. [그림 2-8]에 제시된 알고리즘은 피연산자 모두가 3자리수인 덧셈 문제 하나를 생성하는 알고리즘으로, 문제의 난이도는 올림수 발생 횟수(0 ~ 3)로 규정된다고 가정하고 있다. [그림 2-8]의 알고리즘에서 화살표로 연결된 세로 방향의 사각형들은 순차 흐름으로, 사각형 속에 그려진 가로 방향의 사각형들은 선택 흐름으로, "아래 작업을 반복하여 … 설정한다."는 표현이 기술된 사각형은 반복 흐름으로 나타나게 된다.

2.3 문제해결 과정과 컴퓨팅 사고

상황을 이해·해석하는 관점이나 문제를 다루며 그 해결책에 접근하는 방식을 **패러다임**(*paradigm*)이라 하는데, 학문 분야마다 고유의 패러다임이 있다. 수학과 과학과 공학 각각이 문제 상황을 다룰 때 적용하는 패러다임을 **개시**(*initiation*), **개념화**(*conceptualization*), **실현**(*realization*), **평가**(*evaluation*), **적용**(*action*)의 5 단계로 구분해, 단계별로 어떤 활동이 이루어지는지 살펴보면 〈표 2-1〉[1]과 같다.

---

1 Peter J. Denning and Peter A. Freeman, Computing's Paradigm, Communications of the ACM, Vol. 52, No. 12, pp. 28~30.

〈표 2–1〉 수학·과학·공학의 문제해결 패러다임

	수학(Math)	과학(Science)	공학(Engineering)
개시	연구 대상을 특징짓는다(정의).	현상의 재현이나 패턴을 관찰한다(가설).	목표시스템의 행동과 응답에 대한 요구조건을 기술한다(요구조건).
개념화	대상 간 관계에 대한 가설을 설정한다(정리).	관찰을 설명하고 예측을 가능케 하는 모델을 구성한다(모델).	시스템 기능과 상호작용을 정형화시켜 기술한다(사양).
실현	제시된 관계가 참인지 연역한다(증명).	실험을 수행하고 데이터를 수집한다(검증).	프로토타입을 설계·구현한다(설계).
평가	결과를 해석한다.	결과를 해석한다.	프로토타입을 시험한다.
적용	결과를 적용한다(적용).	결과를 활용해 예측한다(예측).	실제 시스템을 구축한다(구축).

이에 대비해 컴퓨팅이 단계별로 수행하는 활동은 다음[2]과 같다.

- **개시** : 관찰 혹은 구축 대상 시스템이 유한(종료 가능)한 정보처리 과정으로 표현될 수 있는지, 혹은 무한(지속 대화식)의 정보처리 과정으로 표현될 수 있는지 결정한다.

- **개념화** : 대상 시스템의 행동을 생성하는 계산모델(예: 알고리즘, 컴퓨팅 에이전트 등)을 설계 혹은 발견한다.

- **실현** : 설계된 처리과정을 명령 수행 능력이 있는 매체 내에 구현한다. 발견된 처리과정에 대한 시뮬레이션 혹은 모델을 설계한다. 정보 처리과정의 행동을 관찰한다.

- **평가** : 해당 구현에 대해 논리적 정확성, 가설과의 일관성, 성능 제약, 원 목표 충족 여부 등을 검증한다. 필요할 경우 구현을 개선한다.

- **적용** : 산출된 결과를 실세계에 반영한다. 지속적 평가를 위해 모니터링 한다.

이 책의 2부부터는 아래 두 가지 목적에 주안점을 두고 다양한 문제들을 사례로 들어 그 해결 과정을 살펴본다.

---

2 Peter J. Denning and Peter A. Freeman, Computing's Paradigm, Communications of the ACM, Vol. 52, No. 12, pp. 28~30.

- 문제 해결 프로그래밍 과정에서 컴퓨팅 사고가 어떻게 적용되는지 구체적으로 이해한다.
- 프로그램을 작성할 때 관련 데이터나 알고리즘을 프로그래밍 언어 파이썬으로 어떻게 다루고 표현하는지 배우고 익힌다.

일반적으로 컴퓨팅은 문제 해결 5 단계 중 실현 단계에서 프로그래밍 언어를 선정한다. 개념화 활동의 결과물로서 구체적 설계안을 놓고 실현 단계에서 구현해야 할 요소들을 어떤 언어로 표현하고 다루는 것이 좋은지 판단하기 위함이다. 하지만 이 책의 경우 파이썬 프로그래밍을 익히기 위한 방편으로 파이썬만을 해결책 구현 언어로 사용하고 있으며, 해결책 구현과 직접적으로 관련된 내용들 모두가 파이썬의 구체적 요소들과 결부시켜 기술되어 있음에 유의하기 바란다. 더불어 이 책에서 익힌 것들을 실제 문제 해결에 보다 효과적으로 적용할 수 있도록, 문제 해결 과정에서 이루어지는 세부 활동을 기술할 때 앞서 제시한 컴퓨팅의 5 단계 활동의 틀을 준용하고 있음도 유념하기 바란다. 아래에 개시, 개념화, 실현, 평가, 적용의 5 단계 활동이 이 책에서 어떻게 다루어지고 있는지 정리되어 있다.

- **개시** : [문제 상황]을 기술하고, 구체적인 해결책(컴퓨터 간 상호작용)을 구상·도출하기 위해 수행해야 할 [문제 분석] 활동을 '**컴퓨터의 역할**', '사용자', '**입력**', '**출력**' 등의 영역으로 구분하여 기술한다.
- **개념화** : 문제 해결책으로 구상한 컴퓨터 간 상호작용의 핵심 [알고리즘]을 개괄하되, 알고리즘의 효율성 제고 방안과 핵심 알고리즘을 '**알고리즘의 효율성**', '**전체 알고리즘 뼈대**', '**핵심 알고리즘**' 등으로 나누어 기술한다.
- **실현** : 개념화 단계에서 설계된 알고리즘을 컴퓨터가 수행할 수 있게 만들기 위해 요구되는 [프로그래밍] 관련 내용을 설명한다. 어떤 '**변수**'들을 설정해 관련 데이터를 다룰지 개괄하고, 설계한 알고리즘에 대한 파이썬 표현, 즉 '**프로그램**'의 세부 내용을 기능 요소별로 살펴본다.
- **평가** : 해결책으로 구상했던 컴퓨터 간 상호작용이 생각한 대로 작동하는지 점검할 때 유의해야 할 사항들을 [테스트와 디버깅]에서 다룬다.
- **적용** : 이 책이 다루고자 하는 활동의 범위 상 구현된 해결책을 실제 현장에 적용·모니터링하며 개선안을 직접 도출하는 활동에 대해서는 기술하지 않고 있지만, 이미 구현한 해결책의 대안이나 개선안의 요구 조건을 [심화 활동]에 제시해 그 설계 및 구현 활동을 수행해 보게 한다.

2.4 미래 핵심 역량으로서의 컴퓨팅 사고

Wing은 읽기(*Reading*), 쓰기(*wRiting*), 셈하기(*aRithmetic*), 즉 3R이 그렇듯이, 컴퓨팅 사고 역시 21세기 사회 구성원 모두의 기본 소양이 되어야 한다고 주장했다[3]. Wing은 일상의 다양한 사례가 컴퓨팅 사고와 관련되어 있음을 보임으로써 컴퓨팅을 전공하는 사람이 아니더라도 누구나 컴퓨팅의 기초 개념을 습득하고 컴퓨팅 사고 능력을 증진시킴으로써 제반 영역의 문제해결 능력이 향상될 수 있음을 말하고 있다.

미래 시대에 사회 구성원들이 갖추어야 할 능력은 그들이 어떤 문제를 다루고 해결하며 살아가게 될 지에 대한 분석·예측을 바탕으로 도출된다. 구체적 분석 없이 한 두 세대 이전의 사람들이 다루었던 문제들과 현 세대 사람들이 다루고 있는 문제들만 비교해 보더라도, 누구나 미래 세대가 다음과 같은 문제들을 다루며 살아가게 될 것이라는 데 이견이 없을 것이다.

- 규모가 크고 복잡한 문제

  한 두 세대 이전 사람들이 다루었던 문제들의 대부분은 방대한 양의 작업을 요구하지 않았다. 그리 복잡하지도 않았다. 하지만 현재를 살고 있는 우리 자신이 일상적으로 다루고 있는 문제들만 들여다보아도 문제의 규모나 복잡성이 얼마나 증대되었는지 알 수 있다. 우리가 일상의 문제를 다룰 때 다양한 분야에서 수집된 엄청난 양의 데이터를 처리해야 얻을 수 있는 정보들이 요구된다. 더욱이 원하는 정보를 얻으려면 다양한 분야의 지식과 기술을 정교하게 결합시켜 적용해야 하는 경우도 많아지고 있다. 문제 해결에 그런 정보가 필요하다는 것은, 해당 문제가 그 해결 활동의 일환으로 그와 같은 정보의 수집·분석·추출 작업을 요구하는 문제라는 것이다. 접근·활용 가능한 데이터가 급격히 증가되고 데이터 원천 또한 다양화되고 있어, 문제의 규모나 복잡성 증가는 훨씬 더 심화되어 갈 것이다.

- 지식에 대한 지식이 요구되는 문제

  이미 우리 주변에는 날마다 새롭게 만들어지고 있는 정보와 지식으로 넘쳐나고

---

3 Jeannette M. Wing, Computational Thinking, Communications of the ACM, Vol. 49, No. 3, March 2006, pp. 33~35.

있다. 중요한 것은 문제 해결에 필요한 정보와 지식을 적절히 선택하고 조합하고 새롭게 생성하는 것이다. 여기서 우리는 문제를 효과적으로 해결하는 데에 지식을 다루는 지식, 즉 메타 지식이 요구됨을 생각해야 한다. 문제 상황을 다룰 때 어떤 지식을 적용하는 것이 더 바람직한지 판단해야 하고, 어떤 지식들을 어떻게 결합해 적용하는 것이 좋은지 생각해야 하고, 기존의 지식이나 기능을 새롭게 조합·연결해 문제 해결에 유용한 것들로 만들어내야 한다. 이는 융복합 역량과도 연결되고, 이성과 감성의 연계 능력과도 관련된다.

이 책은 "위와 같은 문제를 효과적으로 다루기 위해 어떻게 해야 하는가?"라는 질문에 "컴퓨팅 사고 능력을 키워라."고 답한다. 미래 시대가 요구하고 있는 아래 두 능력(함께 하는 능력)을 먼저 살펴본 후, 이들과 컴퓨팅 사고 능력이 어떤 관계인지, 앞서 제시한 문제들을 다루는데 컴퓨팅 사고가 어떻게 작용하는지 고찰해 보자.

- 조력자(관련 기기 포함)로부터 의미 있는 도움을 이끌어 낼 수 있는 능력

  현재 자신이 수행하고 있는 일들이나 우리 주변의 다른 사람들이 처리하고 있는 일들을 볼 때, 이미 자기 혼자만의 능력으로 해결할 수 있는 일이 많이 줄어들었음을 알 수 있다. 비근한 예로 컴퓨터나 자동화 기기의 도움 없이 할 수 있는 일들이 많지 않다. 해결해야 할 일이나 과제를 제대로 처리하려면 누군가 조력자(사람, 도구, 컴퓨팅 기기 등)를 찾아야 하고, 그로부터 의미 있는 도움을 제공받을 수 있어야 한다. 조력자로부터 제대로 도움을 받으려면 그가 어떤 방법으로 도움을 주면 보다 효과적으로 문제를 해결할 수 있을지에 대한 구체적 아이디어를 도출해 내고, 도출된 방법을 조력자가 이해하고 수행할 수 있도록 정확히 표현할 수 있는 능력이 있어야 한다.

- 누군가를 도와 그 능력을 제대로 발휘할 수 있게 만드는 능력

  누군가를 도와 그 능력을 제대로 발휘할 수 있게 만드는 능력은 미래 사회가 그 구성원들에게 요구하는 매우 중요한 능력이다. 그것은 사회 구성원들을 세우는 능력이고, 자신이 소속된 팀의 역량과 성과를 극대화하는 능력이며, 보다 높은 차원에서 자신의 능력을 키워갈 수 있게 해 주는 역량이다. 만약 도와 줄 대상이 컴퓨팅 기기라면 해당 기기가 자신의 능력을 제대로 발휘할 수 있게 만드는 능력이 된다. 누군가를 도와주려면 도와줄 대상이 어떤 능력을 가지고 있는지 파악해야 하고, 그 대상이 어떤 문제에 부딪혀 있는지, 그 근본 원인과 적정 해법은 무

엇인지, 해법을 어떻게 적용하도록 도와주는 것이 효과적인지 등등을 알아야 하는데, 자신이 아닌 누군가를 제대로 도와줄 수 있는 능력은 자기 자신을 돕는 능력보다 훨씬 차원 높은 능력이다.

이제 컴퓨팅 사고가 미래 시대에 부딪히게 될 문제들을 다루는데 있어 어떤 무기가 되는지, 함께 하는 능력과 어떤 관계인지 구체적으로 살펴보자.

2.4.1 추상화와 자동화의 결합

문제해결 패러다임으로서, 컴퓨팅 사고가 활용하는 핵심 도구는 '추상화(*abstraction*)'와 '자동화(*automation*)'이다. 추상화는 주변 세계를 우리의 관념 속으로 불러들이는 활동으로 물리적 차원의 시공간을 초월한 것이며, 상징적이고 일반적인 것이다. 자동화는 추상화된 대상을 컴퓨터의 계산 능력으로 실체화해 실세계와 상호작용하게 만드는 작업이다. 추상화가 컴퓨팅의 '정신적' 도구라면, 자동화는 추상화시킨 것을 '기계적' 도구로 만드는 작업이다. 추상화의 힘은 자동화의 힘에 의해 증폭된다. 컴퓨팅 사고의 관점에서 볼 때, 컴퓨팅은 '추상화시킨 것들의 자동화'로 이해될 수 있다.

비근한 예로, [그림 2-9]에 보인 바와 같이 인터넷을 하나의 추상체(추상 개념, 어떤 대상을 추상화시켜 나타낸 표상)로 상정해 볼 수 있다. 물론 그 규모가 너무 커서 속속들이 알지는 못하지만 분명 다양한 정보통신 기기들에 의해 자동화된 하나의 커다란 시스템이다. 그 속에 수많은 정보와 서비스가 녹아들어 있고 엄청난 사이버 공간이 구축되어 있으며, 시공간적 제약을 초월해 실세계의 컴퓨팅 기기들과 사람들을 소통시킨다. 인터넷은 분명 다양한 기능의 수많은 '컴퓨터'들에 의해 자동화되어 있고 생명을 가진 것처럼 활성화되어 있지만, 대부분의 사람들은 그 속에서 구체적으로 어떤 요소들이 어떻게 연계되어 상호작용하고 있는지 알지 못한다. 이는 인터넷을 하나의 커다란 추상체로 간주할 수 있다는 점에서 당연한 것이다.

이제 인터넷이라는 추상체 속에서 웹(*World Wide Web*) 서비스와 관련된 부분을 들여다보자. 웹 서비스는 인터넷의 대표적 기능 중 하나로, 세계 도처에 흩어져 존재하는 **하이퍼텍스트**(*hypertext*) 자원들을 효과적으로 접근할 수 있게 지원한다. 하이퍼텍스트는 컴퓨팅 기기 상에 디스플레이 되는, 다른 문서들에 대한 참조(*reference* : *hyperlink*라 불림)를 지닌 문서를 말하며, 텍스트뿐만 아니라 이미지, 영화, 음악 등 다양한 형식의 데이터가 포함된 문서(*hypermedia*라 불리기도 함)를 포괄하는 용어이다.

[그림 2-10]에 보인 것처럼 인터넷 속에서 웹서비스와 관련된 요소들을 총괄해 하나의 추상체로 간주할 수도 있겠지만, [그림 2-11]에서처럼 그 속에서 보다 작은 추상체를 찾아낼 수도 있다. **웹브라우저**(*web browser*)나 **웹서버**(*web server*)가 그 예들이다. 웹브라우저는 웹 상의 정보자원(하이퍼텍스트)에 접근(검색, 순회 등)할 수 있게 도와주는 컴퓨터 프로그램을 말하고, 웹서버는 웹브라우저 등의 요청을 받아 웹 문서(하이퍼텍스트)를 보내주는 컴퓨터 프로그램을 말한다. 사람들이 사용하는 주된 웹서비스는 웹브라우저와 웹서버의 상호작용에 의해 제공되는 것이다. 전형적 사용 예로서, 우리가 웹브라우저에게 접근하고 싶은 **웹 주소**(*web address* : 웹 자원이 인터넷 상의 어느 위치에 있고 그것을 어떻게 찾아가는지 등에 대한 내용 요소가 담긴 주소)를 제시

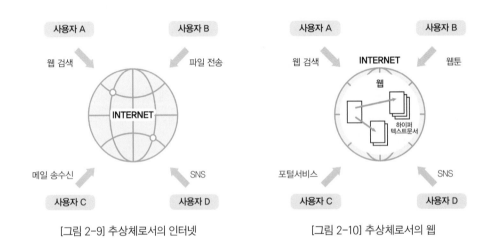

[그림 2-9] 추상체로서의 인터넷   [그림 2-10] 추상체로서의 웹

[그림 2-11] 추상체로서의 웹브라우저와 웹서버

하면, 웹브라우저는 해당 웹 문서를 관리하는 웹서버에게 그 문서의 내용을 전송해달라는 요청 메시지를 보내고, 웹서버가 해당 문서의 내용을 보내주면 그 내용을 모니터에 디스플레이해 준다. 물론 웹브라우저나 웹서버도 그 보다 작은 추상개념들의 상호작용에 의해 자동화된 것이다.

추상체는 그 크기나 구조, 역할 등에 있어 정말 다양하다. 한 추상체 속에서 그보다 작은 추상체를 찾을 수 있고, 또 그 안에서 더 작은 추상체를 발견해낼 수 있다. 어떤 시스템을 올바로 이해하고 제대로 활용하려면 해당 시스템을 구성하는 다양한 수준의 추상체들과, 그들 간의 상호작용을 알아야 한다. 인터넷과 관련해 어느 수준의 추상체까지 제대로 이해하고 있는지는 인터넷 활용의 생산성과 직결된다. 인터넷에 대해 왜곡된 지식을 가지고 있을 경우 인터넷을 잘못 사용함으로써 엄청난 피해를 입거나 끼칠 수 있지만, 적정 수준까지 인터넷과 관련된 추상체들을 알고 있을 경우 큰 유익을 얻거나 끼칠 수 있기 때문이다.

인터넷과 같이 이미 존재하는 대상을 분석하고 이해하는데 있어서도 그렇지만, 어떤 문제를 해결해야 하는 상황에서도 추상체는 매우 의미 있는 역할을 한다. 우선 그 문제를 해결하기 위해 필요한 대상들을 크기가 큰 몇 개의 추상체로 설정하고, 그들 간의 상호작용 양식을 정의한다. 그런 후 다시 각 추상체가 수행해야 할 역할을 적절히 분할해 각각의 역할을 담당할 보다 작은 추상체를 설정한다. 추상체의 '크기'를 줄여가는 작업은 자동화시키기에 적합한 크기로 추상체가 작아질 때까지 반복된다. 추상화(추상체를 설정하는 작업)는 불필요한 부분을 배제함으로써 복잡한 것을 단순화시킬 수 있게 해 준다. 또한 자동화 작업을 시작할 때까지 복잡한 작업을 유보하고 문제 해결 시스템의 전체 구조 설계 등 보다 포괄적인 작업에 집중할 수 있게 해 준다. 추상체 간의 상호작용 양식만 엄격히 정의해 지켜질 수 있다면 각 추상체에 대한 자동화 작업을 서로 다른 사람에게 맡길 수도 있다. 실제로 웹브라우저를 자동화한 사람과 웹서버를 자동화한 사람이 서로 다르다. 웹브라우저를 자동화한 사람에게 웹서버는 추상적인 대상일 뿐 웹서버가 어떻게 자동화되었는지 모르더라도 문제될 게 없다. 결국 추상체는 해결해야 할 문제의 복잡성을 효과적으로 해소시켜 나갈 수 있게 해 준다. 반면, 자동화는 각 추상체가 수행해야 할 역할을 컴퓨팅 기기가 수행할 수 있게 코드화해 관련 작업의 처리시간을 극적으로 줄여 줌으로써, 이전에 상상할 수 없었던 대규모의 작업도 적정 시간 내에 처리할 수 있게 해 준다.

2.4.2 메타지식 다루기

지식정보 사회는 생산되는 정보의 양이 엄청나고, 지식 및 정보에 대한 접근이 용이하며, 정보의 효용기간이 점점 짧아지는 특성을 가지고 있다. 따라서 지식정보 사회에서 교육은 기성지식의 단순 전수가 아니라, 지식을 분석·비판·선택하고, 통찰·종합하고, 생성·소통하는 능력, 즉 메타지식(*meta-knowledge*: 지식을 다루는 지식)을 키워주는 역할을 해야 한다. 새롭고 유용한 것을 생각하고 생성하는 능력, 다양한 요소들이 복잡하게 얽혀 있는 문제를 총체적으로 조망해 볼 수 있는 안목과 그것을 해결할 수 있는 학제적 능력, 이성과 감성을 연계하는 능력 등을 길러 주어야 한다. 메타지식과 관련지어 컴퓨팅 사고의 특성을 정리하면 다음과 같다.

- 컴퓨팅 사고는 창의적이다.

  창의성이란 특정 요구조건 하에서 기존 정보(지식, 즉 심상이나 개념)를 새롭게 조합(combination)·연결(connection)·결합(association)시키는 것이나, 새롭고 유용한 어떤 것을 만들어내는 것과 관련된다. 컴퓨팅 사고는 도구 창조적이다. 도구 사용뿐만 아니라 도구창조의 본질 및 함축을 깊이 이해시켜 도구 창조에 능숙하게 해 준다. 상상이 어떤 제약도 없이 우리 내면의 화랑(畵廊)에 어떤 상(像)을 만들어 내듯, 컴퓨팅 사고는 가상세계 속에 추상체를 창조해낸다. 그리고 그 추상체를 허상으로 남겨두지 않고 '생명력을 가진 실체'로 만들어 실세계에서 우리가 처한 문제를 해결하게 만든다. 또한 컴퓨팅 사고는 실체화된 추상체들의 오작동이나 비효율성이 발견될 경우, 이를 개선해 보다 좋은 것을 만들어 갈 수 있도록 동기를 부여해 준다.

- 컴퓨팅 사고는 분별적이다.

  분별력은 능력과 자산을 주변 여건과 시대적 상황에 맞게 구사하는 능력이다. 컴퓨팅 사고는 궁극적으로 시스템의 구현을 목표로 하기 때문에 실세계의 변수 관계까지 포괄하여 분석하고, 여러 상황을 비교해 가장 합리적인 판단을 내리려 애쓴다. 컴퓨팅 사고는 여러 지식 간에 충돌이 일어날 때 어떤 지식을 살리는 것이 올바른지, 자원에 대한 현실적 제약 내에서 어떤 비용과 가치에 우선순위를 두어야 할지를 생각하게 만든다. 추상체 하나를 설정하더라도 다른 추상체와의 관계 속에서 직교성과 호환성, 효율성, 단순성, 재사용성 등 다양한 측면을 고려해 그 인터페이스와 상호작용 방식을 정하도록 요구한다. 추상체를 구현할(실체화시킬) 때 역시 다양한 측면을 고려해 사용할 프로그래밍 언어와 알고리즘, 구현 플랫폼 등을 선택하게 만든다. 이는 컴퓨팅 사고를 함양하는 과정에서 '작은' 선택 하나 하나와 연결되어 있는 '큰' 차이의 결과들이 '눈에 보일 만큼' 훈련되기 때문에 가능한 것이다. 실제로 전단계의 작은 실수나 오류가 최종 시스템의 비효율성뿐만 아니라 오동작이나 고장까지 초래하는 상황을 수없이 체험하고 선택과 결과의 연계성을 선명히 보게 되면서 컴퓨팅 사고의 분별성이 자연스럽게 촉진·강화된다.

- 컴퓨팅 사고는 협동적이다.

협동력은 다른 이들과 함께 일하는 능력이며, 주변 사람과 의사교환·소통하고 다른 분야 전문가들과 협동하는 능력이다. 컴퓨팅 사고는 다른 이가 개발한 추상체(컴포넌트)를 활용할 때, 다른 이들이 활용할 추상체를 정의할 때, 여러 사람이 공동 작업을 수행할 때 어떻게 역할을 나누고 어떻게 소통하는 것이 좋은지 생각하고 경험하게 만든다. 또한 사용자 인터페이스를 통해 사용자와 어떻게 소통할 것인지를 항상 고민하게 한다.

- 컴퓨팅 사고는 시스템적이다.

시스템적 사고는 부분만이 아니라 부분 간의 유기적 상호작용 관계에 대한 이해를 바탕으로 전체에 접근하는 사고이다. 컴퓨팅 사고는 문제를 해결하기 위해 어떤 지식을 선택하고 어떤 구조로 조합해 상호작용하게 할지 고민한다. 문제해결에 필요한 지식과 기능들을 분할해 다수의 추상체 속에 내재시키고, 그 추상체들을 상호작용의 틀 속에 엮어 넣어 문제해결 시스템을 구축하게 한다. 시스템에 문제가 있어 그 원인을 찾을 때에도 시스템의 특정 부분만 생각하는 것이 아니라 전체 시스템에 대한 총체적 조망 속에서 관련 요소를 탐색하게 한다.

- 컴퓨팅 사고는 반성적이다.

반성적 사고(*reflective thinking*)는 사고에 대한 사고이다. 컴퓨팅 사고는 어떤 사고 과정을 통해 도출된 문제해결 방법이나 시스템, 혹은 추상체 등이 컴퓨터나 사람과 원활히 상호작용해서 효율적으로 문제를 해결하는지 검토·검증하게 하고, 그 과정에서 부분 혹은 전체를 보완·개선하게 한다. 컴퓨팅 사고는 무엇을 효율적으로 자동화할 수 있는가에 대해 늘 생각하기 때문에, '계산'에 의해 온전히 자동화할 수 없는 '인간적' 요소들의 가치를 제대로 평가하게 만들고, 가상세계 속의 존재와 원리가 어떻게 만들어져 운용되는지에 대한 이해를 바탕으로 초월적 존재에 대한 또 다른 성찰도 가능하게 한다.

• 컴퓨팅 사고는 '이성'과 '감성'에 대해 연계적·총체적이다.

컴퓨터과학의 본질은 '해체'와 '복원'이다. 모든 음성, 문자, 영상은 물론, 모든 사물에 내재된 현상을 0과 1이라는 비트(bit: binary digit)들로 분화시켜 이들의 연속된 나열로 해체시켰다가, 이를 다시 복원해 실세계와 상호작용하는 새로운 '실체'를 만들어낸다. 컴퓨팅 사고는 분석과 종합을 묶어내고, 과학과 예술이 상호작용하게 한다. 문제해결이나 시스템 구축 과정에서 이성적·합리적 사고를 거쳐 추상체를 설정하고, 감성적 사고를 작용시켜 가상세계를 실세계와 연결시킨다. 컴퓨팅 사고는 이성과 감성을 지속적·유기적으로 상호작용하게 만들어, 딱딱한 개념이 생생한 그림이 되게 하고 건조한 정보가 사람을 움직이는 동기가 되게 만든다. 컴퓨팅 사고는, 컴퓨터를 매개로 이루어지는 새로운 차원의 음악, 이미지, 예술 작업 등이 주는 감동 속에서, 가상세계가 실세계와 소통하는 방식의 놀라움 속에서, 이성과 감성의 넘나듦이 주는 풍성함을 우리 모두가 공유할 수 있게 해 준다.

2.4.3 컴퓨터를 훌륭한 조력자로 만들기

많은 사람들이 컴퓨터를 경쟁자로 여긴다. 자신의 진로를 선택하는데 있어서나 능력을 계발하는데 있어 컴퓨터와의 경쟁에서 이길 수 있는 분야가 어떤 분야인지나 컴퓨터가 어떤 능력을 갖추기 어려운지만을 생각한다. 하지만 작금의 상황을 볼 때 5년 전 혹은 10년 전에 불가능할 것으로 여겼던 수많은 일들을 컴퓨터가 하고 있다. 우리가 상상할 수 있는 일들 모두를 컴퓨터가 수행할 수 있게 만들 수 있기에, 우리가 평생 컴퓨터와 경쟁하지 않고 살아갈 수 있는 영역을 찾아다닌다는 것은 일시적이고 불확실한 일이기도 하거니와 엄청난 에너지를 쏟아 가야 하는 일이다.

오히려 미래 시대를 준비함에 있어 가장 지혜로운 방법은 컴퓨터를 우리 자신의 협력자나 조력자 되게 만들 수 있는 능력을 우리 스스로가 갖추는 것이다. 우리가 하고자 하는 일이 무엇이든 그 일을 하는데 조력자가 있다면 우리가 하고 싶은 일을 훨씬 쉽고 차원 높게 수행할 수 있게 될 것이다. 그 점에서 사람을 조력자로 삼는 능력도, 뛰어난 계산 능력을 지닌 컴퓨터를 조력자로 삼는 능력도 매우 중요하다. 프로그래밍 능력이 있으면 누군가 맡아 줬으면 하는 특정한 일을 컴퓨터(사람, 기기, 사물 등)가 수행하게 만들어 컴퓨터를 나의 조력자로 만들 수 있다. 나아가 컴퓨팅 사고 능력을 충분히 키우면 컴퓨터가 어떤 역할을 수행하는 조력자가 될 때 나 자신이 하고자 하는 일에 보다 큰 힘이 될지 체계적으로 정교하게 분석·설계하고 구현할 수 있게 된다. 컴퓨터를 능숙하게 프로그래밍 하는 그런 능력을 갖추고 있지는 못할지라도 컴퓨팅 사고 능력이 있다면 프로그래밍 전문가와 보다 잘 소통할 수 있어 그의 능력을 매개로 컴퓨터를 내가 원하는 조력자 되게 만들 수 있다.

2.4.4 컴퓨터 돕기

일반적으로 우리가 키우는 능력은 미래에 자신에게 주어질 일들을 스스로 처리할 수 있는 능력이다. 주어진 일들을 잘 처리하는 사람을 실력 있는 사람이라고 한다. 하지만 우리가 살아갈 미래는 그런 차원의 실력만 요구하는 시대가 아니다. 여러 사람이 함께 협력하며 무언가를 잘 해 낼 수 있어야 한다. 팀 전체가 한 마음 한 몸인 것처럼 움직이며 각자가 가진 능력을 최대한 발휘하여 주어진 일을 협력·처리할 수 있어야 한다. 이점에서 우리에게 요구되는 진짜 실력은 "함께 하는 사람들이 각자가 가진 능력을 최대한 발휘할 수 있도록 도와 줄 수 있는 능력"이다.

우리가 이미 알고 느껴 왔듯이 다른 사람을 돕는 것보다 자신을 돕는 것이 훨씬 쉽다. 이는 다음과 같은 이유들이 작용하기 때문이다.

- 다른 사람이 자신의 능력을 제대로 발휘하고 있지 못해도 그것을 알아내거나 판단하기 어렵지만, 자신의 상황에 대해서는 상대적으로 쉽게 알 수 있다.
- 다른 사람이 어떤 문제 때문에 자기 능력을 제대로 발휘 못하는지 알아내려면 지속적으로 관심을 가지고 살펴보아야 하지만, 자신의 경우에는 상대적으로 쉽게 알 수 있다.
- 문제의 원인을 찾아내더라도 다른 사람에게 적합한 해결책이 무엇일지 찾아내기 어렵지만, 자신에게 맞는 해결책은 보다 쉽게 생각해낼 수 있다.
- 해결책을 찾아내더라도 다른 사람이 그것을 어떻게 적용하게 하는 것이 최선일지 생각해내기 어렵지만, 자신에게 그 해결책을 어떻게 적용하는 게 좋은지는 보다 쉽게 생각해낼 수 있다.

위와 같은 이유들로 인해 다른 사람, 다른 컴퓨터가 각자의 능력을 최대한 발휘할 수 있게 도와줄 수 있는 능력을 키우기는 쉽지 않다. 하지만 컴퓨팅 사고 능력을 키워 갈 때 그런 능력까지 함께 키워질 수 있음을 발견할 수 있다. 컴퓨팅 사고는 본질적으로 주어진 문제에 대해 "어떤 방식의 컴퓨터 간 상호작용"이 가장 좋은 해결책이 될지 탐구한다. 그 속에서 컴퓨터들 각각에게 어떤 역할을 맡기고 서로가 어떻게 상호작용하는 것이 최선일 지를 정한다. 그리고 각각의 컴퓨터가 이미 지니고 있는 능력을 어떤 방식으로 조합·적용해야 맡겨진 역할을 훌륭히 수행해낼 수 있는지 생각해 해당 컴퓨터를 프로그래밍 한다. 컴퓨팅 사고는 컴퓨터들 각각이 자기 능력을 최대한 발휘하게 만들도록 돕는 능력이며, 그런 컴퓨터들 모두를 엮어 최선의 결과가 나오게 만드는 능력이다.

1. 문제란 '초기 상태'와 '목표 상태' 사이에 거리(간격, 괴리, 장애)가 존재하는 상황을 말하고, 적정 경로를 거쳐 초기 상태에서 목표 상태로 이동해 가는 과정을 문제해결이라 한다.

2. 초기 상태로부터 목표 상태에 이르는 상태 변환과정, 즉 문제해결 활동도 계산이다.

3. 문제는 문제 사례의 집합을 포괄하여 칭하는 용어이다.

4. 문제 분해는 주어진 문제를 그 보다 작은 다수의 문제로 나누는 활동을 의미하며, 그렇게 분해되어 설정된 문제들 각각을 부분 문제라 한다.

5. 패턴 인식은 데이터 혹은 계산 활동 속에 숨겨진 패턴을 인식해 내거나, 유사 패턴 혹은 반복 패턴을 찾아내는 활동이다.

6. 추상화는 특정 사물의 세부 사항을 숨기거나 생략해 해당 사물을 단순화시켜 표현하는 활동이다.

7. 알고리즘은 컴퓨터(사물)가 수행하는 계산의 규칙으로서 계산의 방법이나 절차를 규정한다.

8. 컴퓨터(사물)가 알고리즘에 따른 계산을 수행할 때 컴퓨터 외부로부터 주어지는 값과 컴퓨터 외부로 내보내지는 값을 각각 해당 알고리즘의 입력과 출력이라 한다.

9. 알고리즘의 수행 흐름에는 순차 · 선택 · 반복 · 호출 흐름이 있다.

10. 알고리즘은 그 기본 요건인 명확성, 실효성, 유한성, 정확성 등이 충족되도록 설계해야 한다. 나아가 일반성, 효율성, 가독성 등이 높아지도록 알고리즘을 설계해야 보다 좋은 알고리즘을 얻을 수 있다.

11. 주어진 문제 상황을 다룰 때, 개시, 개념화, 실현, 평가, 적용의 5단계 활동을 통해 그 해결책에 접근할 수 있다.

12. 추상화가 컴퓨팅의 '정신적' 도구라면, 자동화는 추상화시킨 것을 '기계적' 도구로 만드는 작업이다. 컴퓨팅은 컴퓨팅 사고를 통해 '추상화시킨 것들을 자동화'시키는데, 이때 추상화의 힘이 자동화의 힘에 의해 증폭된다.

13. 컴퓨팅 사고 능력은 추상화와 자동화를 결합시켜 규모가 크고 복잡한 문제를 다루는 능력이고, 지식을 효과적으로 분석·종합·개선·융합·적용·생성하는 능력이며, 조력자(컴퓨팅 기기 포함)로부터 원하는 도움을 이끌어 낼 수 있는 능력이자, 누군가(컴퓨팅 기기 포함)가 그 능력을 제대로 발휘할 수 있도록 도와줄 수 있는 능력이다.

1. 다음 빈 칸을 채워보자. 난이도 ★

(1) (   )는 주어진 문제를 그 보다 작은 문제로 나누는 활동을 의미한다.

(2) (   )은 데이터 혹은 계산 활동 속에 숨겨진 패턴을 인식해 내거나, 유사 패턴 혹은 반복 패턴을 찾아내는 활동이다.

(3) (   )는 세부 사항을 숨기거나 생략해 어떤 대상이나 기능을 단순화시키는 작업으로, 복잡한 문제를 공략하는 핵심 기법이다.

(4) 일반적으로 (   )라 하면 사람이 해야 할 일의 일부 또는 전부를 특정 기계에 맡겨 사람 대신 수행하게 만드는 활동을 의미하고, 컴퓨팅의 (   )는 특정 컴퓨터에게 맡기고자 하는 활동의 알고리즘을 해당 컴퓨터가 이해하고 수행할 수 있는 언어로 표현함으로써 이루어진다.

(5) 알고리즘을 수행시키면 (   ), (   ), (   ), (   ) 등의 수행 흐름이 나타난다.

(6) 알고리즘 수행 중에 외부로부터 알고리즘 수행자에게 주어지는 값을 (   ), 알고리즘 수행자가 외부로 내보내는 값을 (   )이라 한다.

2. 다음 각 문항에 제시된 내용이 알고리즘의 어떤 요건 혹은 특성을 설명하고 있는지 말해보자. 난이도 ★

(1) 의미가 모호하지 않은 명령들로 기술되어야 한다.

(2) 컴퓨터가 수행 가능한 명령들로 기술되어야 한다.

(3) 유한 단계의 작업(명령) 수행으로 목표하는 출력이 산출되어야 한다.

(4) 올바른 입력 모두에 대해 목표에 부합하는 출력이 산출되어야 한다.

(5) 알고리즘이 해결해 주는 '문제 사례'의 범위가 얼마나 넓은지를 나타내는 지표이다.

(6) 알고리즘 수행 과정에서 소요되는 비용, 즉 소요 자원(예: 시간적 자원, 공간적 자원 등)의 양이 얼마나 적은지를 나타내는 지표이다.

(7) 알고리즘이 얼마나 읽고 이해하기 쉬운지를 나타내는 지표이다.

연 습 문 제

3. 아래 역할을 수행하는 도우미의 도움을 받으며 알고리즘 A와 B 각각을 적용해, 작은 숫자부터 크기순으로 정렬된 n 개의 정수 중에 특정 숫자가 있는지 없는지 확인하려 한다. 어떤 알고리즘을 적용하든 해당 사실을 확인할 때까지 도우미에게 질문해야 하는 횟수는 n 개 정수 값들의 구성과 확인하고자 하는 숫자 값에 따라 달라진다. 알고리즘 A와 B 각각을 적용할 때, 어떤 경우에 도우미에 대한 질문 횟수가 최소 혹은 최대가 되는지 설명하고 해당 횟수를 구해 보자. 난이도 ★★★

- **도우미의 역할** : 확인하고자 하는 숫자 v가 정렬된 숫자 중 앞에서 $i(1 \leq i \leq n)$ 번째 숫자와 같은지 물어보면, 다음 세 가지 중 한 가지로 답해 준다.

  - v가 i 번째 숫자와 같을 경우의 답 : "같다."
  - v가 i 번째 숫자보다 클 경우의 답 : "크다."
  - v가 i 번째 숫자보다 작을 경우의 답 : "작다."

- **알고리즘 A**

  ① i의 값을 1로 설정한다.

  ② i의 값이 n보다 크면, 단계 ⑥부터 수행한다.

  ③ 도우미에게 숫자 v가 i 번째 숫자와 같은지 물어 본다.

  ④ 도우미가 "크다."고 답하면, i의 값을 1 증가 시킨 후 단계 ②부터 다시 수행한다.

  ⑤ 도우미가 "같다."고 답하면, "숫자 v가 있다."라고 말하면서 알고리즘 수행을 종료한다.

  ⑥ "숫자 v가 없다."라고 말하면서 알고리즘 수행을 종료한다.

- **알고리즘 B**

  ① 숫자를 확인해야 할 자리의 범위(low 번째 자리부터 $high$ 번째 자리까지)로서, low의 값은 1, $high$의 값은 n으로 설정한다.

  ② low의 값이 $high$의 값보다 크면, "숫자 v가 없다."라고 말하면서 알고리즘 수행을 종료한다.

  ③ i의 값을 $(low + high)/2$의 값으로 설정한다.

  ④ 도우미에게 숫자 v가 i 번째 숫자와 같은지 물어 본다.

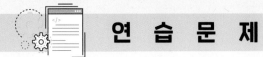

⑤ 도우미가 "같다."고 답하면, "숫자 v가 있다."라고 말하면서 알고리즘 수행을 종료한다.

⑥ 도우미가 "크다."고 답하면, low의 값을 i 보다 1 큰 값으로 대체한 후 단계 ②부터 다시 수행한다.

⑦ $high$의 값을 i 보다 1 작은 값으로 대체한 후 단계 ②부터 다시 수행한다.

CHAPTER 3 프로그래밍과 컴퓨팅 사고

기본 학습 목표

- 자연 언어와 프로그래밍 언어, 저급 언어와 고급 언어의 차이를 설명할 수 있다.
- 컴파일러와 인터프리터의 기능 및 역할을 구분하여 설명할 수 있다.
- 프로그램 수행에 있어 중앙처리장치와 주기억장치, 입출력장치의 역할을 설명할 수 있다.
- 프로그램 구성 요소로서 식별자와 키워드, 데이터 형, 리터럴(상수), 변수, 연산, 식, 문장, 함수, 객체, 클래스 등의 개념과 용도를 설명할 수 있다.

심화 학습 목표

- 일상 속에서 구체적 사례를 들어 컴파일러와 인터프리터의 역할을 설명할 수 있다.
- 개념의 계층 구조를 예시하고 해당 개념들의 내포와 외연을 구체적으로 설명할 수 있다.

프로그래밍은 자동화의 핵심 수단이다. 특정 활동을 컴퓨터에게 시키려면 프로그래밍 작업이 필요하다. 프로그래밍 언어, 프로그램, 프로그램 번역기 등 프로그래밍 관련 요소들을 컴퓨팅 사고의 관점에서 살펴보자.

3.1 프로그래밍 언어의 이해

프로그래밍은 그 대상이 되는 컴퓨터(사물, 사람, 기계, 컴퓨팅 기기 등)가 우리 생각대로 작동하게(계산 활동을 수행하게) 만드는 활동이다. 컴퓨터를 프로그래밍 하여 그 컴퓨터가 특정 활동을 수행하게 만들려면 해당 컴퓨터가 어떤 계산 능력을 가지고 있고 어떻게 작동하는지 정확히 알아야 한다. 또한 우리가 어떤 활동을 원하는지 컴퓨터가 이해할 수 있게 표현해 주어야 한다. 프로그래밍에 언어가 필요한 이유를 바로 거기에서 찾을 수 있다. 우리의 생각을 적정 언어로 표현해 컴퓨터가 이해하고 수행할 수 있게 해야 한다는 것이다.

컴퓨팅에서는 프로그래밍에 사용되는 언어를 **프로그래밍 언어**(*programming language*)라 한다. 프로그래밍 언어의 선택은 프로그래밍이 요구되는 상황에서 프로그래밍의 대상이나 목적에 따라 이루어진다. 프로그래밍에 **자연 언어**(*natural language* : 인간 역사 속에서 자연히 발생해 우리 일상에서 사용되고 있는 언어)가 사용되기도 하지만, **인공 언어**(*artificial language* : 특정 목적에 맞게 인위적으로 만든 언어)가 사용되기도 한다. 일반적으로 컴퓨팅 기기를 프로그래밍 할 때 사용되는 언어는 인공 언어인데, 이들 언어는 다음과 같은 특성이 있다.

- 자연 언어에 비해 단순하다.
- 불명확한 요소나 불규칙적인 요소가 없다.
- 생각을 정확히 표현 · 전달하기 위해 엄격한 문법 구조와 의미 구조를 가지고 있다.
- 특정 범주의 계산을 표현하는데 필요한 요소들로 구성되어 있다.

컴퓨팅은 프로그래밍 언어와 관련해 **프로그램**(*program*)이라는 용어를 사용하는데, 프로그램은 컴퓨팅 사고를 통해 컴퓨터가 수행해야 할 것으로 도출해 낸 문제 해결책을 특정 프로그래밍 언어로 표현해 놓은 결과물에 해당한다.

Q 묻고 답하기

🔲 우리 일상에서 프로그래밍 언어로 사용되는 인공 언어에 어떤 것들이 있는가?

🔲
악보 표기 기호들의 집합, 수식 표기 기호들의 집합, 교통 표지의 집합 등이 그 예이다. 연주자를 대상으로 한 프로그램이 악보이므로, 악보 표기에 사용되는 다양한 기호들은 악보라는 프로그램을 작성하는 언어이다. 특정 계산의 결과 값이나 문제의 답을 구하는 사람이 사용하는 프로그램이 수식이나 공식이므로, 수식 표기 기호들이 그 언어에 해당된다. 특정 범위의 지역에 설치된 교통 표지판들의 조합은 그 지역의 교통 질서를 유지하기 위한 프로그램이다. 따라서 교통 표지는 도로를 이용하는 보행자나 운전자가 어떤 행동을 해야 할지 안내하고 명령하기 위해 사용되는 프로그래밍 언어이다.

프로그래밍 언어는 어떤 스타일(프로그램의 구조와 요소를 구성하는 방식)로 프로그램을 작성하는지에 따라 **명령식 프로그래밍 언어**(*imperative programming language*)와 **선언식 프로그래밍 언어**(*declarative programming language*)로 나뉜다. 전자는 프로그램이 어떻게 작동해야 하는지에 초점을 맞추고, 후자는 무엇을 성취하는 프로그램인지에 초점을 맞춘다. 전자는 알고리즘, 즉 원하는 결과를 얻기 위해 컴퓨터가 수행해야 할 명령(보통 문장이라 함)들로 구성되고, 후자는 방법이나 절차가 아니라 성취해야 할 결과를 기술한다. 이 책은 명령식 프로그래밍 언어인 파이썬을 배우는데 목적을 두고 있기에, 이후 특별한 언급이 없는 한 프로그래밍과 관련된 기본 설명 모두는 명령식 프로그래밍에 기초하고 있음을 유의하기 바란다.

명령식 프로그래밍에서는 계산의 방법이나 절차를 다루고 표현해야 하기에, 기본적으로 프로그래밍 언어에 다음 요소들이 포함되어 있다.

- **상태에 해당하는 요소** : 상수(*literals*), 변수 등 데이터 표현 및 저장 요소
- **상태 변화를 야기하는 요소** : 연산자 등 연산 표현 요소
- **연산의 적용 순서를 표현하는 요소** : 문장, 제어 구조 등 수행 흐름 표현 요소

이들 요소 이외에도 이해하기 쉽고 수정·보완하기 좋은 프로그램을 작성하려 할 때 활용할 수 있는 요소들도 있다. 프로그램 구성 요소와 관련된 구체적 내용들은 3.3절에서 다루기로 하자.

3.2 프로그래밍 언어 번역기의 이해

일반적으로 우리가 사용하는 디지털 컴퓨터는 하나의 **시스템**(*system*)으로서 작동한다. 그래서 컴퓨터 시스템이라 불리기도 한다. 여기서 시스템이란 "일련의 목적을 성취하기 위해 서로 협력하는 요소들의 집합"을 말하며, 하나로 통합된 전체를 의미한다. 실제로 컴퓨터 시스템의 구성 요소들은 크게 하드웨어와 소프트웨어로 구분될 수 있는데, 전자는 **입출력장치, 주기억장치, 중앙처리장치** 등으로 구성되고, 후자는 **응용 소프트웨어, 시스템 소프트웨어** 등으로 나뉜다.

입출력장치는 컴퓨터와 외부 세계가 상호작용(입력과 출력)할 때 사용되는 장치로, 키보드, 마우스, 모니터, 보조기억장치(하드디스크 등 데이터를 반영구적으로 저장·관리할 수 있게 지원하는 저장 장치) 등을 포괄한다. 주기억장치는 보조기억장치와는 달리 CPU가 직접 읽고 쓸 수 있는 전자기적 저장 장치로, 전원 공급이 끊기면 저장되어 있던 모든 내용이 소멸된다. 중앙처리장치는 주기억장치에 적재된 프로그램(명령어와 데이터로 구성) 속의 명령어들을 적정 순서로 읽어 들여 수행해 주는 장치를 말하며, **처리기**(*processor*)라고도 불린다. 컴퓨터 시스템의 구성 요소 중에 실질적 계산 능력을 지니고 있어, 프로그램을 수행하는 요소는 바로 이들로 구성된 하드웨어이다. 응용소프트웨어는 스프레드시트, 워드 프로세서, 동영상 플레이어, 일정관리 프로그램 등 특정 목적의 작업에 필요한 기능(계산 활동)을 지원하는 소프트웨어를, 시스템 소프트웨어는 운영체제, 프로그램 번역기 등 응용 소프트웨어들이 요구하는 공통 기능을 지원하는 소프트웨어를 말하며, 이들 소프트웨어는 컴퓨터 하드웨어에 의해 수행된다.

[그림 3-1]은 하드웨어 구성 요소들이 프로그램 수행에 어떤 역할을 하는지 개괄적으로 보여 준다. [그림 3-1]에 보인 것처럼 프로그램은 명령어와 데이터로 구성되며, 컴퓨터에 의해 수행될 때 주기억장치에 적재된다. 명령어들은 순차, 선택, 반복 구조에

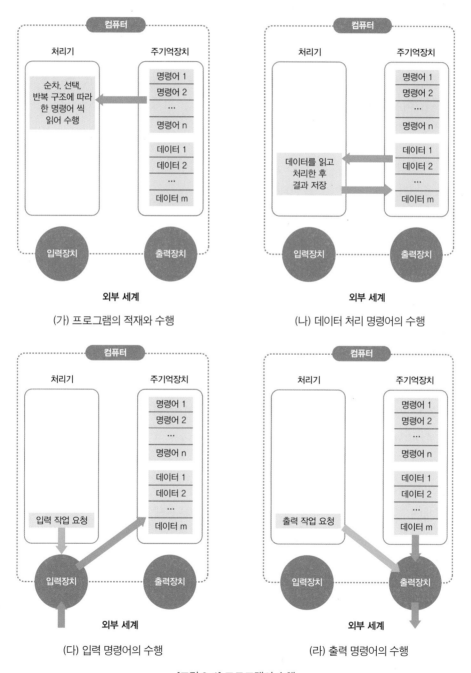

[그림 3-1] 프로그램의 수행

맞게 주기억장치에 배치되고, 처리기에 의해 하나씩 읽혀져 수행된다. 산술, 논리 연산 등의 데이터 처리 명령어 수행 시 처리할 값을 읽거나 처리 결과를 저장하는 과정에서 처리기와 주기억장치 사이의 데이터 이동이 발생한다. 처리기는 수행할 명령어가 입출력 명령어인 경우 해당 입출력 작업을 입출력장치가 수행하게 만드는데, 이 과정에서 주기억장치와 외부세계 사이에 데이터 이동이 일어난다.

직접적으로 하드웨어를 프로그래밍 하려면 [그림 3-1]에 제시된 내용보다 훨씬 더 세부적인 지식들을 습득해야 하고 하드웨어가 이해할 수 있는 언어로 프로그램을 작성해야 한다. 하드웨어가 이해·수행할 수 있는 언어를 **기계어**(*machine language*)라 하는데, 기계어 프로그래밍의 문제점은 다음과 같다.

- 하드웨어는 본질적으로 이진 값들만 인식·처리할 수 있어, 프로그램의 모든 요소를 0과 1의 조합으로 표현해야 한다.
- 기계어로 표현할 수 있는 명령어(특정 연산을 수행해 달라는 요청을 표현한 문장)들이 단순 기능만 지원하기 때문에, 해당 기능을 조합하여 우리가 생각하는 알고리즘을 표현하려면 엄청난 노력이 요구된다.
- 하드웨어마다 기계어가 달라, 다른 하드웨어로 구성된 컴퓨터 시스템에게 우리가 원하는 일을 시키려면 해당 하드웨어에 맞게 다시 프로그래밍 해야 한다.

기계어와 같이, 하드웨어가 수행하고 다룰 수 있는 수준의 명령어나 데이터로 프로그램을 작성해야 하는 프로그래밍 언어를 **저급 언어**(*low level language*)라 하는데, 저급 언어로 프로그래밍 할 때 겪게 되는 문제점을 개선하기 위해 만들어진 언어가 **고급 언어**(*high level language*)이다. 스크래치, 엔트리, 파이썬, C, Java 등 컴퓨팅 분야에서 교육용으로나 개발용으로 사용되고 있는 거의 모든 언어가 이 범주에 속한다. 고급 언어라는 이름에는, 프로그래머들이 하드웨어 수준의 인식·처리 체계가 아니라 인간의 사고 체계에 부합되는 높은 수준의 개념 요소들을 사용해 알고리즘을 표현할 수 있도록 지원하는 언어라는 의미가 내포되어 있다.

고급 언어의 근본적인 문제점은, 컴퓨터 시스템의 구성 요소 중 유일하게 실질적 계산 능력을 지닌 처리기가 고급 언어로 작성된 프로그램을 이해하지 못해 해당 프로그램을 수행하지 못한다는 것이다. 이에 대한 해결책으로 사용되는 방법이 프로그래밍 언어마다 **프로그래밍 언어 번역기**(*programming language translator*)를 만들어 사용하는 것이다. 프로그래밍 언어 번역기는 특정 언어로 작성된 프로그램을 번역해 해당 컴퓨터 시스템의 처리기가 이해·수행할 수 있게 도와주는 소프트웨어이다.

물론 번역 도중에 문법에 어긋나 정확히 번역할 수 없는 표현이 프로그램 속에서 발견되면, 오류 발견 위치와 오류의 내용을 출력해 프로그래머가 해당 오류를 고칠 수 있게 도와주는 역할도 수행한다. 프로그램에 내재된 오류를 찾아 없애는 작업을 **디버깅**[*](debugging)이라 하는데, 이는 컴퓨터 발전 역사의 초창기에 벌레(bug) 한 마리가 회선에 끼어 있어 오작동 했던 컴퓨터가 벌레 제거(debug) 후 올바로 작동했던 일이 유래가 되어 생긴 말이다. 디버깅을 통해 찾아내야 하는 오류의 유형은 다음 두 가지로 나뉜다.

- **문법 오류**(syntax error) : 해당 언어의 문법에 어긋난 표현을 사용해 발생하는 오류로, 번역 작업 과정에서 번역기에 의해 발견된다. 문법 오류를 모두 제거하지 않으면 번역 작업이 마무리되지 않기에 프로그램을 수행할 수 없다.
- **의미 오류**(semantic error) : 프로그램을 번역·수행시켰을 때 프로그래머가 원했던 대로 컴퓨터가 작동하지 않게 만드는 오류로, 프로그램 수행 과정에서 발견된다. 의미 오류는 프로그래머가 애초에 구상한 알고리즘 자체가 잘못된 알고리즘이었다거나, 올바른 알고리즘이었지만 잘못 표현했다거나 하는 경우에 발생한다.

번역기의 역할은 문법 오류가 없는 프로그램을 번역해 컴퓨터 시스템이 수행할 수 있게 만들어 주는 것이다. 이는 번역기를 이해시키기만 하면 프로그램을 수행시킬 수 있다는 의미이다. 그렇다면 특정 언어로 프로그램을 작성해 자신이 생각한 알고리즘대로 컴퓨터 시스템을 작동시키고 싶은 프로그래머는 어떤 일을 해야 할까? 그것은 분명 컴퓨터 시스템의 하드웨어를 이해시키는 일이 아니라, 해당 언어의 번역기를 이해시키는 일이다. 프로그램을 작성할 때 번역기가 규정하고 있는 연산만 사용해야 하고, 번역기가 인식할 수 있는 형태로만 데이터를 표현해야 한다. 또한 번역기가 이해할 수 있게 연산의 순서를 기술해야 한다. 프로그래밍의 일차 목표는 해당 언어의 번역기가 이해할 수 있도록 우리가 생각한 계산을 프로그램으로 표현하는 것이다. 그러면 그 프로그램은 번역·수행될 수 있게 된다. 마치 그렇게 표현된 프로그램을 수행할 수 있는 계산 능력이 번역기에 있는 것처럼 착각하게 되기도 한다. 사실, 개념적으로 볼 때 번역기를 독자적인 컴퓨터인 것처럼 인식하는 것이 좋다. 이런 개념적 인식이 바탕이 될 때, 특정 언어로 프로그래밍 하는 일은 우리가 구상한 알고리즘을 번역기가 이해하고 수행할 수 있게 만드는 일로 간주될 수 있다.

일반적으로 프로그래밍 언어 번역기는 **컴파일러**(*compiler*)와 **인터프리터**(*interpreter*)로 분류된다. 컴파일러는 전체 프로그램에 대한 번역물을 만들어줘 필요할 때마다 재사용할 수 있게 해 준다. 반면 인터프리터는 프로그램을 명령어 단위로 번역해 수행시켜 줄 뿐 그 번역물은 만들어 주지 않는다. [그림 3-2]와 [그림 3-3]에서 컴파일러와 인터프리터 각각을 사용할 때 번역과 수행 작업이 어떻게 진행되는지 볼 수 있다.

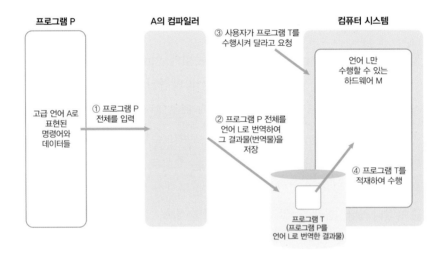

[그림 3-2] 컴파일러의 작동 방식

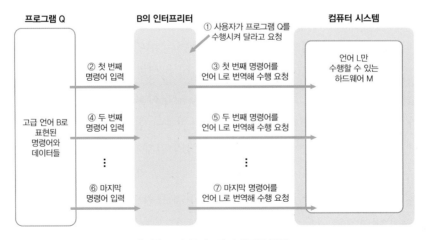

[그림 3-3] 인터프리터의 작동 방식

우리가 배우게 될 프로그래밍 언어 파이썬은 인터프리터를 사용하는 언어이다. 파이썬 언어를 배운다는 것은 파이썬 인터프리터가 인식할 수 있는 요소들을 파이썬 인터프리터가 규정하고 있는 문법에 맞게 조합해 우리의 생각을 어떻게 표현할 수 있는지 배우는 것이다. 파이썬 프로그래밍을 배운다는 것은 파이썬 인터프리터의 계산 능력이나 계산 양식을 적용해 우리가 생각한 계산 활동이 이루어지게 만드는 방법을 배우는 것이다. 파이썬 인터프리터와 관련해 기본적으로 알아야 할 핵심적 개념 요소들을 하나씩 살펴보기로 하자.

3.3 프로그램의 구성 요소

프로그램은 알고리즘(계산의 규칙)에 대한 표현이다. 알고리즘을 표현하려면 연산의 대상을 다루어야 하고, 필요한 연산이 적용되게 해야 하며, 연산의 적용 순서를 제어해 원하는 계산이 진행되게 만들어야 한다. 본 절은 이와 관련해 프로그래밍 작업 중에 다루어야 할 대표적인 요소로서 상수, 변수, 연산, 식, 문장, 함수, 객체, 클래스 등을 다룬다. 본 절은 이들이 파이썬 이외의 언어를 사용할 때에도 알아야 할 요소들이기에 최대한 일반화시켜 설명하고 있으며, 파이썬과 관련해 특별히 이해해야 할 사항들은 그 점을 명시해 기술하고 있다.

1 객체와 클래스

프로그램의 구성 요소 전반을 살펴보기 전에 **객체**(*object*)라 불리는 개념 요소를 짚어볼 필요가 있다. 이는 객체 개념에 대한 올바른 이해가 파이썬 프로그램의 구성 요소 전반을 이해하는데 기초가 되기 때문이다. 실세계에서 객체는 시공간 속에 존재하는 임의의 사물에 해당되며, 우리가 인식하고 다루는 개체이자 대상이다. 우리가 흔히 접하는 사물들로서, 스마트폰, 손목시계, 가방, 옷, 신발, 볼펜, 노트북 컴퓨터, 키보드, 마우스, 파일 등이 모두 객체이다. 일반적으로 우리는 객체들을 그 속성에 따라 분류하여 인식하고 다룬다. 해당 객체가 어떤 속성을 가지고 있는지 살피고, 공통 속성을 가진 객체들끼리 분류해 개념화시키고, 그렇게 개념화된 대상들을 그룹지어 다룬다.

예를 들어 우리가 사용하는 '손목시계'라는 용어는 실세계에 존재하는 손목시계 모두를 통칭하는 이름이다. 실존하는 손목시계 전체를 하나의 부류로 묶어서 **개념**(*concept*)으로 설정하고, 해당 개념에 '손목시계'라는 **이름**(*name*)을 붙여서 사용하는 것이다. 이름 이외에 개념과 관련된 요소 두 가지를 생각해 볼 수 있는데, **내포**(*intension*)와 **외연**(*extension*)이 그들이다. 외연은 개념의 범주에 포함시켜 다룰 수 있는 실제 사물(객체)들의 집합을 말하고, 내포는 해당 개념의 외연에 속한 사물들의 공통 속성에 해당한다. 실존하는 모든 손목시계들의 집합이 '손목시계'라는 개념의 외연에 해당하고, 그들의 공통 속성(시간을 확인할 수 있게 해 준다거나 손목에 착용한다는 등 해당 객체를 손목시계로 분류·인식되게 만드는 속성)이 '손목시계'라는 개념의 내포에 해당한다. 특정 개념이 내포로서 규정하고 있는 속성은 상태 속성과 행동 속성으로 구분된다. 상태 속성은 외연에 속한 객체들이 어떤 상태 요소들을 갖는지를 규정하고, 행동 속성은 객체가 외부로부터의 작용에 어떻게 반응하는지를 규정한다. 손목시계의 경우 현재 시간, 시계 줄의 재료나 길이, 아날로그/디지털 여부 등을 그 상태 속성으로, 시간을 맞추거나 확인하는 행동에 대한 반응 방식(현재 시간을 변경시켜 주거나 확인시켜 줌), 손목에 차거나 푸는 행동에 대한 반응 방식(착용 상태를 유지할 수 있게 해 주거나, 착용 상태를 해제할 수 있게 해 줌) 등을 그 행동 속성으로 생각해 볼 수 있다.

프로그래밍 영역에서 '개념'에 해당하는 요소가 **클래스**(*class*)이다. 개념에 이름이 붙여지듯 클래스에도 이름이 붙여진다. 프로그래머는 클래스를 활용해 그 외연에 속하게 될 **인스턴스 객체**(*instance object*)들을 필요한 만큼 생성·활용할 수 있다. 클래스의 외연에 속한 객체들 모두가 공통적으로 갖게 되는 속성, 즉 내포(상태 속성과 행동 속성)는 클래스를 정의할 때 프로그래머에 의해 규정된다. 클래스로부터 생성된 인스턴스 객체는 해당 클래스에 규정된 속성 모두를 갖게 되므로, 어떤 클래스로부터 생성되었는지에 따라 인스턴스 객체의 유형이 나뉘게 된다. 상태 속성은 데이터로 표현되고 행동 속성은 기능에 해당되므로, 클래스 내에 해당 속성들을 어떻게 정의하느냐에 따라 프로그래머가 원하는 대로 데이터와 기능을 결합시켜 활용할 수 있게 된다. 클래스는 데이터와 기능을 묶어서 다룰 수 있게 지원하는 훌륭한 도구이다. 파이썬의 경우 상태 속성 각각을 **데이터 속성**(*data attribute*)이라 하고 행동 속성 각각을 **메소드**(*method*)라 하며, 이들 모두를 **속성**(*attribute*)이라 부른다.

[그림 3-4](가)는 일반적으로 우리가 일상 속에서 실세계의 사물을 어떻게 개념화시켜 다루는지 보여 준다. 우리는 실세계에 존재하는 사물들의 속성을 분석한 후 특정 공통 속성(내포)을 지닌 사물들을 모아(외연) 해당 사물들을 포괄하는 이름을 지어 하나의 개념을 설정한다. 그리고 개념의 이름을 사용해 해당 사물 모두를 통칭한다. 예를 들어 개념의 이름이 '소나무'일 경우, 개념의 내포는 소나무의 속성을 규정하게 되고, 개

념의 외연에는 세상에 존재하는 모든 소나무(소나무 1, 소나무 2, …)가 포함되며, 외연에 속한 모든 사물을 '소나무'라 통칭하게 된다. 반면 [그림 3-4](나)는 그와 상반된 방식으로 클래스(개념)를 먼저 규정하고 그에 해당하는 객체(사물)를 만들어 다루게 되는 경우를 보여 주는데, 이는 수행 중인 컴퓨터 프로그램이 필요에 따라 객체(사물에 대한 모델 혹은 추상체)를 만들어 사용할 수 있도록 지원하기 위해 적용되는 전형적인 방법이다. 우리 일상에서도 이와 같은 방식으로 사물(객체)을 만들어 사용하는 경우가

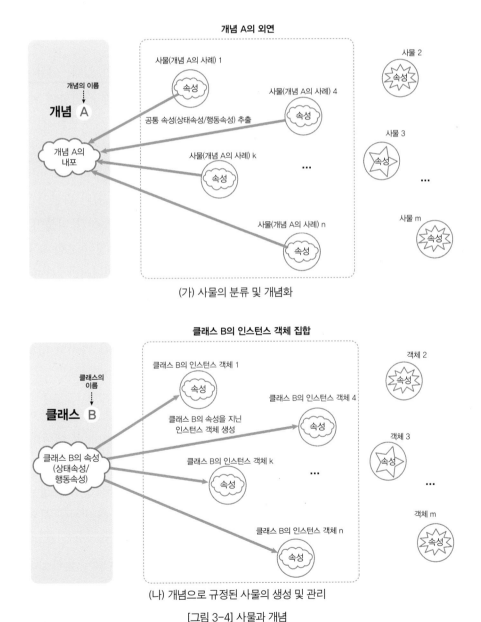

(가) 사물의 분류 및 개념화

(나) 개념으로 규정된 사물의 생성 및 관리

[그림 3-4] 사물과 개념

많은데, 우리가 흔히 '모델'이나 '설계도' 등으로 부르는 것이 [그림 3-4](나)의 클래스에 해당된다. 일례로 특정 '모델'로 출시된 스마트폰 여러 대를 생각해 보자. 이 경우 스마트 폰의 모델(설계도 등을 포함)이 해당 스마트 폰들 모두를 개념화한 클래스가 되고 모델명이 그 이름이 된다. 모델이 규정하고 있는 스마트폰의 구성 요소, 성능, 기능 등이 해당 클래스의 내포에 해당되고, 생산된 스마트폰 모두가 해당 클래스의 외연에 해당된다. [그림 3-4](가)가 사물들을 분류하고 개념화시켜 다루는 방식이라면, [그림 3-4](나)는 개념으로 규정된 사물들을 만들어내 그룹 지어 다루는 방식이다. 이는 우리가 일상에서 어떤 사물을 설계해 만들어내는 모든 경우에 해당된다.

클래스와 관련하여 또 한 가지 살펴보아야 할 중요한 개념 요소가 있다. 이는 우리가 지식으로서 지니고 있는 개념의 계층 구조와 관련된 것이다. 이와 관련하여 앞서 [그림 3-4](가)에 예시했었던 예를 다시 한 번 살펴보자. 학용품과 사무용품 전반을 통칭하는 '문구'라는 개념은 '필기구', '공책', '사무용 칼' 등의 개념을 포괄하고 있고, '필기구'라는 개념에는 '볼펜', '연필', '붓' 등의 개념이 포함된다. 필기구라는 개념의 내포에는 문구라는 개념의 내포(학습이나 사무 활동에 사용된다는 속성)와 더불어 '필기에 사용된다.'는 속성이 추가되어 있고, 볼펜의 내포에는 필기구의 속성과 더불어 '펜 끝에 작은 금속 볼의 움직임에 따라 오일 잉크가 묻어나온다.'는 속성이 포함되어 있다. 문구가 상위 개념이라면 필기구, 공책, 사무용 칼 등이 그 하위 개념이다. 볼펜, 연필, 붓 등은 필기구의 하위 개념이다. 이와 같은 개념의 계층구조는 우리가 알고 있는 개념들을 훨씬 더 효과적으로 표현하고 다룰 수 있게 해 준다. "볼펜은 필기구이다."라는 말만으로, 볼펜이 문구로서의 속성과 필기구로서의 속성 모두를 가지고 있음을 나타낼 수 있는 것도 그 예 중 하나이다.

'개념의 계층 구조'는 프로그래밍 영역에서 '클래스의 계층 구조'로 표현된다. 이와 관련된 핵심 개념이 **상속**(*inheritance*)이다. 상속을 지원하는 프로그래밍 언어의 경우, 임의의 클래스가 규정하고 있는 속성 그대로를 '상속' 받아 새로운 클래스를 정의할 수 있게 지원한다. 클래스 A를 상속받아 클래스 B를 정의했다면, 클래스 A를 **상위 클래스**(*super class* : *base class*, *parent class* 등으로 불리기도 함), 클래스 B를 **하위 클래스**(*subclass* : *derived class*, *child class* 등으로 칭하기도 함)라 한다. 이 경우 하위 개념인 '볼펜'의 내포에 그 상위 개념인 '문구'와 '필기구'의 내포 모두가 포함되어 있는 것처럼, 하위 클래스 B는 그 상위 클래스 A의 내포 모두를 포함한 클래스로 설정된다. 일반적으로 상속 개념을 지원하는 프로그래밍 언어를 **객체 지향 프로그래밍 언어**

(*object oriented programming language*)'라 하는데, 파이썬 역시 상속 개념을 지원하고 있기에 객체 지향 프로그래밍 언어로 간주할 수 있다.

2 데이터 형

프로그램이 계산을 표현하려면 관련된 데이터와 연산을 다루어야 한다. 프로그래밍 언어에서 데이터는 일반적으로 **형**(*type* : 정수, 실수, 문자 등 데이터의 유형)별로 분류되어 다루어지는데, 이는 데이터 형별로 그 특성에 맞는 저장 구조와 허용 연산을 규정해 해당 데이터를 효과적으로 관리하며 다룰 수 있게 하기 위함이다. 사실 앞서 살펴본 클래스 역시 그 인스턴스 객체의 상태 속성과 행동 속성을 규정한다는 점에서 데이터 형의 역할을 한다. 상태 속성이 데이터에 해당되고, 행동 속성이 해당 데이터를 대상으로 적용할 수 있는 연산에 해당된다는 점에서 그렇다.

데이터 형에는 번역기가 규정해 놓은 **내장형**(*built-in type* 혹은 *primitive type*)이 있고, 다양한 내장형을 조합해 프로그래머가 규정 · 활용할 수 있는 **사용자 정의형**(*user-defined type*)이 있다. 파이썬의 경우 클래스가 데이터 형의 역할을 하는데, 파이썬 인터프리터가 이미 규정하고 있어 프로그래머가 따로 정의할 필요 없이 사용할 수 있는 **내장 클래스**(*built-in class*)가 있고, 프로그래머가 정의해 활용할 수 있는 **사용자 정의 클래스**가 있다.

3 리터럴(상수)

리터럴(*literal*)은 표현 그대로의 값을 나타낸다. 예를 들어 **3.28**은 실수 값 3.28을, **746**은 정수 값 746을, **"abc"**는 문자열(문자들의 순차적 나열) abc를 나타내는 리터럴이다. 일반적으로 프로그래밍 언어에서는 리터럴을 표현하는 규칙을 데이터 형별로 규정하고 있다. 프로그래머는 프로그래밍 언어가 정의하고 있는 **내장 리터럴**(*built-in literal*)을 사용할 수 있다. 파이썬의 경우 기본적인 리터럴 값들도 모두 객체로 다룬다.

4 변수

변수(*variable*)는 상수(리터럴)와 상반된 속성을 지닌 요소로, 수학의 미지수처럼 필요에 따라 어떤 특정 값으로 대체해서 사용할 수 있는 요소이다. 변수에는 이름이 붙여지게 되며, 그 이름을 사용해 해당 변수에 대응된 값을 참조할 수도 있고 변경할 수도 있다. 보통은 특정 저장소(값을 저장해 둘 수 있는 저장 공간)에 이름을 붙여서 변수를 구현하며, 그 이름을 사용해 해당 저장소에 저장된 값을 읽어낼 수 있게 해 주고, 그 이름을 사용해 해당 저장소에 새로운 값을 저장(원래 저장되어 있던 값은 덮어 써지게 됨)할 수 있게 해 준다.

모든 데이터를 객체로 표현하고 다루는 파이썬의 경우 객체에 붙여진 이름을 변수라 하는데, 변수는 해당 객체에 대한 **레퍼런스**(*reference* : 객체 식별에 사용되는 값) 역할을 하는 것으로 간주된다. 어떤 객체(데이터)에 특정 이름을 붙이면 그 이름으로 해당 객체에 접근할 수 있게 되며, 이후 그 이름을 다른 객체에 붙이게 되면 이전 객체가 아니라 새로운 객체를 그 이름으로 접근할 수 있게 된다.

5 연산

연산(*operation*)은 계산에서 상태를 바꾸는 도구이고 데이터를 처리하는 수단이다. 대부분의 프로그래밍 언어는 산술 연산(사칙 연산 등)이나 비교 연산(값의 같고 크고 작음을 판단하는 연산), 논리 연산(*and*, *or*, *not* 등) 등의 기본 연산을 특정 데이터에 적용할 수 있도록 각 연산에 대응되는 **연산자**(*operator*)를 지원한다.

일반적으로 '보다 큰' 연산(다수의 기본 연산을 적정 순서로 적용해서 수행할 수 있는 연산)은 **함수**(*function*)나 **메소드**(*method*)로 정의해서 사용할 수 있게 지원하는데, 함수와 관련된 내용은 8 에 기술되어 있다.

6 식

식(*expression*)은 연산자와 피연산자(리터럴, 변수 등)를 조합해 데이터를 다루고 표현하는 수단이다. 일반적으로 프로그래밍 언어마다 피연산자 계산 순서 관련 규칙이나 연산자 우선순위 규칙 등을 규정하고 있으므로, 프로그래머가 다수의 연산자와 피연산자로 구성된 수식을 정확히 기술하고자 할 경우 관련 규칙에 대한 올바른 이해가 선행되어야 한다.

7 문장

문장(*statement*)은 한 단위의 작업을 수행하도록 컴퓨터에게 명령하는 수단이다. 프로그램 수행의 근본 목적이 프로그램에 규정된 계산 활동이 이루어지게 만드는 것이기에, 가장 기본적인 문장은 컴퓨터가 특정 식(연산의 조합) 하나로 표현된 일련의 계산을 수행하게 만드는 문장이다. 프로그램이 알고리즘의 표현이라 할 때, 프로그래밍 언어로 프로그램을 작성하는 작업은 알고리즘에 규정된 연산들을 다수의 식으로 표현하고 그 식들을 수행하라는 문장들을 명시하되, 문장들이 알고리즘의 수행 흐름에 따라 수행되게 표현하는 작업이 된다. 대부분의 프로그래밍 언어는 2.2.4절에서 설명한 네 가지 유형의 수행 흐름을 효과적으로 표현할 수 있도록 다음과 같은 표현을 지원한다.

- **순차 수행**(*sequential execution*) : 문장들을 나열하면 그 순서대로 수행된다.
- **선택문**(*selection statement*) : '조건식'과 '종속된 문장 묶음들(딸린 문장 묶음들)'로 구성된 **복합문**(*compound statement* : 종속된 문장 묶음을 가진 문장)으로, '조건식'의 계산 결과 값이 '참'인 경우 선택문에 딸린 문장 묶음 내의 문장들이 수행되게 해 주거나, '조건식'의 계산 결과 값이 '참'인지 '거짓'인지에 따라 종속된 문장 묶음 중 특정 묶음을 선택해 해당 묶음 내의 문장들이 수행되게 해 준다.
- **반복문**(*iteration statement*) : '조건식'과 '종속된 문장 묶음들'로 구성된 복합문으로, '조건식'이 충족되는 동안 일련의 문장이 반복 수행되게 해 준다.
- **호출**(*call*) : 함수(*function* : 고유 이름을 붙여 정의한 알고리즘으로, 프로그래밍 언어에 따라 프로시저, 서브루틴, 메소드 등으로 불리기도 함.)를 정의해 두고, 그 이름을 사용해 해당 알고리즘을 언제든 호출(그 입력을 전달하며 해당 알고리즘에 대한 수행 요청)해 그 결과를 활용할 수 있게 해 준다.

8 함수

함수(*function*)는 관련 데이터와 문장 표현들을 사용해 알고리즘 하나를 정의할 수 있는 도구이다. 어떤 함수든 그 수행 중에 다른 함수를 호출할 수 있는데, 호출하는 함수를 '호출자(*caller*)', 호출된 함수를 '피호출자(*callee*)'라 한다. 일반적으로 호출자는 피호출자를 호출한 직후부터 피호출자의 활동이 끝날 때까지 자신의 활동을 멈추고 대기하게 된다. 함수 호출 시 호출자가 피호출자에게 일련의 데이터를 전달할 수 있는데, 이를 **인자**(*parameter*)라 한다. 또한, 피호출자가 자신의 작업이 종료될 때 결과 데이터를 호출자에게 전달할 수 있는데, 이를 **리턴 값** 혹은 **반환 값**(*return value*)이라 한다. 피호출자가 함수로서 하나의 알고리즘을 규정하게 된다고 보면, 인자 값은 해당 알고리즘의 입력에 해당되고 리턴 값은 알고리즘의 출력에 해당된다.

인자를 피연산자로 생각하고 리턴 값을 계산의 결과로 간주한다면, 함수는 연산자와 동일한 역할을 한다. 이런 이유로 프로그래머가 정의하는 함수를 사용자 정의 연산으로 이해할 수 있다. 앞에서 데이터 형이 내장형과 사용자 정의형으로 나뉘었던 것과 유사하게, 함수 역시 프로그래밍 언어 번역기가 미리 규정하고 있는 **내장 함수**(*built-in function*)와, 프로그래머가 정의해서 사용하는 **사용자 정의 함수**(*user-defined function*)로 구분된다. 프로그래밍 언어에 따라 함수에 해당하는 요소가 **프로시저**(*procedure*), **서브루틴**(*subroutine*) 등으로 불리기도 한다.

🔟 식별자와 키워드

프로그래밍 언어에는 그 의미나 역할이 미리 특정되어 있는 일련의 단어들이 있어 이들을 사용해 프로그램을 작성하게 되는데, 그런 단어들을 **키워드**(*keyword*)라 한다. 물론 해당 언어의 번역기는 모든 키워드의 용도나 의미를 알고 있어, 프로그램 속에 키워드가 사용된 코드를 적절히 번역할 수 있다. 예로, class와 return, while 등은 파이썬 인터프리터가 이해하고 처리할 수 있는 키워드들이다. 파이썬 인터프리터의 경우, 프로그램 번역·수행 중에 class라는 키워드를 발견하면 그에 딸린 코드 블록이 클래스 정의에 해당된다고 간주해 번역하게 되고, 키워드 return을 만나면 해당 문장이 return 문(함수 내에서 사용되는 문장으로, 해당 함수의 피호출자로서의 작업을 끝내고 호출자로 복귀되게 만드는 문장)이라 전제하고 처리하게 된다. 키워드 while이 사용되었을 경우 파이썬 인터프리터는 해당 문장을 while 문(지정된 조건이 충족되는 동안 그에 딸린 일련의 문장을 반복 수행시켜 주는 문장)으로 인식해 처리한다.

프로그래밍 과정에서 사용할 수 있는 또 다른 부류의 단어로 **식별자**(*identifier*)가 있다. 식별자는 프로그램 구성 요소 중 사용자가 만든(프로그래머가 정의한) 요소에 붙여지는 이름이다. 프로그래밍 언어 번역기는 사용자가 프로그램 속에서 무언가를 정의할 때 거기에 적절한 이름(식별자)을 붙여 두도록 요구하는데, 이는 사용자가 그 이름으로 자신이 정의한 것을 지칭하여 사용할 수 있게 하기 위함이다. 앞서 설명한 클래스나 데이터 형, 변수, 함수 등이 프로그래머가 정의해 이름을 붙여 두고 사용할 수 있는 요소들이다.

일반적으로 변수나 함수, 클래스 등에 붙여진 모든 이름은 **참조 범위**(*scope*)가 설정되는데, 참조 범위를 벗어나면 그 이름으로 해당 요소를 지칭할 수 없게 된다. 변수 이름의 참조 범위가 모듈(4.1절 참조) 전체일 때 해당 변수를 **전역 변수**(*global variable*)라

하고, 특정 클래스나 함수 내부로 한정될 경우 **지역 변수**(*local variable*)라 한다. 전역 변수에 데이터를 저장해 두고 활용하면 그 공유의 폭이 넓어 편리한 점은 있지만, 어느 코드에선가 해당 데이터에 잘못된 데이터를 저장하게 되면 그로 인해 발생 가능한 부작용의 범위가 그만큼 커질 수 있음을 생각해 과도한 전역 변수 사용을 지양해야 한다.

1. 프로그래밍 활동에 사용되는 언어를 프로그래밍 언어라 하고, 컴퓨터가 수행할 계산 활동을 특정 프로그래밍 언어로 표현해 놓은 프로그래밍 활동의 결과물을 프로그램이라 한다.

2. 원하는 결과를 얻기 위해 컴퓨터가 수행해야 할 계산의 방법이나 절차를 프로그램으로 표현하는 언어를 명령식 프로그래밍 언어라 하며, 파이썬도 그 중 하나이다.

3. 명령식 프로그래밍 언어는 계산(상태 변환 과정)을 표현하고 다룰 수 있도록, 상태에 해당하는 데이터 표현 요소, 상태 변화를 야기하는 연산 표현 요소, 연산의 적용 순서를 표현하는 제어 흐름 표현 요소 등을 제공한다.

4. 컴퓨터 시스템은 하드웨어와 소프트웨어로 구성되고, 전자는 입출력장치, 주기억장치, 처리기(중앙처리장치) 등으로, 후자는 응용 소프트웨어, 시스템 소프트웨어 등으로 나뉜다.

5. 기계어와 같이, 하드웨어가 수행하고 다룰 수 있는 수준의 명령어나 데이터로 프로그램을 작성해야 하는 프로그래밍 언어를 저급 언어라 하고, 하드웨어 수준의 인식·처리 체계가 아니라 인간의 사고 체계에 부합되는 높은 수준의 개념 요소들을 사용해 알고리즘을 표현할 수 있도록 지원하는 언어를 고급 언어라 한다.

6. 프로그래밍 언어로 작성된 프로그램을 번역해 특정 컴퓨터 시스템이 이해하고 수행할 수 있게 만들어 주는 소프트웨어를 프로그래밍 언어 번역기라 하는데, 이는 컴파일러와 인터프리터로 분류된다.

7. 컴파일러가 전체 프로그램에 대한 번역물을 만들어 필요할 때마다 재사용할 수 있게 해 주는 반면, 인터프리터는 프로그램을 명령어 단위로 번역해 수행시켜 줄 뿐 그 번역물은 만들어 주지 않는다. 파이썬은 인터프리터를 사용하는 언어이다.

8. 프로그램에 내재된 오류를 찾아 없애는 작업을 디버깅이라 하는데, 프로그램 오류는 문법 오류와 의미 오류로 나뉜다.

9. 특정 언어로 프로그래밍 하는 일은 우리가 구상한 알고리즘을 해당 프로그래밍 언어의 번역기가 이해하고 수행할 수 있게 만드는 일로 간주될 수 있다.

10. 프로그래머는 프로그래밍 작업 과정에서 식별자와 키워드, 데이터 형, 리터럴(상수), 변수, 연산, 식, 문장, 함수, 객체, 클래스 등을 다루게 된다.

11. 객체 지향 프로그래밍 언어는 클래스와 인스턴스 객체를 매개로 일상의 개념들을 표현하고 다룰 수 있게 지원해 준다.

1. 다음 빈 칸을 채워보자. 난이도 ★

(1) 프로그래밍에 사용되는 언어를 (   )라 한다.

(2) (   )은 컴퓨팅 사고를 통해 컴퓨터가 수행해야 할 것으로 도출해 낸 문제
해결책을 특정 프로그래밍 언어로 표현해 놓은 결과물에 해당한다.

(3) 일련의 목적을 성취하기 위해 서로 협력하는 요소들의 집합을 (   )이라
한다.

(4) 키보드, 마우스, 모니터, 보조기억장치 등 컴퓨터와 외부 세계 사이의 상호작
용(입력과 출력)에 사용하는 장치를 (   )라 한다.

(5) 보조기억장치와는 달리 처리기(CPU)가 직접 읽고 쓸 수 있는 전자기적 저장
장치를 (   )라 한다.

(6) 처리기라고도 불리는 (   )는 주기억장치에 적재된 프로그램(명령어와 데
이터로 구성) 속의 명령어들을 적정 순서로 읽어 들여 관련 데이터를 처리해
주는 장치이다.

(7) 스프레드시트, 워드 프로세서, 동영상 플레이어, 일정관리 프로그램 등 특정
목적의 작업에 필요한 기능(계산 활동)을 지원하는 소프트웨어를 (   )라
한다.

(8) 운영체제, 프로그램 번역기 등 응용 소프트웨어들이 요구하는 공통 기능을 지
원하는 소프트웨어를 (   )라 한다.

(9) 하드웨어가 이해·수행할 수 있는 언어를 (   )라 한다.

(10) 프로그램에 내재된 오류로서 (   )는 해당 언어가 규정하고 있는 문법에
어긋난 표현을 사용해 발생하는 오류로, 번역 작업 과정에서 번역기에 의해
발견된다.

(11) 프로그램에 내재된 오류로서 (   )는 프로그램을 번역·수행시켰을 때 프
로그래머가 원했던 대로 컴퓨터가 작동하지 않게 만드는 오류로, 프로그램 수
행 과정에서 발견된다.

(12) 실세계에서 (   )는 시공간 속에 존재하는 임의의 사물에 해당되며, 우리
가 인식하고 다루는 개체이자 대상이다.

(13) 프로그래밍 과정에서 다루게 되는 요소 중 '개념'에 해당하는 요소를 (   ) 라 한다.

(14) 프로그래머는 클래스를 활용해 그 외연에 속하게 될 (   )들을 필요한 만큼 생성·활용할 수 있다.

(15) 파이썬에서는 객체에 붙여진 이름을 (   )라 하며, 이는 해당 객체에 대한 레퍼런스 역할을 한다.

(16) (   )은 한 단위의 작업을 수행하도록 컴퓨터에게 명령하는 수단이다.

(17) 함수 호출 시 호출자가 피호출자에게 전달하는 일련의 데이터를 (   )라 하고, 피호출자가 자신의 작업이 종료될 때 호출자에게 전달하는 결과 값을 (   )이라 한다.

(18) 프로그래밍 언어에서 그 의미나 역할이 미리 특정되어 있는 일련의 단어들을 (   )라 한다.

(19) (   )는 프로그램 구성 요소 중 사용자가 만든(프로그래머가 정의한) 요소에 붙여지는 이름이다.

2. 4단계 이상의 상·하위 개념들로 구성된 '개념의 계층 구조' 하나를 예시하고, 계층 구조 상의 개념들 각각에 대한 내포와 외연을 설명해 보자. 난이도 ★★

☞ 예 : 활동, 노동, 육체적 노동, 정신적 노동, 학습, 영어 학습, 영단어 학습, 영문법 학습, 수학 학습, 스포츠, 축구, 야구, 배구, 농구 등을 포함한 개념들의 계층 구조

CHAPTER 4

파이썬과 컴퓨팅 사고

기본 학습 목표
- 파이썬 프로그램을 모듈 단위로 분할해 작성함으로써 얻을 수 있는 유익을 설명할 수 있다.
- 라이브러리의 역할과 유익을 설명할 수 있다.
- 이 책의 각 장이 어떤 요소들로 구성되어 있는지 이해할 수 있다.

심화 학습 목표
- 파이썬 객체의 기본 특성을 설명할 수 있다.
- 파이썬 객체의 형들이 어떻게 구성되어 있는지 이해할 수 있다.

4.1 파이썬 인터프리터의 이해

파이썬은 인터프리터 언어이다. 파이썬 프로그래머가 이해시켜야 할 대상이 파이썬 인터프리터라는 것이다. 따라서 파이썬 프로그래밍은 우리가 어떤 계산을 원하는지 파이썬 인터프리터가 이해할 수 있도록 표현하는 작업이다. 여기에서는 파이썬 인터프리터를 이해시키기 위해 기본적으로 이해하고 있어야 할 사항 몇 가지를 살펴보기로 하자.

1 모듈

파이썬 프로그램은 하나 이상의 **모듈**(*module*)로 구성되며, 각 모듈은 파이썬 문장들이 나열된 파일로 구현된다. 모듈을 작성할 때 하나 이상의 다른 모듈을 불러들여 활용할 수 있는데, 여기에 import 문이 사용된다. 만약 프로그래머가 모듈 *A*를 작성하면서 import 문을 사용해 모듈 *B*를 불러들이게 되면, 모듈 *B* 속에 특정 이름으로 정의되어 있는 변수나 함수, 클래스 등을 마치 모듈 *A* 내부에 그 이름으로 정의해 둔 것처럼 사용할 수 있게 된다.

프로그래머 입장에서 볼 때 모듈을 작성하면서 임의의 모듈을 불러온다는 것은 인터프리터(파이썬 프로그램의 수행 주체)가 이해하고 처리할 수 있는 요소들을 추가함으로써 인터프리터의 계산 능력이 그 만큼 확장되게 만든다는 것을 의미한다. 인터프리터의 계산 능력이 확장되면 프로그래머는 해당 인터프리터에게 그 만큼 다양하고 수준 높은 일을 특별한 부담 없이 요구할 수 있게 된다. 모듈 불러오기 기능은 다음을 가능케 한다.

- 모듈 불러오기 기능을 적용(예: 프로그램을 여러 모듈로 나누어 작성하고 메인 모듈이 다른 모듈들을 불러들이는 방식 적용)하면 큰 프로그램도 여러 모듈로 분할하여 작성할 수 있게 된다. 이는 협업 프로그래밍도 가능하게 한다.
- 유용한 요소(함수, 클래스 등)들을 기능별로 분류하여 모듈들을 만들어 두고, 프로그래머들이 해당 모듈들을 공유하게 하면 프로그램 개발 비용을 절감시킬 수 있다. 이와 같은 모듈들을 **라이브러리**(*library*)라 한다.

관련성이 큰 공유 요소들이 많으면 해당 기능에 대한 라이브러리를 다수의 모듈로 만들어 계층 구조(예: 폴더 구조, 디렉터리 구조 등)로 저장 · 관리 · 활용하게 할 수 있는데, 계층적으로 조직화된 모듈들의 집합을 **패키지**(*package*)라 한다.

Q 묻고 답하기

문 모듈을 불러들이면 파이썬 인터프리터의 계산 능력이 그 만큼 확장된 것과 같은 효과를 얻을 수 있다. 어떤 면에서 그러한가?

답

프로그래머가 모듈 A 작성 중에 각각 d와 f로 이름 붙여진 데이터 요소와 기능 요소가 정의되어 있는 모듈 B를 불러들이게 되면, 식별자 d와 f를 사용해 해당 데이터나 기능을 활용할 수 있게 된다. 모듈 A를 작성할 때 모듈 B를 불러들이지 않고 식별자 d와 f를 사용했다고 가정해 보자. 그 상태에서 파이썬 인터프리터에게 모듈 A를 수행하도록 요청하면 d와 f가 무엇인지 모르기에 그것들이 사용된 문장을 이해하고 수행할 수 없다. 그럼 모듈 A를 작성할 때 모듈 B를 불러들이고 식별자 d와 f를 사용했다고 가정한다면 무엇이 달라지는가? 그리 되면 파이썬 인터프리터에게 모듈 A를 수행하도록 요청할 경우 식별자 d와 f가 모듈 B에 어떻게 정의되어 있는지 알 수 있기에 파이썬 인터프리터가 모듈 A에 사용된 관련 문장들을 수행할 수 있게 된다. 이와 같이 모듈 A를 작성할 때 모듈 B를 불러들이게 되면, 모듈 B에 정의된 어떤 요소를 사용하더라도 파이썬 인터프리터가 그것을 이해하고 처리할 수 있게 된다. 이는 불러들인 모듈에 정의되어 있는 요소 모두를 학습함으로써 파이썬 인터프리터의 계산 능력이 그만큼 확장된 것으로 간주할 수 있는 상황이다.

---

2 블록과 토큰

블록(*block*)은 파이썬 인터프리터가 한 단위로 처리 · 실행하는 한 조각의 파이썬 코드 텍스트이다. 모듈, 함수 정의, 클래스 정의, 대화형으로 입력된 각각의 문장 등이 블록에 해당된다. 파이썬 인터프리터는 어휘 분석을 통해 각 블록을 구성하는 **토큰**(*token*:

식별자, 키워드, 리터럴, 연산자 등의 어휘 요소)들을 추출하게 되는데, 이들을 적절히 조합해 문장을 구성하고, 해당 문장이 요구하는 바를 해석해 해당 계산이 수행되게 만들어 준다.

3 라인 구조 및 들여 쓰기

파이썬 프로그램은 텍스트로 표현·나열된 여러 개의 논리적 라인(*logical lines*)으로 구성되고, 논리적 라인에는 문장이 기술된다. 논리적 라인은 하나 이상의 물리적 라인들로 구성되는데, 물리적 라인의 끝이 역슬래시 문자 '\'로 끝나면 논리적 라인은 그 다음 물리적 라인까지 확장된다. 여기서 우리가 유념해야 할 것은 **들여쓰기 수준**(*indentation level*)이 같은 연속된 논리적 라인에 명시된 문장들이 하나의 **문장 묶음**(*suite*)으로 간주되어 번역·처리된다는 것이다. 여기서 논리적 라인의 들여쓰기 수준은 해당 라인에서 공백(빈칸이나 탭)이 아닌 첫 문자 앞쪽에 있는 공백 공간 모두를 '빈칸(*space*)' 문자로 채웠을 때의 빈칸 개수에 해당된다.

문장 묶음과 관련지어 알고 있어야 할 요소가 복합문이다. 복합문은 하나 이상의 **절**(*clause*)로 구성되고, 절은 '헤더'와 하나의 '문장 묶음'으로 구성된다. 따라서 라인별 들여쓰기에 있어 빈칸 하나가 더 들어가거나 덜 들어가게 되면 엉뚱한 해석이나 문법적 오류를 야기할 수 있다. 보다 구체적인 설명이나 예제는 2부에서 다룬다.

4.2 파이썬 언어의 주요 요소와 컴퓨팅 사고

컴퓨팅 사고는 모든 사물을 계산 능력을 지닌 컴퓨터로 간주한다. 계산의 관점에서 상황을 해석하고 문제를 발견하며 컴퓨터 간 상호작용을 통해 문제가 해결되게 만든다. 파이썬에서 사물(컴퓨터)은 객체로 모델링된다. 사물의 계산 능력을 객체의 행동 속성으로 모델링하며 해결책을 구상하고 구현할 수 있다. 이점에서 파이썬의 객체 지향 프로그래밍과 컴퓨팅 사고는 자연스럽게 맞물리게 된다. 컴퓨팅 사고를 바탕으로 파이썬 프로그래밍을 익히기 위해 파이썬 객체에 대해 보다 구체적으로 알아야 할 사항 몇 가지를 정리하면 다음과 같다.

1 파이썬 객체의 기본 특성

파이썬에서 객체는 데이터에 대한 추상체이다. 파이썬 프로그램에서 모든 데이터는 객체 자체나 객체 간 관계로 표현된다. 파이썬의 모든 객체는 다음 특성을 가진다.

- **고유식별값**(*identity*) : 객체마다 하나씩 가지고 있어 해당 객체와 다른 객체를 서로 구별할 수 있는 값을 말하며, 객체 생성 시 설정된 이후 변경되지 않는 객체 고유의 값이다. 구현에 따라 다를 수 있지만, 파이썬 객체들이 메모리 상의 서로 다른 영역에 존재하게 될 경우, 해당 객체의 메모리 위치(주소) 값이 그 값에 해당될 수 있다. 파이썬의 연산자 **is**는 두 객체의 고유식별값을 비교해 해당 객체들이 동일한 객체인지 서로 다른 객체인지 구분해 준다.

- **형**(*type*) : 객체가 지원하는 연산과 객체가 지닐 수 있는 값들을 규정하며, 객체가 생성되고 나면 그 형이 변경되지 않는다.

- **값**(*value*) : 객체의 내부 상태를 나타내는 값으로, 한번 생성되면 그 값이 바뀌지 않는 객체를 **불변 객체**(*immutable object*), 그 값이 바뀔 수 있는 객체를 **가변 객체**(*mutable object*)라 한다. 객체의 가변성은 그 형(타입)에 의해 결정되는데, 이 책의 예제에 사용된 형들의 가변성은 **3**에서 정리한다.

2 객체의 이름

파이썬은 데이터뿐만 아니라 함수나 메소드, 클래스 등도 객체로 다룬다. 객체를 활용하려면 해당 객체에 대한 레퍼런스가 있어야 하는데, 파이썬은 객체에 붙여진(바인드된) 이름을 객체에 대한 레퍼런스로 사용할 수 있게 지원한다. 파이썬 인터프리터는 프로그램 번역·수행 중에 어떤 객체에도 바인드 되어 있지 않은 이름이 사용되면 해당 이름으로 접근할 수 있는 객체가 존재하지 않기에 오류를 발생시킨다. 어떤 이름이 객체에 바인드 되는 대표적인 경우 몇 가지를 제시하면 다음과 같다. 이름을 붙여 함수나 메소드, 클래스를 정의할 때 그 이름이 해당 객체에 바인드 된다. **import** 문을 사용해 특정 모듈을 불러올 때 해당 모듈에 정의된 모든 이름이 바인드 된다. 치환문에 의해 특정 이름이 객체에 바인드 된다.

3 주요 객체의 형

이 책에 제시된 예제들은 다양한 형(타입)의 파이썬 객체들을 다룬다. 파이썬이 제공하는 내장형 중에 이 책이 다루고 있는 형들을 간략히 정리하면 다음과 같다.

- **None 형** : 오직 하나의 값("값이 없음"을 의미하는 값)만 갖는 형으로, 이 값을 가진 유일한 객체 하나가 존재하며, 내장된 이름 **None**을 사용하여 그 객체에 접근할 수 있다. 그 진리 값은 **False**이다.

- **Ellipsis 형** : 오직 하나의 값만 갖는 형으로, 이 값을 가진 유일한 객체 하나가 존재하며, 내장된 이름 **Ellipsis**를 사용하여 그 객체에 접근할 수 있다. 그 진리 값은 **True**이다.

- **수치형**(*numeric type*) : 수치 값을 갖는 불변의 객체들을 나타낸다.

  - **정수형**(int *type*) : 이론적으로는 무한한 범위의 정수들을 표현한다.

  - **부울형**(bool *type*) : '거짓'과 '참'의 두 진리 값을 표현하는 데이터 형으로, 각각 **False**와 **True** 값을 나타내는 두 객체만 존재한다. 정수형의 한 유형으로, **False**는 0처럼, **True**는 1처럼 다루어진다.

  - **실수형**(float *type*) : 실수 값을 표현한다.

- **시퀀스형**(*sequence type*) : 항목들의 순서화된 유한 집합을 나타낸다. 시퀀스를 구성하는 항목들의 개수가 n일 때, 맨 앞 항목부터 순서대로 0번째 항목, 1번째 항목, ..., $n-1$번째 항목이라 하고, 해당 항목이 몇 번째인지를 나타내는 수치들($0 \sim n-1$)을 해당 항목의 **인덱스**(*index*)라 한다. 시퀀스형은 가변성에 의해 분류된다.

  - **문자열형**(*string type*) : 불변의 형(타입)으로, 유니코드 코드 포인트(*Unicode code point* : 유니코드 문자에 배정된 고유의 숫자)로 표현된 문자들의 나열을 나타낸다.

  - **투플형**(*tuple type*) : 불변의 형으로, 0개 이상의 임의 형 객체들의 나열을 표현한다.

  - **리스트형**(*list type*) : 가변의 형(타입)으로, 0개 이상의 임의 형 객체들의 나열을 표현한다.

- **집합형**(*set type*) : 가변의 형으로, 서로 다른 불변 객체들의 유한 집합을 나타낸다.

- **딕셔너리형**(*dictionary type*) : 가변의 형으로, 키(*key*)를 인덱스로 사용해 접근할 수 있는 객체들의 유한 집합을 나타낸다.

4.3 컴퓨팅 사고로 배우는 파이썬 프로그래밍

컴퓨팅 사고는 기본적으로 물리세계나 관념세계, 사이버세계의 상황을 분석해 계산, 컴퓨터, 알고리즘, 프로그래밍에 해당하는 요소들을 찾아낸다. 계산 과정에서 다루어지고 있는 데이터가 어떤 특성을 갖는지, 어떤 연산이 적용되는지 분석한다. 우리는 이미 **[큰 숫자 덧셈 공부]** 상황 속에서 계산, 컴퓨터, 알고리즘, 프로그래밍에 해당하는 요소들을 찾아보았고, 데이터와 연산에 대해서도 살펴보았다.

이 책의 2·3·4·5부에서는 구체적인 상황들을 사례로 들어, 컴퓨팅 사고가 상황에 대한 이해나 문제 해결에 어떻게 적용되고, 파이썬 프로그래밍을 통해 문제 해결책이 어떻게 구현되는지 설명한다. 이와 관련해 이 책이 다루고 있는 문제 상황들과 적용하고 있는 컴퓨팅 사고의 기본 틀이, 아래에 기술된 이 책의 저술 목적과 방향을 고려해 설정되었음을 이해할 필요가 있다.

- 부마다 그 첫 장에서 그 부의 예제 관련 프로그래밍 활동에 필요한 개념이나 이론을 익히게 함으로써, 실습 활동을 보다 체계적으로 원활히 수행할 수 있게 한다.
- 파이썬 프로그래밍을 통한 문제 해결책 구현을 전제로 컴퓨팅 사고를 적용한다.
- 예제별로 파이썬 프로그래밍 시간이 과다하게 소요되지 않도록 적정 수준의 문제 상황을 제시하고 다루게 함으로써, 대학 교양 강좌 등의 교재로 활용될 수 있게 한다.
- 심화 문제를 제시해 수업 중 심화 학습이나 과제 등으로 활용할 수 있게 한다.
- 장별·부별 연습 문제를 제시해 성취도 확인 및 과제 활동에 활용할 수 있게 한다. 프로그래밍 문제는 팀 프로젝트 활동 등에 활용될 수 있다.

이로 인해 이 책에 제시된 문제 상황들과 적용된 컴퓨팅 사고의 틀에 다음과 같은 제약이 있음을 이해하기 바란다.

- 실습 시간이나 난이도 등을 고려해 문제 상황을 단순화시켜 제시했으며, 그 과정에서 문제 상황이 다소 인위적으로 설정된 측면이 있다.
- 문제 상황 설정이나 분석, 해결책 구상 등의 기본 방향을 설정할 때, 해당 활동의 흐름이 자연스럽게 파이썬 프로그래밍으로 이어질 수 있게 만든 측면이 있다.

이제 2·3·4·5부의 각 장이 어떤 요소들로 구성되어 있는지, 각 요소에 어떤 내용들이 기술되어 있는지 살펴보자.

4.3.1 핵심 학습 요소

각 장의 [핵심 학습 요소]는 해당 장에서 학습의 주요 대상이 되는 요소들을 나열·제시한다. 이미 학습한 요소들과 새롭게 학습할 요소들을 구분·나열하기보다, 각 장의 내용을 학습할 때 주안점을 둘 필요가 있는 핵심 요소들을 제시한다.

4.3.2 문제 상황

실세계에서 부딪힐 수 있는 상황을 제시하되, 해당 상황을 비판적 시각에서 관찰하고 핵심 문제를 발견할 수 있게 한다. 발견된 문제의 원인이 무엇인지 계산적 관점에서 생각해 보게 하고, 어떤 해결책을 적용해 그 문제를 해결할 수 있는지 탐색하게 한다. 제시된 상황이 해결해야 할 문제의 한 사례임을 전제로, 그와 유사한 사례들을 폭넓게 다룰 수 있는 해결책을 구상할 필요가 있다.

4.3.3 문제 분석

각 장의 [문제 분석] 영역에서는 컴퓨팅 패러다임에 따른 문제해결 5단계 중 '개시' 단계에 이루어져야 할 활동을 항목별로 나누어 다룬다. 컴퓨터(파이썬 인터프리터)와 사용자를 중심으로 그들 각각이 문제 해결을 위해 어떤 역할, 어떤 기능을 수행할 필요가 있는지 구체화시키기 위해 요구되는 주요 활동들이 제시된다. 항목별 활동으로서 어떤 요소들을 생각할 필요가 있고 어떤 결과가 도출될 수 있는지 정리하면 다음과 같다.

▣ 컴퓨터의 역할

- 컴퓨터(파이썬 인터프리터)가 수행해야 할 역할을 설정할 때 어떤 면을 생각해야 하는지 기술한다.
- 컴퓨터가 수행해야 할 기능의 핵심을 제시한다.
- 분해해서 다룰 수 있는 문제들을 생각해 보고 분해된 문제 각각을 해결하기 위해 요구되는 활동을 제시한다.

사용자

- 해결책을 활용할 사용자의 어떤 측면을 고려해야 하는지 기술한다.
- 해결책 적용(프로그램 수행) 시에 일어날 것으로 예측되는 사용자 활동의 편의성이나 효율성을 높이는 방안을 모색·도출한다.
- 프로그램과 사용자 간 상호작용이 어떤 패턴으로 전개되는 것이 좋은지 생각하게 한다.

입력

- 프로그램 수행 과정에서 처리될 수 있도록 외부 세계로부터 주어져야 할 데이터에 어떤 것들이 있는지 나열·정리한다.
- 구체적으로 입력 데이터가 어디로부터 어떻게 주어져야 하는지 생각한다.

출력

- 프로그램 수행 중 외부 세계와의 상호작용 차원에서 외부 세계로 내보내져야 할 데이터에 어떤 것들이 있는지 나열·정리한다.
- 구체적으로 출력 데이터가 어떤 매개체를 통해 내보내져야 하는지 생각한다.

데이터

- 프로그램 수행 시 요구되는 데이터 처리의 패턴을 고려해 어떤 데이터를 저장·관리할 필요가 있는지 나열·정리한다.
- 처리 데이터가 어디로부터 어떻게 얻어질 수 있는지 생각한다.

문제 분해

- 문제를 분해해서 다루기 위해 고려해야 할 요소들을 기술한다.
- 문제 분해의 결과를 제시한다.

규칙

- 프로그래밍 과정에서 고려해야 할 규칙을 살펴본다.
- 해당 규칙이 어떻게 표현되고 다루어질 수 있는지 기술한다.

▣ 패턴

- 알고리즘이 다룰 데이터나 수행할 작업의 패턴을 살펴본다.
- 해당 패턴이 어떻게 표현되고 다루어질 수 있는지 기술한다.

▣ 반복

- 알고리즘 수행 과정에서 반복적으로 수행·처리해야 할 작업에 어떤 특성이 있는지 살펴본다.
- 반복 작업이 어떻게 표현되고 다루어질 수 있는지 기술한다.

4.3.4 알고리즘

각 장의 [알고리즘] 영역에서는 컴퓨팅 패러다임에 따른 문제해결 5단계 중 '개념화' 단계에 이루어져야 할 핵심 활동을 다루고 있으며, 알고리즘 설계와 관련된 활동들을 항목별로 나누어 제시한다. 보다 좋은 알고리즘을 찾기 위해 알고리즘 수행 시 소요되는 비용의 절감 방안과, 적용되어야 할 주요 알고리즘의 기본 틀을 개괄적으로 제시한다. 항목별로 요구되는 구체적 활동 내용은 다음과 같다.

▣ 알고리즘 효율성

- 컴퓨터(파이썬 인터프리터)가 수행할 작업의 총량을 줄이기 위해 고려·반영할 수 있는 사항들을 설명한다.
- 외부 세계의 상호작용 대상(사용자 등)이 보다 효율적으로 컴퓨터와 상호작용할 수 있게 하기 위해 고려해야 할 사항들을 제시한다.

▣ 전체 알고리즘 뼈대

- 컴퓨터가 수행해야 할 메인 작업의 절차를 제시한다.
- 해결책으로서 수행되어야 할 또 다른 알고리즘과의 관계를 제시한다.

▣ 핵심 알고리즘

- 메인 알고리즘 외에 어떤 알고리즘들이 해결책의 핵심이 되는지 기술한다.
- 핵심 알고리즘을 개괄적 절차로 제시한다.

4.3.5 프로그래밍

각 장의 [프로그래밍] 영역에서는 컴퓨팅 패러다임에 따른 문제해결 5단계 중 '실현' 단계에 이루어져야 할, 해결책 구현과 관련된 활동들을 항목별로 나누어 제시한다. 항목별로 요구되는 구체적 활동 내용은 다음과 같다.

▣ 변수

- 프로그램에 의해 다루어지는 데이터들이 어떤 이름으로 명명되어 저장·관리되는지 설명한다.
- 프로그램의 가독성을 높일 수 있도록 각 데이터를 그 용도나 목적에 맞게 명명한다.

▣ 프로그램

- 파이썬 언어의 어떤 요소를 활용해 알고리즘을 표현할 수 있는지 설명한다.
- import 해서 활용할 모듈의 주요 요소를 설명한다.
- 프로그램의 품질을 높이기 위해 어떤 요소들(함수, 클래스, 모듈 등)을 설정해 활용할 필요가 있는지 설명한다.
- 주요 기능들에 대해 해당 코드를 제시·설명한다.
- 전체 프로그램의 코드를 제시한다.

4.3.6 테스트와 디버깅

각 장의 [테스트와 디버깅] 영역에서는 컴퓨팅 패러다임에 따른 문제해결 5단계 중 '평가' 단계에 이루어져야 할 해결책 평가 활동을 다룬다. 프로그램이 올바로 작동하는지 기본적으로 테스트해 보아야 할 사례로서, 프로그램에 주어져야 할 입력과 그에 대한 처리 결과로 제시되어야 할 출력을 예시한다. 더불어 테스트 및 디버깅 과정에서 확인하고 유의해야 할 사항이 기술된다.

4.3.7 심화 활동

각 장의 [심화 활동] 영역에서는 컴퓨팅 패러다임에 따른 문제해결 5단계 중 '적용' 단계에 고려해야 할 해결책 개선 활동을 다룬다. 직접 해결책을 현장에 적용해 모니터링하지는 않지만, 현장 적용 과정에서 도출될 수 있는 또 다른 대안이나 개선안을 제시해 해당 프로그램을 설계·구현해 보게 한다.

4.3.8 SUMMARY

각 장의 [SUMMARY] 영역에서는 그 장에서 다룬 내용 중에 다시 한 번 짚어보고 정리해야 할 요소들을 요약해서 제시한다. 제시된 내용 요소들이 본문에 어떻게 부연 설명되어 있고 예제 프로그램 작성 과정에 어떻게 반영되었는지 한 번 더 생각해 보면서, 관련된 주요 개념과 방법들을 문제 해결이나 컴퓨팅 사고와 연결 지어 정리하는 기회가 되길 바란다.

4.3.9 연습 문제

각 장의 [연습 문제] 영역에서는 그 장에서 설명하고 다룬 내용 요소들을 충분히 이해하고 있는지 확인하는 한편, 간단한 응용 연습을 할 수 있도록 다수의 문제를 제시하고 있다. 빈 칸 채우기 문제, 정오 판단 문제, 단답식 문제, 간단한 코딩 문제 등 다양한 유형의 문제들이 제시된다.

1.   파이썬 프로그래밍은 우리가 어떤 계산을 원하는지 파이썬 인터프리터가 이해할 수 있도록
     표현하는 작업이다.

2.   파이썬 프로그램은 하나 이상의 모듈(module)로 구성되며, 각 모듈은 파이썬 문장들이 나
     열된 파일로 구현된다.

3.   블록(block)은 파이썬 인터프리터가 한 단위로 처리·실행하는 한 조각의 파이썬 코드 텍
     스트이다. 모듈, 함수 정의, 클래스 정의, 대화형으로 입력된 각각의 문장 등이 블록에 해당
     된다.

4.   파이썬은 데이터뿐만 아니라 함수나 메소드, 클래스 등도 객체로 다루는데, 객체에 이름을
     붙여(바인드시켜) 그 레퍼런스로 사용할 수 있게 지원한다.

5.   파이썬에서 객체는 고유식별값, 형, 값 등을 그 특성으로 갖는 데이터에 대한 추상체이다.

6.   파이썬의 내장형에는 None 형, Ellipsis 형, 수치형, 시퀀스형, 집합형, 딕셔너리형 등이 있
     다. 정수형, 부울형, 실수형이 수치형에 포함되고, 문자열형, 투플형, 리스트형이 시퀀스형에
     해당된다.

1. 다음 빈 칸을 채워보자. 난이도 ★

(1) 파이썬에서 모듈을 작성할 때 하나 이상의 다른 모듈을 불러들여 활용할 수 있는데, 여기에 사용되는 문장이 (　　　)이다.

(2) 파이썬 프로그래머들이 공유할 수 있도록 유용한 함수나 클래스 등을 정의해 둔 모듈들을 (　　　)라 한다.

(3) 디렉터리나 폴더 등을 사용해 계층 구조로 조직화시켜 관리하는 파이썬 모듈들의 집합을 (　　　)라 한다.

(4) 파이썬의 객체는 고유식별값, 형, 값 등의 특성을 갖는데, 여기서 값은 객체의 내부 상태에 해당된다. 생성된 이후 그 값의 변경이 허용되지 않는 객체를 (　　　), 필요에 따라 언제라도 그 값을 바꿀 수 있는 객체를 (　　　)라 한다.

2. 아래 형의 파이썬 객체 중에 가변 객체를 골라보자. 난이도 ★

① 정수형　　　　　　　② 부울형　　　　　　　③ 투플형

④ 리스트형　　　　　　⑤ 집합형　　　　　　　⑥ 딕셔너리형

PART1 종합연습문제

1. 아래 활동 각각과 관련하여 어떤 부분에 어떤 방식으로 컴퓨팅 사고가 적용될 수 있는지 설명해 보자. 난이도 ★★

   (1) 어머니가 세탁·건조된 양말 한 무더기를 거실 바닥에 부어 놓고 그 짝을 맞추어 정리하고 있다.

   (2) 다음 주에 해야 할 일들을 정리해 해당 주간의 활동 계획을 짠다.

   (3) 산책 도중에 보았던 꽃이 어떤 꽃인지 꽃 도감에서 찾아본다.

   (4) 팀원들 모두가 모여 팀 과제 수행 시 각자가 담당해야 할 역할을 분담한다.

   (5) 식당 개업을 앞두고 다양한 유형의 고객들을 가정해 직원들 대상의 고객 응대 교육을 준비한다.

   (6) 공을 던져 움직이는 물체를 맞추려 할 때, 공을 어떤 방향, 어떤 속도로 던져야 할지 생각한다.

   (7) 국내 여행 일정을 짜면서 어떤 교통수단(버스, 택시, 렌터카 등)을 이용하는 것이 좋을지 비교·선택한다.

   (8) 연말 문화행사 때 무대에 올릴 연극의 시나리오를 작성한다.

   (9) 동생의 학습 과정을 지켜보며 어떤 것들을 어떻게 개선하면 좋을지 생각한다.

   (10) 새 사무실에 들일 집기들을 어떻게 배치할지 고민한다.

   (11) 두 사람에게 동일한 과제를 부여하고 어떤 방법으로 해당 과제를 수행하는지 관찰·평가한다.

2. 4 단계 이상으로 구성된 '개념의 계층 구조' 하나를 제시하고, 해당 계층 구조에 포함된 개념들 각각의 내포와 외연을 구체적으로 설명해 보자. 난이도 ★★

3. [그림 A], [그림 B], [그림 C]와 같이 정점(숫자가 표시된 점)과 간선(두 정점을 연결하는 선분)으로 구성된 그림(이후 관계도라 부름.)이 있다. 관계도를 구성하는 모든 정점의 개수가 n 개일 때, 각 정점에는 1부터 n까지의 서로 다른 정수가 표시된다. 관계도가 주어졌을 때, 그에 대한 '관계인쇄' 작업의 알고리즘이 아래(단계 ①부터 단계 ⑤까지)와 같다고 가정하고 다음에 답해 보자. 난이도 ★★

① 그림에 **2개 이하의 정점이 남아 있으면** 관계인쇄작업을 끝낸다.

② 그림에서 **하나의 간선만으로 다른 정점과 연결**되어 있는 정점들 중에 **가장 작은 숫자가 표시**된 정점을 선택한다.

③ 선택된 정점에 연결되어 있는 **간선의 건너편(간선 반대편에 연결된) 정점**을 찾아, 그 정점에 표시된 숫자를 인쇄한다.

④ 단계 ②에서 **선택된 정점**을 그림에서 제거하고, **그 정점에 연결되어 있던 간선**도 제거한다.

⑤ 단계 ①부터 다시 반복한다.

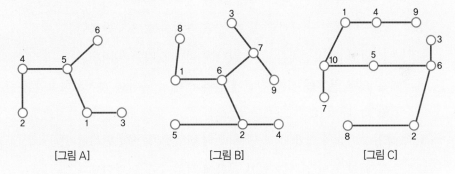

[그림 A] [그림 B] [그림 C]

⑴ [그림 A]의 관계도에 대해 관계인쇄 알고리즘이 적용·수행될 경우 인쇄되는 숫자들을 순서대로 나열하면 4, 1, 5, 5이다. [그림 B]와 [그림 C]의 관계도 각각에 대해 관계인쇄 알고리즘이 수행될 경우 인쇄되는 숫자들을 순서대로 나열해 보자.

⑵ 관계인쇄 알고리즘 표현에서 '데이터(상태)'와 '연산'에 해당하는 요소를 설명해 보자.

⑶ 관계인쇄 알고리즘 수행 시 순차·선택·반복 수행 흐름이 나타난다. 관계인쇄 알고리즘에서 그런 흐름 각각을 만들어내는 요소가 어떻게 표현되어 있는지 설명해 보자.

⑷ 관계인쇄 알고리즘을 수행할 경우 1, 2, 3, 4, 4의 순서로 인쇄되는 관계도와, 6, 1, 5, 1, 5, 6의 순서로 인쇄되는 관계도를 각각 제시해 보자.

4. 한 번에 한 사람과 통화할 수 있는 전화 한 대와 숫자 하나를 적어둘 수 있는 칠판이 있고, 다른 사람의 전화를 받아 칠판에 적혀 있는 숫자를 알려주거나 고쳐주는 사람 A가 있다. A에게 아래 두 가지의 작업 요청 전화를 걸 수 있는데, 해당 전화를 받았을 때 A는 아래와 같이 행동한다. 난이도 ★★★

- 숫자 확인 요청 전화 : 전화 연결 후 숫자를 확인해 달라는 요청을 받으면, 전화를 받은 상태에서 칠판에 적혀 있는 숫자를 확인하고 알려준 다음 전화를 끊는다.
- 숫자 기록 요청 전화 : 전화 연결 후 특정 숫자를 기록해 달라는 요청을 받으면, 전화를 받은 상태에서 칠판에 적혀 있는 숫자를 지우고 새로 요청 받은 숫자를 기록한 다음 전화를 끊는다.

두 사람 B와 C가 있어 A를 통해 다음 작업을 수행하려 한다.

- B의 작업 : 아래의 단계 ①과 단계 ②의 작업을 총 3회 반복한다.
  ① 숫자 확인 요청 전화를 걸어 칠판에 적힌 숫자를 알아낸다.
  ② 기록 요청 전화를 걸어 직전에 단계 ①에서 알아낸 숫자보다 1만큼 큰 값을 칠판에 기록하게 만든다.
- C의 작업 : 아래의 단계 ①과 단계 ②의 작업을 총 3회 반복한다.
  ① 숫자 확인 요청 전화를 걸어 칠판에 적힌 숫자를 알아낸다.
  ② 기록 요청 전화를 걸어 직전에 단계 ①에서 알아낸 숫자보다 2만큼 큰 값을 칠판에 기록하게 만든다.

B와 C의 작업 진행 속도는 제 각각이며, 때론 쉬지 않고 때론 쉬어가며 각 단계의 작업을 진행한다. 두 사람의 작업이 시작되기 직전 칠판에 적혀 있는 숫자가 0이라 가정할 때, 두 사람의 작업 모두가 끝난 후 최종적으로 아래의 각 숫자가 칠판에 적혀 있을 수 있는지 생각해 보고, 만약 그렇다면 B와 C의 작업이 어떤 식으로 진행될 때 그런 결과가 나오게 되는지 구체적으로 설명해 보자.

⑴ 6

⑵ 5

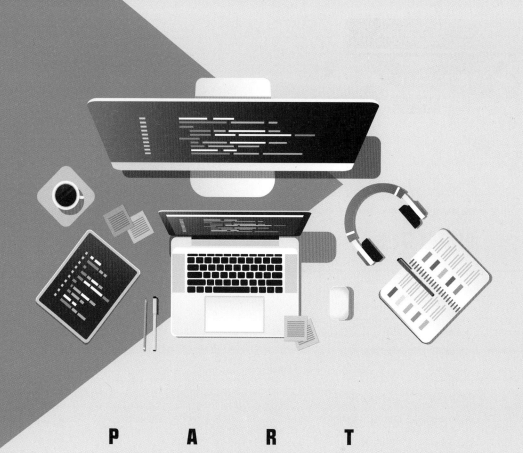

PART

2

파이썬 기초

PART 2

파이썬 기초

CHAPTER 5   파이썬 기초 요소

CHAPTER 6   커피 자동 주문기

CHAPTER 7   숫자 추측 게임기

CHAPTER 8   구구단 게임기

CHAPTER 9   도서 검색기

CHAPTER 10   설정 시간 알리미

CHAPTER 11   간단한 계산기

종합연습문제

CHAPTER 5

파이썬 기초 요소

기본 학습 목표
- 파이썬의 기본요소인 입출력 함수, 변수, 데이터 형을 이해할 수 있다.
- 파이썬의 연산자와 연산자의 우선순위를 이해할 수 있다.
- 파이썬의 선택문과 반복문을 이해할 수 있다.
- 파이썬의 기타 제어문과 주석문을 이해할 수 있다.

심화 학습 목표
- 파이썬의 기본요소를 종합적으로 활용하여 응용문제를 해결할 수 있다.

5.1 입출력

계산은 컴퓨터가 처리할 수 있는 모든 작업으로 정의할 수 있다. 예를 들어, 컴퓨터로 사칙 연산을 하려 할 때, 사용자는 자신이 원하는 입력값을 주고 입력값에 대해 컴퓨터는 적절한 연산을 한 후, 대응되는 결괏값을 사용자에게 보여준다. 이 절에서는 파이썬의 기본 입력 함수와 기본 출력 함수에 대해서 알아보자.

5.1.1 입력

계산을 위해 사용자로부터 입력 값을 받기 위한 명령어가 input이다. input은 소괄호와 함께 사용되며 사용자가 키보드로 입력하는 값을 단일 따옴표로 감싸 표현하는 문자로 보여준다. input은 입력값이 무엇인지를 보여주는데, input과 같은 명령어를 함수라고 하고 input()으로 표기한다.

다음과 같이 파이썬을 다운로드(python.org)한 후, 패키지를 설치하면 기본적으로 제공되는 파이썬 명령어 처리기인 파이썬 IDLE에서 input()을 입력해보자. 그러면 '>>>' 문자열이 사라진다. 이 상태에서 3을 입력하고 엔터(↵ Enter)를 치면 '3'이라는 출력값이 모니터에 보이고, 다음 명령어를 받기 위해 문자열 '>>>'가 다시 나타나게 된다. 사용자로부터 3을 입력받은 것이다.

```
>>> input()
3
```

 수행 결과

```
'3'
```

조금 더 복잡하게 input() 함수를 사용해보자. input() 괄호 안에는 임의의 숫자와 한 글, 영문 알파벳, 특수기호의 조합으로 이루어진 문자열을 사용할 수 있다. 숫자를 제 외하고 나머지 문자를 사용할 때는 단일 따옴표(') 또는 이중 따옴표(''), 삼중 따옴표 (''')로 감싸서 써야 한다. 예를 들어, 단일 따옴표를 사용해보자. 아무 값도 주지 않 았을 때보다 괄호 안에 'a = '이라는 값을 출력해주어 사용자에게 마치 a에게 100을 할당한 것처럼 보이게 해준다.

```
>>> input('a = ')
a = 100
```

 수행 결과

```
'100'
```

5.1.2 출력

어떤 값을 사용자가 볼 수 있도록 모니터 화면으로 출력하는 명령어가 print이다. input처럼 print도 어떤 특정 값을 괄호 안에 담아 화면에 출력해주는 함수이다. print()로 표기한다. print() 함수의 괄호 안에는 0개 이상의 값들을 코마(,)로 분리 하여 쓸 수 있다.

다음 예와 같이 print() 함수의 괄호 안에 아무것도 넣지 않으면 빈 줄이 보인다. 3을 괄호 안에 주면, 3을 출력하고, 조금 더 복잡하게 input() 함수를 사용하면 어떤 값을 사용자로부터 받아서 그 값을 출력한다.

```
>>> print(3)
```

수행 결과

```
3
```

```
>>> print(input(), '을 입력하였습니다.')
파이썬 프로그래밍
```

 수행 결과

```
파이썬 프로그래밍 을 입력하였습니다.
```

input() 함수의 결괏값에는 모두 단일 따옴표가 값을 감싸고 있지만, print() 함수의 결괏값에는 단일 따옴표가 없다. 즉, input() 함수의 결괏값은 일련의 문자들의 집합인 문자열로 표현하며, print() 함수의 결괏값은 숫자이거나 문자들이거나 상관없이 해당하는 값으로만 표현한다.

5.2 변수

파이썬에서 모든 데이터는 객체로 표현된다. 프로그램에서 다수의 객체들 중에 원하는 특정 객체를 다루려면 해당 객체에 대한 레퍼런스(reference)가 필요하다. 레퍼런스는 객체 식별 및 참조에 사용되는 값이다. 파이썬은 특정 객체에 이름을 붙여 두고 필요할 때마다 그 이름을 레퍼런스로 사용해 해당 객체에 접근할 수 있게 지원하는데, 그런 목적으로 객체에 붙여진 이름을 변수라 한다.

변수를 생성하는 가장 기본적인 방법은 "이름 = 식"의 형식으로 기술되는 치환문을 사용하는 것이다. 치환문이 수행되면 = 기호 우측의 식이 계산되고 그 결과 값을 지닌 객체가 생성된다. 이후 그렇게 생성된 객체에 = 기호 좌측의 이름이 붙여지면 해당 이름의 변수가 설정된다. 아래 예에서와 같이 치환문 "a = 1"이 수행되면 우측 식의 결과 값 1을 지닌 객체가 생성되어 a라는 이름으로 명명된다.

```
>>> a = 1
>>> id(a)
140712697517152
>>> type(a)
<class 'int'>
```

파이썬 IDLE에서 변수 **a**를 이용하여 **id(a)** 명령어를 실행시키면, a로 명명된 객체(값 1이 저장된 객체)의 고유식별값 또는 고유주소값을 확인할 수 있다. 즉, 객체가 메모리 안에 위치해 있는 주소를 알 수 있다. 파이썬 IDLE은 파이썬 명령어(문장)의 수행 결과를 바로 확인할 수 있게 지원해 주는 파이썬 인터프리터이다. a로 명명된 객체의 데이터 형을 확인하고 싶다면 **type(a)**라는 명령어를 수행하면 된다. 위의 예에서 변수 a의 데이터 형이 정수형(**<class 'int'>**)임을 알 수 있다.

변수의 이름을 정할 때 몇 가지 규칙을 지켜야 한다. 변수의 이름은 알파벳 소문자와 대문자(a~z, A~Z), 한글 등 각 나라의 알파벳 문자, 숫자(0~9), 언더바(_)로만 이루어진다. 다른 특수 기호는 사용할 수 없다. 또한, 변수 이름의 첫글자로 각 나라의 알파벳 문자 또는 언더바만 사용이 가능하다.

또한, 파이썬 언어의 키워드(keyword 또는 reserved word)를 변수의 이름으로 사용하면 안된다. 키워드란 특정한 의미를 지닌 파이썬 언어의 문법적인 단어로, 예를 들면, **if, for, def, import** 등과 같이 여러 개 있다. 모든 컴퓨터 프로그래밍 언어들은 각각 서로 다른 키워드 집합을 가지며 파이썬의 키워드를 살펴보려면 다음과 같이 'import keyword'라는 명령어와 'keyword.kwlist'라는 명령어를 수행하면 된다.

적절한 변수 이름	부적절한 변수 이름
_a1	a * r
a3	_ 2
b_10	$a
d__	3a

```
import keyword
keyword.kwlist
```

수행 결과

```
['False', 'None', 'True', 'and', 'as', 'assert', 'async', 'await', 'break',
 'class', 'continue', 'def', 'del', 'elif', 'else', 'except', 'finally', 'for',
 'from', 'global', 'if', 'import', 'in', 'is', 'lambda', 'nonlocal', 'not', 'or',
 'pass', 'raise', 'return', 'try', 'while', 'with', 'yield']
```

변수의 이름은 무작위로 만드는 것보다 프로그램에 맞게 의미를 부여하는 것이 좋다. 변수가 가진 값이 무엇을 뜻하는지 사람들이 쉽게 이해할 수 있게 만들어주는 것이 바람직하다. 이를 프로그램의 가독성이라고 한다. 나이를 나타내는 변수가 있다면, a = 3 이라고 하는 것보다, age = 3 또는 나이 = 3이라고 변수의 이름을 짓는 것이 더 낫다.

이번엔 input() 함수와 print() 함수를 함께 변수와 사용해보자. 사용자로부터 임의의 값을 입력받은 후, 이 값에 age라는 이름(변수 age)을 부여하고 변수 age를 이용하여 그 값을 출력해보자.

■ **예제**

```
>>> age = input('나이? ')
나이? 3
print(age)
```

수행 결과

```
3
```

Q 묻고 답하기

다음을 파이썬 IDLE에서 입력하면 화면에 무엇이 출력될까?

```
>>> print('나이는', age, '입니다.')
```

다음과 같이 공백 문자가 세가지 값('나이는', age, '입니다.') 사이에 놓인다.

```
나이는 3 입니다.
```

위의 예에 사용된 치환문의 경우 = 기호 우측에 함수 input()이 사용되었다. 사용자가 3을 입력할 경우 문자열 "3"의 값을 갖는 객체가 생성되고, 이 객체는 치환문에 의해

age라는 이름으로 명명된다. 이후 변수 age의 값(즉, age로 명명된 객체가 가진 값)을 print() 함수를 이용하여 출력하면 a로 명명된 객체에 저장된 문자열 "3"이 출력된다.

5.3 데이터 형

이전 절에서 변수는 객체에 붙여진 이름으로 정의하였다. 파이썬 프로그래밍에서는 변수와 실제 값을 이용하여 다양한 종류의 연산을 수행한다. 연산의 종류는 다음 절에서 살펴보자. 변수가 참조하는 데이터 값의 유형에 따라 연산의 결과가 달라지며 파이썬에서는 이런 값의 유형을 데이터 형으로 정의하였다. 파이썬에서 다루는 기본적인 데이터 형은 정수(int), 실수(float), 문자열(str), 부울(bool)이 있고, 고급 데이터 형으로 리스트(list), 딕셔너리(dict), 집합(set), 튜플(tuple)이 있다. 이 절에서는 II 부에서 다루고 있는 예제에서 처리하는 데이터 형 중심으로 설명한다.

정수형(int)과 실수형(float)은 수학에서 정수와 실수의 일부 유한 집합을 각각 대표하는 데이터 형이다. 정수에는 0, ±1, ±2, …가 있다. 컴퓨터에서 정수는 10진수(0~9), 2진수(0, 1), 8진수(0~7), 16(0~9, A~F)진수로 표현할 수 있으며, 2진수와 8진수, 16진수는 숫자 앞에 각각 0b, 0o와 0x가 달려 있어 10진수와 구별할 수 있다. 예를 들면, 십진수 20은 2진수 0b10100, 8진수 0o24, 16진수 0x14(또는 0X14)로도 표현할 수 있다. 예를 들어, IDLE에서 a=0o12을 입력한 후, print('a=', a)를 수행하면 a= 10을 출력한다.

실수형(float)은 부동소수점을 가진 수로 정수부와 실수부로 나누어 생각할 수 있다. 예를 들면, 3.5, 12.0, −0.007 등이 있다. 또한, 지수 표현도 가능하다. 125000이라는 수는 실제 1.25×10^5이다. 이 값을 파이썬에서는 1.25e5로 표현하며 실수형으로 간주한다. 반대로, 0.0000125는 1.25e − 5로 표현할 수 있다. 예를 들어, IDLE에서 a=1.25e3 을 입력한 후, print('a=', a)를 수행하면 a=1250.0을 출력한다.

문자열형은 문자로 구성된 문자들의 집합이며 단일 따옴표, 이중 따옴표, 삼중 따옴표로 표현할 수 있다. 단일 따옴표와 이중 따옴표의 의미 차이는 없다. 예를 들면, '연두미디어', "Beautiful Mind"와 같은 문자열이 있다. 또한, 여러 줄에 걸쳐 문자열을 표현하고자 하면 삼중따옴표(''')를 사용한다. 문자열 안에서 각 문자는 위치값을 갖는다. 이를 인덱싱(indexing)이라고 한다. 예를 들어, s = 'Python'이라고 하면, s[0]은

'P'가 되고, s[1]은 'y'가 된다. s[-1]은 뒤로부터 위치를 계산해 'n'이 된다. 문자열의 일부를 떼어 내어 또 다른 문자열을 만드는 과정을 슬라이싱(slicing)이라고 한다. 다음 〈표 5-1〉과 같이 문자열 s = 'Python programming'에 대해 슬라이싱을 정의할 수 있다.

〈표 5-1〉 문자열의 슬라이싱

함수	결과
print(s[0:6])	Python
print(s[7:])	programming
print(s[:6])	Python
print(s[7: - 4])	program

Q **묻고 답하기**

s = '연두미디어'
s[-2:] 는?

'디어'

부울형(bool)은 참(True)과 거짓(False)를 값으로 갖는 논리형이다. 정리하면 다음 〈표 5-2〉와 같다. 특정 형으로 변환하고 싶은 경우, 해당하는 형의 변환 함수를 사용하면 된다.

다음과 같이 number라는 변수에 문자열 '100'을 할당하고, number 값을 출력해보면 '100'이 된다. 데이터 형은 'str'이며, 이를 정수형으로 변환하기 위해서 int(number) 명령어를 수행하면 100으로 출력이 된다. 이 때, 'a'같은 문자형의 값은 정수로 변환되지는 않는다.

```
>>>number = '100'
>>>number
'100'
>>>type(number)
<class 'str'>
>>>number = int(number)
>>>number
100
>>>type(number)
<class 'int'>
>>>number = 'a'
>>>number = int(number)
Traceback (most recent call last):
  File "<pyshell#19>", line 1, in <module>
    number = int(number)
ValueError: invalid literal for int() with base 10: 'a'
```

〈표 5-2〉 파이썬의 기본 데이터 형

데이터 형	의미	예제	변환함수
int	정수형	… -3, -2, -1, 0, 1, 2, 3, …	int()
float	실수형	-2.54, 0.35, 4.2e5, 3.0e - 5, …	float()
str	문자열형	'a', "강아지", '''파이썬 프로그래밍'''(여러 줄에 걸친 문자열)	str()
bool	참, 거짓을 나타내는 논리형	True, False	bool()

리스트형(*list type*)은 원소(element)라고 부르는 값들의 집합인데, 각 값은 순서 정보를 가지며 대괄호로 묶어 표현한다. 값의 사이에는 코마(,)가 있다. list()라는 함수 또는 []로 빈(empty) 리스트를 만들 수 있다. 함수는 다음 〈표 5-3〉과 같다.

예를 들어, alist = [10, 20, 30]이라고 정의한다면, 변수 alist는 값이 [10, 20, 30]인 리스트 객체를 레퍼런스하기 위한 이름인데, 이를 줄여 alist의 값이라 하자. 첫 번째 원소값은 10, 두번째 원소값은 20, 세번째 원소값은 30이라는 정보도 함께 저장된다. 리스트는 하나의 변수 이름을 갖게 되고, 위치 정보는 다음과 같이 alist[0], alist[1], alist[2]로 표현하게 된다. 즉, alist[0]의 값은 10, alist[1]의 값은 20,

alist[2]의 값은 30이 된다. 리스트는 다른 리스트를 원소로 가질 수 있다. 리스트안
에 리스트가 몇 번 내포되는지 여부에 따라서, 1차 리스트, 2차 리스트, 3차 리스트, …
라고 한다. 만일, alist=[[1, 2], [3, 4]]라고 하면, 리스트를 나타내는 대괄호안에
다시 대괄호가 나타나 2차 리스트가 된다. 이 때, alist[0][0]은 1, alist[0][1]은 2,
alist[1][0]은 3, alist[1][1]은 4가 된다. 리스트에 관련된 연산은 이후에 살펴보기
로 하자.

〈표 5-3〉 파이썬의 리스트형

데이터 형	함수	결과	해당 변수
리스트 a = [1, 2, 3] b = ['a', 'b'] c = [[1,2], [20, 30]]	a.append(4)	[1, 2, 3, 4]	a
	a.insert(2,10)	[1, 2, 10, 3, 4]	a
	a.remove(3)	[1, 2, 10, 4]	a
	del a[0]	[2, 10, 4]	a
	i = a.index(10)	1	i
	d = a + b	[2, 10, 4, 'a', 'b']	d
	c[0][1] += c[1][1]	[[1, 32], [20, 30]]	c

딕셔너리형(*dictionary type*)은 사전처럼 키(key)와 키에 대한 의미(value)의 쌍을 여
러 개 가지고 있는 집합형으로 쌍 사이에 코마(,)가 있다. 함수 dict()로 초기화 된다.
순서를 가지지 않고 키를 이용하여 값을 찾는다. 따라서, 킷값이 중복되면 안되고, 리
스트나 딕셔너리를 킷값으로 사용할 수 없다. 만일, 같은 킷값을 두번 이상 사용하
면, 마지막에 주어진 값으로 키의 의미가 결정된다. 예를 들어, countries = {"대한
민국":"서울", "미국":"워싱턴DC", "노르웨이":"오슬로"}라고 하자. countries["대
한민국"]의 값은 "서울"이고, countries["미국"]의 값은 "워싱턴DC"이다. 만일
countries = {"대한민국": "제주", "미국": "워싱턴DC","대한민국": "서울"}이라고
할당한 후, countries를 출력하면 '제주'는 무시되고 {'대한민국': '서울', '미국':
'워싱턴DC'}이 된다. 딕셔너리와 관련된 연산은 이후에 살펴보기로 하자.

〈표 5-4〉 파이썬의 딕셔너리형

데이터 형	함수	결과
딕셔너리 d = {'a':100, 'b':95}	d['c']=80 del d['a'] d.keys() d.values() d.items() print(d.get('b'))	{'a': 100, 'b': 95, 'c': 80} {'b': 95, 'c': 80} dict_keys(['b', 'c']) dict_values([95, 80]) dict_items([('b', 95), ('c', 80)]) 95

Q 묻고 답하기

🔖 〈표 5-4〉에서 dict_keys나 dict_values 값을 리스트형으로 바꾸려면?

🔖 list(dict_keys(['b', 'c']))와 같이 list() 함수를 사용한다.

집합형(*set type*)은 원소(element)라고 부르는 값들의 집합인데, 리스트와 다르게 순서가 없고, 원소값이 중복되지 않는다. 중괄호{}로 묶어 표현하고 값의 사이에는 코마(,)가 있다. 순서가 없으므로 원소의 위치(index)를 알 수 없다. 집합 연산자로는 〈표 5-5〉와 같이 교집합(&), 합집합(|), 차집합(-)이 있고, 원소를 추가하는 **add()**, 여러 원소를 함께 추가하는 **update()**, 원소를 삭제하는 **remove()** 함수가 있다. 집합형은 중복되는 데이터를 처리할 때, 데이터들의 유일값들을 확인해야 하는 경우 유익하게 사용이 된다. 이후에 예제를 통해 확인하기로 하자.

〈표 5-5〉 파이썬의 집합형

데이터 형	함수	결과
집합(set) a = {1, 2} b = {2, 3}	a | b 또는 a.union(b) a & b 또는 a.intersection(b) a - b 또는 a.difference(b) a.add(4) b.update([5, 6]) a.remove(2)	{1, 2, 3} {2} {1} {1, 2, 4} {2, 3, 5, 6} {1, 4}

투플형(*tuple type*)은 리스트형과 유사하다. 리스트는 여러 원소들을 대괄호([])로 묶어 표현하지만, 투플은 원소들을 소괄호(())로 묶어 표현하거나 코마로 나열하여 표현한다. 예를 들면, a = (1, 2, 3) 또는 a = 1, 2, 3으로 표현할 수 있다. 또한 리스트는 원소의 값들은 새로운 원소값의 추가, 변경, 삭제가 가능하지만 투플은 변경할 수 없다. 투플은 한 개의 원소를 갖는 경우 한 개의 원소 뒤에 코마를 찍어 표현한다. 리스트와 같이 인덱싱, 슬라이싱, 더하기, 곱하기, 투플 원소 개수 구하기가 가능하다(〈표 5-6〉 참고).

〈표 5-6〉 파이썬의 투플형

데이터 형	함수	결과
투플(tuple) a = 1, 2, 3 b = (10,)	a[1] a[0:2] a + b b * 3 len(a)	1 (1, 2) (1, 2, 3, 10) (10, 10, 10) 3

데이터 형 간에는 변환도 가능하다. 만일 문자열 "31"을 정수 31로 바꾸려면 int("31")라고 하면 된다. 마찬가지로, 실수 7.25를 문자열로 만들려면 str(7.25)라고 하면 된다. 결괏값은 "7.25"인 문자열이다. 위 예제에서 dict_values([95, 80])형도 list(dict_values([95, 80])이라고 하면 [95, 80]으로 변환된다.

각 데이터 형에 대한 예제를 살펴보자.

정수형, 실수형, 문자열형, 부울형을 함께 사용하는 사례를 살펴보자. 이전 절의 예제에서 input() 함수의 결괏값은 문자열이었다. 문자열형임을 확인한 후, 이를 정수형으로 바꾸는 과정을 살펴보자. 다음 프로그램에서 변수 age의 값이 3이다. 데이터 형을 구하기 위하여 새로운 함수 type()을 사용하면 된다. type(age)라고 하였을 때, 〈class 'str'〉이라고 하는 결괏값을 받는다. 즉, age로 명명된 객체에는 문자열형의 값이 저장되어 있는 것을 확인할 수 있다.

```
>>> age = input("나이? ")
나이? 3
>>> type(age)
<class 'str'>
>>> age = int(age)
>>> type(age)
<class 'int'>
>>> age
3
```

실수 7.5e3(7500.0)을 변수 b의 값으로 부여하자. 또한, 실수 7.5e3을 문자열형으로 바꾸어 변수 c의 값으로 부여하자. 아래 프로그램에서 알 수 있듯이 7.5e3은 7500.0이므로, 변수 b의 값은 7500.0이고 변수 c의 값은 "7500.0"이다. b에는 7500.0으로, c에는 '7500.0'으로 저장되어 있음을 알 수 있다. 변수가 어떤 데이터 형이냐에 따라서 적용되는 연산자나 연산의 결과가 달라진다. 연산에 대해서는 다음 절에서 설명한다.

```
>>> b = 7.5e3
>>> c = str(7.5e3)
>>> b
7500.0
>>> c
'7500.0'
```

변수 flag의 값은 True(참)이라는 부울값이다. 따라서, flag 값을 출력하여 보면 여전히 True이다. 하지만, 이를 정수형으로 바꾸어 출력하면 True는 정수 1의 값을 갖는다. 반대로 False는 정수 0의 값을 갖는다.

```
>>> flag = True
>>> flag
True
>>> print(int(flag))
1
```

리스트의 사용 사례를 살펴보자. 리스트에서 가장 중요한 일은 리스트에 속한 한 원소를 접근하는 방법이다. 다음 예제에서와 같이 리스트 변수 numbers의 값은 [10, 20, 30]이다. 위치 정보를 인덱스(index)라고도 한다. 첫 번째 원소의 인덱스 값은 0, 두 번째 원소의 인덱스값은 1, ... 이와 같은 식으로 인덱스의 값을 계산할 수 있다. 리스트는 다른 리스트를 하나의 원소로 가질 수 있다. 따라서, 이와 같은 개념은 무한히 반복될 수 있다. 프로그램 안에서 변수 twolines에는 두 개의 리스트 원소가 있고, 각 원소는 다시 세 개의 원소를 갖는다. twolines와 같은 리스트를 2차 리스트라고 부른다.

```
>>> numbers = [10, 20, 30]
>>> numbers[0]
10
>>> numbers[1]
20
>>> numbers[2]
30
>>> twolines = [[1, 2, 3], [10, 20, 30]]
>>> twolines[0]
[1, 2, 3]
>>> twolines[1]
[10, 20, 30]
>>> twolines[1][2]
30
```

딕셔너리의 사용 사례를 살펴보자. 딕셔너리는 리스트가 위치 정보로 원소들을 접근하는 방법 대신 킷값을 이용하여 원소값에 접근한다. 만일, 리스트로 puppy = ['밍키', 3, 10.5]라고 해도 무방하나 각 원소의 값이 무엇을 의미하는지는 알 수 없다. 딕셔너리로는 puppy = {"이름":"밍키", "나이": 3, "몸무게":10.5}로 정의한다. 일부 원소값은 키를 이용하여 puppy["이름"], puppy["나이"], puppy["몸무게"]로 나타낸다. 반대로 딕셔너리로 리스트를 모방할 수 있다. 예를 들어서, d = {0 : 10, 1 : 20, 2 : 30}인 딕셔너리 d는 리스트 [10, 20, 30]과 동일하게 사용될 수 있다. 즉, d[0] = 10, d[1] = 20, d[2] = 30이다.

```
>>> puppy = dict()
>>> puppy["이름"] = "밍키"
>>> puppy["나이"] = 3
>>> puppy["몸무게"] = 10.5
>>> puppy
{'이름': '밍키', '나이': 3, '몸무게': 10.5}
>>> apuppy = {"이름" : "버니", "나이" : 2, "몸무게" : 9.0}
>>> apuppy
{'이름': '버니', '나이': 2, '몸무게': 9.0}
```

딕셔너리도 한 원소값으로 다른 딕셔너리나 리스트를 가질 수 있다. 또한, 리스트도 딕셔너리형의 값을 원소값으로 가질 수 있다. 리스트와 딕셔너리를 처리하는 방법은 서로 다르므로 주의해야 한다.

years = [2000, 2001, 2003, 2000, 2004, 2004, 2008, 2003]인 리스트가 있을 때, 집합형으로 변환하기 위해 set(years)를 실행하면, 결괏값은 {2000, 2001, 2003, 2004, 2008}이 된다. 즉, 리스트에서 중복이 많이 되어 있는 원소값에서 유일한 값들을 살펴볼 때, 집합형을 사용하면 된다. 집합형은 4부의 파일처리 시에도 유익하게 활용된다.

5.4 연산

수학에서 연산이란 피연산자를 이용하여 연산자의 정의에 맞게 계산한 후, 하나의 값을 결괏값으로 제시하는 과정을 뜻한다. 마찬가지로 파이썬 프로그래밍에서도 연산을 위해 연산을 위한 연산자(operator)와 연산의 대상이 되는 피연산자(operand)의 유형을 정의하였다. 기본적으로 파이썬 프로그래밍 언어의 연산자에는 산술(arithmetic) 연산을 위한 산술 연산자(+, -, *, /, %, ** 등), 값의 크기를 비교(comparison)하는 비교 연산자(<, <=, >, >=, ==, !=, is 등), True와 False 값을 갖는 논리형의 피연산자를 대상으로 논리합, 논리곱, 논리 부정을 수행하는 논리(logical) 연산자(or, and, not)가 있다.

멤버(member) 연산자 in은 연산자 오른쪽에는 문자열이나 리스트와 같이 여러 개의 원소를 값으로 갖는 변수나 함수 결괏값, 상수를 놓는다. in의 왼쪽에 놓인 단일 변수 또는 상수값이 in의 오른쪽 변수나 함수 결괏값, 상수들 중 하나인지 여부를 확인하여 맞다면 True, 아니면 False를 반환해준다.

or는 논리합으로 두 피연산자 중에서 하나라도 True 값을 가지면 결괏값으로 True를 갖는 연산자이고, 두 피연산자가 모두 False 일때만 결괏값이 False가 되는 연산자이다. and는 논리곱으로 두 피연산자 중에서 하나라도 False 값을 가지면 결괏값으로 False를 갖는 연산자이고, 두 피연산자가 모두 True일때만 결괏값이 True가 되는 연산자이다. not은 피연산자가 True면 False를, False면 True를 결괏값으로 갖는 연산자이다.

〈표 5-7〉 파이썬의 기본 연산자

연산자	의미(피연산자의 데이터 형)	예제	결과값
+	덧셈(정수형, 실수형)	7.5 + 3	10.5
+	문자열 잇기(문자열형)	'7.5' + '3'	'7.53'
−	뺄셈(정수형, 실수형)	7.5 − 3	4.5
*	곱셈(정수형, 실수형)	7.5 * 3	22.5
*	반복(문자열형, 정수형)	'7.5' * 3	'7.57.57.5'
**	지수(정수형, 실수형)	7.5 ** 3	421.875
/	나눗셈(정수형, 실수형)	7.5 / 3	2.5
//	나눗셈(정수형, 실수형)	7.5 // 3	2.0
%	나머지 구하기(정수형)	7 % 3	1
==	같다(딕셔너리 제외한 모든형)	4 == 4	True
!=	같지 않다(위와 같음)	4 != 4	False
<, <=	작다, 작거나 같다(위와 같음)	4 < 4	False
>, >=	크다, 크거나 같다(위와 같음)	4 >= 4	True
is	변수의 대상체(id)가 같다	4 is 4	True
in	연산자 왼쪽 값이 오른쪽	2 in [1, 2, 3]	True
or	논리합(부울형)	True or False	True
and	논리곱(부울형)	True and False	False
not	논리부정(부울형)	not True	False
&	비트 단위의 and 연산	5 & 3	1
		비트 단위의 or 연산	5 ¦ 3	7
^	비트 단위의 xor(exclusive-or) 연산	5 ^ 3	6
~	비트 단위 보수(complement) 연산	~5	-6
《	비트 단위로 왼쪽으로 밀기	5 《 3	40
》	비트 단위로 오른쪽으로 밀기	5 》 3	0

비트 연산자인 &, ¦, ^, ~, >>, <<은 피연산자를 이진수로 취하여 비트 연산을 수행한다. 만일, & 연산자는 두 피연산자의 비트 값이 모두 1일 때만 1, ¦ 연산자는 두 피연산자의 비트 중에 한 비트라도 1일 때 1, ^ 연산자는 두 피연산자의 비트가 1, 0 또는 0, 1일 때 결괏값이 1이고 그렇지 않으면(1, 1이거나 0, 0) 결괏값이 0인 연산자이다. 〈표 5-7〉에는 파이썬의 기본 연산자가 설명되어 있다. 〈표 5-7〉에서 5와 3은 1바이트로 값을 표현한다면, 이진수로 각각 00000101과 00000011이다. 따라서, 5 ¦ 3은 각 비트의 값을 살펴 하나라도 비트값이 1인 위치의 값을 1로 한다면, 0000111이 된다. 이 값은 십진수로 7이 된다. >> 연산자와 << 연산자는 비트 이동(shift) 연산자라고도 한다. 예를 들어, n = 7일 때, n>>1을 수행하면 한비트씩 우측으로 이동시키라는 의미가 되어 00000111의 값이 00000011로 된다. 이는 n을 2로 나누어 정수형으로 만든 효과와 동일하다. 즉 3이 된다. 반대로 n << 1을 수행하면, 한비트씩 좌측으로 이동시키면서 마지막 비트는 0으로 채워지게 되어, 00001110이 된다. 2를 곱해주는 효과와 동일하다. 즉 14가 된다.

연산의 사용에는 지켜야 하는 연산자의 우선순위 규칙이 있다. 산술 연산자가 가장 높은 우선순위를 가지며 논리 연산자가 가장 낮은 우선순위를 가진다. 산술 연산자 > 비교 연산자 > 논리 연산자 순이다. 산술 연산자 안에서는 ** > *, /, //, % > +, - 순이고, 논리 연산자에서는 not > and > or 순이다.

다음 예와 같이 피연산자와 연산자들의 집합으로 이루어진 것을 연산식 또는 식(expression)이라고 한다. 식은 평가(evaluation)가 가능하며 하나의 값을 갖는다. 프로그래밍에서는 피연산자로 변수, 상수, 함수 등 다양한 객체들이 사용 가능하다. 연산자들도 위에서 언급한 연산자들 이외에 사용자가 정의한 함수 등 다양하다.

만일, 변수 a가 5, 변수 b가 3, 변수 c가 3 일 때, 식 a + b // 3은 a + (b // 3)이므로, 5 + 1 = 6이 된다. 한편, a + b * c > a * b + 3은 (a + (b * c)) > ((a * b) + 3)이므로, 14 > 18 ⇒ False가 된다. a < b or a − b and b > 0은 ((a < b) or ((a − b) and (b > 0))) 이므로 (False or (2 and True))⇒(False or True)⇒True가 된다.

파이썬에서 0이 아닌 값은 True이다. 마지막으로 not a % 2 ⇒ (not (a % 2)) ⇒ (not 1) ⇒ False가 된다. 식의 의미를 살펴보면, 변수 a의 값이 2로 나누어서 나머지가 1이면 False, 나머지가 0이면 True의 결괏값을 갖는다. not a % 2의 다른 표현 방법은 a % 2 == 0이다. a의 값이 짝수인지 여부를 확인하는 식이다.

정수 −5 이상 256 이하의 같은 값을 갖는 변수 a와 변수 b의 id는 동일하다. 하지만, 그 밖의 범위에 있는 정수나 실수, 리스트 등의 경우는 변수 값이 같아도 서로 다른 id 를 갖는다.

```
>>> a = 5
>>> b = 3
>>> a + b // 3
6
>>> a + b * 3 > a * b + 3
False
>>> a < b or a - b and b > 0
True
>>> not a % 2
False
>>> a = 3
>>> b = 3
>>> a is b
True
>>> id(a)
140712697517152
>>> id(b)
140712697517152
>>> a = 257
>>> b = 257
>>> a is b
False
>>> id(a)
1933625247624
>>> id(b)
1933625246920
```

연산자의 우선순위에 대해 다음 사항을 알면 좋다.

- 연산자의 우선순위를 정확하게 기억하지 못하면 연산의 결과를 보장할 수 있도록 소괄호(())를 사용하여야 한다. 소괄호는 어떤 연산자보다 높은 우선순위를 가진다.

- 연산자 == 와 =의 차이를 구별하자. 연산자 ==는 두 개의 피연산자값이 동일한

지 여부를 판단하는 비교 연산자이다. 연산자 =는 오른쪽 피연산자의 값을 왼쪽 피연산자에게 부여하는 치환 연산자이다.

연산자 간의 우선순위를 높은 연산자부터 나열하면 다음 〈표 5-8〉과 같다.

〈표 5-8〉 파이썬의 연산자 우선순위

연산자	기술
**	지수 연산자
~, +, -	보수, 단항 플러스, 단항 마이너스 연산자
*, /, %, //	곱하기, 나누기, 나머지, 몫 연산자
+, -	덧셈, 뺄셈 연산자
>>, <<	좌우 비트 밀기(shift) 연산자
&	비트 and 연산자
^, |	비트 xor, 비트 or 연산자
<=, <, >, >=	비교 연산자
<>, ==, !=	비교 연산자
=, %=, /=, //=, -=, +=, *=, **=	치환 연산자, 축약 치환 연산자
is, is not	식별 연산자
in, not in	멤버(member) 연산자
not, and, or	논리 연산자

5.5 선택

1970년 프로그램에서 GOTO 문을 제거하기 위한 여러 가지 노력 중 하나로 구조적 프로그래밍 개념이 등장했다. 다익스트라(E. W. Dijkstra)는 프로그램이 순차(sequence), 선택(selection), 반복(iteration)으로만 표현될 수 있다고 주장하였다. 이 개념이 저수준에서의 구조적 프로그래밍 개념이다. 최신의 언어들은 모두 순차, 선택, 반복을 할 수 있는 언어 구문(syntax)을 제공하고 있다. 파이썬도 마찬가지이다. 프로그램이란 문장(statement)들이 순차적으로 기술된 문장들의 집합이다. 지금까지 제시한 모든 예제들은 순차적인 문장들로 표현된 프로그램들이다. 프로그램에서 문장이란 수행이 가능한 최소한의 프로그램 조각이다.

하지만, 어떤 프로그램에서는 모든 문장을 순차적으로 처리하는 것이 아니라, 선택적으로 처리해야 할 때가 있다. 예를 들면, 어떤 수(정수 또는 실수)를 사용자로부터 입력을 받아, 그 수의 절대값을 구한 후 출력해주는 프로그램을 작성한다고 가정하자. 만일, 어떤 수가 0보다 크다면 그대로 출력해주어야 하지만, 0보다 작은 수라면 '-' 연산자를 한번 적용한 후, 출력해야 한다. 따라서, 이를 순서도로 표현하면 [그림 5-1]과 같다.

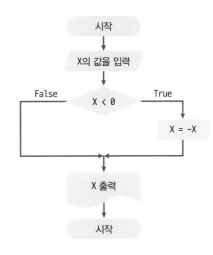

[그림 5-1] 절대값 구하는 순서

이와 같이 어떤 문장(x = -x)을 항상 수행하지 않고 조건이 만족할 때만 수행하도록 프로그래밍해야 할 때, 선택문인 if, elif, else와 같은 키워드를 사용할 수 있다. 반복에 관해서는 다음 절에서 설명한다. 선택문의 종류와 파이썬 구문을 설명하면 [그림 5-2]와 같다.

(가)	(나)	(다)	(라)
if 조건식 : 　　문장-1 　　문장-2 　　…	if 조건식 : 　　문장-1 　　문장-2 　　… else : 　　문장-1 　　문장-2 　　…	if 조건식1 : 　　문장-1 　　문장-2 　　… elif 조건식2 : 　　문장-1 　　문장-2 　　… else : 　　문장-1 　　문장-2 　　…	if 조건식1 : 　　문장-1 　　문장-2 　　… elif 조건식2 : 　　문장-1 　　문장-2 　　… elif 조건식n : 　　문장-1 　　문장-2 　　… else : 　　문장-1 　　문장-2 　　…

[그림 5-2] 선택문의 종류

[그림 5-2]에서 if 문, elif 문, else 문 다음 줄부터 문장들은 들여쓰기가 되어 있다. 같은 간격으로 들여쓰기가 되어 있는 문장들은 어떤 조건식을 만족하여 함께 수행이 되는 문장 블록을 구성하게 된다. 문장 블록은 최소 한 문장 이상으로 구성이 되어 있

다. 파이썬은 다른 언어들에서 문장 블록을 구성하는 괄호(일반적으로 { })를 사용하지 않기 때문에 만일 들여쓰기가 되어 있지 않으면, if 문의 특정 조건식을 만족하여 수행해야 할 문장 블록이 어디까지인지 구분할 수 없다. 들여쓰기는 다음에 설명될 반복문, 함수 정의, 클래스 정의에 모두 적용된다.

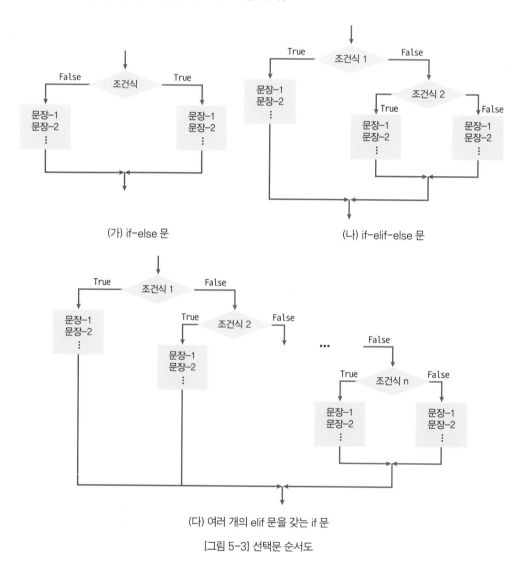

(가) if-else 문

(나) if-elif-else 문

(다) 여러 개의 elif 문을 갖는 if 문

[그림 5-3] 선택문 순서도

[그림 5-2]의 (가)는 [그림 5-1]의 순서도와 같은 의미를 가진다. 즉, [그림 5-1]의 예제와 같이 어떤 조건식 x < 0의 결괏값이 True이면 특정 문장들을 수행하고, False이면 아무 문장도 수행하지 않는다. 조건식은 True와 False 중 하나의 값을 갖는 식(expression)이다. [그림 5-2]의 (나)에서 (라)는 [그림 5-3]의 (가), (나), (다)와 같이

순서도로 표현할 수 있다.

다음은 **if** 문만 사용하는 사례를 살펴보자. "한국공원의 입장료는 1만원이다. 그런데, 만약 나이가 65세 이상이면 입장료의 20%를 할인받는다." 사람의 나이를 입력받아, 입장료를 계산하는 프로그램을 작성하여보자. 지금부터는 파일에 파이썬 문장들을 저장하기로 한다.

```
age = int(input("나이? "))
fee = 10000
if (age >= 65) :
    fee = int(fee * 0.8)

print("입장료는 ", fee, "원입니다.")
```

입장료 할인은 65세 이상의 노인들만 받으므로 나이를 입력받아 정수화하여 변수 **age**의 값으로 치환한다. **age**가 65 이상이면 입장료인 변수 **fee**에 0.8을 곱하여 할인된 입장료를 계산한다. 금액에 소수점이 없으므로 계산 결과는 **int()** 함수를 이용하여 정수화한다.

수행 결과는 다음과 같다.

```
나이? 35
입장료는  10000 원입니다.
------------------------------------------------------------------
나이? 70
입장료는  8000 원입니다.
```

if 문과 **else** 문을 사용하는 경우는 다음과 같다. 윤년이란 2월이 28일이 아니고 29일인 해이다. 윤년을 계산하는 방식은 400으로 나누어지는 해이거나 4로 나누어지나 100으로는 나누어지지 않는 해로 정의된다. 연도를 입력받아 윤년인지 아닌지를 확인하는 프로그램을 작성해보자.

◻ **예제**

```python
year = int(input("년도? "))
if (year % 400 == 0 or (year % 4 == 0 and year % 100)) :
    print(year, "년은 윤년이다.")
else:
    print(year, "년은 윤년이 아니다.")
```

🖥 **수행 결과**

```
년도? 2019
2019 년은 윤년이 아니다.
----------------------------------------------------------------
년도? 2020
2020 년은 윤년이다.
```

if 문과 elif 문, else 문을 사용하는 사례는 다음과 같다. 한국대학교에서 학년과 성별에 따라 기숙사를 배정하고자 한다. 만일, 여성이면 모두 진리관에 배정한다. 만일, 남성이면서 1, 2학년이면 정의관, 남성이면서 3, 4학년이면 창조관에 배정한다. 그 밖의 입력값은 오류 처리한다. 기숙사를 배정하는 프로그램은 다음과 같다.

```python
gender = input("성별 (여, 남) >> ")
year = int(input("학년 >> "))

if (gender == "여"):
    print("진리관에 배정이 되었습니다.")
elif (gender == "남" and (year == 1 or year == 2)):
    print("정의관에 배정이 되었습니다.")
elif (gender == "남" and (year == 3 or year == 4)):
    print("창조관에 배정이 되었습니다.")
else:
    print("입력 오류입니다.")
```

┌─ 수행 결과 ──┐

성별 (여, 남) >> 여
학년 >> 1
진리관에 배정이 되었습니다.

성별 (여, 남) >> 남
학년 >> 3
창조관에 배정이 되었습니다.

성별 (여, 남) >> 남
학년 >> 5
입력 오류입니다.

└──┘

논리 연산자에서 and 연산자가 or 연산자보다 우선순위가 높다. 따라서, or 연산자를 먼저 처리하려면, 반드시 괄호(())를 사용하여야 한다.

5.6 반복

파이썬의 반복문은 어떤 특정 문장 집합을 여러번 반복적으로 사용할 때 사용된다. 파이썬의 반복 구문으로 for와 while이 있다. 구문은 [그림 5-4]와 같다.

for 변수 in 리스트(또는 튜플, 문자열): 　　문장-1 　　문장-2 　　...	while <조건식>: 　　문장-1 　　문장-2 　　...
(가) for 문	(나) while 문

[그림 5-4] 반복문 구문

for 문의 해석은 다음과 같다. 리스트(또는 튜플, 문자열)에서 한 원소(한 문자)씩을 변수의 값으로 가져와 변수값을 이용하여 문장-1, 문장-2, ...와 같은 문장 블록을 반복적으로 수행한다. while 문의 해석은 다음과 같다. <조건식>의 값이 True인 동안 문장 블록을 반복적으로 수행한다.

반복문에서도 선택문과 같이 반복의 조건을 첫 줄에서 제시한 후, 반복의 범위를 표현하기 위해 일정 간격 들여쓰기를 하여야 한다. 들여쓰기는 수행하여야 할 문장 블록을 표현할 뿐만 아니라, 추후 프로그램 소스 코드를 판독할 때에도 문장들의 구조를 쉽게 파악할 수 있어 가독성(readability)을 높인다. 들여쓰기가 제대로 되어 있지 않으면 오류가 나거나 엉뚱한 수행 결과를 발생시킨다.

5.6.1 for 문

리스트에 저장된 킷값들을 대상으로 사용자로부터 입력을 받아서 원하는 킷값이 있는지 탐색해보자.

```
numbers = [24, 1, 98, 20, 10, 33]
userno = int(input("찾고자 하는 킷값 >> "))
find = False
for no in numbers:
    if no == userno :
        print("킷값 %d : 찾았습니다." % userno)
        find = True
        break

if find == False:
    print("킷값 %d : 목록에 없습니다." % userno)
```

```
찾고자 하는 킷값 >> 20
킷값 20 : 찾았습니다.
--------------------------------------------------------------------
찾고자 하는 킷값 >> 39
킷값 39 : 목록에 없습니다.
```

다음은 for 문과 range() 함수를 같이 사용하는 경우이다. range() 함수는 일련의 정수들로 이루어진 리스트를 결괏값으로 갖는다. 예를 들어, >>> range(5)라고 하면 [0, 1, 2, 3, 4]를 생성한다. 5는 포함되지 않는다. 다음과 같은 예를 살펴보면, range() 함수는 'range'형의 객체를 결괏값으로 갖는데, 리스트와 동일하게 r[0] ~ r[4]로 각 숫자를 이용할 수 있다. range() 함수를 for 문과 함께 사용한 예를 살펴보자.

```
r = range(5)
print(type(r))
print(r[0])
print(r[4])
print(r[5])
```

🖥 **수행 결과**

```
<class 'range'>
0
4
Traceback (most recent call last):
  File "D:/python/test.py", line 5, in <module>
    print(r[5])
IndexError: range object index out of range
```

다음과 같이 for 문을 사용하면 value의 처음 값은 0이고 그 다음에는 value에 차례
대로 1, 2, 3, 4의 값으로 치환된다. range()는 최대 3개의 입력값이 올 수 있으며, 차
례대로 시작값, 종료값, 간격의 의미를 가진다. 종료값은 포함되지 않는다. 따라서,
range(5, 10, 2)는 5, 7, 9의 값을 갖는다.

```
for value in range(5) :          for value in range(5, 10, 2) :
        print(value)                     print(value)
```

🖥 **수행 결과**

```
0                                5
1                                7
2                                9
3
4
```

만일, A교사는 3학년 전교생의 키를 조사하여 가장 작은 학생, 가장 큰 학생, 평균 키
를 구한다고 가정하자. 데이터를 리스트로 가지고 있으며 이를 자동으로 프로그래밍
하려 한다. 다음과 같은 프로그램을 생각할 수 있다.

```
minh = 3.0
maxh = 0.0
avgh = 0.0
height = [1.50, 1.44, 1.38, 1.55, 1.58, 1.65, 1.35, 1.48]
for i in range(len(height)):
    if height[i] < minh :
        minh = height[i]
    if height[i] > maxh :
        maxh = height[i]
    avgh += height[i]
avgh = avgh/len(height)

print("가장 작은 키 : %5.2f, 가장 큰 키 : %5.2f, 평균 키 : %5.2f" %
      (minh, maxh, avgh))
```

수행 결과는 "가장 작은 키 : 1.35, 가장 큰 키 : 1.65, 평균 키 : 1.49"과 같다. len()이라는 함수는 매개변수의 원소 개수를 결괏값으로 반환한다. 위의 예에서, len(height)는 height 리스트 원소 개수인 8을 값으로 가진다. print() 함수에서 사용된 (1) "~%5.2f ~ %5.2f ~ %5.2f", (2) %, (3) (minh, maxh, avgh)는 각각 (1) 포맷문자열, (2) 분리자, (3) 출력할 변수들을 나타낸다. 포맷문자열 안의 %5.2f는 다섯개의 자리수를 최소 출력할 수 있는 자리를 확보하여 그중 두 자리는 소숫점 이하 실수를 위한 자리로 사용하라는 의미를 나타낸다. f는 실수를 의미한다. 즉, 차례대로 minh, maxh, avgh 값을 소숫점 이하 2자리까지 출력하되 전체 숫자 길이가 최소 5는 되도록 출력하라는 의미를 갖는다.

5.6.2 while 문

while 문은 반복의 조건을 먼저 제시하여, 조건을 만족하는 동안 while 문안에 포함된 문장들을 수행한다. 위의 예제를 while 문을 이용하여 표현하면 다음과 같다.

```
minh = 3.0
maxh = 0.0
avgh= 0.0
height = [1.50, 1.44, 1.38, 1.55, 1.58, 1.65, 1.35, 1.48]
i = 0
```

```
nodata = len(height)
while (i < nodata) :
    if height[i] < minh :
        minh = height[i]
    if height[i] > maxh :
        maxh = height[i]
    avgh += height[i]
    i += 1
avgh = avgh / len(height)

print("가장 작은 키 : %5.2f, 가장 큰 키 : %5.2f, 평균 키 : %5.2f" %
    (minh, maxh, avgh))
```

5.7 기타 제어

5.7.1 continue와 break 문

continue와 break는 반복문을 수행할 때 특정 조건을 확인하게 한 후, 조건에 따라 다음 수행해야 할 문장을 특정 위치로 이동하여 수행할 수 있도록 해준다. 다음의 두 예제의 결과를 비교해보자.

□ 예제

```
numbers = 5
data = [10, -20, 40, 30, -5]
sum = 0
for n in data :
    if n < 0 :
        continue
    sum += n

print("sum = ", sum)
```

```
numbers = 5
data = [10, -20, 49, 30, -5]
sum = 0
for n in data :
    if n < 0 :
        break
    sum += n

print("sum = ", sum)
```

🖥 **수행 결과**

```
sum = 80                          sum = 10
```

continue는 왼쪽 열과 같이 현재 처리중인 data의 한 원소의 값인 n이 0보다 작으면 continue라는 문장을 수행하고 난 후, 바로 n 다음의 data의 다음 원소를 처리하기 위해 반복을 시작한다. 따라서, data의 원소가 0보다 작은 값을 가지면 sum += n이라는 문장을 수행할 수 없다. 0보다 값이 커야 sum += n이라는 문장을 수행할 수 있다. 결과는 10 + 40 + 30만을 더해주어 sum = 80이 된다.

반면, break는 오른쪽 열과 같이 data의 한 원소의 값인 n이 0보다 작으면 break라는 문장을 수행하게 된다. break라는 문장은 for 반복문의 수행을 더 이상 수행하지 않고 종료하게 만든다. 따라서, 바로 print() 함수를 수행하게 되어, 결과적으로 data라는 리스트에서 첫음수인 원소를 만나게 되면 바로 직전 sum 값을 출력하게 된다. 따라서 sum = 10이 된다.

5.7.2 pass 문

pass 문은 어떤 조건에 대해서는 아무 일도 처리하지 않고 그냥 다음을 처리할 때 사용한다. 예를 들어, 어떤 정수형 변수 n의 값이 음수는 처리하지 않고 0과 양수만 처리하려할 때 또는 3부에서 소개될 함수 이름만 정의해 두고자 할 때 사용한다.

```
if n < 0 :               def functionA() :
    pass                     pass
else: ...
```

5.7.3 주석문

파이썬에서 프로그램을 설명하기 위해서 한 줄 이내의 주석문을 사용할 때에는 # 기호를 사용하여 표현한다.

```
no = int(input("몇 명 ? "))   # 정렬할 데이터의 개수
```

여러 줄에 걸친 주석을 나타낼 때에는 '''를 사용하거나 """를 사용하면 된다.

1. 파이썬에서 입력과 출력을 하려면 각각 input() 함수와 print() 함수를 사용한다.

2. 파이썬 프로그래밍 언어에서 변수란 객체를 레퍼런스하기 위해 붙여진 이름으로 데이터를 접근 또는 변경하고자 할 때 사용된다. 변수는 데이터 별 식별자(identifier)로서의 역할을 한다.

3. 키워드란 특정한 의미를 지닌 파이썬 언어의 문법적인 단어를 뜻한다. 예를 들면, if, for, def, import 등과 같이 여러 개 있다.

4. 파이썬에서 다루는 기본적인 데이터 형은 정수(int), 실수(float), 문자열(str), 부울(bool), 리스트(list), 딕셔너리(dict), 집합(set), 투플(tuple)이 있다.

5. 연산자에는 산술연산자, 비교 연산자, 논리 연산자를 비롯한 다양한 연산자가 있고, 이들 사이에는 적용순서를 나타내는 우선순위가 존재한다.

6. if 문은 특정 조건을 만족하는 경우에만 선택적으로 문장들을 수행한다.

7. for 문은 리스트(또는 투플, 문자열)에서 한 원소(한 문자)를 변수의 값으로 가져와 변수값을 이용하여 특정 문장 블록을 반복적으로 수행한다.

8. while 문의 경우에는 반복의 조건을 먼저 제시하여, 조건을 만족하는 동안 while 문안에 포함된 문장들을 수행한다.

9. 기타 제어문으로 break, continue, pass가 있다.

10. 파이썬의 주석문은 # 을 이용하거나 여러 줄로 나타낼 때에는 삼중 따옴표를 사용한다.

11. 선택문과 반복문과 같은 제어문을 비롯하여 3부에서 설명할 함수를 정의할 때 특정 문장들의 블록을 만들고 표현하려면 반드시 들여쓰기를 하여야 한다.

연 습 문 제

1. 다음 문제를 해결하시오. 난이도 ★

(1) 입력으로 a에는 3, b에는 4를 입력하였다고 가정하였을 때 수행결과는?

```
a = int(input("A : "))
b = input("B : ")
print(a * b)
```

(2) 프로그램의 수행 결과를 보이시오.

① 연산자

```
x = 7
y = 3
z = 'Hankook University'
print(x > y and y > 3)
print(x % y)
print(x ** y)
print(x // y)
print(z[5] + z[8])
```

② 리스트

```
a = [1]
a.append(2)
a.append(3)
a.insert(1,4)
del a[1]
print(a)
b = [[1,2,3],[10,20,30]]
print(b[1][1] + b[0][2])
```

(3) 다음 문장들의 수행 결과를 보이시오.

① 조건문

```
a = 40
if a % 3 == 1 : b = 1
elif a % 3 == 2 : b = 2
else : b = 0
print("b = ", b)
```

② while 반복문

```
a = "Moon"
b = ""
j = len(a)
i = 0
while i < j:
        b = a[i] + b
        i += 1
print(b)
```

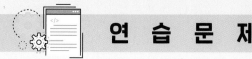

⑷ 반복문 (for) 수행결과를 보이시오.

①

```
lists = [2, 3, 1]
for a in lists:
        print(a * 'x', a)
```

②

```
sum = 0
for i in range(6):
        sum = sum + i
print("Sum = ", sum)
```

⑸ pass, continue, break 문의 수행 결과를 보이시오.

```
sum = 0
i = 0
numbers = [9, 10, 11, 12, 13, 14]
for n in numbers:
        if not(n % 3) : pass
        elif n % 2 : continue
        else : sum += n
        i += 1
print("Sum = ", sum, ", i = ", i)
```

연 습 문 제

2. 다음 문제를 읽고 프로그램을 완성하기 위해서 빈 칸에 들어올 문장을 쓰시오. 난이도 ★★

(1) 사용자로부터 'x'를 입력받기 전까지 0에서 99 사이의 정수들을 입력받아 리스트 numbers를 만든 후, numbers에서 5의 배수들만을 출력하는 프로그램을 작성하시오.

```
numbers = []
while (True):
    n = input("숫자(0 ~ 99) > ")
    if n == 'x' : (1)_____
    if n >= '0' and n <= '99':
        numbers.append((2)_____)
print(numbers)
for n in numbers:
    if (3)_____ : print(n)
```

(2) 사용자로부터 0 ~ 999 사이의 숫자를 입력받아 각 자리수별로 1씩 큰 숫자를 찾아 출력하는 프로그램을 작성하시오. 예를 들어서 사용자가 237을 입력하면, 348을 출력하는 프로그램이다.

```
number = input("숫자(0 ~ 999) >")
result = ""
if number > '0' and number < '999':
    for n in number:
        n = (1)_____ + 1
        result += (2)_____
    print(result)
```

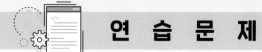

CHAPTER 5   파이썬 기초 요소   127

⑶ 사용자로부터 0 ~ 999 사이의 숫자를 입력받아 마지막 비트가 1인지를 확인
하여 1이면, "홀수", 그렇지 않으면 "짝수"를 출력하는 프로그램을 작성하시오.

```
number = input("숫자(0 ~ 999) >")
mask = 0b1
if number > '0' and number < '999':
    number = int(number)
    if number & mask:
        print((1)_____)
    else:
        print((2)_____)
```

CHAPTER 6

커피 자동 주문기

기본 학습 목표
- input() 함수를 적절하게 사용할 수 있다.
- print() 함수를 적절하게 사용할 수 있다.
- 축약 치환 연산자인 +=를 사용할 수 있다.

심화 학습 목표
- 리스트를 이용하여 산술 연산을 수행할 수 있다.

핵심 학습 요소

- 정수형 변수, if 문, input() 함수, int() 함수, print() 함수

문제 상황   CT

- 친구들과 현금 커피 자동 주문기 앞에서 아메리카노 2잔과 카페라테 2잔, 카푸치노 1잔을 주문하였다. 아메리카노는 한잔에 2500원이고, 카페라테는 한잔에 3000원, 카푸치노는 한잔에 3000원이다. 커피 종류와 잔 수를 결정한 후, 현금 15000원을 투입하고 잔돈 1000원을 받았다. 커피 자동 주문기가 어떻게 커피 총 금액을 계산하고 잔돈을 돌려주는지 궁금하다.

문제 분석   CT

✳ 컴퓨터의 역할

컴퓨터로 커피 자동 주문기를 만들기 위해 다음과 같은 항목을 생각할 수 있다.

- 사용자로부터 커피의 종류와 잔 수를 주문받기
- 선택한 커피 정보를 이용하여 지불해야 할 총 금액을 계산하기
- 사용자로부터 돈을 입금 받으면, 잔돈 계산하고 결과 출력해 주기

✳ 사용자

주어진 문제 해결을 위해 현금 커피 자동 주문기를 사용할 사용자들을 위해 고려해야 할 항목은 다음과 같다.

- 사용자들이 주문을 할 수 있는 방법
- 커피 목록과 금액을 제시하는 방법
- 최종적으로 처리 결과를 제시하는 방법

❋ 입력
- 각 커피 종류에 대한 잔의 수
- 사용자가 지불할 금액

❋ 출력
- 커피의 종류와 한잔 금액
- 주문한 총금액
- 거스름돈

❋ 데이터
- 각 커피의 한잔 가격을 나타내는 정수형 상수
- 각 잔의 수를 나타내는 정수형 변수
- 총 금액을 나타내는 정수형 변수

알고리즘 CT

❋ 전체 알고리즘 뼈대

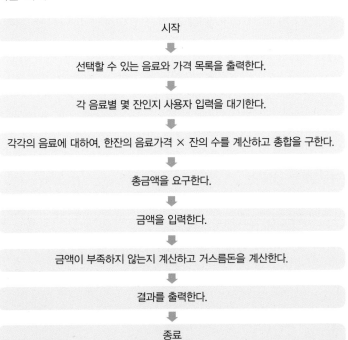

✳ 알고리즘 효율성

- 시공간의 효율성을 위해서 문제 해결에서 반복문을 사용하지 않고 정해진 3개의 커피 메뉴에 대한 기본적인 알고리즘을 작성한다.
- 반복문을 사용하면 알고리즘의 효율성이 무엇에 영향을 받을지 생각해보자.

📄 **프로그래밍** CT

✳ **변수**

- noA : 주문한 아메리카노에 대한 잔의 수
- noL : 주문한 카페라테에 대한 잔의 수
- noC : 주문한 카푸치노에 대한 잔의 수
- sum : 지불해야 할 총 금액
- money : 사용자가 지불한 금액

✳ **프로그램**

- 커피 자동 주문기에서 제공하는 음료의 종류를 제시하고 개수를 입력받는다. 함수 input()을 이용하여 사용자 입력을 받고, 받아들인 입력값이 문자열이므로 정수형 연산을 하기 위해 int() 함수를 적용하여 정수형 변수로 변환한다.
- input(문자열 상수 또는 변수) 함수는 하나의 문자열 상수 또는 변수를 매개변수로 사용하고, 사용자가 키보드로 입력한 입력값을 문자열로 받아들인 후, 변수 y에 치환해준다. 매개변수의 값인 문자열 상수 또는 변수값은 모니터를 통해 출력되어, 사용자가 어떤 값을 입력하면 좋은지 안내할 수 있어야 한다. 예를 들어,

```
y = input("아메리카노 개수 (잔) >> ")
```

이란 프로그램을 작성한다면, 화면에는

```
아메리카노의 개수 (잔) >> _
```

이라고 문자열이 화면에 출력되고 커서가 사용자의 입력 위치에 놓이게 된다.
- 사용자가 2라고 입력하고 [엔터]키를 치면 y 변수의 값으로 2가 치환된다.

- int(문자열 상수 또는 변수) 함수는 한 개의 문자열 상수 또는 변수를 매개변수로 지정하여, 그 매개변수의 값을 정수형 값으로 돌려받아 변수 y의 값으로 치환한다. 예를 들어, y = int("10")을 작성한다면, y에는 정수값 10이 치환된다.

- 각 입력값을 해당 변수의 값으로 치환한다.

```
noA = int(input("아메리카노 개수 (잔) : "))
noL = int(input("카페라테 개수 (잔) : "))
noC = int(input("카푸치노 개수 (잔) : "))
```

- 커피 종류별 값을 이용하여 입력으로 받아들인 각 커피 개수와 한 잔 값을 곱한 후, 변수 sum을 이용하여 합한다. 이 때, 연산자 +=는 다음 예제와 같이 치환 연산자의 왼쪽에 놓인 변수가 치환 연산자의 오른쪽에도 나타나는 경우, 중복적으로 기술하지 않고 간단히 기술하기 위해 생략하는 방법이다.

> 예제 | a = a + b ⇒ a += b

- 치환 연산자 =의 왼쪽 변수와 오른쪽 변수 중 하나가 같을 때에 줄여 사용하는 연산자이다. 예를 들어, a = 10이고 b = 20이라 하자. a에 b값을 더하여 다시 그 값을 a에 치환하려면, a = a + b라고 하면 된다. 변수 a가 치환문의 왼쪽과 오른쪽에 놓이게 되어 이를 줄여 a += b로 사용한다.

- 프로그램에서 아메리카노에 대한 총 주문 금액은 noA * 2500이 된다. 예를 들어, noA가 2잔이면 2 * 2500 = 5000원이다. 5000원을 현재 변수 sum의 값에 추가하기 위해서는 sum = sum + (noA * 2500)이 되어야 한다. 다른 종류의 커피도 마찬가지이다.

```
sum = 0
sum += noA * 2500          # sum = sum + (noA * 2500)
sum += noL * 3000          # sum = sum + (noL * 3000)
sum += noC * 3000          # sum = sum + (noC * 3000)
```

> **Q 묻고 답하기**
>
> 문 a = 2일 때, a *= 3 + 4 는 얼마일까? 2 * 3 + 4 이므로 (2 * 3) + 4 = 10일까? 아니면, 2 * (3 + 4) = 14일까?
>
> 답
>
> a *= 3 + 4는 a *= (3 + 4)와 같아서, a = a * (3 + 4)가 되어 14가 된다.

• 총 금액인 변수 sum의 값을 출력한 후, 사용자로부터 얼마를 받을지 입력받는다 (변수 money 사용). 변수 money와 변수 sum의 값을 비교하여 money가 sum보다 작은 경우에는 금액이 부족하다고 출력하고, 그렇지 않으면 거스름돈을 계산하여 출력해 준다.

```
print("총 금액은", sum, "원")
money = int(input("해당 금액을 입력하시오.>> "))
if money < sum:
    print("입력한 금액이 부족합니다.")
else:
    print("거스름돈은", money - sum, "원입니다")
```

• print(문자열들과 변수들) 함수는 괄호 안의 문자열들과 변수들을 화면에 출력해준다. 여러 가지 사용법이 있으나, 문자열 상수나 변수들만을 사용할 경우에는 사이에 코마(,)로 구분하면 된다. 만약 변수 a=10, b=20.5 일 경우,

```
print("a = ", a, ", b = ", b)
```

이란 프로그램을 작성한다면, 화면에는

```
a = 10, b = 20.5
```

가 출력된다.

• 그 밖에 % 연산자를 사용한 출력 방식이 있다. 예를 들면, 위와 같은 경우,

```
print("a = %d, b = %d" % (a, b))
```

와 같이 사용하면, a = 10, b = 20.5로 출력이 된다.

문자열 "%d"는 정수형 변수의 값을 출력하기 위한 포맷문자열이 된다. 하지만, 이와 같은 방식은 프로그래머가 변수가 레퍼런스하는 객체에 저장된 최종값의 타입을 알고 있어야 가능하여 최근에는 사용을 권장하지 않는다. 대신 format() 함수를 사용한다. 위의 예를 format() 함수로 나타내보면, 'a = {}, b = {}'.format(a, b)와 같다. 첫번째 {}에 변수 a값이, 두번째 {}에 변수 b의 값이 놓인다. print() 함수에 적용하면 출력이 된다. 중괄호 안에 숫자를 사용해도 된다. 예를 들어, print('{1}, {0}'.format(a, b))라고 한다면, 20.5, 10이 출력되는데, {1}은 format 함수 안의 b값을, {0}은 a의 값을 가리킨다. 즉 숫자는 format 함수 안 변수의 순서를 나타내며, 시작값은 0이다.

Q 묻고 답하기

❓ a = 2, b = 3일 때, print(a)를 수행한 후, print(b)를 했을 때, 2, 3으로 출력하려면, 어떻게 하면 좋을까? 즉, 3을 다음 줄에 출력하지 않고, 2 바로 옆으로 출력한다.

✍ 다음 프로그램과 같이 print() 함수에서 두 번째 매개변수 값으로 end=', '를 준다.

```
print(a, end=', ')
print(b)
```

전체 프로그램은 다음과 같다.

```
01   print("주문할 음료를 말씀하세요.")
02   noA = int(input("아메리카노 개수 (잔) : "))
03   noL = int(input("카페라테 개수 (잔) : "))
04   noC = int(input("카푸치노 개수 (잔) : "))
05
06   sum = 0
07   sum += noA * 2500
08   sum += noL * 3000
09   sum += noC * 3000
10
11   print("총 금액은 :", sum, "원")
12
```

```
13    money = int(input("지불하실 금액을 입력하세요. >> "))
14    if money < sum:
15        print("금액이 부족합니다.")
16    else:
17        print("거스름돈은", money - sum, "원 입니다")
```

실습해보기 6-1

위 프로그램 02 ~ 04 줄까지, 입력값으로 숫자가 아닌 문자가 들어오면 제대로 처리하지 못한다. 변수 noA, noL, noC가 모두 정수값을 가질 때만 프로그램을 수행하도록 프로그램의 일부를 수정해보자. 이를 체크하려면 isdigit() 이라는 함수를 사용하면 된다. 예를 들어, a = '20'을 수행한 후, a.isdigit() 함수를 호출하면 True를 결괏값으로 출력한다.

실습해보기 6-2

변수 a의 값이 20이라고 할 때, 변수 a와 format 함수를 이용하여 202020을 출력하려고 한다. 프로그램을 작성해보자.

테스트와 디버깅 CT

입력값	출력 결과	확인 및 유의사항
주문할 음료를 말씀하세요. 아메리카노 개수 (잔) : 2 카페라테 개수 (잔) : 2 카푸치노 개수 (잔) : 1	총 금액은 : 14000 원	▪ 예상된 테스트 결과인지 확인한다. ▪ 총 금액이 14000원이 아니면 변수 sum의 계산 수식이 제대로 되어 있는지 print() 함수 등을 이용해 디버깅한다.
지불하실 금액을 입력하세요. >> 10000	금액이 부족합니다.	▪ 금액을 부족하게 입력하였는데 잔돈을 계산하면 잘못된 프로그램이므로 잔돈 계산하는 부분을 디버깅한다.
지불하실 금액을 입력하세요. >> 20000	거스름돈은 6000 원 입니다.	▪ 충분한 금액이 입력되면, 잔돈을 맞게 계산하는지 확인하여 잘못된 계산이면 잔돈 계산하는 부분을 디버깅한다.

심화 활동   CT

다음과 같이 더 다양한 음료와 가격이 두 개의 리스트에 저장되어 있다고 할 때, 두 개의 리스트와 반복문을 이용하여 문제를 해결해보자.

```
blist = ['아메리카노', '카페라테', '카푸치노', '오렌지주스', '콜라', '자몽주스']
plist = [2500, 3000, 3000, 4000, 1500, 4000]
```

실습해보기 문제 해답

실습해보기 6-1

```
if noA.isdigit() and noL.isdigit() and noC.isdigit:
    ...
else:
    print("입력이 잘못 되었습니다.")
```

실습해보기 6-2

```
a=20
print('{0}{0}{0}'.format(a))
```

참고사항

파이썬 프로그래밍 언어에서는 f-string이라는 개념으로 값을 출력하는 방식이 마련되었다. 위의 예에서, 다음과 같이 프로그램을 한다면, 같은 출력값을 가지게 된다.

a = 20
print(f'{a} {a} {a}')

변수의 이름을 바로 중괄호 안에 사용할 수 있다는 특징을 가지며, 이해가 쉽다.

1. 사용자로부터 입력값을 받아들이려면 input() 함수를 사용한다.

2. 연산의 결괏값을 화면으로 출력하려면 print() 함수를 사용한다.

3. 값을 비교하여 참(True)과 거짓(False)를 밝히기 위해서 if 문을 사용한다.

4. if 문에 정의된 조건이 참이여서 수행이 되는 문장이 여러 개이면, 다음 줄부터 일정 간격 들여쓰기를 한 후에 기술해준다.

5. 숫자값을 계속 한 변수에 누적하여 덧셈을 수행하기 위해서 += 이라는 축약치환연산자를 사용하면 된다.

연 습 문 제

1. 다음 프로그램의 수행 결과를 보이시오. 난이도 ★

(1)
```
a = 10
b = 2
b += 2
print(a % b + 1)
print(a // b)
a /= 2
print(2 ** a/b + 2)
```

(2)
```
a = 6
if not (a % 2) and a % 4:
    print("2의 배수")
else:
    print("4의 배수도 됨.")
```

(3)
```
a = 10
b = 3
print(a % b)
print(a // b)
print(a / 4 + b * a)
```

(4)
```
w = 3
x = 2
y = 4
print(w > y)
y -= 2
print(y > 2)
```

(5)
```
x = 125.302
print("[%7.1f]" % x)
y = int(x)
print("[%7d]" % y)
```

(6)
```
w = 30
w >>= 3
print(w)
x = 3
x <<= w
print(x)
```

2. 다음 문제를 읽고 빈 칸을 프로그래밍하시오. 난이도 ★★

(1) 사용자로부터 저금액을 입력받은 후, +기호와 −기호를 이용하여 입금/출금하는 프로그램을 작성하시오. 만일, 잔액보다 더 많은 금액을 출금하면 종료하도록 한다.

```python
balance = int(input("저금액(0 이상인 정수) >"))
while (balance >= 0) :
    operation = input("입금(+) 또는 출금(-) >")
    amount = int(input("금액 >"))
    if operation == '+':    # 입금
        (1)_____
    if operation == '-':    # 출금
        if balance - amount < 0: (2)_____
        (3)_____

    print("잔액:", balance)
```

(2) 윤년이란 2월이 29일까지 있는 해이다. 연도를 입력받은 후, 해당 해가 윤년인지를 확인하는 프로그램을 작성하시오. 윤년은 400으로 나누어 떨어지거나 4로는 나누어지나 100으로는 나누어지지 않는 해를 의미한다.

```python
year = int(input("연도> "))
if (1)_____ or (2)_____ :
    print(year,'는 윤년입니다.')
else:
    print(year,'는 평년입니다.')
```

(3) 리스트 A에는 주문하는 음료 한잔의 가격, 리스트 B에는 A에 저장된 각 음료별 잔의 수가 저장되어 있다. 총 금액을 계산하는 프로그램을 작성하시오.

```python
A = [2500, 3000, 3500, 4000]
B = [3, 4, 2, 6]
(1)_____
for i in range(len(A)):
    total += (2)_____
print("총 금액 :", total, "원")
```

CHAPTER
7

숫자 추측 게임기

기본 학습 목표
- break 문을 적절하게 사용할 수 있다.
- random 모듈을 이용할 수 있다.
- randint() 함수를 이용하여 임의의 정수를 생성할 수 있다.

심화 학습 목표
- 순차 탐색과 이진 탐색의 원리와 차이를 이해할 수 있다.
- 이진 탐색 알고리즘과 프로그램을 작성할 수 있다.

핵심 학습 요소

- break 문, random 모듈, randint() 함수

문제 상황 CT

숫자 맞히기 게임 프로그램을 개발하고 싶다. 게임은 다음과 같이 진행된다. 컴퓨터는 1부터 30사이의 숫자 중에서 임의의 숫자를 하나 생성한 후 이를 플레이어에게 맞히어 보라고 한다. 플레이어는 정해진 횟수 안에 이를 맞히면 이기고 그렇지 않으면 진다. 플레이어의 추측한 숫자가 자신이 가지고 있는 숫자와 같으면 맞았다고 알려주고, 틀리면 자신이 가지고 있는 숫자보다 큰지 작은지를 알려준다. 제한 횟수를 줄이거나 늘려 컴퓨터나 플레이어가 어느 한 쪽이 일방적으로 이기지 못하도록 한다.

문제 분석 CT

입력
- 추측한 숫자 입력
- 게임 지속 여부를 위해 'YES' 또는 'NO' 입력

출력
- 숫자 맞힘 여부
- 추측한 숫자가 큰지 작은지

문제 분해

- 임의의 숫자를 난수로 발생시키기
- 추측한 숫자가 큰지 작은지 알려주기
- 맞힘 여부를 출력해주기
- 제한 횟수 증가 또는 감소시키기

(게임) 규칙

- 컴퓨터가 1부터 30사이에 임의의 숫자를 생성함
- 플레이어가 컴퓨터가 생성한 숫자를 추측함
- 플레이어가 추측한 숫자가 틀린 경우 컴퓨터는 생성한 숫자보다 큰지 작은지 알려줌
- 처음 게임 시작 시 제한 횟수는 5로 함
- 제한 횟수 내에 맞히면 제한 횟수를 1감소시키고 틀리면 1증가시킴

데이터

- 1부터 30사이의 정수
- 반복 횟수 정수
- 게임 지속 여부 문자열

알고리즘 CT

전체 알고리즘 뼈대

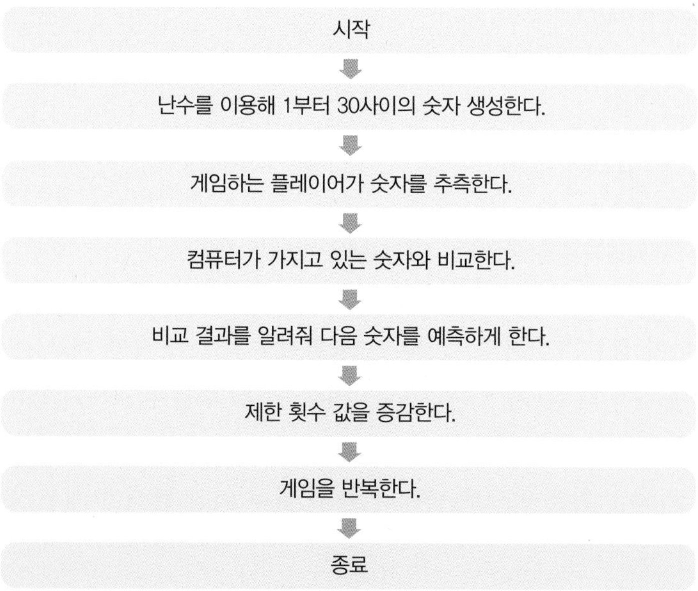

✳ 변수

- playerName : 게임하는 사람 이름
- guessNumber: 난수로 생성된 숫자
- limit: 제한 횟수
- count: 추측 횟수
- playAgain: 게임 지속 여부

✳ 프로그램

우선 게임하는 사람의 이름을 입력 함수 input()를 이용하여 입력할 수 있게 한다. 또한, 1부터 30사이의 임의의 숫자를 생성하기 위해서는 randint(1, 30) 함수를 사용한다.

```
import random #난수를 사용하기 위해 필요함

print("나랑 숫자 맞히기 게임을 해 보자\n");
print("네 이름은 뭐니?\n");
playerName = input()
count = 1
guessNumber = -1
limit = 5
playAgain = 'YES'


ansNumber = random.randint(1,30)
print("반가워. " + playerName + ", 내가 1부터 30사이에 수를 가지고 있어. 맞혀봐\n")
```

실습해보기 7-1

10부터 100까지 임의의 수를 생성하는 프로그램을 작성해 보자.

난수를 이용하여 생성한 숫자와 게임하는 사람이 추측한 숫자를 비교 분석한다. 이를 통해 추측한 숫자가 더 큰 지 작은 지를 알려준다. 두 수를 비교하기 위해 [if ~ elif ~else ~] 문을 사용한다. 제한 횟수 내에 빨리 맞히기 위해서는 숫자를 추측할 때 추측할 숫자의 탐색 범위를 반으로 줄여나갈 수 있는 이진 탐색이 매우 효과적임을 알

수 있다. 가장 작은 수나 가장 큰 수부터 순차적으로 숫자를 예측하는 순차 탐색보다 이진 탐색이 일반적으로 빨리 숫자를 맞힐 수 있다.

```python
if guessNumber == ansNumber:
    break
elif guessNumber < ansNumber:
    print("추측한 숫자가 컴퓨터가 가지고 있는 숫자보다 작아요")
else:
    print("추측한 숫자가 컴퓨터가 가지고 있는 숫자보다 커요")
count = count + 1
```

실습해보기 7-2

위의 if-elif-else 문에서 두 수를 비교하는 순서를 바꿔도 동일한 수행 결과가 나오도록 수정해 보자.

탐색이란 데이터 중에서 원하는 데이터를 찾는 것을 말한다. 방대한 데이터에서 원하는 데이터를 반복적으로 찾는 경우 효율적인 탐색은 매우 중요하다. 예를 들면, 검색 사이트에서 원하는 정보를 찾는 것도 일종의 탐색이라고 볼 수 있다. 따라서 오늘날 탐색은 늘 우리와 함께 한다고 해도 과언이 아니다.

데이터를 탐색하는 방법은 여러 가지가 있다. 탐색 대상의 데이터가 많을 때 탐색 방법에 따라 탐색하는데 걸리는 시간이 차이가 난다. 탐색할 데이터의 양이나 데이터 구조에 따라 빠르고 정확한 탐색을 위해 탐색 방법을 다르게 해야한다. 주어진 데이터를 어떻게 탐색할 것인지에 따라 다양한 탐색 알고리즘이 존재한다. 대표적인 탐색 알고리즘으로 순차 탐색과 이진 탐색이 있다.

순차 탐색 알고리즘은 [그림 7-1]과 같이 탐색할 데이터가 있을 때 앞이나 뒤에서부터 순차적으로 비교하면서 찾는 알고리즘으로 선형 탐색이라고도 한다. 순차 탐색은 데이터 개수가 많을 때 차례대로 비교하기 때문에 탐색하는 데 최악의 경우 시간이 많이 걸릴 수 있다. 하지만 탐색할 데이터가 정렬이 되어 있지 않고 무작위로 있을 때 원하는 데이터를 찾을 수 있는 방법이다.

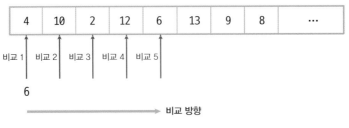

[그림 7-1] 순차 탐색 기법

```
data = [4, 10, 2, 12, 6, 13, 9, 8]      # 정렬되지 않은 데이타
value = 6                               # 찾고자 하는 숫자

for i in range(len(data)):              # 제일 앞부터 끝까지 탐색
  if data[i] == value:                  # 찾는 숫자를 발견하면 빠져 나감
    print("i=", i)
    break
```

순차탐색은 찾는 과정이 순차적으로 이루어진다. 만약에 앞에서부터 찾아 갈 때, 찾는 데이터가 제일 끝에 있다면 어떻게 될까? 모든 데이터를 전부 다 찾아서 비교해 보아야 할 것이다. 그런데, 전체 데이터가 오름차순이나 내림차순으로 정렬이 되어 있다면 원하는 데이터를 좀 더 효과적으로 찾는 방법이 무엇인지 생각해보자.

이진 탐색은 탐색 대상의 데이터를 탐색할 때 계속적으로 둘로 나누어 가면서 탐색하는 알고리즘이다. 이진 탐색은 탐색 대상의 데이터가 오름차순이나 내림차순으로 정렬이 된 경우에 사용 가능하다.

[그림 7-2]에서 보는 것처럼, 주어진 데이터가 있을 때 이진 탐색은 앞부분부터 차례대로 탐색하는 순차 탐색과 다르게 한 가운데의 데이터와 제일 먼저 비교를 한다. 그 다음에 한 가운데 숫자 8보다 적기 때문에 다음에 탐색할 숫자는 왼쪽 부분 중에서 가운데 숫자인 4가 된다. 마지막으로 숫자 4보다 오른쪽에 있는 6과 비교하여 찾고자 하는 숫자임을 알 수 있다.

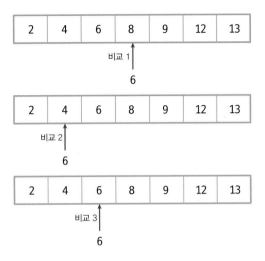

[그림 7-2] 이진 탐색 기법

```
data = [2, 4, 6, 8, 9, 12, 13]    # 이진 탐색을 위한 정렬된 데이타
value = 6                          # 찾고자 하는 숫자

biStart = biCount = 0              # 시작위치와 탐색 횟수 0으로 초기화
biEnd = len(data)                  # 탐색 데이타의 마지막 위치

while biStart <= biEnd:            # 탐색 범위가 끝날때까지 반복
  mid = (biStart + biEnd) //2      # 이진 탐색이므로 절반씩 탐색 범위를 줄여감
  biCount += 1                     # 탐색 횟수 값 1증가
  if data[mid] == value:           # 찾고자 하는 데이타를 찾으면 반복을 빠져 나감
    break
  elif data[mid] < value:          # 탐색 영역 시작 위치를 상위 영역으로 이동
    biStart = mid + 1
  else:                            # 탐색 영역 끝 위치를 하위 영역으로 이동
    biEnd = mid - 1

print("biCount=", biCount)
```

아래 프로그램은 숫자를 제한된 횟수 안에 맞혔는지 못 맞혔는지를 알려준다. 맞혔다면 제한 횟수를 줄이고 맞히지 못했으면 제한 횟수를 늘린다. 이를 통해 컴퓨터나 플레이어가 일방적으로 이기는 상황을 방지한다.

```python
if guessNumber == ansNumber:
    print(count, "번만에 맞혔어요!! 축하해요\n")
    if limit > 1:
        limit = limit -1
else:
    print("컴퓨터가 가진수는", ansNumber, "야.")
    limit = limit + 1
```

실습해보기 7-3

위의 프로그램을 != 연산자를 이용하여 동일한 기능을 하도록 프로그램을 수정해보자.

전체 프로그램은 다음과 같다. 1번째 줄은 난수를 생성하기 위해 필요한 모듈을 가져온다. 6번째 줄부터 9번째 줄까지는 필요한 변수들을 정의하고 초기화한다. 11번째 줄에 의해 컴퓨터는 임의의 숫자를 생성한다. 그런 후에 플레이어가 이 숫자를 추측하여 맞히는 활동을 하게 된다.

```
01   import random              # 난수를 사용하기 위해 필요함
02
03   print("나랑 숫자 추측 게임을 해 보자\n");
04   print("네 이름은 뭐니?\n");
05   playerName = input()        # 플레이어 이름 입력
06   count = 1
07   guessNumber = -1            # 1부터 30 이외의 수 중에서 -1로 초기화
08   limit = 5                   # 제한 횟수 5로 초기화
09   playAgain = 'YES'           # 게임 반복 상태 설정
10
11   ansNumber = random.randint(1,30)
12   print("반가워. " +playerName+ ", 내가 1부터 30사이에 수를 가지고 있어.
13           맞혀봐\n")
14
15   while playAgain == 'YES':
16       print(limit, "번만에 맞혀야 돼")
17       while count <= limit and guessNumber != ansNumber:
18           guessNumber = int(input("추측한 숫자를 입력하세요->"))
19           if guessNumber == ansNumber:
20               break            # 정답을 맞혔으면 안쪽 while 문을 빠져나감
21           elif guessNumber < ansNumber:
22               print("추측한 숫자가 컴퓨터가 가지고 있는 숫자보다 작아요")
23           else:
24               print("추측한 숫자가 컴퓨터가 가지고 있는 숫자보다 커요")
25           count = count+1
26
27       if guessNumber == ansNumber:
28           print(count, "번만에 맞혔어요!! 축하해요\n")
29           if limit > 1:
30               limit = limit - 1       # 난이도 올림
31       else:
32           print("컴퓨터가 가진수는", ansNumber, "야.")
33           limit = limit + 1           # 난이도 내림
34
35       playAgain = input("게임을 다시 할까요?(YES or NO)\n")
36       count = 1
37       guessNumber = -1                #1부터 30 이외의 수 중에서 -1로 초기화
```

Q 묻고 답하기

이진 탐색 원리를 사용한다면 첫 번째 추측 숫자로 무엇이 좋을까?

15. 시작 값과 마지막 값의 중간 값이다.

작성한 숫자 추측 게임기를 실행한 후 맞힐 수가 4이고 이진 탐색 원리로 입력이 주어진다면 아래 그림과 같이 맞힐 수를 찾아 가게 된다. 즉 첫번째 추측 수는 15가 되고 다음 추측수는 8, 마지막으로 세번째 추측 수는 4가 된다.

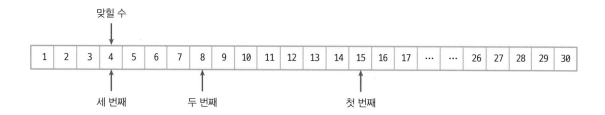

테스트와 디버깅 CT

입력값/출력 결과	확인 및 유의사항
나랑 숫자 추측 게임을 해 보자 네 이름은 뭐니? 홍길동 반가워. 홍길동, 내가 1부터 30사이에 수를 가지고 있어. 맞혀봐 5 번만에 맞혀야 돼 추측한 숫자를 입력하세요 –〉 15 추측한 숫자가 컴퓨터가 가지고 있는 숫자보다 커요 추측한 숫자를 입력하세요 –〉 8 추측한 숫자가 컴퓨터가 가지고 있는 숫자보다 커요 추측한 숫자를 입력하세요 –〉 4 3 번만에 맞혔어요!! 축하해요 게임을 다시 할까요?(YES or NO)	▪ 예상된 테스트 결과인지 확인한다. ▪ 제한 횟수 보다 더 많이 반복할 때 limit 값을 출력한다. ▪ 맞힌 경우 제한 횟수가 감소하는 지 확인한다. ▪ 무한 반복을 하는 경우 while 문의 조건이 맞는지 점검한다. ▪ 오류가 발생한 경우 if – else 문의 조건이 제대로 처리되는 지 확인한다.

심화 활동 [CT]

게임에서 제한 횟수 내에 정답을 맞히려면 추측하는 수를 이진 탐색을 통해 추측하는 것이 효과적이다. 예를 들면, 이진 탐색이란 1부터 30사이의 숫자를 추측할 때 숫자 15를 추측해보고 맞지 않으면 다시 찾고자 하는 숫자에 가까운 부분만을 대상으로 다시 반으로 나눠 추측하는 것을 반복하는 탐색 기법을 말한다. 이와 같이 이진 탐색을 하면 제일 앞에서부터 순차적으로 탐색하는 순차 탐색보다 얼마나 빨리 찾을 수 있는지를 구체적으로 알아보도록 수정해 보자.

Hint

순차 탐색과 이진 탐색 횟수 비교

실습해보기 7-1

```
import random
number = random.randint(10, 100)
```

실습해보기 7-2

```
if guessNumber == ansNumber:
    break
elif guessNumber > ansNumber:
    print("추측한 숫자가 컴퓨터가 가지고 있는 숫자보다 커요")
else:
    print("추측한 숫자가 컴퓨터가 가지고 있는 숫자보다 작아요")
count = count+1
```

실습해보기 7-3

```
if guessNumber != ansNumber:
    print("컴퓨터가 가진수는", ansNumber, "야.")
    limit = limit +1
else:
    print(count, "번만에 맞혔어요!! 축하해요\n")
    if limit > 1:
        limit = limit - 1
```

1. 난수를 생성하기 위해서는 random 모듈을 import 해야 한다.

2. 1부터 N사이의 임의의 정수를 생성하기 위해서는 randint() 함수를 이용하여 random.randint(1, N)과 같이 프로그램을 작성한다.

3. 탐색하는 방법에는 크게 순차 탐색과 이진 탐색이 있다.

4. 순차 탐색은 탐색하는 대상이 오름차순이나 내림 차순으로 정렬되지 않은 경우 제일 앞이나 제일 뒤부터 차례대로 탐색해 가는 방법이다.

5. 이진 탐색은 탐색 대상이 정렬되어 있는 경우에 사용되는 탐색 방법으로 시작 값과 마지막 값의 중간 값을 구하여 찾고자 하는 대상이 중간 값보다 큰 지 작은 지에 따라 탐색 범위를 절반씩 줄여간다.

6. 순차 탐색은 최악의 경우 N개의 숫자가 있을 때 찾는 데 N회가 걸린다.

7. 이진 탐색은 최악의 경우 N개의 숫자가 있을 때 탐색하는 데 $\log_2 N + 1$회가 걸린다.

8. break 문은 반복문에서 빠져나갈 때 사용한다. 중첩된 반복문이 있을 때 모든 반복문을 빠져 나가는 것이 아니라 break 문이 포함된 해당 반복문만 빠져나간다.

연 습 문 제

1. 다음 빈 칸을 채워보자. `난이도 ★`

   (1) 탐색 방법에는 크게 순차 탐색과 (   )이 있다.

   (2) 임의의 정수를 생성하기 위한 함수는 (   )이다.

   (3) 난수를 생성하기 위해 필요한 모듈은 (   )이다.

2. 다음 내용이 맞는 지 틀린 지 O/X로 표시해 보자. `난이도 ★`

   (1) break 문은 중첩된 반복문이 있는 경우 모든 반복문을 빠져나온다.   (   )

   (2) 2부터 20까지의 임의의 짝수를 발생시키기 위해서는 random(2, 20)을
       사용한다.   (   )

   (3) 순차 탐색을 위해서는 탐색 대상이 정렬이 되어 있어야 한다.   (   )

   (4) 5/3과 5//3 연산의 결과 값은 같다.   (   )

3. 정렬된 1부터 100까지의 숫자에서 원하는 숫자를 이진 탐색으로 찾는 경우 최악의 경우
   몇 번 만에 찾을 수 있는가? `난이도 ★★`

4. 다음은 1부터 30사이에 숫자 중에서 원하는 숫자를 찾기 위한 이진 탐색 알고리즘 프로그
   램이다. 빈칸 ㉮와 ㉯를 채워보자. `난이도 ★★`

```
biStart = 1
biEnd = 30
mid = (biStart + biEnd) // 2
while biStart <= biEnd:        # 이진 탐색을 언제까지 반복하는지 검사
mid = (biStart + biEnd) // 2
biCount += 1
    if ㉮_____
        break
    elif mid < ansNumber:     # 숫자 탐색 영역을 상위 영역으로
        biStart = mid + 1
    else:                     # 숫자 탐색 영역을 하위 영역으로
        biEnd = mid - 1
    mid= ㉯_____   # 검색할 부분을 절반으로 줄임
    biCount = biCount + 1
```

CHAPTER 8

구구단 게임기

기본 학습 목표

- continue 문을 적절하게 사용할 수 있다.
- time() 함수를 이용하여 시간을 측정할 수 있다.
- 반복문과 randint() 함수를 이용하여 원하는 난수를 생성할 수 있다.

심화 학습 목표

- 리스트를 이용하여 중복 생성된 난수를 제거할 수 있다.

핵심 학습 요소

- time() 함수, 리스트, continue 문, print문 실수 출력 형식

문제 상황 [CT]

일상 생활에서 쉽게 하는 구구단 게임을 컴퓨터와 하고 싶다. 게임 방식은 컴퓨터가 임의의 구구단을 하나 생성한 후 이를 플레이어에게 정해진 시간 안에 맞히라고 한다. 플레이어가 정해진 시간 안에 이를 맞히면 맞힌 개수로 인정하고 계산이 틀렸거나 시간이 초과하면 못맞힌 것으로 간주한다. 또한, 구구단 난이도를 위해 2단과 5단은 제외한다.

문제 분석 [CT]

✠ 입력

- 구구단 횟수
- 구구단 문제 답

✠ 출력

- 구구단 문제
- 맞힌 개수와 틀린 개수
- 응답 시간 등

문제 분해

- 2단과 5단 제외한 임의의 구구단 생성하기
- 응답 시간 측정하기
- 구구단 맞힘 여부를 점검하고 출력해주기

데이터

- 1부터 10사이의 정수
- 구구단 결과 값 정수
- 게임 횟수 정수
- 측정된 시간

(게임) 규칙

- 컴퓨터는 2단과 5단을 제외한 임의의 구구단 문제를 냄
- 플레이어는 정해진 시간 안에 문제를 맞힘
- 시간 초과나 계산이 틀린 경우 문제를 못맞힌 것으로 함
- 정해진 게임 횟수까지 게임 반복함

알고리즘 CT

전체 알고리즘 뼈대

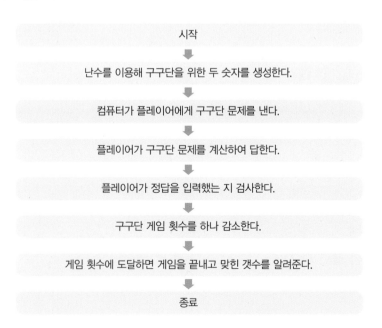

시작

↓

난수를 이용해 구구단을 위한 두 숫자를 생성한다.

↓

컴퓨터가 플레이어에게 구구단 문제를 낸다.

↓

플레이어가 구구단 문제를 계산하여 답한다.

↓

플레이어가 정답을 입력했는 지 검사한다.

↓

구구단 게임 횟수를 하나 감소한다.

↓

게임 횟수에 도달하면 게임을 끝내고 맞힌 갯수를 알려준다.

↓

종료

❊ 알고리즘 효율성

- 시공간의 효율성을 생각해 본다. 수행 시간이 많이 걸리는 부분이 어디인지를 찾아 본다.
- 불필요한 부분이 있는지를 생각해 본다.
- 중복된 부분이 있는지를 분석해 본다.

| 📄 프로그래밍 | CT |

❊ 변수

- correctAns: 맞힌 개수
- wrongAns: 틀린 개수
- count: 게임 횟수

❊ **프로그램**

난수와 시간 측정을 위해 random과 time모듈을 import한다. 3단부터 9단까지 임의의 구구단을 구하기 위해 randint() 함수를 사용한다. 구구단 게임 횟수를 입력받는다. 5단이 나오면 다시 난수를 발생시키도록 한다.

```
import random                        # 난수를 생성하기 위해 필요함
import time                          # 시간을 측정하기 위해 필요함

correctAns = 0
wrongAns = 0

count = int(input("몇번할까요?"))
while count != 0:                    # 반복 횟수에 이르면 종료
    a = random.randint(3,9)          # 3부터 9까지 임의의 수 생성
    b = random.randint(3,9)          # 3부터 9까지 임의의 수 생성
    if a == 5 or b ==5:              # 5단 제외
        continue
```

실습해보기 8-1

위의 프로그램을 홀수 단만 나오도록 수정해 보자.

다음 프로그램은 count 값을 하나 감소시켜 게임 횟수를 제어한다. 플레이어에게 계산
할 구구단을 제시한다. 그런 다음에 시간을 측정한다. input() 함수를 이용하여 플레
이어의 답을 입력 받은 후 다시 시간을 측정한다. 답을 하는 데 걸린 시간을 계산하여
몇 초 만에 답을 했는지 알려준다.

```
count = count -1
print("%d X %d?" %(a,b))
startTime = time.time()        # 시작 시간 측정
product = int(input())
endTime = time.time()          # 종료 시간 측정
print("%.1f 초만에  답을 했어요" %(endTime-startTime))     # 걸린 시간 계산
```

소숫점 2번째 자리까지 측정 시간을 출력하도록 수정해 보자.

time() 함수는 1970년1월1일0시0분0초 이후 경과한 시간을 백만분의 1초 단위로 알려 준다. 그렇다면 이 값을 이용하여 현재 지역의 시간대 날짜와 시간으로 변환은 어떻게 할까? 이때 사용되는 함수가 localtime() 함수이다.

```
t = time.localtime(time.time())
```

t의 속성 값으로 tm_year(년도), tm_mon(달), tm_mday(일), tm_hour(시), tm_min(분), tm_sec(초) 등을 얻을 수 있다.

time() 함수와 localtime() 함수를 이용하여 현재 일시를 알려주는 프로그램을 작성해 보자.

아래 프로그램은 구구단 문제를 플레이어가 정확히 맞혔는지 검사한다. 맞힘 여부에 따라 맞힌 개수 또는 틀린 개수를 증가시킨다. 게임을 마치면 몇 개를 맞혔는지 알려 준다.

```
if product == a * b: #  플레이어가 곱셈이 맞았는 지 검사
    correctAns = correctAns + 1
    print("맞았습니다\n")
else:
    wrongAns = wrongAns + 1
    print("다시 도전해 보세요\n")

print("%d번중 %d번 맞았어요" %(correctAns + wrongAns, correctAns))
```

전체 프로그램은 다음과 같다. 구구단 횟수를 7번째 줄처럼 우선 설정하고, 9~10번째 줄과 같이 랜덤 함수를 이용하여 곱셈 문제를 생성한다. 그런 다음에 16~18번째 줄과 같이 time() 함수를 이용하여 문제를 맞히는 시간을 측정한다.

```
01    import random                    # 랜덤 모듈을 가져옴
02    import time                      # 시간 관련 모듈을 가져옴
03
04    correctAns = 0                   # 맞은 개수
05    wrongAns = 0                     # 틀린 개수
06
07    count = int(input("몇번 할까요?"))
08    while count != 0:
09        a = random.randint(3,9)      # 3단부터 9단까지 숫자 생성
10        b = random.randint(3,9)
11        if a == 5 or b == 5:         # 5단이면 다시 난수 발생
12            continue
13
14        count = count -1
15        print("%d X %d?" %(a,b))
16        startTime = time.time()      # 반응 시간을 측정
17        product = int(input())
18        endTime = time.time()
19        print("%.1f 초만에  답을 했어요" %(endTime-startTime))
20
21        if product == a * b:         # 곱셈이 맞았는 지 점검
22            correctAns = correctAns + 1
23            print("맞았습니다\n")
24        else:
25            wrongAns = wrongAns + 1
26            print("다시 도전해 보세요\n")
27
28    # 전체 맞힌 개수를 알려줌
29    print("%d번중 %d번 맞았어요" %(correctAns + wrongAns, correctAns))
```

테스트와 디버깅 CT

입력값/출력 결과	확인 및 유의사항
몇번할까요?5 9 X 6? 54 2.0 초만에 답을 했어요 맞았습니다	
6 X 7? 42 2.9 초만에 답을 했어요 맞았습니다	▪ 예상된 테스트 결과인지 확인한다. ▪ 시간 제약이 적절한 지 테스트해 보면서 조절한다. ▪ 5단이 나오면 5단을 점검하는 조건문이 제대로 되어 있는 지 확인한다.
7 X 9? 53 2.6 초만에 답을 했어요 다시 도전해 보세요	
8 X 3? 24 1.7 초만에 답을 했어요 맞았습니다	
8 X 6? 48 3.7 초만에 답을 했어요 맞았습니다	
5번중 4번 맞았어요	

심화 활동 CT

게임을 하면서 동일한 구구단이 나오는 경우가 발생함을 알 수 있었다. 동일한 구구단이 나오는 경우를 없애도록 수정해 보자. 또한, 제한된 시간 안에 답을 못하면 틀린 것으로 간주하도록 수정해 보자.

실습해보기 문제 해답

실습해보기 8-1

```
import random
while True:
    a = random.randint(3,9)
    b = random.randint(3,9)
    if a%2 == 0 or b%2 == 0:        # 곱하는 두 수가 짝수인 경우는 제외
        continue
    else:
        break

print("%d X %d" %(a ,b))
```

실습해보기 8-2

```
import time
startTime = time.time()
product = int(input())
endTime = time.time()
print("%.2f 초만에  답을 했어요" %(endTime-startTime))
                                        # 소숫점 2자리까지 걸린 시간 계산하여 출력
```

실습해보기 8-3

```
import time
now = time.localtime(time.time()) # 현지 지역 시간으로 분, 시, 일, 월, 년을
                                     알려줌
print(now.tm_year, now.tm_mon, now.tm_mday, now.tm_hour, now.tm_min)
```

1. 원하는 난수를 얻기 위해서 반복문, 선택문, continue 문을 사용한다.

2. continue 문을 만나면 더이상 수행을 아래로 진행하지 않고 그 위치부터 되돌아가서 그 위치부터 다시 반복한다.

3. 시간을 측정하는 함수에는 time()이 있다.

4. time() 함수를 사용하기 위해서는 time 모듈을 import 해야 한다.

5. time() 함수는 초단위로 백만분의 1초까지 시간을 알려준다.

6. 플레이어가 구구단 응답 시간을 측정하기 위해서는 time() 함수를 이용하여 input() 함수 전과 후를 측정한 후 그 차이 값으로 측정한다.

7. print() 함수에서 소숫점 이하 자리 숫자를 한자리로 제한하려면 .1f를 사용한다.

8. print() 함수 출력 형식 지정자 %d는 정수 값을 출력하는 형식 인자로 print("%d X %d?" %(a,b))인 경우 정수형 변수 a, b 값이 출력된다.

9. 동일한 구구단 문제가 반복되는 것을 방지하기 위해 리스트에 이미 제시한 구구단 문제를 저장한 후 추후 구구단을 생성 시에 구구단 리스트에 있는지를 점검한다.

연 습 문 제

1. 다음 빈 칸을 채워보자. 난이도 ★

   (1) 시간을 알려주는 함수로 (   )이 있다.

   (2) 소수점 이하를 세자리 까지만 출력하려면 print() 함수에서 출력 형식 지정자를 (   )으로 한다.

   (3) 시간을 알려주는 모듈은 (   )이다.

   (4) 현재 지역 시간대 날짜와 시간으로 변환하는 함수는 (   )이다.

2. 다음 내용이 맞는 지 틀린 지 O/X로 표시해 보자. 난이도 ★

   (1) continue 문은 반복문의 마지막으로 이동하게 한다.   (   )

   (2) continue 문과 break 문은 선택문에서 수행 흐름을 바꾸기 위해
       사용된다.   (   )

   (3) 시간을 알려주는 time() 함수는 측정된 시간 값을 실수형으로 알려준다. (   )

   (4) time() 함수는 백분의 1초까지 측정된 값을 알려준다.   (   )

3. 곱셈 값 product가 이전 구구단 값이 저장된 previousProducts에 있는지를 검사하는 부분을 작성하시오. 난이도 ★★

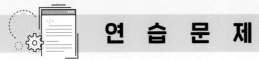

4. 다음은 구구단 게임기 프로그램이다. 빈칸 ㉮, ㉯, ㉰를 채워보자. `난이도 ★★`

```python
count = int(input("몇번 할까요?"))
while count != 0:
    a = random.randint(3,9)             # 3단부터 9단까지 숫자 생성
    b = random.randint(3,9)
    if a == 5 or b == 5:                # 5단이면 다시 난수 발생
        ㉮_____

    count = count - 1
    print("%d X %d?" %(a,b))
    startTime = time.time()             # 반응 시간을 측정
    product = int(input())
    endTime = time.time()
    print("%.1f 초만에  답을 했어요" % ㉯_____)

    if product ==    ㉰_____ :           # 곱셈이 맞았는 지 점검
        correctAns = correctAns + 1
        print("맞았습니다\n")
    else:
        wrongAns = wrongAns + 1
        print("다시 도전해 보세요\n")
```

CHAPTER 9 도서 검색기

기본 학습 목표
- 딕셔너리 형을 적절하게 사용할 수 있다.
- while 문을 적절하게 사용할 수 있다.
- 딕셔너리 리스트 형에서 검색을 할 수 있다.

심화 학습 목표
- 딕셔너리 리스트에 딕셔너리를 추가할 수 있다.

핵심 학습 요소

- 딕셔너리(dictionary), 리스트, break 문, continue 문, 반복문

문제 상황 CT

사고 싶은 책이 있어 인터넷 서점의 웹사이트를 방문하였다. 책이 있는지 먼저 사고 싶은 책의 이름, 저자, 출판사명 등의 정보를 이용하여 도서를 검색한 후, 책을 주문하고자 하였다. 어떻게 인터넷 서점은 도서 검색 기능을 제공하는지 궁금하다.

문제 분석 CT

✳ 컴퓨터의 역할

인터넷 서점을 운영하는 컴퓨터는 도서를 찾기 기능을 제공하기 위해 다음과 같은 일을 처리해야 한다.

- 검색할 도서명 또는 저자명, 키워드 등 사용자 입력을 받기
- 도서 정보를 딕셔너리로 저장하기
- 도서 정보가 저장된 딕셔너리에서 원하는 도서를 찾기

✠ 사용자

사용자가 입력을 쉽게 할 수 있도록 정보를 제시하는 방법을 생각해야 한다.

- 도서의 정보를 입력 받기 위해 사용자에게 어떤 정보를 제시할지 생각하기
- 찾아진 도서 정보를 출력하기 위한 방법 생각하기

✠ 입력

- 도서 검색 방법의 유형

✠ 출력

- 검색한 도서의 정보

✠ 데이터

사용자로부터 입력받은 데이터를 이용하여 도서를 검색할 때, 사용될 도서 정보는 다음과 같다.

– 도서 정보

제목	저자	출판사	가격	출판년도
안드로이드앱개발	최전산	PCB	25000	2017
파이썬	강수라	연두	23000	2019
자바스크립트	박정식	SSS	38000	2018
HTML5	주환	대한	33000	2012
컴파일러	장진웅	PCB	24000	2011
C언어	홍말숙	한국	29000	2010
프로그래밍언어론	현정숙	정의출판	41000	2009
…				

알고리즘 CT

✠ 알고리즘 효율성

- 여러 가지 유형의 검색 조건에 대해 일관성 있게 검색을 용이하게 하기 위한 데이터 구조를 생각하여야 한다.

✹ 전체 알고리즘 뼈대

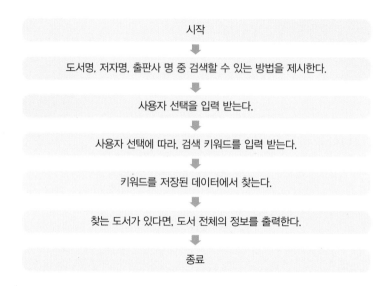

✹ 변수

- mybooks : 여러 권의 도서 정보를 저장하고 있는 리스트
- choice : 검색 방법에 대한 선택 값을 갖는 변수
- kwd : 검색 방법에 대한 딕셔너리의 킷값(제목, 저자, 출판사)을 갖는 변수
- find : 검색하는 도서가 찾아지면 1, 찾아지지 않으면 0을 갖는 변수
- onebook : mybooks에 있는 한 권의 도서 정보를 담은 딕셔너리

✹ 프로그램

- 도서 한 권의 정보를 저장하는 딕셔너리 구조를 생각해보자. 여러 개의 값을 저장할 수 있는 리스트는 하나의 리스트 원소값에 접근하기 위해 위치정보인 0 또는 양의 정수 값을 갖는 인덱스를 사용한다. 예를 들면, L = [10, 20, 30]인 리스트 L에서 L[1]은 인덱스 값이 1인 리스트 원소 20을 가리킨다. 반면, 딕셔너리는 인덱스의 값으로 정수만 가질 수 있는 리스트의 제한점을 제거한 데이터 구조이다. 0과 양의 정수 이외에 실수, 문자열, 음의 정수를 인덱스로 가질 수 있으며 이를 키라 정의하였다. 또한, 킷값과 실제 값을 구분하기 위해 사이에 콜론(:)을 사용하였으며 여러 개의 키와 값의 쌍이 존재하면 리스트와 마찬가지로 컴마로 구분하였다. 예를 들어

【문제 상황】의 첫 번째 도서에 대한 딕셔너리는 {"제목":"안드로이드앱개발", "저자" : "최전산", "출판사": "PCB", "가격": 25000, "출판년도": 2017}으로 나타 낼 수 있다. 같은 구조의 여러 권의 도서를 표현한고자 한다면, 딕셔너리를 하나의 원소로 갖는 리스트 구조가 필요하다. 다음과 같이 도서 정보를 mybooks라는 변수 로 정의할 수 있다. 예를 들면, 다음과 같다.

```
mybooks = [
{"제목":"안드로이드앱개발", "저자" : "최전산", "출판사": "PCB", "가격": 25000,
"출판년도": 2017},
{"제목":"파이썬", "저자" : "강수라", "출판사": "연두", "가격": 23000,
"출판년도": 2019},
... ]
```

- 도서 검색 키워드로 제목, 저자, 출판사를 제시하여 사용자가 선택하도록 한다. 이 때, input() 함수가 필요하고 이 함수의 매개변수로 사용자들에게 제시할 문자열을 설정한다. 변수 choice는 사용자 입력값을 갖는데, 1, 2, 3 이외의 입력값에 대해서 는 "입력이 잘못되었습니다."라고 출력하고 새로운 입력값을 다시 받아들인다. 제 시한 선택값인 1, 2, 3 중에 하나를 입력하면 while 반복문을 종료한다. 이를 위해 break 문을 사용한다.

```
while True:
    choice = input('''도서 검색 키워드
   1. 제목
   2. 저자
   3. 출판사
선택(1, 2, 3) : ''')
    if choice == '1':              # 제목
        kwd = "제목"
        break
    elif choice == '2':            # 저자
        kwd = "저자"
        break
    elif choice == '3':            # 출판사
        kwd = "출판사"
        break
    else:
        print("입력이 잘못되었습니다.")
```

Q 묻고 답하기

🖥 만일, kwd = "제목" 다음 줄에 있는 break 문을 삭제한다면 무슨 일이 발생할까? 예측해 보자.

🖥

사용자가 선택에서 1을 선택한 경우, kwd 값이 "제목"인데, break 문이 없어서 다음 줄로 수행이 이루어져 while 문을 벗어나지 못하고 다시 input() 함수를 수행한다.

- 다음은 선택한 키워드에 대해 두 번째 입력값을 받아들이기 위해 userin = input(kwd + " >>> ") 문을 사용한다. input() 함수의 매개변수인 kwd + ">>> "는 사용자의 이전 입력값에 따라서 제목, 저자, 출판사 중 하나를 변수 kwd에 배정한다. 두 문자열 사이의 '+' 연산자는 두 문자열을 연결시키는 연산자이므로 만일, 사용자가 이전에 1번을 선택했다면, 변수 kwd의 값은 "제목 >>>"이 된다.

- 사용자 입력값을 변수 userin에 치환한 후, mybooks에서 한 원소씩 onebook 변수 값으로 가져와 userin 변수의 값과 onebook[kwd]와 같은지 비교한다. onebook은 딕셔너리이고 딕셔너리 내에서 킷값으로 kwd 변수값을 이용하게 되면 이에 대응되는 값을 표현할 수 있다. 예를 들어, 변수 kwd의 값이 "제목"이라면, onebook["제목"]에 해당하는 도서명들이 차례대로 userin 값과 비교된다. 다른 키워드들도 같은 방식으로 적용된다. mybooks가 가진 어떤 하나의 값 이상과 일치한다면 도서 정보가 출력되고, 도서를 찾았음을 나타내는 변수 find 값이 False에서 True로 바뀌게 된다.

```
for onebook in mybooks:
    if userin == onebook[kwd] :
        print("제  목: ", onebook["제목"])
        print("저  자: ", onebook["저자"])
        print("출판사: ", onebook["출판사"])
        print("가  격: ", onebook["가격"])
        find = True
        break
```

(1) mybooks 딕셔너리 리스트에서 출판사명만 출력해보자.

(2) mybooks가 2차 리스트를 레퍼런스 한다면 어떻게 표현될 수 있을까? 이 때, 출판사명만 출력해보자. 딕셔너리 리스트와 2차 리스트 중에 무엇이 더 이해하기 좋은가?

(1) mybooks 딕셔너리 리스트를 책의 제목을 키로하고, 저자와 출판사, 가격, 출판년도 정보를 값으로 갖는 딕셔너리의 딕셔너리로 표현해보자. 그리고 '안드로이드앱개발'이라는 책 제목에 대한 저자, 출판사, 가격, 출판년도 정보를 출력하시오.

• 만일, 도서를 모두 비교했는데도 변수 find의 값이 False로 남아 있다면, mybooks에는 사용자가 찾는 도서가 없다. 전체 프로그램은 다음과 같다.

```
01  mybooks = [
02  {"제목":"안드로이드앱개발", "저자" : "최전산", "출판사": "PCB", "가격":
    25000, "출판년도": 2017},
03  {"제목":"파이썬", "저자" : "강수라", "출판사": "연두", "가격": 23000,
    "출판년도": 2019},
    {"제목":"자바스크립트", "저자" : "박정식", "출판사": "SSS", "가격":
    38000, "출판년도": 2018},
04  {"제목":"HTML5", "저자" : "주환", "출판사": "대한", "가격": 33000,
    "출판년도": 2012},
05  {"제목":"컴파일러", "저자" : "장진웅", "출판사": "PCB", "가격": 24000,
    "출판년도": 2011},
    {"제목":"C언어", "저자" : "홍말숙", "출판사": "한국", "가격": 29000,
    "출판년도": 2010},
06  {"제목":"프로그래밍언어론", "저자" : "현정숙", "출판사": "정의출판",
    "가격": 41000, "출판년도": 2009},
07  {"제목":"안드로이드", "저자" : "이광희", "출판사": "한국", "가격": 42000,
    "출판년도": 2013},
08  {"제목":"앱인벤터", "저자" : "박규진", "출판사": "대한", "가격": 30000,
    "출판년도": 2015}
09  ]
```

```
10    while True:
11        choice = input('''도서 검색 키워드
12        1. 도서명
13        2. 저자명
14        3. 출판사명
15    선택(1, 2, 3) : '''))
16        if choice == '1': # 도서명
17            kwd = "제목"
18            break
19        elif choice == '2': # 저자명
20            kwd = "저자"
21            break
22        elif choice == '3': # 출판사
23            kwd = "출판사"
24            break
25        else:
26            print("입력이 잘못되었습니다.")
27    userin = input(kwd + " >>> ")
28    find = False
29    for onebook in mybooks:
30        if userin == onebook[kwd] :
31            print("제  목: ", onebook["제목"])
32            print("저  자: ", onebook["저자"])
33            print("출판사: ", onebook["출판사"])
34            print("가  격: ", onebook["가격"])
35            find = True
36
37    if find == False:
38        print("검색한 도서가 없습니다.")
```

⚙️ **테스트와 디버깅** CT

입력값	출력 결과	확인 및 유의사항
도서 검색 키워드 　1. 도서명 　2. 저자명 　3. 출판사명 선택(1, 2, 3) : 1 제목 >>> 파이썬	제 목: 파이썬 저 자: 강수라 출판사: 연두 가 격: 23000	▪ 도서의 제목에 맞게 도서 정보가 출력되는지 확인하자. 만일, 출력이 잘 안되면 도서명 키워드가 딕셔너리에서 잘 검색되었는지 살펴보자.

입력값	출력 결과	확인 및 유의사항
도서 검색 키워드 1. 도서명 2. 저자명 3. 출판사명 선택(1, 2, 3) : 2 저자 〉〉〉 홍길동	검색한 도서가 없습니다.	▪ 검색한 도서가 없는 것에 관하여 잘 처리하는지 살펴보자.
도서 검색 키워드 1. 도서명 2. 저자명 3. 출판사명 선택(1, 2, 3) : 3 출판사 〉〉〉 연두	제 목: 파이썬 저 자: 강수라 출판사: 연두 가 격: 23000	▪ 혹시 검색 결과가 여러 권일 때, 출력이 잘 되는 지 확인해보자.

심화 활동 CT

반복적으로 도서를 입력하여 추가할 수 있고 종료할 수 있도록 프로그램을 개선해보자.

```
while True:
    choice = input('''도서 입력 / 검색
    1. 도서 입력
    2. 도서명으로 검색
    3. 저자명으로 검색
    4. 출판사명으로 검색
    5. 종료
 선택(1, 2, 3, 4, 5) : ''')
```

1번을 선택하면 다음과 같이 제목, 저자명, 출판사명, 가격, 출판년도를 입력할 수 있
도록하자.

```
  * 제목 >>
  * 저자명 >>
  * 출판사명 >>
  * 가격 >>
  * 출판년도 >>
```

실습해보기 9-1

(1)
```
for onebook in mybooks:
    print(onebook["출판사"])
```

(2)
```
mybooks = [
["안드로이드앱개발", "최전산", "PCB", 25000, 2017], ["파이썬",
"강수라", "연두", 23000, 2019], ["자바스크립트", "박정식", "SSS",
38000, 2018], ["HTML5", "주환", "대한", 33000, 2012], ["컴파일러",
"장진웅", "PCB", 24000, 2011], ["C언어", "홍말숙", "한국", 29000, 2010],
["프로그래밍언어론", "현정숙", "정의출판", 41000, 2009], ["안드로이드",
"이광희", "한국", 42000, 2013], ["앱인벤터", "박규진", "대한", 30000,
2015]]
for onebook in mybooks:
    print(onebook[2])
```

실습해보기 9-2

```
mybooks = {"안드로이드앱개발" : {"저자":"최전산", "출판사":"PCB",
"가격":25000, "출판년도" : 2017},
 "자바스크립트" : {"저자":"강수라", "출판사": "연두", "가격": 23000,
"출판년도" : 2019},
 "HTML5" : {"저자":"주환", "출판사":"대한", "가격": 33000, "출판년도" :
2012},
 "컴파일러" : {"저자": "장진웅", "출판사": "PCB", "가격": 24000,
"출판년도": 2011},
 "C언어" : {"저자":"홍말숙", "출판사":"한국", "가격": 29000, "출판년도":
2010},
 "프로그래밍언어론" : {"저자":"현정숙", "출판사": "정의출판", "가격":
41000, "출판년도": 2009},
 "안드로이드" : {"저자":"이광희", "출판사": "한국", "가격": 42000,
"출판년도": 2013},
 "앱인벤터" : {"저자":"박규진", "출판사": "대한", "가격": 30000,
"출판년도": 2015}
}

for k, v in mybooks.items():
    if k == "안드로이드앱개발":
      print(v["저자"])
      print(v["출판사"])
      print(v["가격"])
      print(v["출판년도"])
```

1. 한 권의 도서 정보를 딕셔너리형으로 표현하면, {"제목":"안드로이드앱개발", "저자" : "최전
    산", "출판사": "PCB", "가격": 25000, "출판년도": 2017}과 같다.

2. 사용자 입력 시, 긴 프롬프트를 제시하려면 삼중따옴표(''')를 사용하여 줄바꿈을 표현한다.

3. for 반복문을 이용하여 딕셔너리 리스트로부터 하나의 원소(딕셔너리형)를 변수의 값으로
    가져온 후, 한 원소씩 처리하면 된다.

4. while True : 문장은 무한 반복 수행을 나타낸다. 이로부터 벗어나기 위해서는 조건을 주어
    break 문을 사용한다.

5. 두 변수의 값이 같은지를 확인하기 위해서는 비교연산자 ==를 사용한다.

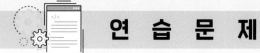

1. 다음 프로그램의 수행 결과를 보이시오. 난이도 ★

(1)
```
n = 10
i = 1
while i < n :
    if i % 3:
        i += 1
    else:
        i = i + 2

print("i = ", i)
```

(2)
```
numbers = [1, 10, 2, 20, 'a','b']
for a in numbers:
    if a in [1, 2, 3]:
        numbers.remove(a)
print(numbers)
```

(3)
```
a = [12, 15, 4]
for n in a:
    if n % 2:
        number = a.index(n)
        print(number, "find odd...")
    else:
        print("even...")
```

(4)
```
d = {"8001": 4.35, "8002": 3.5, "8003" : 3.95, "8004": 2.9, "8005": 3.25}
total = 0.0
n = 0
for k, v in d.items():
    print(k, v)
    total += v
    n += 1

print("n = {0}, average = {1:.2f}".format(n, total / n))
```

여기서, format() 함수를 알아보자. 문자열에 적용할 수 있는 함수로 {0}과 {1:.2f}는 format() 함수에서 매개변수의 위치값으로 n이 {0}에, total / n이 {1}의 값으로 된다. {1:.2f}의 .2f란 % 문자열처럼 실수에 대해 소숫점 이하 2자리까지 표시하라는 의미이다.

2. 다음 2차 딕셔너리에서 프로그램 결과를 출력해보자. 딕셔너리의 딕셔너리란, 한 딕셔너리에서 키에 대응되는 값이 딕셔너리인 경우를 말한다. 난이도 ★

```
d = {"s1": {"year": 4, "g": "F"},"s2": {"year": 3, "g": "M"}}
for k, v in d.items():
    print(k, v["year"] * v["g"])
```

3. 7장의 커피 자동 주문기 문제를 다음 딕셔너리 데이터를 활용하여 프로그래밍해보자. 난이도 ★

```
coffee = {'아메리카노' : 2500, '카페라테' : 3000, '카푸치노': 3000}
```

4. 다음과 같은 강의 정보가 딕셔너리 리스트 lectures가 있을 때, '홍미경' 교수가 강의하는 과목명을 출력하는 프로그램을 작성하고자 한다. 빈 칸을 프로그래밍하시오. 난이도 ★

```
lectures = [{"과목명":"파이썬프로그래밍", "교수명": "홍미경", "시수": 3,
"강의실":"C3246"},
          {"과목명":"웹프로그래밍", "교수명": "강민수", "시수": 3,
"강의실":"C3327"},
          {"과목명":"소프트웨어공학", "교수명": "강민수", "시수": 3,
"강의실":"C3220"},
          {"과목명":"창의기초코딩", "교수명": "홍미경", "시수": 2,
"강의실":"E1245"},
          {"과목명":"데이터베이스", "교수명": "박찬정", "시수": 2,
"강의실":"E3632"}]
for lecture in lectures:
    if (1)_____ :
        print((2)_____)
```

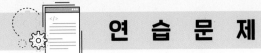

5. 문제 4의 lectures를 이용하여 서로 다른 총 교수의 수를 구하는 프로그램을 작성하고자 한다. 정답은 3명(홍미경, 강민수, 박찬정)이다. 빈 칸을 프로그래밍하시오. 난이도 ★★

```
professors = []
for lecture in lectures:
    professors.append((1)_____)  #교수명을 professors 리스트에 저장.
professors = (2)_____  #  교수명 중에서 유일값만을 남기도록 타입
변환.
print("총 교수의 수:", len(professors), "명")
```

6. 과목명을 사용자로부터 입력받은 후, 해당 과목을 가르치는 교수명을 출력하는프로그램을 작성하고자 한다. 빈 칸을 프로그래밍하시오. 교수가 없으면 없다고 출력한다.
난이도 ★★

```
coursename = input("과목명> ")
find = False
for lecture in lectures:
    if (1)_____:
        print(lecture["교수명"])
        (2)_____
        break
if find == False :
    print(coursename, "과목을 가르치는 교수가 없음")
```

CHAPTER 10 설정 시간 알리미

기본 학습 목표

- `time` 모듈의 `strftime()` 함수를 이용해 현재 시각에 대한 특정 형식의 문자열 표현을 얻을 수 있다.
- `time.sleep()` 함수를 이용하여 지정된 시간 동안 프로그램의 수행을 보류할 수 있다.
- `winsound` 모듈을 이용해 간단한 소리를 생성할 수 있다.

심화 학습 목표

- `time.sleep()` 함수를 이용하여 알람 시각과 현재 시각의 차이 시간 동안 프로그램의 수행을 보류할 수 있다.
- `time.strftime()` 함수를 이용하여 현재 시각과 "시:분:초" 형식으로 입력된 알람 시각(절대 시각)과의 차이 시간을 초 단위로 계산할 수 있다.

핵심 학습 요소

- 리스트 객체, `import` 문, `time` 모듈, `winsound` 모듈

문제 상황 `CT`

컴퓨터 작업에 집중하다 보면 시간 맞춰 해야 할 일(예: 누군가에게 전화를 거는 일, 하던 작업을 그만 두고 다른 작업을 시작하는 일)들을 챙기지 못하게 되는 경우가 많다. 작업 진행 중에 수시로 시간을 체크할 수도 있겠지만 여간 번거로운 일이 아니다.

문제 분석 `CT`

✳ 컴퓨터의 역할

이 문제는 사용자가 원하는 알람 시각을 설정할 수 있게 지원하고, 해당 시각에 컴퓨터가 알람을 울리게 만들어 사용자의 주의를 환기시켜 주는 방식으로 해결할 수 있다. 따라서 컴퓨터(파이썬 인터프리터)가 수행할 프로그램(설정 시간 알리미)의 핵심 기능을 둘로 나눈다면 다음과 같이 정리될 수 있다.

- 사용자가 알람 시각을 설정할 수 있게 지원
- 설정된 알람 시각에 알람을 울려 사용자의 주의 환기

사용자

설정 시간 알리미가 수행될 때 컴퓨터와의 상호작용 차원에서 사용자가 수행하게 될 핵심 활동(계산) 역시 두 가지로 나누어 볼 수 있다. 그 첫 번째는 알람 시각을 설정하는 것이고, 두 번째는 알람에 반응해 무언가를 인식하거나 어떤 활동을 하는 것이다. 그와 같은 활동을 하게 될 사용자를 고려해 설정 시간 알리미 설계에 반영할 사항은 아래와 같다. 여기에서는 현재 시각을 출력할 때나 알람 시각을 입력할 때 상대 시각("2 시간 30분 후"와 같이 현 시점으로부터 지정된 시간이 흐르면 이르게 되는 시각) 표기만 지원하도록 설정 시간 알리미를 설계 · 제시하고 있으며, 절대 시각("오후 2시 30분"처럼 현재 시각과 상관없이 특정 시점을 표현하는 시각) 표기 지원 해결책은【심화 활동】에서 다루고 있다. 상대 시각은 시 · 분 · 초 값을 콜론으로 구분해 표기하는 방식(3시간 20분 30초 후를 3:20:30으로 표기)으로 현 시점으로부터 경과해야 할 시간의 양을 표현하도록 설계하였다. 그리고 알람 시각에 이르렀을 때 벨 소리를 내 사용자에게 알리는 방식을 채택하였다.

- 현재 시각을 디스플레이에 출력해 알람 시각 설정에 도움을 줌.
- '상대 시각'으로 알람 시각을 표기 · 입력할 수 있게 함.
- 잘못 표기된 알람 시각이 입력된 경우, 해당 오류 내용을 출력해 줌으로써 차후 알람 시각을 올바로 입력할 수 있도록 유도함.

입력

- "시:분:초" 형식의 상대 시각으로 표기된 알람 시각

출력

- 입력 요구 메시지
- 현재 시각
- 알람 소리
- 오류 발생 시 출력될 메시지

※ 데이터

설정 시간 알리미 프로그램은 알람 시각에 이를 때까지 프로그램의 수행을 보류했다
가 해당 시각에 이르러 수행이 재개되었을 때 알람을 울리는 방식을 사용한다. 따라서
프로그램 수행 보류 시간에 해당하는 초 단위 시간 값을 구해야 한다.

• 현 시점으로부터 알람 시각에 이를 때까지 경과되어야 할 초 단위 시간

알고리즘 CT

※ 알고리즘 효율성

• 매 초마다 알람 시각에 이르렀는지 확인하는 작업을 반복하는 대신, 알람 시각까지
  의 잔여 시간(초 단위)을 계산해 해당 시간 동안 설정 시간 알리미의 수행을 보류시
  킴으로써 불필요한 계산 작업을 줄임.

※ 전체 알고리즘 뼈대

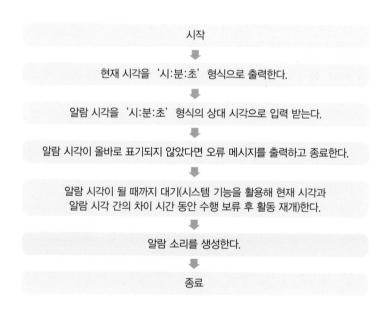

시작

현재 시각을 '시:분:초' 형식으로 출력한다.

알람 시각을 '시:분:초' 형식의 상대 시각으로 입력 받는다.

알람 시각이 올바로 표기되지 않았다면 오류 메시지를 출력하고 종료한다.

알람 시각이 될 때까지 대기(시스템 기능을 활용해 현재 시각과
알람 시각 간의 차이 시간 동안 수행 보류 후 활동 재개)한다.

알람 소리를 생성한다.

종료

📄 **프로그래밍** `CT`

❇ **변수**

프로그램이 데이터를 다루기 위해 사용하는 변수들은 프로그램의 가독성을 높이기 위해 다음과 같이 설정된다.

- alarm_time : 사용자가 설정한 알람 시각 문자열
- alarm_hms : 알람 시각을 시·분·초 값으로 분할해 구성한 리스트

❇ **프로그램**

설정 시간 알리미 프로그램을 구현하려면 시간이나 소리를 다룰 수 있어야 한다. 여기에 제시된 프로그램은 time 모듈과 winsound 모듈에 정의된 함수들을 활용해 시간이나 소리를 다루고 있다. 알고리즘은 현재 시각을 '시:분:초' 형식으로 출력하면서 시작된다. time 모듈이 제공하는 함수 strftime()을 호출하면 현재 시각에 대한 특정 형식의 문자열을 얻을 수 있다. 시각에 대한 문자열 표현 형식은 인자로 설정할 수 있는데, 24시간 범위 '시:분:초' 형식의 문자열을 얻으려면 시간 값(00~23)과 분 값(00~59), 초 값 표기 지정 기호 %H와 %M, %S를 콜론으로 연결한 문자열 "%H:%M:%S"를 인자로 설정하면 된다. 아래 코드는 현재 시각을 출력한 후 사용자가 입력한 알람 시각(문자열)을 변수 alarm_time으로 레퍼런스 할 수 있게 설정한다.

```
print("[현재시각]", time.strftime("%H:%M:%S"))
alarm_time = input("알람 시각 : ")
```

실습해보기 10-1

함수 time.strftime()의 문자열 인자에 %p를 포함시킬 경우 오전 시간에 대해 'AM' 문자열을, 오후 시간에 대해 'PM' 문자열을 얻을 수 있고, %I를 포함시키면 오전과 오후 시간을 12 시간으로 나눈 시간 값(01~12)을 얻을 수 있다. 현재 시각이 오전/오후 구분 표기 형식으로 출력(예: 오전 10시 30분 24초는 "AM 10:30:24", 오후 5시 11분 4초는 "PM 05:11:04")되도록 코드를 수정해 보자.

알고리즘은 사용자가 알람 시각을 '시:분:초' 형식으로 입력한다는 전제 하에 작동된다. 입력된 알람 시각 문자열 alarm_time에 대한 메소드 호출 alarm_time.split(':')은 문자열 alarm_time을 콜론으로 구분하여 3개 항목(시·분·초 값 문자열)으로 구성된 리스트를 만들어 준다. 따라서 그 리스트(변수 alarm_hms로 레퍼런스 할 수 있게 설정됨.)가 3개 항목으로 구성되어 있는지, 해당 시·분·초 값이 허용된 범위(0 이상)의 값인지 등을 살펴보면 사용자가 알람 시각을 올바로 입력했는지 확인할 수 있다. 아래의 코드는 알람 시각의 표기가 잘못되었을 경우 else 절의 print() 함수가 호출되어 오류 메시지가 출력되게 해 준다.

```
alarm_hms = alarm_time.split(':')
if len(alarm_hms) == 3 and 0 <= int(alarm_hms[0]) \
    and 0 <= int(alarm_hms[1]) and 0 <= int(alarm_hms[2]):
    .
    .
    .
else:
    print("입력한 알람 시각 표기에 오류가 있습니다.")
```

Q 묻고 답하기

제시된 코드는 상대 시각 표기에 있어 0 이상의 시·분·초 값 모두(예: "2:153:76")를 허용하는데, 이는 상대 시각 표기에 쓰이는 시·분·초 값들이 알람 시각에 이를 때까지 경과되어야 할 시간의 총량을 규정하기 때문이다. "2:153:76"과 같이 다소 어색한 상대 시각이 주어지더라도 제시된 프로그램의 작동에 문제가 되지 않는 이유는 무엇인가?

답
상대 시각 표기에 포함된 시·분·초 값 모두가 초 단위 시간으로 환산되어 단순 합산·활용되기 때문이다.

실습해보기 10-2

분 값이나 초 값이 60 이상이면 알람 시각 표기 오류 메시지가 출력되도록 코드를 수정해 보자.

이제 설정 시간 알리미가 해야 할 일은 알람 시각이 될 때까지 기다렸다가 알람을 울리는 일이다. time 모듈에 정의된 함수 sleep()을 초 단위 시간을 인자로 전달하며 호출하면 해당 시간이 경과된 후 리턴되므로, 리턴 직후 알람을 울리게 하는 방식으로 알람 기능을 구현할 수 있다. 아래 코드에서 time.sleep() 함수의 인자 자리에 명시된 식이 프로그램의 수행이 보류되어야 할 초 단위 시간을 계산해 주는 식이다. 주어진 계산식의 결과 값을 인자로 time.sleep() 함수를 호출하면 알람 시각에 이르러서야 리턴되고, 그 아래의 for 문은 알람 시각에 맞추어 수행된다. winsound 모듈이 제공하는 Beep() 함수는 주파수와 지속 시간(밀리 초 단위)을 인자로 전달받아 그에 해당되는 소리를 생성해 주는데, 아래 코드의 for 문은 Beep() 함수를 반복 호출해 0.2초 간 지속되는 소리를 10회 생성되게 만든다.

```
time.sleep(int(alarm_hms[0]) * 60 * 60 \
    + int(alarm_hms[1]) * 60 + int(alarm_hms[2]))
for i in range(1, 10):
    winsound.Beep(i * 100, 200)
```

앞서 설계한 알고리즘 전체에 해당하는 프로그램은 다음과 같다.

```
01    import time
02    import winsound
03
04    print("[현재시각]", time.strftime("%H:%M:%S"))
05    alarm_time = input("알람 시각 : ")
06    alarm_hms = alarm_time.split(':')
07    if len(alarm_hms) == 3 and 0 <= int(alarm_hms[0]) \
08        and 0 <= int(alarm_hms[1]) and 0 <= int(alarm_hms[2]):
09        time.sleep(int(alarm_hms[0]) * 60 * 60 \
10            + int(alarm_hms[1]) * 60 + int(alarm_hms[2]))
11        for i in range(1, 10):
12            winsound.Beep(i * 100, 200)
13    else:
14        print("입력한 알람 시각 표기에 오류가 있습니다.")
```

⚙️ **테스트와 디버깅** `CT`

입출력 사례 1	[현재시각] 08:25:38 알람 시각 : 08:30 입력한 알람 시각 표기에 오류가 있습니다.
입출력 사례 2	[현재시각] 08:26:14 알람 시각 : 1:-2:0 입력한 알람 시각 표기에 오류가 있습니다.
입출력 사례 3	[현재시각] 08:27:08 알람 시각 : 0:1:30
확인 및 유의사항	▪ 구성 요소가 잘못되거나 시·분·초 값의 범위가 잘못된 알람 시각을 입력해 해당 오류 　에 대한 메시지가 출력되는지 확인한다. ▪ 올바른 알람 시각을 입력해 해당 시점에 알람 소리가 나는지 확인한다.

📝 **심화 활동** `CT`

- 알람 시각으로 '시:분:초' 형식의 절대 시각(예: 오후 2시 45분 30초는 '14:45:30', 오전 7시 25초는 '7:0:25')을 입력 받아, 해당 시점에 알람 소리를 내도록 프로그램을 변경해 보자.

실습해보기 문제 해답

실습해보기 10-1

```
print("[현재시각]", time.strftime("%p %I:%M:%S"))
alarm_time = input("알람 시각 : ")
```

실습해보기 10-2

```
alarm_hms = alarm_time.split(':')
if len(alarm_hms) == 3 and 0 <= int(alarm_hms[0]) \
    and 0 <= int(alarm_hms[1]) < 60 and 0 <= int(alarm_hms[2]) < 60:
    .
    .
    .
else:
    print("입력한 알람 시각 표기에 오류가 있습니다.")
```

1. time 모듈은 시간과 관련된 다양한 함수들을 제공한다.

2. time.sleep() 함수를 이용해 원하는 시간(초 단위) 동안 프로그램의 수행을 보류시킬 수 있다.

3. 문자열 객체에 대한 내장 함수 split()을 이용하면, 주어진 문자열을 구성하는 부분 문자열들을 임의의 분리자(예: 코마, 콜론, 공백)를 기준으로 분할·활용할 수 있다.

4. time.strftime() 함수를 이용해 현재 시각에 대한 '시·분·초' 형식의 문자열 표현을 얻으면, 현재 시각과 특정 시각 간의 시간 차이를 구할 수 있다.

5. 윈도 시스템의 경우, 모듈 winsound에 포함된 함수 Beep()을 이용해 간단한 소리를 생성할 수 있다.

1. time 모듈에 포함된 함수와 관련해 다음 빈 칸을 채워보자. 난이도 ★

   (1) 임의의 시간을 정해 그 시간 동안 프로그램 수행을 보류하고자 할 때 사용하기에 적합한 함수는 (　　　)이다.

   (2) 시각 표현에 대한 형식을 정하고, 현재 시각에 대한 해당 형식의 문자열을 얻으려 할 때 효과적으로 활용할 수 있는 함수는 (　　　)이다.

2. time 모듈의 함수 strftime()과 관련하여 다음 내용이 맞는지 틀리는지 O/X로 표시해보자. 난이도 ★★

   (1) time.strftime("%H:%M:%S")의 호출 시점이 오후 3시 0분 49초일 때, 리턴되는 문자열은 "15:00:49"이다. 　　　　　　　　　　　　　　　　(　)

   (2) time.strftime("%p %I %M")의 호출 시점이 오전 7시 정각일 때, 리턴되는 문자열은 "PM 07 00"이다. 　　　　　　　　　　　　　　　(　)

3. 아래에 문항별로 제시된 프로그램 각각이, "17:20:30"(오후 5시 20분 30초), "08:45:00"(오전 8시 45분) 등과 같이 하루를 24시간으로 나누어 "시:분:초" 형식으로 표기한 특정 시각을 입력 받아, 해당 문항이 요구하는 결과를 출력하도록 밑줄 친 ㉮ ~ ㉺를 채워 보자. 난이도 ★★

   (1) 입력된 시각이 이미 지나버린 시각이면 문자열 "PAST"를, 현 시점의 시각이면 문자열 "PRESENT"를, 아직 이르지 않은 시각이면 문자열 "FUTURE"를 출력

```
import time

input_time = input("시각 입력 :  ")
cur_time = time.strftime("%H:%M:%S")
hms = input_time.split(':')
cur_hms = cur_time.split(':')
if len(hms) == 3 and 0 <= int(hms[0]) <= 23 \
    and 0 <= int(hms[1]) <= 59 and 0 <= int(hms[2]) <= 59:
    if  ㉮_____ :
        print("PRESENT")
    elif  ㉯_____ \
```

연 습 문 제

```
        or int(cur_hms[0]) == int(hms[0]) and int(cur_hms[1]) < int(hms[1]) \
        or int(cur_hms[0]) == int(hms[0]) and int(cur_hms[1]) == int(hms[1]) \
        and int(cur_hms[2]) < int(hms[2]):
            print("FUTURE")
    else:
        print("PAST")
else:
    print("입력된 시각 표기에 오류가 있습니다.")
```

(2) 입력된 시각(아직 이르지 않은 오늘 하루 중의 특정 시각)과 현 시각 사이의
    초 단위 시간을 출력

```
import time

input_time = input("시각 입력 :  ")
cur_time = time.strftime("%H:%M:%S")
hms = input_time.split(':')
cur_hms = cur_time.split(':')
if len(hms) == 3 and 0 <= int(hms[0]) <= 23 \
    and 0 <= int(hms[1]) <= 59 and 0 <= int(hms[2]) <= 59:
    seconds =   ㉠_____ \
        + (int(hms[1]) - int(cur_hms[1])) * 60 \
        + int(hms[2]) - int(cur_hms[2])
    if  ㉡_____ :
        print(seconds)
    else:
        print("입력한 시각은 이미 지나갔습니다.")
else:
    print("입력된 시각 표기에 오류가 있습니다.")
```

간단한 계산기

기본 학습 목표

- 변수를 활용해 다수의 연산을 적용·누적시킬 수 있다.
- 사용자가 종료 요청을 하기까지 사용자 명령을 대화식으로 입력 받아 처리해 주는 프로그램을 작성할 수 있다.
- 다수의 요소(예: 연산자, 피연산자 등)로 구성된 사용자 명령을 효과적으로 표현·전달할 수 있도록 해당 명령의 형식을 설계할 수 있다.

심화 학습 목표

- 프로그램의 구조가 프로그램의 확장성에 어떤 영향을 주는지 설명할 수 있다.
- 프로그램의 사용자 인터페이스 구성이 사용자와 프로그램 간 상호작용에 어떤 영향을 미칠 수 있는지 설명할 수 있다.

핵심 학습 요소

- 내장함수 split(), break 문, 연산자 or

문제 상황 `CT`

컴퓨터를 사용하다 보면 가끔 간단한 계산 작업 작업을 수행해야 할 상황이 발생한다. 그때마다 암산을 하거나 종이에 적어가며 원하는 값을 계산하기도 하지만, 다루어야 할 값들이 크고 그 개수가 많아지면 계산 작업이 쉽지 않다.

문제 분석 `CT`

❋ 컴퓨터의 역할

문제 해결책으로 사용자가 컴퓨터와 상호작용하며 계산 활동을 수행할 수 있게 지원하는 방안을 생각해 보자. 컴퓨터가 '간단한' 계산기 역할을 하게 만드는 것이다. 여기에서는 일상 속에서 사용자가 수행하게 되는 계산이 간단한 계산이라 가정하고, 컴퓨터의 역할을 사용자가 '누산 방식'의 계산 작업을 수행할 수 있도록 지원하는 것으로 설정한다. '누산 방식'의 계산이란 하나의 값을 기억해 두고 새로운 연산의 적용이 요청될 때마다 기억된 값에 해당 연산을 적용한 결과 값으로 기억된 값을 대체하는 방식의 계산이다. 파이썬 프로그램에서 실수 값 하나를 기억해 두고 '누산 방식'의 계산을 적용하려면, 특정 이름의 변수(이후 누적 변수라 칭함)로 해당 실수 값을 레퍼런스 할 수 있게 설정해 두면 된다. 컴퓨터가 수행할 계산기의 핵심 기능은 다음과 같이 설정해 볼 수 있다.

- 사용자가 새로운 연산 요청을 입력하기 전에 누적 변수로 레퍼런스 할 수 있는 데이터 값을 확인할 수 있게 지원
- 누적 변수로 레퍼런스 할 수 있는 데이터 값을 원하는 값으로 설정할 수 있게 지원
- 누적 변수를 연산 적용 결과 값에 대한 레퍼런스로 설정할 수 있게 지원
- 사용자가 계산 종료 명령을 사용해 명시적으로 계산기를 종료시킬 때까지 연산의 반복 적용 지원

✠ 사용자

특정 연산을 한 번 적용해 최종 결과를 얻을 수 있는 단순한 계산도 있지만, 다수의 연산을 적용해야 최종 결과를 얻을 수 있는 그런 계산도 있다. 이를 고려해 아래의 "작업 명령"(사용자가 계산기에게 어떤 작업을 요청할 때 사용하는 명령)들을 규정하고, 사용자가 이들을 적정 순서로 조합해 원하는 계산 결과를 얻을 수 있게 한다.

- 모든 작업 명령은 각각 한 라인의 텍스트로 구성·입력
- **"연산자 피연산자"** 형식의 작업 명령(계산 명령)을 통해 원하는 연산의 적용을 요청할 수 있도록 지원(더하기, 곱하기, 나눗셈의 몫 구하기, 나눗셈의 나머지 구하기에 해당하는 연산자는 각각 +, *, /, %)
  - 예 누적 변수로 레퍼런스 할 수 있는 데이터 값이 15일 때 작업 명령 "+ 28"과 "% 12"를 연이어 적용하면 누적 변수로 레퍼런스 할 수 있는 데이터 값이 43으로 바뀌었다가 다시 7로 바뀜.
- **"= 피연산자"** 형식의 작업 명령(치환 명령)을 통해 누적 변수로 특정 값을 레퍼런스 할 수 있게 지원
  - 예 누적 변수로 레퍼런스 할 수 있는 데이터 값이 5일 때 작업 명령 "= −4.7"을 적용하면 누적 변수로 레퍼런스 할 수 있는 데이터 값이 −4.7로 바뀜.
- **"x"** 라는 작업 명령(종료 명령)을 통해 계산기 프로그램의 수행을 종료시킬 수 있게 지원

- 사용자가 누적 변수로 레퍼런스 할 수 있는 데이터 값을 확인한 상태에서 작업 명령을 입력할 수 있게 지원

❊ 입력
- 규정된 형식의 작업 명령(계산 명령, 치환 명령, 종료 명령)

❊ 출력
- 누적 변수로 레퍼런스 할 수 있는 데이터 값
- 입력 요구 메시지

❊ 데이터
- 현재까지 누적 적용된 모든 연산의 최종 결과 값

알고리즘 CT

❊ 알고리즘 효율성
해결책 적용에 있어 사용자와 컴퓨터 간 상호작용 방법은 사용자가 수행하게 될 활동의 알고리즘 효율성이나, 컴퓨터가 수행하게 될 활동의 알고리즘 효율성 모두에 영향을 준다. 특히 사용자 편의성 제고에 배치된다거나 하는 등의 부득이 한 이유가 아니라면 동일 기능을 이용할 때 요구되는 입출력 횟수를 최소화시키는 방향으로 상호작용을 설계하는 것이 효율성 제고에 도움이 된다.

- 사용자가 계산기의 특정 기능을 요구할 때 연산자와 피연산자를 별개로 입력하게 하지 않고 **"연산자 피연산자"** 형식의 작업 명령을 사용하게 함으로써 입력 횟수를 줄임.
- **"연산자 피연산자 … 피연산자"** 형식의 작업 명령을 사용할 수 있게 함으로써 입력 횟수를 더 줄일 수 있게 지원하는 방안은 **[심화 활동]**에서 다룸.
- 사용자가 현재까지 적용된 연산의 최종 결과를 확인하고 싶을 때, 명시적으로 특정 명령을 사용하지 않아도 되도록 하나의 작업 명령이 끝날 때마다 누적 변수로 레퍼런스 할 수 있는 데이터 값을 출력해 줌.

✷ 전체 알고리즘 뼈대

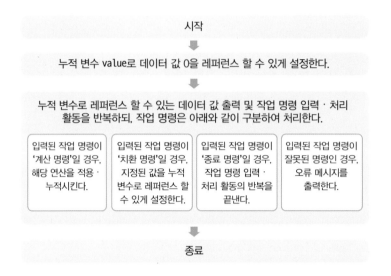

✷ 변수

누적 변수 value를 비롯해 입력된 연산의 구성 요소를 분석·처리하는 과정에서 사용되는 주요 변수들은 프로그램의 가독성을 높이기 위해 다음과 같이 설정된다.

- value : 현 시점까지 누적 적용된 모든 연산의 최종 결과 값
- tokens : 입력된 작업 명령의 구성 요소(연산자와 피연산자의 문자열 표현)들이 순서대로 저장된 리스트
- operator : 입력된 작업 명령의 구성 요소 중 연산자에 해당하는 문자열
- operand : 입력된 작업 명령의 구성 요소 중 피연산자 문자열을 실수형으로 변환한 값

✷ 프로그램

우선 변수 초기화 작업과 데이터 입력 작업이 파이썬으로 어떻게 표현될 수 있는지 살펴보자. 누적 변수 value로 데이터 값 0을 레퍼런스 할 수 있게 설정한 후 작업 명령을 반복적으로 입력 받아 처리하는 코드는 아래와 같이 표현될 수 있다. print() 함수 호출은 누적 변수 value로 레퍼런스 할 수 있는 데이터 값을 출력해 주고, 입력된 문자열(작업 명령) line에 적용된 split() 메소드는 작업 명령의 구성 요소(연산자, 피연산자 등)를 분리해 리스트에 지장해 준다. 종료 명령은 하나의 요소("x")로 구성되고, 계산

연산이나 치환 연산은 두 개의 요소(연산자와 피연산자, 혹은 "="과 피연산자)로 구성된다. 따라서 유효한 작업 명령들은 아래 if 문의 조건식 "len(tokens) > 0"을 충족시켜 생략된 코드(if 아래에 상하 방향의 점들로 표시)에 의해 구분·처리된다. while 문의 조건식 True는 사용자가 종료 명령을 입력할 때까지 작업 명령을 반복·처리해 주기 위해 설정한 것이다.

```
value = 0
while True:
    print("\n현재 값 : ", value)
    line = input("작업 명령 입력 :  ")
    tokens = line.split()
    if len(tokens) > 0:
        .
        .
        .
```

작업 명령을 구분해 처리하는 코드는 아래와 같이 구성된다. 작업 명령의 첫 번째 요소가 무엇인지는 리스트 tokens의 첫 번째 항목(tokens[0])의 값을 활용해 확인할 수 있다. 이 값이 'x'일 경우 종료 명령으로 간주되며, break 문 수행으로 이어져 앞서 살펴보았던 while 문의 반복 수행이 끝나게 된다. 리스트에 2 개의 항목이 저장되어 있는 경우 tokens[1]에는 피연산자 값이 문자열 형태로 저장되어 있는데, 함수 호출 float(tokens[1])은 해당 문자열을 실수 타입의 값으로 변환시켜 준다. 아래 코드에서 치환 명령과 더하기 계산 명령이 어떻게 처리되어 누적 변수로 그 결과 값을 레퍼런스 할 수 있게 설정되는지 알 수 있다.

```
operator = tokens[0]
if len(tokens) == 1:
    if operator == 'x':
        break
    print("잘못된 작업 명령!!")
elif len(tokens) == 2:
    operand = float(tokens[1])
    if operator == '=':
        value = operand
    elif operator == '+':
```

```
        value += operand
```

```
                .
                .
                .
```

| 연산자가 '-'일 경우 빼기 연산이 적용·누적되도록 코드를 확장해 보자.

계산 명령 중에 나눗셈 계산과 관련해 주의할 점 하나가 있다. 0으로 나누는 연산이 적용되면 오류가 발생하기 때문에, 나눗셈의 몫 구하기나 나머지 구하기 연산의 경우 아래와 같이 피연산자가 0이 아닌 것을 확인한 후 해당 연산이 적용되게 해야 한다.

```
elif operator == '/' or operator == '%':
    if operand != 0:
        if operator == '/':
            value /= operand
        else:
            value %= operand
    else:
        print("잘못된 작업 명령(0으로 나누기)!!")
```

앞서 설계한 알고리즘 전체에 해당하는 프로그램은 다음과 같다.

```
01    value = 0
02    while True:
03        print("\n현재 값 : ", value)
04        line = input("작업 명령 입력 : ")
05        tokens = line.split()
06        if len(tokens) > 0:
07            operator = tokens[0]
08            if len(tokens) == 1:
09                if operator == 'x':
```

```
10                  break
11              print("잘못된 작업 명령!!")
12          elif len(tokens) == 2:
13              operand = float(tokens[1])
14              if operator == '=':
15                  value = operand
16              elif operator == '+':
17                  value += operand
18              elif operator == '*':
19                  value *= operand
20              elif operator == '/' or operator == '%':
21                  if operand != 0:
22                      if operator == '/':
23                          value /= operand
24                      else:
25                          value %= operand
26                  else:
27                      print("잘못된 작업 명령(0으로 나누기)!!")
28              else:
29                  print("잘못된 작업 명령!!")
30          else:
31              print("잘못된 작업 명령!!")
```

⚙️ **테스트와 디버깅** CT

입력 값 / 출력 결과		확인 및 유의사항
사례 1	사례 2	
현재 값 : 0 작업 명령 입력 : + 9 잘못된 작업 명령!! 현재 값 : 0 작업 명령 입력 : * 3 7 잘못된 작업 명령!! 현재 값 : 0 작업 명령 입력 : - 2 잘못된 작업 명령!!	현재 값 : 0 작업 명령 입력 : + 25 현재 값 : 25.0 작업 명령 입력 : * 3 현재 값 : 75.0 작업 명령 입력 : / 10	▪ 다양한 유형의 잘못된 작업 명령을 입력했을 때, 계산기가 적정 오류 메시지를 출력하는지 확인한다. ▪ 작업 명령들이 올바로 주어졌을 때 누적 변수로 레퍼런스 할 수 있는 데이터 값이 예측한 대로 바뀌어 가는지 확인한다.

입력 값 / 출력 결과		확인 및 유의사항
사례 1	사례 2	
현재 값 : 0 작업 명령 입력 : / 0 잘못된 작업 명령(0으로 나누기)!! 현재 값 : 0 작업 명령 입력 : x 5 잘못된 작업 명령!! 현재 값 : 0 작업 명령 입력 : x	현재 값 : 7.5 작업 명령 입력 : % 4 현재 값 : 3.5 작업 명령 입력 : = 6.7 현재 값 : 6.7 작업 명령 입력 : + 2.4 현재 값 : 9.1 작업 명령 입력 : x	

심화 활동 CT

- 추가 기능으로서 하나 이상의 새로운 연산자(예: 지수 연산자 '^')를 정해 해당 연산을 지원하도록 주어진 프로그램을 확장해 보자.
- 아래와 같이 피연산자가 2개 이상인 계산 명령도 지원하도록 프로그램을 확장해 보자.

> 계산 명령 "+ 28 54 76"을 적용할 경우 누적 변수로 레퍼런스 할 수 있는 데이터 값이 세 개의 계산 명령 "+ 28", "+ 54", "+ 76"을 연이어 적용한 경우와 같아야 한다.

실습해보기 문제 해답

실습해보기 11-1

```
operator = tokens[0]
if len(tokens) == 1:
    if operator == 'x':
        break
    print("잘못된 작업 명령!!")
elif len(tokens) == 2:
    operand = float(tokens[1])
    if operator == '=':
        value = operand
    elif operator == '+':
        value += operand
    elif operator == '-':
        value -= operand



        .
        .
        .
```

1. break 문이 수행되면 해당 break 문을 감싸고 있는 가장 가까운 반복문(for 문, while 문 등)의 반복 작업이 끝난다.

2. 일반적으로 while 문의 조건식이 리터럴 True일 경우, 해당 while 문에 종속된 문장 중 break 문이 딸린 선택문이 있어 특정 조건이 충족될 때 무한 반복이 끝나게 만드는 역할을 한다.

3. 연산 적용 이전에 피연산자 값을 확인해 피연산자 값에 따른 연산 적용 오류 발생을 예방함으로써 프로그램의 안정성을 높일 수 있다.

4. 사용자 요구를 텍스트(text: 글) 명령어로 입력 받아 처리하는 대화식 프로그램의 경우 사용자 명령어에 대한 구문 분석 작업이 필요한데, 구문 분석 작업에 대한 코딩을 효과적으로 하려면 명령어 표현 문법을 체계적으로 규정해야 한다.

5. 다수의 elif 절을 덧붙여 if 문을 구성함으로써 여러 가지 경우를 구분 · 선택하여 처리할 수 있다.

1. 다음 빈 칸을 채워보자. 난이도 ★

(1) 사용자의 작업 명령 문자열이 어떤 요소들로 구성되어 있는지 분석하기 위해 문자열을 분리할 때 효과적으로 활용할 수 있는 내장 함수는 (　　　)이다.

(2) 문자열을 분리시켜 얻은 부분 문자열들의 리스트에 몇 개의 부분 문자열이 들어 있는지 파악할 때 효과적으로 활용할 수 있는 내장 함수는 (　　　)이다.

(3) 조건식이 항상 '참'(True)이어서 무한히 반복되는 반복문을 상황에 따라 벗어날 수 있게 만들려 할 때 사용하기에 적합한 문장은 (　　　)이다.

2. 다음 내용이 맞는지 틀리는지 O/X로 표시해 보자. 난이도 ★

(1) 제수(*divisor*)가 0일 때 나눗셈 연산 중 발생할 수 있는 오류는 나눗셈 연산 적용 직전 선택문을 사용해 제수의 값을 점검함으로써 피할 수 있다. (　　)

(2) 누산 방식의 대화식 계산기는 계산의 중간 결과 값을 어디에 저장해야 할지 지정하지 않아도 된다는 장점이 있다. (　　)

(3) 사용자 요구를 텍스트(*text*: 글) 명령어로 입력 받아 처리하는 대화식 프로그램에서 사용자 명령어 표현을 위한 구문 형식이 달라져도 그 분석 작업의 효율성에 별 차이가 없다. (　　)

3. 아래 문항 각각에 제시된 기능을 지원하도록 "간단한 계산기" 프로그램을 확장하려 한다. 밑줄 친 ㉮ ~ ㉣를 채워 보자. 난이도 ★★

(1) 라인 **9~10**을 아래 코드로 대체해 다음 작업 명령을 지원한다.

- "+" : 누적 변수로 레퍼런스 할 수 있는 데이터 값을 1 증가시킨다.
- "-" : 누적 변수로 레퍼런스 할 수 있는 데이터 값을 1 감소시킨다.

```
if operator == '+':
    value += 1
elif operator == '-':
    ㉮
㉯    operator == 'x':
    break
```

연 습 문 제

(2) 라인 29와 라인 30 사이에 아래 코드를 추가해 다음 작업 명령을 지원한다.

- **"연산자 피연산자 피연산자"** : 제시된 두 피연산자를 대상으로 연산자(+, *, /, %)에 해당하는 연산을 적용하고, 누적 변수로 그 결과 값을 레퍼런스 할 수 있게 설정한다. 예로 "+ 25 58"을 수행하면 누적 변수로 83을 레퍼런스 할 수 있게 설정된다.

```
    elif 다ㅏ                                :
        operand1 = float(tokens[1])
        라ㅏ
        if operator == '+':
            value = operand1 + operand2
        elif operator == '*':
            value = operand1 * operand2
        elif operator == '/' or operator == '%':
            if operand2 != 0:
                if operator == '/':
                    value = operand1 / operand2
                else:
                    value = operand1 % operand2
            else:
                print("잘못된 작업 명령(0으로 나누기)!!")
        else:
            print("잘못된 작업 명령!!")
```

1. 다음 프로그램에서 빈 칸을 채우시오. 난이도 ★★

(1) 체육대회에 입을 반 친구들의 티셔츠를 주문하려고 한다. 친구들이 선택할 수 있는 것은 티셔츠의 크기(대, 중, 소)와 색상(빨강, 파랑)이다. 반 친구들의 티셔츠를 실수 없이 주문할 수 있도록 프로그램을 만들려고 한다. 학생 번호를 나타내는 n이 −1이면 프로그램을 종료하고, 그렇지 않으면, 학생들의 티셔츠 정보를 각각 size와 color 리스트에 추가하는 프로그램을 작성해보자.

```python
student = []        # 각 학생 번호 저장 리스트
size = []           # 각 학생의 티셔츠 크기 리스트
color = []          # 각 학생의 티셔츠의 색상 리스트
np = "학생 번호 (-1: 종료) >>> "
sp = "선택(소: S, 중: M, 대: L) >>> "
cp = "선택(빨강: R, 파랑: B) >>> "

while True:
    n = int(input(np))          # n에 입력된 학생 번호 저장
    if n == -1:                 # 만일 n이 -1이면 입력 종료
        ㉮_____

    s = input(sp)               # s에 사이즈 입력받기
    c = input(cp)               # c에 색상 입력받기

    if s in ['L', 'M', 'S'] and c in ㉯_____ :
        ㉰_____
        _____
        _____

for n in range(len(student)):   # 데이터 출력
        print('%d번 => 크기 : %s,  색상 : %s' % (student[n], size[n],
color[n]))
```

(2) 0 ~ 99 사이의 난수 5개를 발생시켜 리스트 A에 저장한다. 사용자로부터 0 ~ 99 사이의 숫자 하나 (n)를 입력받은 후, 리스트 A에 저장된 숫자들 중에서 입력받은 숫자 n이 포함되어 있는지를 확인하는 프로그램을 작성해보자. n이 포함되어 있으면 'True', 아니면 'False'를 출력해보자.

```
import random
A = []
㉮
                                                    

n = int(input('n > '))
if ㉯             : print('True')
else: print('False')
```

(3) 다음과 같이 두 리스트, a와 b의 원소값을 각각 더하여 값들을 리스트 c에 저장한 후, c를 출력하는 프로그램을 작성하시오.

```
a = [1, 4, 7]
b = [3, 5, 8]
c = []
㉮
㉯
```

2. 양의 정수 중에서 자신과 1로만 나누어지는 수를 소수라고 한다. N이 주어지면 N보다 작은 소수를 찾는 프로그램을 작성하시오. 난이도 ★

3. 새로 오픈한 J 베이커리에서 시식의 기회를 준다는 전단지를 받고, 오늘 베이커리로 왔다. 빵은 한번 구울 때마다 60개씩 나오는데 한 시간이 걸린다. 가져갈 수 있는 빵이 다 떨어지면 바로 굽기 시작한다. 한 사람이 한 개씩 빵을 가져갈 수 있다. 현재 내 앞에는 np명이 줄 서있고, nb개의 빵이 남아있다. 빵을 포장하는 시간은 1분이 걸린다. 내가 빵을 가져갈 순서가 되려면 얼마나 기다려야 할까? 대기해야 할 시간을 계산하는 프로그램을 작성하시오. 난이도 ★★

4. 우측의 그림과 같은 병이 있다. 이 병은 바닥이 평평하면서도 직사각형으로 되어 있고, 옆면은 위로 곧게 뻗은 병이다. 물은 곧게 뻗은 부분까지만 가득차 있다. 이 병에 담긴 물을 똑같은 양으로 나누어 (예를 들면, 200cc씩) 몇 명이 마실 수 있는지 궁금하다. 또한, N명이 마시려면 몇 병이 필요한지도 궁금하다. 병의 크기와 잔의 용량은 가변적이라고 가정하자. 어떤 길이 정보가 필요한지를 파악하여 물의 부피와 물 잔의 개수 등을 계산하는 프로그램을 작성하시오. 난이도 ★★

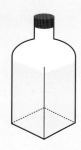

5. 명희는 친구들과 놀이공원에 가서 기념품을 받으려고 줄을 섰다. 이들에게는 1에서 100 사이 숫자 중 하나가 무작위로 주어지며 숫자는 여러 명이 겹칠 수 있다. 행사 직원이 0에서 9중 한 숫자를 발표하면, 해당 숫자와 줄 선 사람들이 가진 숫자를 10으로 나누었을 때 나머지 값이 같은 사람들 중에서 맨 앞에 줄을 선 사람이 기념품을 받는다고 한다. N명의 사람이 줄 서 있을 때, 기념품을 받을 사람을 찾는 프로그램을 작성하시오. 난이도 ★★

6. 원소 기호는 화학 원소를 나타내는 기호이다. 라틴어나 그리이스어로 된 원소 이름의 첫 글자를 대문자로 나타내고, 첫 글자가 같을 때는 중간 글자를 택하여 첫 글자 다음 소문자로 나타낸다. 원소는 수소(H), 탄소(C), 질소(N) 등을 포함한 92개이고, 나머지는 인공적으로 만들어졌다. 반복적으로 원소 이름과 원소 기호 맞히기를 연습할 수 있는 퀴즈 프로그램을 딕셔너리를 이용하여 프로그래밍하시오. 이 때, 원소 기호 입력, 수정, 삭제 기능을 프로그래밍 하시오. 난이도 ★★

7. 재미있는 주사위 게임 프로그램을 개발해 보자. 규칙은 다음과 같다. 주사위 두개를 던져서 그 합이 7이면 플레이어가 이긴다. 주사위 합이 2, 4, 6, 8이면 플레이어가 진다. 주사위 합이 3, 5, 9, 10, 11, 12가 나오면 다시 주사위를 던져서 동일한 숫자 합이 나오면 플레이어가 이긴다. 그렇지 않으면 계속해서 주사위를 다시 던지게 된다. 난이도 ★★

8. 주사위 게임을 계속하면 승률이 어떻게 되는 지 알 수 있도록 [문제 7]을 수정해 보자. 플레이어는 원하는 만큼 게임을 반복할 수 있고 게임이 끝나면 몇 번 이겼는지 승률을 알려준다. 난이도 ★★★

9. 아래에 주어진 리스트 fruits에는 과일의 이름과 과일 한개를 먹었을 때의 열량(kcal)과 한 개의 가격이 저장되어 있다. 과일 중에서 한개의 가격이 1000원 이상인 과일의 이름을 출력하는 프로그램을 작성하시오. 또한, 선택된 과일들의 평균 열량을 계산하여 출력하는 프로그램을 작성하시오. 난이도 ★★

```
fruits = [{"이름": "배", "열량": 300, "가격": 3000},
          {"이름": "사과", "열량": 200, "가격": 2000},
          {"이름": "귤", "열량": 100, "가격": 500},
          {"이름": "토마토", "열량": 80, "가격": 800},
          {"이름": "바나나", "열량": 150, "가격": 1000} ]
```

실행 결과

```
배
사과
바나나
가격이 1000원 이상인 과일의 평균 열량 = 216.67
```

3

파이썬 고급

PART 3

파이썬 고급

CHAPTER 12   함수와 클래스

CHAPTER 13   패턴 퀴즈 게임기

CHAPTER 14   토익 점수 분석기

CHAPTER 15   등수계산기

CHAPTER 16   성적 처리기

CHAPTER 17   온라인 장바구니

CHAPTER 18   단어 암기 도우미

종합연습문제

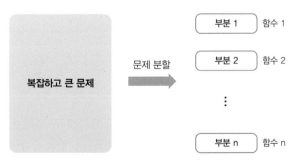

CHAPTER 12 함수와 클래스

기본 학습 목표

- 함수를 정의하고 호출할 수 있다.
- 함수 인자 전달과 리턴을 이해할 수 있다.
- 클래스를 정의하고 객체를 생성할 수 있다.
- 클래스와 객체의 차이를 이해할 수 있다.

심화 학습 목표

- 리턴 값이 하나 이상인 함수를 이용하여 프로그램을 작성할 수 있다.
- 전역 변수를 이해하고 필요시 사용할 수 있다.
- 클래스 생성자를 이해하고 사용할 수 있다.
- 예외 처리 상황을 효과적으로 처리하는 프로그램을 작성할 수 있다.

12.1 함수

12.1.1 함수란?

프로그래밍은 실세계의 문제를 컴퓨터가 해결하도록 명령어를 작성하는 과정이다. 그런데 문제가 크고 복잡하면 단순한 문제로 분할하는 것이 프로그래밍을 통해 해결하기가 용이해진다. 따라서 프로그래밍을 할 때 문제 해결 과정을 부분 단위로 나누어서 작성하게 된다. 모든 프로그래밍 언어는 이와 같이 문제를 작은 단위로 프로그래밍을

[그림 12-1] 문제 분할과 함수 관계

할 수 있도록 기능을 제공하는 데 대표적인 것이 함수이다. [그림 12-1]은 복잡한 문제를 분할하여 각 부분을 함수로 대응시키고 있다.

그렇다면 각 문제는 어떻게 분할하는 것이 바람직할까? 이는 분할한 부분이 함수로 구현될 것이기 때문에 각 함수는 어떻게 구성하는 것이 좋을까? 라는 물음과 같을 것이다. 이에 대한 답은 일반적으로 얘기하면 각 함수는 결합도(coupling)가 낮고 응집도(cohesion)가 높은 형태로 구성하는 것이 좋다.

여기서 결합도와 응집도란 어려운 용어를 사용하고 있는데 쉽게 설명해 보자. 결합도란 각 함수 간에 관계 정도를 의미하는데 각 함수 간에 관계가 단순한 것이 좋다. 즉, 두 함수 간에 관계가 복잡하면 이 두 함수는 분리하는 것보다 합치는 것이 좋을 것이다. 다르게 얘기하면 두 함수 간에 영향이 적은 지점에서 함수를 나누는 것이다.

응집도란 하나의 함수 내에서 구성하고 있는 문장들은 서로 밀접하게 연관되어 있는 정도를 말하는 것으로, 응집도가 높을수록 함수 내에 문장들이 서로 강하게 연관되어 있다는 의미이다. 다른 말로 얘기하면 함수 내에 문장 중에서 동떨어진 문장이 들어있다면 그 문장은 그 함수 내에 응집도를 떨어뜨린다.

그림에서 보는 것처럼, 응집도는 함수 내에서 코드 간의 연결성을 나타내고 결합도는 함수 간의 연결성을 나타낸다.

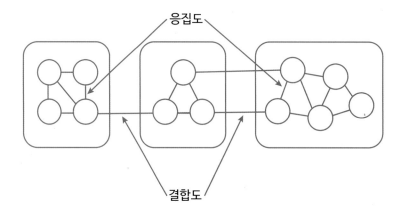

이와 같이 응집도와 결합도의 개념을 얘기했지만 여전히 구체적으로 어떻게 해야 하는 지 잘 모를 것이다. 이해를 돕기 위해 간단한 예를 하나 들어보겠다. 개미를 생각해 보자. 개미를 분할한다면 어떻게 하겠는가? 아마도 대부분 머리, 가슴, 배, 다리 등 크

게 4부분으로 나눌 것이다. 머리와 가슴을 예로 들어보면 머리와 가슴이 만나는 지점은 가늘다. 이 부분이 함수로 얘기하면 결합도가 낮은 지점이다. 마찬가지로 머리 부분을 보면 두툼한데 이 부분은 서로 밀접하게 연관이 되어 있으니 응집도가 높다고 볼 수 있다. 그래서 자연스럽게 개미를 나눈다면 머리와 가슴으로 나눠야 겠다는 생각을 할 것이다. 이처럼, 실제 복잡한 문제가 주어졌을 때 결합도와 응집도를 고려하여 문제를 분해하고 이를 함수로 구현하게 된다고 생각하면 된다. 어쩌면 이는 글을 쓸 때 전체 글에 대해 문단으로 나누는 것과 유사한 면이 있다.

아래 그림은 모듈화가 잘못된 경우이다. 왜냐하면, 코드 간이 연결성이 적은 부분을 하나로 묶어서 응집도가 낮고 코드 간의 연결성이 큰 부분을 쪼개서 결합도가 높게 되기 때문이다.

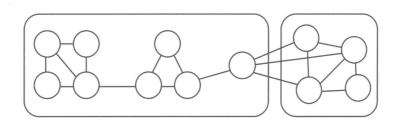

그럼, 함수를 만드는 경우 구체적으로 어떻게 해야 할까? 하나의 함수가 어떤 한 가지 기능을 하도록 한다. 함수의 프로그램 크기는 다양할 수 있지만 10줄 정도를 생각해 볼 수 있다. 또한, 어떤 기능이 기계의 부품처럼 여기저기에서 필요에 따라 다양하게 사용될 수 있는 경우는 하나의 함수로 만드는 것이 좋다. 아직도 함수를 어떻게 쪼개고 구성해야 하는 지 잘 모를 수 있다. 그렇다고 어렵게 생각하지 말자. 프로그램을 많이 짜보고 다른 사람이 작성한 프로그램을 접하다 보면 나름대로 어떻게 함수를 쪼개어 구성해야 하는 지 자연스럽게 터득할 수 있다.

왜 군이 함수를 사용할까? 함수를 사용하면 어떤 점이 좋을까? 복잡한 문제의 경우 프로그램이 커질 것이다. 이런 경우에 함수가 없다면 긴 프로그램을 이해하기도 어렵고 간신히 이해를 했더라도 이를 수정 보완하는 일이 굉장히 어렵게 된다. 따라서 함수를 사용하면 함수명이 해당 함수가 하는 역할을 잘 나타내고 있으므로 함수만 일부 수정 보완하는 형태가 될 수 있어서 프로그램 크기가 커졌을 때 프로그램을 이해하기 쉽고 수정 보완이 용이하다.

특히, 함수는 여러 번 호출하는 경우 프로그램 크기도 크게 줄여주는 효과가 있다. 이런측면에서 반복문과 함수 역할을 헷갈리는 경우가 있다. 하지만 함수는 반복문과 다르게 인자를 통해 수행해야할 기능을 다르게 할 수 있고 프로그램 내에서 서로 떨어진 여러 지점에서 호출하여 사용할 수도 있다는 측면에서 기능과 사용되는 용도가 다르다.

그림에서 보는 것처럼, 함수를 사용하지 않는 경우 프로그램의 전체 크기가 100, 동일한 코드 부분의 크기가 20, 함수 호출시 크기가 1이라고 하자. 그런 경우 동일한 코드 부분을 함수 A로 정의해서 호출하게 되면 그림의 오른쪽에서 보는 것처럼 프로그램의 크기가 82로 줄어든다. 함수 호출이 많을 수록 프로그램의 크기는 상대으로 더 줄 것이다.

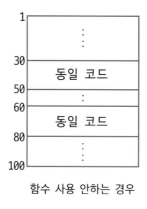

함수 사용 안하는 경우

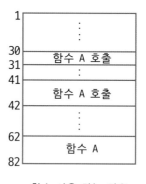

함수 사용 하는 경우

Q 묻고 답하기

문 함수의 장단점은 무엇일까?

답

- 장점: 프로그램을 이해하기 쉽게 해준다. 복잡한 문제를 작은 문제로 나누어서 쉽게 해결하게 해준다. 함수가 반복적으로 호출되는 경우 프로그램 크기를 줄일 수 있다. 프로그램의 수정 보완이 용이하다.
- 단점: 함수 호출과 리턴을 위해 컴퓨팅 리소스를 많이 사용하게 되고 수행 속도가 느려진다.

그렇다면 함수는 어떻게 만들고 사용할까? 우선 함수를 사용하기 위해서는 함수를 만들어야 하는 데 이를 '함수를 정의한다'라고 표현한다. 만든 함수를 사용하는 것을 '함수를 호출한다'라고 표현한다. 따라서 함수는 정의하는 것과 이를 호출해서 사용하는 부분으로 나눌 수 있다. 함수를 호출하기 위해서는 먼저 함수를 정의해야 한다. 파이썬에서 함수를 정의하는 구조는 다음과 같다.

```
def 함수명():
    프로그램 문장1
    프로그램 문장2
      :
```

키워드 def 다음에 함수명이 온다. 그 다음에 괄호 '()'와 콜론이 뒤따른다. 프로그램 코드 길이는 함수가 하는 기능에 따라 한 두 줄만으로 구성될 수도 있으며 상대적으로 긴 몇 십줄로 구성 될 수도 있다. 중요한 것은 하나의 함수가 하나의 기능만을 수행하도록 하여 함수 내에 모든 프로그램 문장들은 서로 유기적으로 밀접한 형태가 되는 것이 바람직하다.

다음과 같은 프로그램 코드가 있다고 가정하자. 4개의 print() 문으로 구성된 프로그램인데 두 수 50과 60을 더하는 연산과 두 수의 평균을 계산하고 있다.

```
print("합 = ", 50 + 60)
print("평균", (50 + 60) / 2)
print("합 = ", 50 + 60)
print("평균", (50 + 60) / 2)
```

위의 프로그램에 대해 함수를 이용하여 동일한 수행 결과를 얻기 위해서는 다음과 같이 함수를 정의하고 함수를 호출해야 한다. 먼저 간단한 함수를 정의하기 위해 함수명을 정해야 하는 데 합과 평균을 구하는 기능을 하므로 함수 명을 sum_and_avg()로 한다. 그리고 함수 안에는 합과 평균을 구해서 이를 출력하는 프로그램 코드를 작성하여 넣는다.

```
def sum_and_avg():
  print("합 = ", 50 + 60)
  print("평균", (50 + 60) / 2)
```

Q 묻고 답하기

문 함수명은 어떻게 만드는 것이 좋을까?

답
함수명은 변수 명을 만드는 것과 동일한 규칙을 따르면 된다. 따라서, 파이썬이 사용하는 키워드나
내장 함수명을 제외한 이름으로 그 함수가 하는 기능을 잘 나타내도록 한다.

위와 같이 함수를 정의한 후 호출하여 수행하는 것은 다음과 같다. 함수를 2번 반복하여 호출하였는 데 이는 원래 프로그램에서 2번 반복하였기 때문에 이렇게 하면 원래 프로그램 수행 결과와 동일한 수행 결과를 가져오게 된다. 따라서 함수 호출이 반복적으로 많이 있게 되면 전체 프로그램 길이가 함수를 사용하지 않은 경우에 비해 짧아진다. 또한 해당 함수가 어떤 일을 하는지를 정확히 알고 있기 때문에 프로그램에 대한 이해와 수정 보완이 쉬워진다.

```
sum_and_avg()
sum_and_avg()
```

sum_and_avg() 함수를 2번 호출하는 경우 프로그램의 실행 흐름은 그림과 같다. 정의된 함수를 호출하게 되면 프로그램 수행 흐름이 그 함수로 이동하게 되고 그 함수의 수행이 끝나면 다시 원래 프로그램으로 수행이 복귀된다.

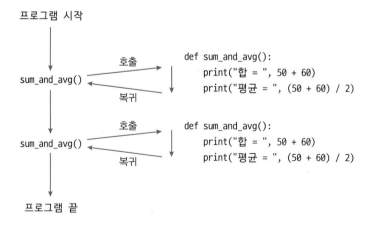

실습해보기 12-1

위의 프로그램을 for 문을 사용하여 동일한 수행 결과를 얻도록 수정해 보자.

12.1.2 인자 전달

위의 예제에서는 합과 평균을 구하기 위한 두 수가 동일한 데 실제로는 두 수의 값이 다른 경우가 일반적이다. 따라서 함수를 호출할 때 합과 평균을 구하는 데 필요한 두 수를 전달하는 것이 좋다. 이를 위해서 함수 호출 시에 두 수를 넘기는 데 사용하는 방법이 인자 전달이다. 인자 전달의 일반적인 형태는 다음과 같다. 함수를 정의할 때 함수명 괄호 안에 전달받는 인자를 나타낸다. 이 경우는 두 수가 각각 인자 a, b를 통해 전달받게 된다.

```
def sum_and_avg(a, b):
  print("합 = ", a + b)
  print("평균 = ", (a + b) / 2)
```

이제 함수 호출시에 인자를 전달하게 되는데 아래와 같이 변수 a = 50과 b = 60의 값이 전달된다. 호출시 인자 전달에 사용하는 인자명과 함수 정의에서 전달받는 인자명은 서로 같아도 되지만 서로 달라도 된다. 프로그래머가 이해하기 쉬운 형태로 인자명은 자유롭게 정할 수 있다.

> **Q 묻고 답하기**
>
> 🖥 인자 개수는 많은 게 좋을까? 아니면 적은 게 좋을까?
>
> 🗒
> 결합도가 낮아야 하므로 인자 수는 적은 게 좋다.

```
sum_and_avg(50, 60)
va = 50 + 10
vb = 60 + 5
sum_and_avg(va, vb)
```

그림에서 보는 것처럼, 숫자 50이 인자 a로, 숫자 60이 인자 b로 전달된다.

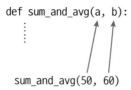

```
def sum_and_avg(a, b):
     ⋮           ↑  ↑

sum_and_avg(50, 60)
```

세 수의 합과 평균을 구하도록 인자가 a, b, c 세 개인 경우로 프로그램을 수정해 보자.

12.1.3 리턴 값

위의 예제에서는 함수에서 연산을 하는 데 필요로 하는 두 수를 인자로 전달하는 방법을 설명했다. 그렇다면, 함수에서 수행한 결과를 호출한 쪽에서 다시 받을 수 있는 방법은 없을까? 호출하는 쪽에서 함수의 연산 결과를 받는 방법이 바로 return 명령어이다. 이를 이용하여 함수를 정의하면 다음과 같다. 아래에서 보는 것처럼, 두 수 a, b의 평균을 계산하여 계산 결과 값을 호출한 함수에게 넘겨준다. 함수 정의시 print() 문 대신에 return 문이 사용되었다.

```
def avg(a, b):
  return (a + b) / 2
```

이제 호출하는 부분을 작성해 보자. 아래 코드에서 보는 것처럼, 평균을 계산하여 출력하는 부분을 보면 함수 avg(a, b)가 호출되어 연산을 수행한 후 리턴된 그 결과 값이 출력된다.

```
a = 50
b = 60
print("합 = ", a + b)
print("평균 = ", avg(a, b))
```

그림에서 보는 것처럼, 연산 결과 값(즉, (a + b) / 2)이 호출한 함수 쪽으로 전달된다.

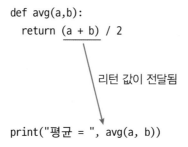

```
def avg(a,b):
    return (a + b) / 2
```

리턴 값이 전달됨

```
print("평균 = ", avg(a, b))
```

실습해보기 12-3

합에 대해서 리턴하는 함수를 정의하고 위의 프로그램을 이용해 작성해 보자.

12.1.4 리턴 값 2개

좀더 복잡한 함수의 경우 수행한 연산 결과 값이 여러개 일수도 있다. 이런 경우는 다음과 같이 return 문을 이용하여 한꺼번에 여러 연산 결과 값을 호출한 함수에게 넘겨줄 수 있다. 아래 코드는 합 sum과 평균 avg를 계산하여 두 값을 함께 리턴하게 된다.

```
def sum_and_avg(a, b):
    sum = a + b
    avg = (a + b) / 2
    return sum, avg
```

두 수의 값을 바꿔 두 번 호출한 경우를 생각해보자. 아래 예제는 두 수의 값이 처음에는 50, 60이고 그 다음에는 두 수의 값이 70, 80 인 경우를 보여준다. 주의할 것은 왼쪽 부분에 return 문으로부터 리턴된 값들이 차례대로 컴마(,)로 구분된다는 점이다. 즉, sum1과 sum2은 두 수의 합의 값을 가지며 avg1과 avg2은 두 수의 평균 값을 가지게 된다.

그림과 같이, 리턴 값 sum은 sum1으로 avg는 avg1으로 전달된다.

```
def sum_and_avg(a, b):
    sum = a + b
    avg = (a + b) / 2
    return sum, avg
```

리턴 값이 순서대로 전달됨

```
sum1, avg1 = sum_and_avg(50, 60)
```

```
a1 = 50
b1 = 60
sum1, avg1 = sum_and_avg(a1, b1)
print("합 = ", sum1)
print("평균 = ", avg1)

a2 = 70
b2 = 80

sum2, avg2 = sum_and_avg(a2, b2)

print("합 = ", sum2)
print("평균 = ", avg2)
```

수행 결과

```
합 = 110
평균 = 55.0
```

Q 묻고 답하기

문 리턴 값이 2개 이상 여러개 가능한가?

답
가능하다. 여러개인 경우 투플 형태로 리턴된다.

실습해보기 12-4

│ 리턴 값의 순서를 바꿔서 평균과 합 순서로 리턴하도록 수정해 보자.

12.1.5 변수의 참조 범위와 전역 변수

다음과 같은 예제가 있다고 하자. 이 경우에 변수 x는 전역 변수이므로 함수 내와 함수 밖에서 참조가 가능하다. 따라서 출력 결과로 x = 10이 출력된다.

```
x = 10
def foo():
  y = x + 50

foo()
print("x=", x)
```

출력 결과

```
x = 10
```

위 프로그램에 대한 변수 x의 범위를 나타내면 그림과 같다.

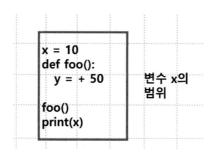

위의 프로그램과 다르게 변수 x가 함수 내의 지역 변수인 예제를 보자. 이 경우에는 변수의 범위가 함수 foo() 내로 한정되어 있기 때문에 함수 밖에서 변수 X 값을 인쇄하는 것은 에러가 발생한다.

```
def foo():
  x = 20
foo()
print("x=", x)
```

위 프로그램에 대한 변수 x의 범위를 나타내면 그림과 같다.

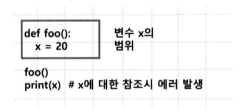

이제 좀 더 어려운 주제를 다루려고 한다. 함수를 사용하게 되면 함수 내에서만 사용하는 변수와 함수 밖에서 사용하는 변수가 있을 수 있다. 함수 내 변수와 함수 밖의 변수는 그 참조 범위가 다르다. 원칙적으로 함수 내의 변수는 함수 내에서만 참조할 수 있다. 즉, 변수의 참조 범위가 함수 내로 한정된다. 아래 예제는 함수 내 변수 a, b와 함수 밖 변수 a, b는 별개임을 알 수 있다. 왜냐하면, 함수 내의 변수 a, b와 함수 밖의 변수 a, b가 같다면 함수 호출을 통해 a, b 값이 0으로 바뀌었으므로 수행 결과는 평균과 합 모두 0이어야 한다. 하지만 이를 수행하면 아래와 같이 평균은 0이고 합은 140이 나오는 것을 알 수 있다. 이는 함수 내 변수 a, b와 함수 밖 변수 a, b가 전혀 다른 변수이기 때문이다.

```python
def avg():
    a = 0
    b = 0
    return (a + b) / 2

a = 80
b = 60
print("평균 = ", avg())
print("합 = ", a + b)
```

Q 묻고 답하기

📄 변수의 참조 범위가 있으면 어떤 점이 좋을까?

💬
함수를 작성할 때 함수 밖의 변수에 대해 고려할 필요없이 자유롭게 정의하여 사용할 수 있다.

💻 수행 결과

```
평균 = 0.0
합 = 140
```

그림에서 보는 것처럼, avg() 함수안에 변수 a, b는 지역 변수로 노란색 박스 안에서만 참조 가능하다. 반면에 전역 변수 a, b는 빨간색 박스까지 참조가 가능하다. 참고로, 그림과 같이 지역 변수와 전역 변수의 변수 명이 같은 경우 지역변수와 전역변수가 겹치는 부분은 지역 변수만 인식된다.

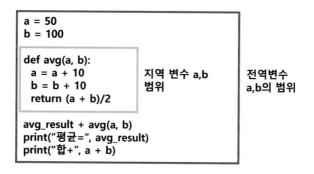

아래 그림은 프로그램 실행되는 과정에서 콜스택(call stack)의 변화를 보여준다. 콜스택에 대한 깊은 이해는 어렵지만 그림에서 보는 것처럼, 프로그램이 실행되는 과정에서 함수 호출시 콜스택에 함수 프레임이 생성되고 그 함수 내의 변수들이 화살표가 가리키는 지점에서 스택에 저장되어 있음을 알 수 있다.

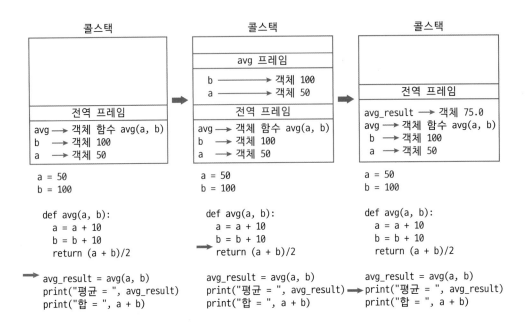

그렇다면, 다음과 같이 호출시 두 변수 a, b 값을 인자로 전달하는 경우는 어떻게 될까? 이 경우에도 인자 값은 전달되지만 함수 내의 변수 a, b와 함수 밖의 변수 a, b가 서로 다른 변수로 설정되기 때문에 함수 내 변수 a와 b에 10을 더하는 연산이 함수 밖 변수 a, b에 전혀 영향을 줄 수 없다. 따라서 평균은 함수 avg(50, 60)이 호출되고 함수 내에서 a와 b 값이 10씩 증가하게 되므로 평균은 (60 + 70) / 2 = 65.0이 출력된다. 하지만, 함수 밖 변수 a, b 각각에는 함수 호출 전의 값 50과 60이 그대로 저장되어 있어 그 합이 110으로 출력된다.

```python
def avg(a, b):
    a = a + 10
    b = b + 10
    return (a + b) / 2

a = 50
b = 60

print("평균 = ", avg(a, b))
print("합 = ", a + b)
```

```
평균 = 65.0
합 = 110
```

아래 예제에서도 마찬가지이다. 수행 결과에서 합과 평균이 모두 0으로 출력된 것은 함수 내 변수 sum과 avg에 적용된 연산이 함수 밖 변수 sum과 avg에 전혀 영향을 주지 않기 때문이다.

```python
def sum_and_avg(a, b):
  sum = a + b
  avg = (a + b) / 2

sum = 0
avg = 0
a = 50
b = 60

sum_and_avg(a, b)
print("합 = ", sum)
print("평균 = ", avg)
```

```
합 = 0
평균 = 0
```

그렇다면, 함수 밖의 변수를 함수 내에서 접근하여 사용할 수 있는 방법은 무엇일까? 그 방법은 global 키워드 뒤에 변수들을 나열해 해당 변수들이 전역 변수(함수 밖 변수)로 간주되게 만드는 것이다. 다음 예제가 global 키워드의 사용 방법을 구체적으로 보여 준다. sum_and_avg 함수 내에 변수 sum과 avg가 나열되어 있고 그 앞에 global 키워드가 붙여져 있는데, 이는 해당 함수 내에서 사용되고 있는 sum과 avg가 함수 밖 변수 sum과 avg로 간주·처리되게 해 준다. 아래 예제를 수행하면 함수 내에서 적용된 연산이 함수 밖 변수 sum과 avg에 영향을 주게 되고, 그 결과가 합과 평균으로 출력됨을 알 수 있다.

```
def sum_and_avg(a, b):
  global sum, avg
  sum = a + b
  avg = (a + b) / 2

sum = 0
avg = 0
a = 50
b = 60

sum_and_avg(a, b)
print("합 = ", sum)
print("평균 = ", avg)
```

🖥️ **수행 결과**

```
합 = 110
평균 = 55.0
```

Q 묻고 답하기

🔖 global 키워드를 사용하지 않고 다른 방법으로 함수 밖의 변수 값을 바꿀 수 있을까?

🔖
간접적인 방법이지만, 함수 호출시 해당 변수의 값을 인자로 전달하고 그 리턴 값을 해당 변수에 저장하는 방법을 사용할 수 있다.

실습해보기 12-5

▌ 위의 프로그램을 인자 전달을 통해 동일한 기능을 하도록 수정해 보자.

12.1.6 재귀 함수

재귀함수란 자기 자신을 호출하는 함수를 말한다. 즉, 함수 정의 안에서 자기 자신을 다시 호출하는 형태를 가지게 된다. 간단한 재귀 함수의 예는 다음과 같다. 이 프로그램은 수학에서 사용하는 n!를 계산하는 함수이다.

```
def fact(n):
    if n == 0 or n == 1: return 1
    else:
        return n * fact(n - 1)
```

그림에서 보는 것처럼, fact(4)를 호출한 경우 재귀 함수는 다음과 같은 과정을 통해 호출이 일어나고 연산 결과 값이 제일 아래에서 부터 계산되어 위로 하나씩 올라오게 된다. 이러한 과정을 통해 4!의 값인 24를 얻을 수 있다.

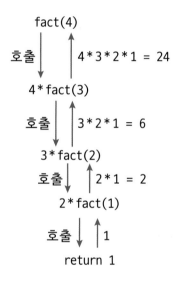

이 프로그램은 다음과 같이 반복문를 이용하여 동일한 결과를 얻을 수 있다. 상황에 따라 반복문이나 재귀 함수를 이용하여 함수를 만들 수 있다. 일반적으로 재귀 함수는 문제를 직관적으로 이해할 수 있고 코드를 간단히 작성할 수 있는 경우에 사용된다.

```
def fact(n):
    result = 1
    for i in range(1, n + 1):
        result = result * i
    return result
```

12.1.7 map() 함수

map() 함수는 내장 함수로 함수 f와 변수 x가 있을 때 map(f, x) 형태로 사용된다. 일반적으로 변수 x는 문자열, 리스트, 튜플 등으로 함수 f를 적용한 결과가 map 객체로 반환된다. 예를 들면 다음과 같다.

```
x = list(map(str, range(5))
print("x=", x)
```

🖥 **출력 결과**

```
x = ['0', '1', '2', '3', '4']
```

위와 같이 map() 함수를 사용하면 range()에 의해 생성된 숫자를 문자열로 바꾼 후 이를 다시 리스트로 만든다.

map() 함수는 여러개의 숫자를 입력으로 받는 경우 이를 정수로 변환시 유용하다. 예를 들면 다음과 같다.

```
y = list(map(int, input().split()))
입력
3 5 7
```

🖥 **출력 결과**

```
y = [3 5 7]
```

input.split()는 입력 받은 값을 공백을 기준으로 구분하여 문자열로 반환한다. 그런 다음 map() 함수를 이용하여 정수형으로 변환하고 이를 리스트로 만든다. 전체 변환 과정을 나타내면 아래 그림과 같다.

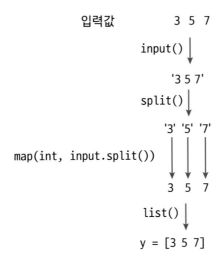

입력값　　　3　5　7

input()

'3 5 7'

split()

'3' '5' '7'

map(int, input.split())

3　5　7

list()

y = [3 5 7]

🖼️ **심화 학습**

call-by-object

파이썬에서는 함수 호출시 인자 전달 방식으로 call-by-object를 사용한다. 인자 전달시 mutable 객체(리스트, 딕셔너리, 집합 등)는 call-by-reference처럼 인자 전달이 되기 때문에 호출된 함수 내에서 인자로 전달된 객체의 값을 변경하는 경우 변경된 내용이 호출한 함수측 객체에도 반영이 된다. 하지만 immutable 객체(정수, 스트링, 튜플 등)는 call-by-value처럼 인자 전달이 되기 때문에 호출된 함수 내에서 인자로 전달된 객체의 값을 변경하는 경우 변경된 내용이 호출한 함수 쪽 객체에는 반영이 안된다. 이를 예를 들어 설명하면 다음과 같다.

```
def foo(list_pa):
    list_pa.append(2)
    print("함수내 list_pa = ", list_pa)
list_a = []
list_a.append(1)
print("호출전 list_a = ", list_a)
foo(list_a)
print("호출후 list_a = ", list_a)
```

```
호출전 list_a = [1]
함수내 list_pa = [1, 2]
호출후 list_a = [1, 2]
```

위의 예제에서 보는 것처럼, list_a의 값이 함수 foo()에서 변경되고 변경된 값이
함수 수행이 끝나고 난 후에도 그대로 반영됨을 알 수 있다.

```
def foo(int_pa):
    print("변경전 int_pa = ", int_pa)
    int_pa += 1
    print("변경후 int_pa = ", int_pa)

int_a = 1
print("호출전 int_a = ", int_a)
foo(int_a)
print("호출후 int_a = ", int_a)
```

```
호출전 int_a = 1
변경전 int_pa = 1
변경후 int_pa = 2
호출후 int_a = 1
```

위의 예제에서 보는 것처럼, immutable 객체인 정수형 객체의 경우에는 함수내에
서 전달된 값을 변경하여도 호출한 쪽의 정수형 객체 값은 바뀌지 않는다.

12.1.8 map() 함수를 이용한 입력

여기에서는 map() 함수를 사용하여 다양한 형태의 입력데이터를 효율적으로 어떻게 읽
어 들이는지를 알아본다. 입력 데이터가 다음과 같이 주어진 경우 효율적으로 읽어 들이
는 방식은 다음과 같다.

입력 데이터:
```
4
10 40 20 30
```

프로그램:
```
n = int(input())
listData = list(map(int, input().split()))
```

두 수를 두 변수 a, b로 읽어 들이는 경우에는 다음과 같다.

입력 데이터:
```
5, 10
```

프로그램:
```
a, b = map(int, input().split())
```

두 수 5개의 쌍을 읽어서 리스트로 저장하는 경우에는 다음과 같다.

입력 데이터:
```
5
1 2
2 3
3 4
4 5
5 6
```

프로그램:
```
import sys
input = sys.sdtin.readline
totalPair = []
for _ in range(int(input())):
  start, end = map(int, input().split())
  totalPair.append((start, end))
print(totalPair)
```

아래 코드는 EOF를 만날 때까지 읽을 수 있게 해준다. 즉 입력 데이터의 갯수를 정확히 모를 때 사용할 수 있다.

```
프로그램:
import sys
for line in sys.stdin:
    a, b = map(int, line.split())
    print(a + b)
```

12.2 클래스

12.2.1 클래스란?

실세계의 문제를 프로그래밍을 통해서 효과적으로 해결하는 방법으로 객체 지향 프로그래밍이 있다. 객체 지향 프로그래밍에서는 프로그래밍으로 해결할 문제에 포함된 대상을 객체로 취급한다. 객체를 만들기 위해서는 객체를 만들기 위한 틀이 필요한데 이를 클래스라 한다. 클래스는 어떤 객체의 특성을 반영하여 상태 속성(데이터 속성)과 행동 속성으로 구성된다. 상태 속성은 다양한 데이터 형을 나타내는 변수로 구현된다. 행동 속성은 개념적으로 함수와 유사한 메소드(method)로 구현된다. 클래스는 데이터와 해당 데이터를 접근할 때 호출할 수 있는 메소드(함수)를 함께 묶어놓은 틀로 볼 수 있다.

그림에서 보는 것처럼, 클래스는 상태 속성을 나타내는 데이터와 행동 속성을 나타내는 메소드를 함께 묶은 틀로 볼 수 있다.

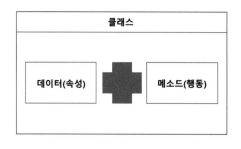

지금까지 다루었던 함수와 클래스의 가장 큰 차이점은, 클래스의 경우 함수 기능을 하는 다수의 메소드들이 데이터와 한 틀로 묶여 있다는 점이다. 클래스를 이용하면 그 메소드들을 통해서만 해당 데이터에 접근할 수 있게 제한되어, 데이터에 대한 접근이나 변경 과정에서 프로그래머가 범할 수 있는 실수를 원천적으로 막을 수 있게 된다. 또한, 해결하려는 문제에 내포된 객체를 좀 더 정확히 표현할 수 있어서 프로그램 개발, 유지·보수가 더 효과적으로 이루어진다.

클래스도 함수처럼 정의하고 호출하는 것이 필요하다. 먼저 클래스를 정의하는 것을 알아보면 일반적인 형태는 다음과 같다.

12.2.2 클래스 명

클래스 명은 일반적으로 대문자로 시작한다. 또한, 복합 단어로 구성된 클래스 명을 사용하는 경우에는 각 단어를 대문자로 시작한다. 지금까지 나온 파이썬 식별자로 변수 명, 함수 명, 클래스 명, 모듈 명 등을 정할 때는 다음과 같은 원칙을 따른 것이 좋다.

① 식별자 이름으로 파이썬이 사용하는 키워드를 사용하면 안된다.

② 대소문자, 숫자, 특수 문자 중에서 밑줄만을 조합하여 만들 수 있다.

③ 식별자 명은 숫자로 시작하거나 숫자로만 구성될 수 없다.

④ 식별자 명의 길이는 제한이 없다.

⑤ 식별자 명은 대소문자를 구분한다.

⑥ 클래스 명은 대문자로 시작한다.

⑦ 클래스 명이 두단어 이상으로 구성될 때 각 단어의 첫글자를 대문자로 한다.

⑧ 변수 명, 함수 명, 모듈 명은 소문자로 시작한다.

⑨ 클래스 내의 private 변수 명은 밑줄로 시작할 수 있다.

⑩ 식별자 명에서 첫글자와 마지막 글자로 밑줄 사용하는 것은 피하는 것이 좋다. 왜냐하면, 파이썬 빌트-인(built-in) 형으로 사용되고 있기 때문이다.

⑪ 시작과 끝에 밑줄 2개인 식별자 명은 피하는 것이 좋다. 왜냐하면, 밑줄 2개로 시작하고 끝나는 식별자 명은 파이썬 언어에서 정의하는 식별자 명이기 때문이다.

⑫ 식별자 명이 프로그래머의 의도를 잘 반영하여 의미를 가지도록 한다. 예를 들면, student_number, is_uppercase 등

⑬ 함수의 리턴 값이 부울형이면, 함수명을 'is'로 시작한다. 예를 들면, is_identifier, is_keyword 등

정리하면, 식별자 명은 간단하면서도 의미를 잘 나타낼 수 있도록 하는 것이 중요하다.

```
class 클래스명:
    데이터 형 멤버명1
        :
    def 메소드명1():
     문장 1
     문장 2
        :
```

구체적인 클래스 정의 예제는 다음과 같다. 아래 예제는 학생 클래스를 정의하고 있다. 학생 클래스 명은 **Student**이고 클래 안에는 어떤 속성이나 메소드가 없다.

```
class Student:
    pass
```

12.2.3 객체와 클래스 관계

클래스와 인스턴스 객체와의 관계는 붕어빵틀과 붕어빵 관계에 비유할 수 있다. 즉, 붕어빵 틀이 클래스에 해당하고 붕어빵 틀에서 만들어진 붕어빵이 객체라고 볼 수 있다.

클래스   객체

[그림 12-2] 클래스와 객체 간의 관계

12.2.4 객체 생성하기

그렇다면, 위에서 정의한 **Student** 클래스를 이용해서 객체를 생성하는 것은 어떻게 할까? 다음과 같이 클래스 명에 괄호 '()'를 덧붙인다. 이를 수행하게 되면 인스턴스 객체 하나가 만들어지고 이 객체의 레퍼런스(reference)를 a에 저장하게 된다. 레퍼런스란 객체의 주소 값을 의미한다.

```
a = 클래스명()
```

앞에서 설계한 학생 클래스에 대해서 학생 객체를 생성하고 객체명을 이용해 메소드를 호출하는 것은 다음과 같다. 해당 클래스의 인스턴스 객체가 생성되고 그 생성자가 호출되어 그 초기화 작업이 수행된다.

```
student1 = Student()
student1.name = '유진'
student1.no = '2022104001'

print("학생이름 = ", student1.name)
print("학번 = ", student1.no)
```

🖥 **수행 결과**

```
학생이름 = 유진
학번 = 2022104001
```

위 프로그램에 의해 다음과 같이 student1이라는 객체가 만들어진다.

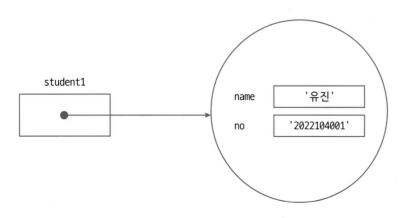

실습해보기 12-6

또 다른 학생을 **student2**라는 레퍼런스 명으로 객체를 생성해 보자.

위의 프로그램과 동일한 수행 결과를 얻기 위해 다음과 같이 작성할 수도 있다. 클래스를 정의할 때 속성을 클래스 멤버로 포함시키는 것이다. 또한, 속성 멤버에 대해서 연산을 수행하는 메소드 **prStudent(self)**를 정의하고 있다. 여기서 **self**는 인스턴스 객체 자신을 가리킨다.

```python
class Student:
    name = "유진"
    no = "2022104001"

    def prStudent(self):
        print("학생이름 = ", self.name)
        print("학번 = ", self.no)
student1 = Student()
student1.prStudent()
```

수행 결과

```
학생이름 = 유진
학번 = 2022104001
```

Q 묻고 답하기

호출시 실제로 인자 전달이 없는데 메소드 인자에 self는 꼭 필요한가?

답
자바와 같은 다른 프로그래밍 언어는 메소드 인자로 self 키워드를 사용하지 않지만 파이썬은 반드시 필요하다. 파이썬 프로그래머가 불편하게 느낄 수 있는 부분이다.

심화 학습

파이썬 언어는 모든 것이 객체로 표현된다. 각 객체는 다음과 같이 3가지 속성을 가진다.

예를 들면 x = 100이라는 파이썬 문장의 실행 후를 나타내 보면 다음과 같다. 100이 파이썬 객체로 표현되어 데이터 형, 데이터 값, 그리고 100을 참조하는 갯수를 나타내게 된다.

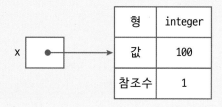

12.2.5 객체 초기화

클래스에서 객체를 생성할 때 속성 값을 미리 초기화하는 것이 필요할 수도 있다. 이를 위해서 파이썬은 __init__(self)라는 생성자를 정의할 수 있게 지원한다. 이를 통해 어떤 객체를 만들면서 속성 값을 초기화할 수 있다. 아래의 예제는 '유진'이라는 이름의 학생 student1과 '민수'라는 이름의 학생 student2 객체를 생성하는 과정을 보여준다. 먼저 Student()를 이용하여 객체를 생성하게 되면 생성된 객체의 속성 값은 모두 '유진'이라는 이름과 '2022104001'이라는 학번을 가지게 된다. 그런 다음에 student1의 속성 값을 '민수', '2023107038'로 변경하면 바뀐 이름과 학번이 출력하게 된다.

```
student1 = Student()
student2 = Student()
```

를 수행한 후를 그림으로 나타내면 다음과 같다. 그림에서 보는 것처럼 객체 레퍼런스 student1과 student2가 동일한 객체 구조의 서로 다른 객체를 레퍼런스 하고 있다.

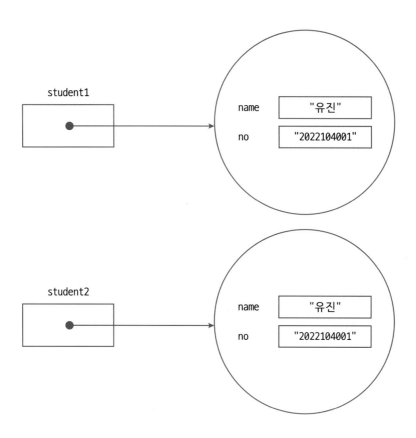

```
class Student:
    def __init__(self):
        self.name = "유진"
        self.no = "2022104001"

    def prStudent(self):
        print("학생이름 = ", self.name)
        print("학번 = ", self.no)

student1 = Student()
student2 = Student()
```

```
student1.prStudent()
student2.prStudent()

student1.name = "민수"
student1.no = "2023107038"

student1.prStudent()
```

```
학생이름 = 유진
학번 = 2022104001
학생이름 = 유진
학번 = 2022104001
학생이름 = 민수
학번 = 2023107038
```

객체를 초기화하는 방법으로 객체를 생성할 때 생성자인 __init__()에 초기 값을 인자로 전달하여 초기화할 수도 있다. 다음 예제는 student1과 student2라는 객체를 생성할 때 초기값을 인자로 전달하는 경우를 보여준다.

```
class Student:
    def __init__(self, name, studentNo):
        self.name = name
        self.no = studentNo

    def prStudent(self):
        print("학생이름 = ", self.name)
        print("학번 = ", self.no)

student1 = Student("민수", "2023107038")
student1.prStudent()
```

```
학생이름 = 민수
학번 = 2023107038
```

그림에서 보는 것처럼, 객체 생성시 __init()__로 "민수"와 "2023107038"이 인자로 전달된다.

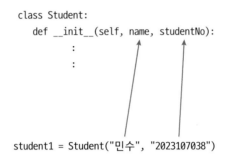

```
class Student:
    def __init__(self, name, studentNo):
        :
        :

student1 = Student("민수", "2023107038")
```

그림은 객체 생성자 __init()__를 이용하여 Student 객체를 생성시 메모리 변화를 보여준다. 객체를 생성하는 과정에서 스택(Stack) 메모리와 힙(Heap) 메모리를 사용한다. 스택 메모리는 함수 또는 메소드를 호출시에 만들어지게 된다. 힙 메모리는 동적으로 객체를 생성시 사용하는 메모리를 말한다. 생성자 __inti()__를 실행하고 나면 student1이 생성된 객체 Student를 참조하게 된다. 그리고 Student() 객체의 멤버인 name과 no는 각각 문자열 객체를 참조한다.

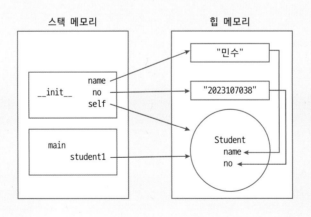

실습해보기 12-7

┃ 위의 프로그램에 다른 학생을 한 명 더 추가해 보자.

12.3 예외 처리

일반적으로 작성한 프로그램은 수행 중에 에러 또는 예외 상황이 발생할 수 있다. 예를 들면, 나눗셈 수식이 있을 때 0으로 나누는 경우 프로그램 수행은 정상적으로 이루어질 수 없다. 파이썬은 이러한 예외 상황을 체계적으로 처리할 수 있도록 try 문을 제공하는데, 그 기본 구조는 다음과 같다.

```
try:
    예외 상황 발생 가능 코드

except [예외 유형]:
    try 절 수행 중에 지정된 유형의 예외 상황이 발생했을 경우 수행되는
    예외 처리 코드

else:
    try 절 수행 중에 예외 상황이 발생하지 않았을 경우 수행되는 코드
```

기본적인 예제는 다음과 같다. 이 예제는 나누는 수가 0인 경우 try 블록에서 Zero-Division Error 예외 이벤트가 발생한다. 유사하게 피젯수와 젯수가 숫자가 아닌 경우 ValueError 예외 이벤트가 발생한다. 이러한 이벤트가 발생하면 except 절에서 이벤트를 받아서 처리하게 된다. 예외 이벤트가 발생하지 않으면 else 절이 실행된다.

```
try:
    dividend = int(input("피젯수를 입력하세요"))
    divisor = int(input("젯수를 입력하세요"))

    result = dividend / divisor

except ZeroDivisionError:

    print("피젯수가 0이므로 나눌 수 없습니다.")

except ValueError:
    print("피젯수나 젯수가 숫자가 아닙니다.")

else:
    print(result)
```

수행 결과 1

피젯수를 입력하세요7
젯수를 입력하세요x
피젯수나 젯수가 숫자가 아닙니다.

수행 결과 2

피젯수를 입력하세요7
젯수를 입력하세요0
피젯수가 0이므로 나눌 수 없습니다.

예외 상황 발생 여부와 상관없이 try 문 수행 완료 직전에 반드시 수행되었으면 하는 코드가 있을 경우 finally 절을 설정해 해당 코드를 덧붙일 수 있다. 다음은 예외 처리의 문법 구조를 전체적으로 보여준다.

```
try:
    예외 상황 발생 가능 코드

except [예외 유형]:
    try 절 수행 중에 지정된 유형의 예외 상황이 발생했을 경우 수행되는
    예외 처리 코드

except [예외 유형1], [예외 유형2], ....:
    try 절 수행 중에 나열된 유형 중 어느 한 유형의
    예외 상황이 발생했을 경우 수행되는 예외 처리 코드

except [예외 유형] as 변수명:
    try 절 수행 중에 지정된 유형의 예외 상황이 발생했을 경우 수행되는
    예외 처리 코드

else:
    try 절 수행 중에 예외 상황이 발생하지 않았을 경우 수행되는 코드

finally:
    예외 상황 발생 여부와 상관없이 try 문 수행 완료 직전에 반드시 수행되는 코드
```

그림에서 보는 것처럼, 전체 실행 과정은 예외 발생시에는 except 문이 실행되고 예외가 발생하지 않으면 else 문이 실행된다. 그리고 finally 문은 예외 여부에 관계없이 항상 실행된다.

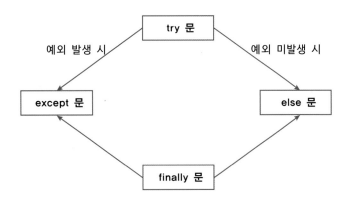

실습해보기 문제 해답

실습해보기 12-1

```
for i in range(2):
  sum_and_avg()
```

실습해보기 12-2

```
def sum_and_avg(a, b, c):
  print("합 = ", a + b + c)
  print("평균", (a + b + c) / 2)

a1 = 50
a2 = 60
a3 = 80
sum_and_avg(a1, a2, a3)
sum_and_avg(a1, a2, a3)
```

실습해보기 12-3

```
def avg(a, b):
  return (a + b) / 2

def sum(a, b):
    return a + b

a = 50
b = 60
print("합 = ", sum(a, b))
print("평균 = ", avg(a, b))
```

실습해보기 12-4

```
def sum_and_avg(a, b):
  sum = a + b
  avg = (a + b) / 2
  return avg, sum
```

```
a1 = 50
b1 = 60
avg1, sum1 = sum_and_avg(a1, b1)
print("합 = ", sum1)
print("평균 = ", avg1)


a2 = 70
b2 = 80


avg2, sum2 = sum_and_avg(a2, b2)


print("합 = ", sum2)
print("평균 = ", avg2)
```

실습해보기 12-5

```
def sum_and_avg(a, b, sum, avg):
  return a + b, (a + b) / 2

sum = 0
avg = 0
a = 50
b = 60

sum, avg = sum_and_avg(a, b, sum, avg)
print("합 = ", sum)
print("평균 = ", avg)
```

수행 결과

```
합 = 110
평균 = 55.0
```

실습해보기 문제 해답

실습해보기 12-6

```
class Student:
    pass

student1 = Student()
student1.name = 'Kim'
student1.no = '2022106021'

student2 = Student()
student2.name = 'Hong Gil Dong'
student2.no = '2022105032'


print("학생이름 = ", student1.name)
print("학번 = ", student1.no)

print("학생이름 = ", student2.name)
print("학번 = ", student2.no)
```

수행 결과

```
학생이름 = Kim
학번 = 2022106021
학생이름 = Hong Gil Dong
학번 = 2022105032
```

실습해보기 12-7

```
class Student:
    def __init__(self, name, studentNo):
        self.name = name
        self.no = studentNo

    def prStudent(self):
        print("학생이름 = ", self.name)
        print("학번 = ", self.no)
```

실습해보기 문제 해답

```
student1 = Student("민수", "2023107038")
student2 = Student("유진", "2022104001")
student1.prStudent()
student2.prStudent()
```

수행 결과

```
학생이름 = 민수
학번 = 2023107038
학생이름 = 유진
학번 = 2022104001
```

1. 함수는 문제를 기능별로 분해하여 해결하려 할 때 사용 가능한 도구로, 여러 문장을 묶어 이름을 붙여 함수로 정의해 두면 필요할 때마다 이를 호출해 해당 문장들이 수행되게 만들 수 있다.

2. 함수는 응집도와 결합도를 고려하여 적당한 크기로 정의해야 한다.

3. 함수 호출자는 피호출자 함수가 필요로 하는 데이터를 인자 값으로 전달할 수 있다.

4. 피호출자 함수는 그 수행 결과를 리턴 값으로 호출자에게 전달할 수 있다.

5. 리턴 값이 2개 이상이면 투플 형태로 값을 넘겨준다.

6. 함수 내에서 정의한 변수의 참조 범위는 해당 함수 이내로 한정된다.

7. 함수 밖의 변수를 접근하기 위해서는 global 키워드를 그 변수 앞에 붙여 명시함으로써 해당 변수가 함수 밖 변수임을 알려야 한다.

8. 재귀 함수는 자기 자신을 호출하는 함수를 말한다.

9. map() 함수는 리스트나 투플 등의 데이터에 함수를 적용한다.

10. 인스턴스 객체가 생성될 때 우리가 원하는 대로 초기화되게 하려면 클래스를 정의할 때 생성자 __init__(self)을 정의해야 한다.

11. try 문을 사용하면 프로그램 수행 중 발생할 수 있는 예외 상황을 효과적으로 처리할 수 있다.

1. 다음 빈칸을 채워보자. 난이도 ★

(1) 함수 정의 시 키워드 (　　　)를 함수명 앞에 붙인다.

(2) 함수 호출 시 함수에서 필요한 데이터를 (　　　)를 통해 전달한다.

(3) 객체를 생성하는 틀을 (　　　)(이)라 한다.

(4) 함수 밖의 변수를 함수 내에서 접근하기 위해서는 (　　　) 키워드를 사용한다.

(5) 클래스는 데이터 속성과 (　　　)로 구성된다.

2. 다음 내용이 맞는 지 틀린 지 O / X로 표시해 보자. 난이도 ★

(1) 함수에서 리턴 값은 하나 이하만 가능하다.　　　　　　　　　(　)

(2) 함수 밖에서 선언된 변수와 함수 내에 변수명은 같아도 된다.　(　)

(3) 클래스로부터 생성된 인스턴스가 객체이다.　　　　　　　　(　)

(4) **try** 블록에서 예외가 발생하면 **else** 절이 실행된다.　　　　(　)

(5) 객체의 레퍼런스는 객체의 속성 값을 가진다.　　　　　　　(　)

3. 다음 프로그램에서 틀린 부분을 고쳐 보자. 난이도 ★

(1)
```
def sum_and_avg(a, b, sum, avg)
  return a + b, (a + b) / 2
```

(2)
```
class Student:
    def __init(self):
        self.name = "유진"
        self.no = "2022104001"

    def prStudent():
        print("학생이름 = ", self.name)
        print("학번 = ", self.no)
```

연 습 문 제

4. n!를 계산하는 다음 프로그램의 빈칸 ㉮와 ㉯를 채워보자. 난이도 ★★

```
def fact(n):
    if n == 0 or n == 1: ㉮_____
    else:
        return n * ㉯_____
```

5. 다음과 같은 정수 입력에 대해 map() 함수를 이용하여 i, j, k 변수로 각각 읽어드리는 프로그램을 작성해 보자.

```
3 5 7
```

CHAPTER 13 패턴 퀴즈 게임기

기본 학습 목표
- 다양한 패턴을 만들 수 있다.
- 패턴을 이용하여 패턴을 묻고 맞히는 함수를 만들 수 있다.

심화 학습 목표
- 일차원 리스트와 이차원 리스트의 차이를 이해할 수 있다.
- 이차원 리스트를 이용하여 패턴을 묻고 맞히는 함수를 호출할 수 있다.

핵심 학습 요소

- 리스트, 사용자 정의 함수, 리턴 값 2개 이상

문제 상황 CT

다양한 숫자 패턴을 맞히는 놀이를 하고 싶다. 다양한 숫자 패턴을 생성한 다음 각 패턴에 대해 제일 앞 숫자부터 차례대로 보여준다. 각 패턴에서 제일 마지막 숫자를 플레이어가 추론한다.

문제 분석 CT

입력

- 추론한 패턴 숫자를 입력

출력

- 패턴 추론 맞힘 여부
- 몇 개를 맞혔는지 알려주기

✳ 문제 분해

- 임의의 숫자 패턴 생성하기
- 패턴을 인자로 받아서 패턴 추론하는 함수 작성하기
- 함수 호출하여 패턴을 인자로 전달하여 처리하기

✳ 데이터

- 다양한 패턴의 숫자형 리스트
- 맞고 틀린 개수

⊶ 알고리즘 CT

✳ 전체 알고리즘 뼈대

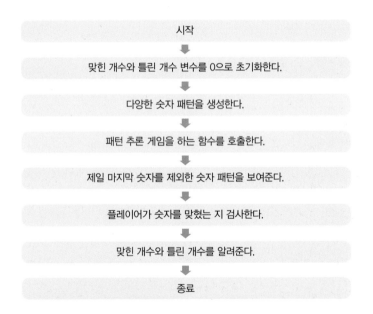

📄 프로그래밍 CT

✳ 변수

- correctAns: 패턴 추론을 맞힌 개수
- wrongAns: 패턴 추론이 틀린 개수
- pattern1, pattern2, pattern3, pattern4, pattern5: 숫자형 패턴 저장 리스트

그림에서 보는 것처럼, 리스트 변수별로 1차원 리스트가 생성된다. 리스트는 각 원소별로 다른 데이터 형이 가능하지만 여기에서는 모두 정수형으로 만들어진다.

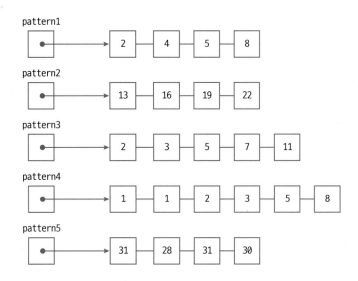

1차원 리스트로 표현된 패턴을 2차원 리스트로 묶어서 다음과 같이 표현할 수 있다.

```
patterns = [[2, 4, 6, 8], [13, 16, 19, 22], [2, 3, 5, 7, 11], [1, 1, 2, 3, 4, 5,
8], [31, 28, 31, 30]]
```

위 프로그램에 대한 2차원 리스트를 그림으로 표현하면 다음과 같다.

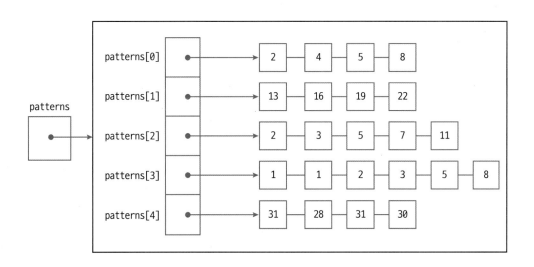

✳ **프로그램**

패턴 추론 정답 유무를 위한 변수 correctAns와 wrongAns를 초기화한다. 숫자형 패턴을 생성하여 리스트에 저장한다.

```
correctAns = 0                      # 정답 갯수 변수 0으로 초기화
wrongAns = 0

pattern1 = [2, 4, 6, 8]             # 짝수 리스트
pattern2 = [13, 16, 19, 22]         # 3 증가 리스트
pattern3 = [2, 3, 5, 7, 11]         # 소수 리스트
pattern4 = [1, 1, 2, 3, 5, 8]       # 피보나치 수열
pattern5 = [31, 28, 31, 30]         # 달력
```

각 패턴을 이용하여 패턴 추론 문제를 풀 수 있도록 함수를 호출한다. 그리고 맞힌 패턴 개수와 틀린 패턴 개수를 알려준다.

```
correctAns, wrongAns = pattern_match(pattern1, correctAns, wrongAns)
                                        # 패턴별로 맞힌 개수와 틀린 개수를 리턴
correctAns, wrongAns = pattern_match(pattern2, correctAns, wrongAns)
correctAns, wrongAns = pattern_match(pattern3, correctAns, wrongAns)
correctAns, wrongAns = pattern_match(pattern4, correctAns, wrongAns)
correctAns, wrongAns = pattern_match(pattern5, correctAns, wrongAns)


print("%d개 패턴중 %d개 맞았어요" %(correctAns + wrongAns, correctAns))
```

▬ 실습해보기 13-1

▎ 위의 프로그램에 새로운 패턴을 하나 추가해 보자.

패턴을 인자로 받아 플레이어에게 패턴을 보여주고 제일 마지막 패턴에 해당하는 숫자를 맞히도록 한다. 또한, 패턴을 맞힌 경우 correctAns 값을 1증가시키고 틀린 경우 wrongAns 값을 1증가시키고 정답을 알려준다. 이때 사용하는 리스트 크기를 알려주는 len() 함수를 사용한다. print() 함수에서 줄바꿈을 하지 않고 계속이어서 출력하기를 원하는 경우 end = " "를 사용한다.

```
def pattern_match(pattern, correctAns, wrongAns):

    for i in range(len(pattern) - 1):  # 패턴 리스트의 마지막 수를 제외하고 보여줌
        print(pattern[i], end = " ")

    guessAns = int(input("다음 수는 무엇일까요?"))

    if guessAns == pattern[len(pattern) - 1]:   # 맞힘 여부 검사
        correctAns = correctAns + 1
        print("잘 했어요. 축하해요")
    else:
        wrongAns = wrongAns + 1
        print("정답은 %d 입니다" %(pattern[len(pattern) - 1]))
                                        # 틀린 경우 정답을 알려줌
    return correctAns, wrongAns
```

실습해보기 13-2

위 프로그램의 2차원 리스트를 map() 함수를 이용하여 키보드로부터 입력 받는 프로그램을 작성해 보자.

실습해보기 13-3

global 키워드를 이용하여 함수 밖의 correctAns, wrongAns 변수 값을 갱신해 보자.

전체 프로그램은 다음과 같다. 랜덤 함수를 사용하기 위해 랜덤 모듈을 가져온다. 1번째 줄부터는 패턴을 인자로 받아서 이를 패턴을 맞히도록 하는 pattern_match() 함수를 정의한다. 16~17번째 줄은 맞은 개수와 틀린 개수를 0으로 초기화한다. 25번째 줄부터 5개의 서로 다른 패턴을 인자로 전달하여 맞은 개수와 틀린 개수를 리턴 값으로 각각 받는다. 마지막으로 맞고 틀린 개수를 출력한다.

```
01   def pattern_match(pattern, correctAns, wrongAns):  # 패턴 맞히기 함수
02
03      for i in range(len(pattern) - 1):  #리스트 마지막 숫자를 제외하고 보여움
04          print(pattern[i], end = " ")
05
06      guessAns = int(input("다음 수는 무엇일까요?"))
07
```

```
08        if guessAns == pattern[len(pattern) - 1]:        # 맞힘 여부 검사
09            correctAns = correctAns + 1
10             print("잘 했어요. 축하해요")
11        else:
12            wrongAns = wrongAns + 1
13             print("정답은 %d 입니다" %(pattern[len(pattern) - 1]))
14        return correctAns, wrongAns
15
16    correctAns = 0
17    wrongAns = 0
18
19    pattern1 = [2, 4, 6, 8]                               # 다양한 숫자 패턴들
20    pattern2 = [13, 16, 19, 22]
21    pattern3 = [2, 3, 5, 7, 11]
22    pattern4 = [1, 1, 2, 3, 5, 8]
23    pattern5 = [31, 28, 31, 30]
24                                                          # pattern_match() 함수 호출
25    correctAns, wrongAns = pattern_match(pattern1, correctAns, wrongAns)
26    correctAns, wrongAns = pattern_match(pattern2, correctAns, wrongAns)
27    correctAns, wrongAns = pattern_match(pattern3, correctAns, wrongAns)
28    correctAns, wrongAns = pattern_match(pattern4, correctAns, wrongAns)
29    correctAns, wrongAns = pattern_match(pattern5, correctAns, wrongAns)
30
31
32    print("%d개 패턴중 %d개 맞았어요" %(correctAns + wrongAns, correctAns))
```

테스트와 디버깅 CT

입력값 / 출력 결과	확인 및 유의사항
2 4 6 다음 수는 무엇일까요?8 잘 했어요. 축하해요 13 16 19 다음 수는 무엇일까요?22 잘 했어요. 축하해요 2 3 5 7 다음 수는 무엇일까요?11 잘 했어요. 축하해요 1 1 2 3 5 다음 수는 무엇일까요?8 잘 했어요. 축하해요 31 28 31 다음 수는 무엇일까요?30 잘 했어요. 축하해요 5개 패턴중 5개 맞았어요	▪ 예상된 테스트 결과인지 확인한다. ▪ 함수 호출시 인자 전달이 제대로 되었는지 확인 한다.

심화 활동 CT

패턴을 1차원 리스트로 생성하니 여러 리스트 변수를 생성해야 하고 함수 호출시 각 리스트별로 호출하여 반복성이 있음을 알 수 있다. 따라서 2차원 리스트를 사용하여 프로그램을 더 단순화하는 방안을 찾아보자. 또한, 패턴 제일 마지막 숫자 보다는 임의의 위치에 있는 숫자를 묻는 형태로 수정해 보자.

Hint

패턴 리스트의 인덱스 값을 random 모듈을 사용해 얻는다.

실습해보기 13-1

```
correctAns = 0
wrongAns = 0

pattern1 = [2, 4, 6, 8]
pattern2 = [13, 16, 19, 22]
pattern3 = [2, 3, 5, 7, 11]
pattern4 = [1, 1, 2, 3, 5, 8]
pattern5 = [31, 28, 31, 30]
pattern6 = [1, 3, 5, 7, 9, 11]    # 추가된 리스트

correctAns, wrongAns = pattern_match(pattern1, correctAns, wrongAns)
correctAns, wrongAns = pattern_match(pattern2, correctAns, wrongAns)
correctAns, wrongAns = pattern_match(pattern3, correctAns, wrongAns)
correctAns, wrongAns = pattern_match(pattern4, correctAns, wrongAns)
correctAns, wrongAns = pattern_match(pattern5, correctAns, wrongAns)
correctAns, wrongAns = pattern_match(pattern6, correctAns, wrongAns)


print("%d개 패턴중  %d개 맞았어요" %(correctAns + wrongAns, correctAns))
```

실습해보기 13-2

```
patterns = [[0] * i for i in [4, 4, 5, 6, 4]]
for i in range(5):
  patterns[i] = list(map(int, input().split()))
print(patterns)
```

실습해보기 13-3

```
def pattern_match(pattern):
    global corrrectAns, wrongAns

    for i in range(len(pattern) - 1):
        print(pattern[i], end = " ")

    guessAns = int(input("다음 수는 무엇일까요?"))

    if guessAns == pattern[len(pattern) - 1]:
        correctAns = correctAns + 1
        print("잘 했어요. 축하해요")
    else:
        wrongAns = wrongAns + 1
        print("정답은%d 입니다" %(pattern[len(pattern) - 1]))

correctAns = 0
wrongAns = 0

pattern1 = [2, 4, 6, 8]
pattern2 = [13, 16, 19, 22]
pattern3 = [2, 3, 5, 7, 11]
pattern4 = [1, 1, 2, 3, 5, 8]
pattern5 = [31, 28, 31, 30]
pattern6 = [1, 3, 5, 7, 9, 11]

pattern_match(pattern1, correctAns, wrongAns)
pattern_match(pattern2, correctAns, wrongAns)
pattern_match(pattern3, correctAns, wrongAns)
pattern_match(pattern4, correctAns, wrongAns)
pattern_match(pattern5, correctAns, wrongAns)


print("%d개 패턴중  %d개 맞았어요" % (correctAns + wrongAns, correctAns))
```

1. 동일한 기능을 여러 번 사용하는 경우 함수로 정의한다. 예를 들면, 데이터 규칙을 사용자에게 문제를 내고 맞히는 `patternmatch()` 함수를 정의한다.

2. 함수가 처리해야 하는 데이터가 호출시마다 다른 경우 인자 전달을 통해 이루어질 수 있다. 리스트에 들어있는 패턴들을 인자로 전달한다.

3. 리스트의 크기를 알기 위해서는 `len()` 함수를 사용한다.

4. `print()` 함수에서 줄 바꿈을 하지 않기 위해서는 `end = ""`를 함수 안에 써준다.

5. 맞은 개수와 틀린 개수를 나타내는 `correctAns`와 `wrongAns` 변수가 함수 밖에 있을 때 이를 갱신하기를 원하는 경우 인자 전달과 `global` 키워드를 사용하는 방법이 있다.

6. 맞은 개수와 틀린 개수 `correctAns`와 `wrongAns`를 인자로 전달하는 경우 동시에 두 값을 리턴하는 리턴문을 사용해야 한다.

7. 리스트에서 각 원소는 0부터 인덱스가 시작한다.

8. 2차원 리스트는 `[[..],...[..]]` 형태가 된다. 즉, 2차원 리스트 안에는 1차원 리스트가 들어 있다.

9. 2차원 리스트에서 `len()` 함수를 적용하면 행의 수가 리턴된다.

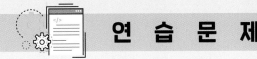

1. 다음 빈 칸을 채워 보자. 난이도 ★

   (1) 리스트의 크기를 알 수 있는 함수는 ( )이다.

   (2) print() 함수에서 줄 바꿈을 원하지 않은 경우 ( )를 사용한다.

   (3) 어떤 리스트 patterns의 마지막 원소의 위치는 ( ) 이다.

2. 다음 내용이 맞는 지 틀린 지 O / X로 표시해 보자. 난이도 ★

   (1) global 키워드를 사용하는 경우 함수 호출시 인자 전달 개수가
      줄어들 수 있다.   ( )

   (2) 인자 전달을 하고 다시 갱신된 값을 받기 위해서는 global 키워드를
      사용한다.   ( )

   (3) 리스트의 첫번째 원소의 인덱스는 1이다.   ( )

   (4) 2차원 리스트에서 len() 함수를 적용하면 열의 크기가 리턴된다.   ( )

3. 다음 숫자 패턴에 들어갈 숫자는 무엇인가? 난이도 ★

   4, 9, 16, 25, ( )

4. 다음 patternmatch() 함수의 빈 칸 ㉮와 ㉯를 채워 보자. 난이도 ★★

```
def pattern_match(pattern, correctAns, wrongAns):

    for i in range(㉮    ):
        print(pattern[i], end = " ")

    guessAns = int(input("다음 수는 무엇일까요?"))

    if guessAns == pattern[㉯    ]:
        correctAns = correctAns + 1
        print("잘 했어요. 축하해요")
    else:
        wrongAns = wrongAns + 1
        print("정답은 %d 입니다" %(pattern[len(pattern) - 1]))
    return correctAns, wrongAns
```

CHAPTER
14

토익 점수 분석기

기본 학습 목표

- 문제를 적절한 크기로 분해할 수 있다.
- 토익 점수 빈도수를 구하는 함수를 만들 수 있다.

심화 학습 목표

- 점수대별 최솟값 찾는 알고리즘을 작성할 수 있다.
- 점수대별 최댓값 찾는 알고리즘을 작성할 수 있다.

💬 핵심 학습 요소

- 함수, 점수대별 최솟값 찾는 알고리즘, 점수대별 최댓값 찾는 알고리즘

💡 문제 상황 `CT`

대학생들의 영어 실력을 알아보기 위해 토익 점수를 분석하려고 한다. 점수대별로 빈도수를 구해서 가장 많은 빈도수를 가진 점수대와 가장 작은 빈도수를 가진 점수대를 알고 싶다. 또한, 토익 최고 점수와 최저 점수를 알고 싶다.

📝 문제 분석 `CT`

✳ 입력

- 미리 데이터로 토익 점수 제공

✳ 출력

- 빈도수가 가장 많은 점수대와 빈도수
- 빈도수가 가장 적은 점수대와 빈도수

✖ 문제 분해

- 토익 점수대별 빈도수 구하기
- 가장 큰 빈도수와 점수대 구하기
- 가장 적은 빈도수와 점수대 구하기

✖ 데이터

- 토익 점수 리스트
- 빈도수 리스트

[알고리즘] CT

✖ 전체 알고리즘 뼈대

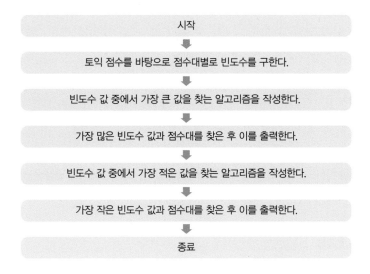

시작

토익 점수를 바탕으로 점수대별로 빈도수를 구한다.

빈도수 값 중에서 가장 큰 값을 찾는 알고리즘을 작성한다.

가장 많은 빈도수 값과 점수대를 찾은 후 이를 출력한다.

빈도수 값 중에서 가장 적은 값을 찾는 알고리즘을 작성한다.

가장 작은 빈도수 값과 점수대를 찾은 후 이를 출력한다.

종료

[프로그래밍] CT

✖ 변수

- toeicScores: 토익 점수
- counters: 점수대별 빈도수
- scoreBase: 점수대
- maxCount: 가장 큰 빈도수
- minCount: 가장 적은 빈도수

✳ 프로그램

리스트로 구성된 토익 점수를 바탕으로 100점 단위로 빈도수를 구한다. 이를 위해 0점부터 100점 단위로 빈도수를 저장하기 위한 counters라는 리스트를 0으로 초기화한다. counters 리스트는 모두 10개이다. 토익 점수 만점이 990점이므로 0점대부터 900점대까지 모두 10개의 빈도수 리스트가 필요하다. 토익 점수를 100으로 정수 나눗셈을 하기 위해 나머지 연산자 //를 사용한다.

```
def frequency(toeicScores):
    counters = [0] * 10
    for toeicScore in toeicScores:
        counters[toeicScore // 100] += 1
                # 100점 단위로 빈도수를 구하기 위해 100으로 정수형 나눗셈을 함
    return counters
```

Q 묻고 답하기

📋 연산자 '//' 대신에 '/' 연산자를 사용하면 어떻게 될까?

📋
연산 결과가 실수형이 되므로 리스트의 인덱스로 사용할 수 없다는 에러가 발생할 것이다.

실습해보기 14-1

위의 프로그램에서 점수 간격을 200점 단위로 빈도수를 세도록 수정해 보자.

다음은 점수대별로 빈도수를 구한 후 빈도수가 가장 많은 빈도수를 구하는 함수이다. 이 함수는 인자로 빈도수 리스트를 전달 받는다. 인자로 받은 빈도수를 저장한 리스트에서 가장 큰 값을 찾고 이 값이 들어있는 점수대를 계산해야 한다. 따라서 가장 큰 빈도수 값의 위치 값에 100을 곱하는 과정이 필요하다. 가장 큰 빈도수와 점수대를 찾은 후에 이를 동시에 리턴한다. 가장 큰 값을 구하기 위해서는 선택문을 이용하여 max 값보다 counters[i] 값이 더 크면 max 값을 counters[i] 값으로 계속 바꿔나간다. 토익 점수대를 구하기 위해서 리스트의 인덱스에 100을 곱한다.

```
def max_frequency(counters):        # 빈도수가 가장 많은 점수대 구하는 함수
    max = 0
    scoreBase = 0
    N = len(counters)
    for i in range(N):
        if max < counters[i]:       # 더 큰 점수대로 바꿈
            max = counters[i]
            scoreBase = i * 100
    return scoreBase, max
```

다음 프로그램은 위와 반대로 가장 작은 빈도수를 구하는 함수이다. 이 함수도 인자로 빈도수 리스트를 받는다. 초기 최솟값을 토익 점수 개수보다 하나 더 많은 11로 설정한다. 그런 후에 다른 빈도수 반복문과 선택문을 활용하여 가장 작은 빈도수 값을 찾는다. 찾은 빈도수 값과 점수대를 함께 리턴한다. 가장 작은 값을 구하기 위해서는 선택문을 이용하여 counters[i]가 0이 아니고 min 값보다 counters[i] 값이 더 작으면 min 값을 counters[i] 값으로 계속 바꿔나간다.

```
def min_frequency(counters):        # 빈도수가 가장 작은 점수대 구하는 함수
    scoreBase = 0
    N = len(counters)
    min = 11                        # 가능한 빈도수 최대보다 1이 더 큰 11로 초기화
    for i in range(N):
        if counters[i] != 0 and min > counters[i]:
            scoreBase = i * 100   # 점수대 계산
            min = counters[i]
    return scoreBase, min
```

Q 묻고 답하기

위의 프로그램에서 counters[i] ! = 0 이 왜 필요한가?

답
counters 리스트가 0으로 초기화되어 있기 때문에 이를 점검하지 않으면 min 값이 0이 될 것이다.

토익 점수에 대해 리스트를 이용하여 초기화한다. 그런 다음에 빈도수를 구하는 함수 frequency()를 호출한다. 이를 통해 점수대별로 점수가 나오면 가장 큰 빈도수를 구

하는 함수 max_count()를 호출한다. 이때 점수대와 빈도수 값을 함수로부터 동시에 받는다. 받은 빈도수 값과 점수대를 출력한다. 마찬가지로 가장 빈도수가 작은 값과 점수대를 구하는 함수를 호출한다. 이를 통해 얻어진 값을 받아서 출력한다.

```
toeicScores = [510, 630, 750, 780, 620, 805, 930, 650, 840, 670]

counters = frequency(toeicScores)
scoreBase, maxCount = max_frequency(counters)    # 최대 빈도수 점수대와 빈도수 값

print("가장 많은 점수대 = %d, 빈도수 = %d" %(scoreBase, maxCount))

scoreBase, minCount = min_frequency(counters)    # 최소 빈도수 점수대와 빈도수 값

print("가장 적은 점수대 = %d, 빈도수 = %d" %(scoreBase, minCount))
```

실습해보기 14-2

▌ 빈도수가 각각 얼마인지 알아보도록 출력해 보자.

전체 프로그램은 다음과 같다. 우선 점수대별 빈도수 구하는 함수, 가장 큰 빈도수 값 구하는 함수, 가장 적은 빈도수 값 구하는 함수를 정의한다. 그런 다음에 토익 점수들을 리스트로 초기화하고 이를 바탕으로 정의한 함수를 차례대로 호출한다.

```
01   def frequency(toeicScores):    #점수대별 빈도수 구하기
02       counters = [0, 0, 0, 0, 0, 0, 0, 0, 0, 0]
03       for toeicScore in toeicScores:
04           counters[toeicScore // 100] += 1  # 점수대를 계산하기 위해 100으로
                                  나눔. 나눗셈 연산자로 /가 아니라 //를 사용해야 함
05       return counters
06
07   def max_frequency(counters):    #가장 큰 빈도수 값과 점수대 구하기
08       max = 0
09       scoreBase = 0
10       N = len(counters)
11       for i in range(N):
12           if max < counters[i]:
13               max = counters[i]
```

```
14                  scoreBase = i * 100
15          return scoreBase, max
16
17      def min_frequency(counters):      #가장 적은 빈도수 값과 점수대 구하기
18          scoreBase = 0
19          N = len(counters)
20          min = 11
21          for i in range(N):
22              if counters[i] != 0 and min > counters[i]:
23                  scoreBase = i * 100
24                  min = counters[i]
25          return scoreBase, min
26
27
28      toeicScores = [510, 630, 750, 780, 620, 805, 890, 650, 840, 670]
29
30      counters = frequency(toeicScores)
31      scoreBase, maxCount = max_frequency(counters)
32
33      print("가장 많은 점수대 = %d, 빈도수 = %d" %(scoreBase, maxCount))
34
35      scoreBase, minCount = min_frequency(counters)
36
37      print("가장 적은 점수대 = %d, 빈도수 = %d" %(scoreBase, minCount))
```

토익 점수 최저점과 최고점을 알기 위해서는 내장함수 min(), max() 또는 sort()를 이용하여 프로그램을 작성할 수 있다. min()과 max()를 이용하는 프로그램은 다음과 같다.

⚙️ 테스트와 디버깅 [CT]

출력 결과	확인 및 유의사항
가장 많은 점수대 = 600, 빈도수 = 4 가장 작은 점수대 = 500, 빈도수 = 1	▪ 예상된 테스트 결과인지 확인한다. ▪ 최대 / 최소 빈도수 값이 구해지지 않은 경우 이를 구하는 함수 내에 반복문과 선택문이 제대로 동작하는 지 확인한다.

🗂️ 심화 활동 [CT]

점수대별 빈도수가 동일한 경우가 있을 수 있다. 동일한 빈도수를 가진 점수대를 모두

알 수 있도록 수정해 보자. 또한, 학생들이 취득한 토익 평균이 얼마인지를 구하는 함수를 추가해 평균을 구해보자.

```
print("토익 점수 최저 = %d, 토익점수 최고 = %d" %(min(toeicScore), max(toeicScore)))
```

sort()를 이용하여 최고 점수와 최저 점수를 구하는 프로그램은 다음과 같다.

```
toeicScore.sort()
print("토익점수 최저점 = %d 토익점수 최고점 = %d", toeicScore[0],
toeicScore[len(toeicScore) - 1])
```

sort()는 디폴트로 오름차순으로 정렬해준다. 따라서 첫 번째 값이 최저 점수가 되고 리스트의 마지막에 있는 값이 최고점이 된다.

실습해보기 문제 해답

실습해보기 14-1

```
def frequency(toeicScores):
    counters = [0, 0, 0, 0, 0, 0, 0, 0, 0, 0]
    for toeicScore in toeicScores:
        counters[toeicScore // 200] += 1
    return counters
```

실습해보기 14-2

```
toeicScores = [510, 630, 750, 780, 620, 805, 930, 650, 840, 670]
counters = frequency(toeicScores)
counters
```

🖵 수행 결과

```
[0, 0, 0, 0, 0, 1, 4, 2, 2, 1]
```

1.   토익 점수를 100점 단위로 빈도수를 계산하기 위해서는 리스트 인덱스에 '//'를 사용한다.

2.   최댓값 알고리즘은 가장 큰 값을 구하는 것으로 토익 점수 빈도수의 경우 선택문을 이용하여 max 값을 0으로 초기화 한 후 리스트에 각 원소와 비교하여 max 값보다 리스트 원소 값이 더 크면 max 값을 리스트 원소 값으로 계속해서 바꿔나간다.

3.   최솟값 알고리즘은 가장 작은 값을 구하는 것으로 토익 점수 빈도수의 경우 선택문을 이용하여 min 값을 최댓값을 초기화 한 후 min 값보다 리스트 원소 값이 더 작으면 min 값을 리스트 원소 값으로 계속 바꿔나간다.

4.   토익 점수대와 빈도수 값을 동시에 리턴하기 위해서 투플 형태로 값을 리턴한다.

5.   토익 점수대를 구하기 위해서 리스트의 인덱스에 100을 곱한다.

6.   min()은 리스트에서 최솟값을 리턴한다.

7.   max()는 리스트에서 최댓값을 리턴한다.

8.   sort()는 리폴트로 리스트를 오름차순으로 정렬한다.

1. 다음 빈칸을 채워보자. 난이도 ★

   (1) 최댓값 알고리즘은 가장 큰 값을 구하는 것으로 토익 점수 빈도수인 경우 선택문을 이용하여 max 값을 (　　　)으로 초기화한다.

   (2) 최솟값 알고리즘은 가장 큰 값을 구하는 것으로 토익 점수 빈도수인 경우 선택문을 이용하여 max 값을 (　　　)로 초기화한다.

2. 다음 빈 칸 ㉮, ㉯, ㉰, ㉱ 안에 들어갈 내용을 채워 보자. 난이도 ★★

```
def frequency(toeicScores):    #점수대별 빈도수 구하기
    counters = [0, 0, 0, 0, 0, 0, 0, 0, 0, 0]
    for toeicScore in toeicScores:
        counters[㉮      ] += 1
    return counters


def max_frequency(counters):    #가장 큰 빈도수 값과 점수대 구하기
    max = 0
    scoreBase = ㉯_____
    N = len(counters)
    for i in range(N):
        if max < counters[i]:
            max = counters[i]
            scoreBase = ㉰_____
    return scoreBase, max


def min_frequency(counters):    #가장 적은 빈도수 값과 점수대 구하기
    scoreBase = 0
    N = len(counters)
    min = 11
    for i in range(N):
        if ㉱      :
            scoreBase = i * 100
            min = counters[i]
    return scoreBase, min
```

```
toeicScores = [510, 630, 750, 780, 620, 805, 890, 650, 840, 670]

counters = frequency(toeicScores)
scoreBase, maxCount = max_frequency(counters)

print("가장 많은 점수대 = %d, 빈도수 = %d" %(scoreBase, maxCount))

scoreBase, minCount = min_frequency(counters)

print("가장 적은 점수대 = %d, 빈도수 = %d" %(scoreBase, minCount))
```

3. 다음 리스트는 학생들의 점수를 나타낸다. 최고점과 최저점을 구하는 프로그램을 작성해 보자.

```
a = [10, 20, 50, 30, 77, 30, 99, 89]
```

4. 임의의 길이 숫자에 들어 있는 각 자리 수의 숫자를 더하여 그 합이 10의 배수가 되는 지를 판별하는 프로그램을 map()과 sum() 함수를 이용하여 작성해 보자.

CHAPTER 15

등수 계산기

기본 학습 목표

- operator 모듈을 이해하고 operator 모듈의 itemgetter() 함수를 사용할 수 있다.
- sort() 함수를 사용하여 리스트 값을 내림차순으로 정렬할 수 있다.
- sort() 함수를 이용하여 과목별 등수를 구하는 함수를 작성할 수 있다.

심화 학습 목표

- 2차 리스트에 저장된 값들을 계산하고, sort() 함수를 이용하여 여러 가지 응용 문제를 해결할 수 있다.

핵심 학습 요소

- operator 모듈, itemgetter() 함수, sort() 함수, while 문, if 문

문제 상황 CT

교수님은 과목별 학생들의 점수에 대해 각각 등수를 매기고 90점 이상은 A, 80점 이상은 B, 70점 이상은 C, 60점 이상은 D, 59점 이하는 F를 부여하여 출력하고 싶다. 각 과목에 대해서 데이터를 제외하면 동일한 연산을 수행하여야 해서 등수와 학점을 부여하고 결과를 출력하는 함수를 작성하고자 한다.

문제 분석 CT

✳ 컴퓨터의 역할

- 점수를 정렬하는 파이썬 함수를 이해하기
- 등수를 계산하는 과정을 이해하기
- 점수에 맞게 학점을 부여하는 과정을 이해하기
- 보기 좋게 출력하는 함수를 작성하기

✳ 사용자

- 여러 명의 학생에 대한 정보를 저장하고 표현할 방법 생각하기

✾ 입력

- 과목별 성적

✾ 출력

- 등수
- 학점

✾ 데이터

- 학생의 과목별 성적. [학번, 점수]의 쌍이 학생의 수만큼 저장되어 있다. 데이터베이스 과목의 점수는 학번별로 [[101, 80],[102, 76],[103, 88],[104, 82],[105, 92], [106, 93],[107, 70],[108, 77],[109, 96],[110, 82]]이고, 웹프로그래밍 과목의 학번별 점수는 [[101,82], [102,78], [103,90], [104,84], [105,94], [106,88], [107,68], [108,99], [109,77], [110,88]]이다. 예를 들면, 101번 학생의 데이터베이스 과목 점수는 80점이고, 102번 학생의 웹프로그래밍 과목의 점수는 78점이다.
- 학생의 수
- 등수와 학점

🔾 알고리즘   CT

✾ 알고리즘 효율성

- 데이터를 정렬하는 효율적인 방법이 무엇인지 생각해보자.

✾ 전체 알고리즘 뼈대

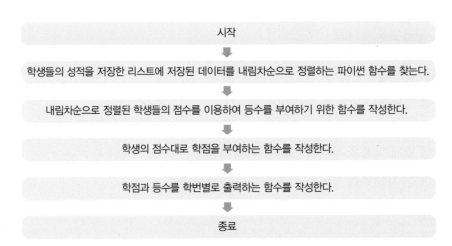

※ 변수

- Database : 데이터베이스 과목의 점수. [학번, 점수]의 쌍으로 구성되며, 학생의 수만큼 원소의 개수가 있다.
- Webprogramming : 웹프로그래밍 과목의 점수. [학번, 점수]의 쌍으로 구성되며, 학생의 수만큼 원소의 개수가 있다.
- grade : 한 과목에 대한 정보가 저장된 2차 리스트를 내림차순의 점수 순으로 정렬한 결과 리스트
- rank : 등수를 계산하기 위한 변수
- value : 점수로 정렬한 리스트에서 이웃하는 두 원소간 점수가 동점인지를 계산하기 위한 변수
- equalpoint : 동점이 몇 명인지를 계산하기 위한 변수
- noStudents : 총 학생의 수
- sortedSubject : 점수의 내림차순으로 정렬되어 등수와 학점이 부여된 리스트 변수

※ 프로그램

- 파이썬 모듈은 미리 만들어진 다양한 함수의 집합이다. 파이썬 모듈은 독립적인 파이썬 파일이며 import 명령어를 이용하여 특정 프로그램에 내포하여 사용한다. 'from (모듈 이름) import (함수 이름)'과 같은 방식으로 사용할 수 있는데, 이 때에는 모듈의 이름을 밝히지 않고 함수의 이름만을 사용할 수 있다. 함수 이름에 와일드카드(*)를 사용하면 모듈에 포함된 모든 함수를 가져오게 된다. operator 모듈은 파이썬 언어의 내장(built-in) 연산자에 해당하는 함수 집합을 포함한다. 예를 들면, operator.lt(a, b)는 a < b와 동등하다.

```
from operator import itemgetter
```

- 리스트를 정렬할 때 사용하는 함수 sort()는 매개변수로 key 값과 reverse 값을 가질 수 있다. 우선, reverse = True이면 내림차순으로 리스트의 값을 정렬하라는 의미이고, reverse = False이면 오름차순으로 리스트의 값을 정렬하라는 의미이다. 기본 값은 오름차순이다. operator 모듈의 itemgetter() 함수는 간단히 설명하면 정렬할 대상이 1차 리스트가 아니고 2차 리스트일 때, 어떤 값을 킷값으로 하여 정렬할지를

결정할 때 사용이 되는 함수이다. 아래와 같이 key = itemgetter(1)이라고 주어진다면, 2차 리스트의 각 원소값에서 인덱스 1에 위치한 값을 중심으로 정렬하라는 의미를 갖는다. 예제에서 인덱스 1에는 각 학생의 시험 점수가 저장되어 있다. 따라서, grade라는 2차 리스트의 각 원소들을 두 번째 원소인 점수로 저장할 때 사용이 된다.

```
grade.sort(key = itemgetter(1), reverse = True)
```

• 함수 getRank(subject)는 한 과목의 점수를 매개변수로 받아들인 후, 학생들의 점수를 내림차순으로 정렬한 다음, 등수를 계산한다. 등수는 제일 높은 점수를 가진 학생이 1등이고, 제일 낮은 점수를 가진 학생이 꼴등이다. 따라서, 내림차순으로 정렬이 된 리스트 grade에서 각 원소의 등수를 기본적으로 1씩 증가시킨다. 하지만, 동점이 있다면 등수를 1 증가시키면 안되고 동점인 학생의 수를 계산해야 한다. 예를 들어, 100, 98, 98, 95, ... 라고 점수가 정렬되었다면, 100점은 1등 98점은 2등 95점은 4등이 되어야 한다. 즉, 1, 2, 2, 4, ... 등으로 등수가 부여되어야 한다. 이번 예제에서 만점은 100점이다. 점수가 낮아질 때, 등수를 1씩 증가시켜야 하므로, 최초의 value는 101점으로 한다. 즉, value에는 이전 학생의 점수가 저장되어 있다. 반복문 for에서 한 학생씩 점수를 차례대로 value와 비교한다. value와 현재 학생의 점수인 grade[i][1]가 동점이라면 rank는 유지하고, 동점자의 수를 계산하는 equalpoint를 1 증가시킨다. 하지만 이전 학생의 점수인 value보다 점수가 떨어지면 rank를 1 증가시키면서 동점자가 있었다면 동점자 수만큼을 더해준다. 모든 학생의 등수가 계산되면, 결과가 저장된 grade 리스트를 반환한다.

```
def getRank(subject):        # 한 과목의 [학번, 점수]의 쌍들을 저장한 2차 리스트
    grade = subject
    grade.sort(key = itemgetter(1), reverse = True)

    rank = 0                 # 등수의 초기화
    value = 101              # 최초의 점수. 다음 점수가 낮다면, 등수를 증가시킴.
    equalpoint = 0           # 동점을 계산하기 위한 변수의 초기화.
    noStudents = len(grade)  # 전체 학생의 수
    for i in range(noStudents):
        if grade[i][1] < value:  # 학생의 점수가 이전 학생 점수보다 낮음.
            value = grade[i][1]  # 가장 최근에 처리한 학생의 점수
            rank += (1 + equalpoint) # 동점을 감안하여 등수를 조정함.
```

```
        equalpoint = 0        # 동점을 처리하였으므로 동점자수 초기화.
    else:                     # 이전 학생의 점수와 동점임.
        equalpoint += 1       # 동점인 학생의 수를 1 증가시킴.
    grade[i].append(rank)     # 각 학생의 정보를 저장한 리스트에 등수를
                              # 추가함.
return grade
```

Q 묻고 답하기

📖 만일, 리스트 A의 값이 **[[1, '홍기수', 97], [2, '주달래', 88], [3, '이영희', 93]]**일 때, **A.sort(key = itemgetter(2))**를 호출하면 결과는 어떻게 될지 계산하시오.

📭

   [[2, '주달래', 88], [3, '이영희', 93], [1, '홍기수', 97]]

- 함수 getGrade(grade)는 각 학생의 점수를 보고, 90~100점이면 'A', 80~89점이면 'B', 70~79점이면 'C', 60~69점이면 'D', 60점 미만이면 'F'를 계산하여, 학생의 학점으로 부여하는 함수이다.

```
def getGrade(grade):
    noStudents=len(grade)
    for i in range(noStudents):
        if grade[i][1] >= 90 :          # 90점 이상이면 A
            grade[i].append('A')
        elif grade[i][1] >= 80 :        # 80점 이상 90점 미만이면 B
            grade[i].append('B')
        elif grade[i][1] >= 70 :        # 70점 이상 80점 미만이면 C
            grade[i].append('C')
        elif grade[i][1] >= 60 :        # 60점 이상 70점 미만이면 D
            grade[i].append('D')
        else :                          # 60점 미만이면 F
            grade[i].append('F')
```

Q 묻고 답하기

❓ 위의 순서를 반대로 60점부터 물어보면 어떻게 될까? 즉, 위 return 문에서 우선순위를 고려하여 괄호를 쳐보자.

```
for i in range(noStudents):
        if grade[i][1] >= 60 : grade[i].append('D')
        elif grade[i][1] >= 70 : grade[i].append('C')
        elif grade[i][1] >= 80 : grade[i].append('B')
        elif grade[i][1] >= 90 : grade[i].append('A')
        else : grade[i].append('F')
```

💬

전부 D, 60 점 미만은 F

• 함수 printRankNGrade(grade, subjectname)은 한 과목의 점수와 과목명인 subjectname을 매개변수로 입력받은 후, 우선, 과목명을 출력하고, 학생의 학번, 점수, 등수, 학점을 출력해주는 함수이다. '*'문자를 28번 출력되게 하기 위해 '*' * 28을 수행하였고, 점수가 0~100점 사이인데, 점수를 우측으로 정렬하기 위해서 %3d를 이용하여 출력하였다. %d는 정수, %s는 문자열 변수의 값을 차례대로 대치하여 처리해준다. 등수는 0~99명 사이를 가정하여 %2d로 나타내었다.

```
def printRankNGrade(grade, subjectname):
    print("*******", subjectname, "*******")
    print(" 학번   점수   등수   학점")
    print("*" * 28)
    for oneStudent in grade:
        print(" %s    %3d    %2d    %s" %(oneStudent[0], oneStudent[1],
                                        oneStudent[2], oneStudent[3]))
    print("*" * 28)
```

> **Q 묻고 답하기**
>
> 📋 sort()와 함수 sorted()의 차이는 무엇일까?
>
> 📋
> 다음과 같이 리스트 A가 있을 때, sorted(A) 함수를 사용하면, 리스트 A의 값이 정렬되어 B에 저장이 되고, A는 변화가 생기지 않는다. 반면, A.sort()를 사용하면, 리스트 A의 값이 정렬되어 저장된다.
>
> ```
> A = [23, 14, 52, 75, 37]
> B = sorted(A)
> print(A)    #  [23, 14, 52, 75, 37]
> A.sort()
> print(A)    #  [14, 23, 37, 52, 75]
> ```

• 앞에서 정의된 함수들을 이용하여 데이터베이스 과목과 웹프로그래밍 과목의 시험 점수를 이용하여 등수를 계산하는 함수 getRank()를 호출하고 학점을 계산하는 함수 getGrade()를 호출한 다음, 마지막으로 결과를 출력하는 printRankNGrade() 함수를 호출한다. 이 때, 유의할 점은 파이썬의 매개변수 처리 방법이다. 기본적으로 파이썬은 매개변수를 전달할 때, 값 전달 방식을 사용한다. 따라서, 호출할 때 사용하는 실 매개변수와 함수 정의 부분에 있는 형식 매개변수의 메모리가 서로 다르다. 하지만, 리스트의 경우에는 메모리의 효율성을 위해서 실 매개변수와 형식 매개변수가 동일한 메모리를 사용하여 함수 내부에서 매개변수의 값에 변화가 발생하면, 함수 밖에서도 그 변화가 그대로 변수값으로 반영이 되어진다. 따라서, 등수 정보가 원래의 Database 리스트에 추가되고, 학점도 또한 Database 리스트에 추가된다. Webprogramming 변수의 경우도 마찬가지이다.

```
getRank(Database)
getGrade(Database)
printRankNGrade(Database, "데이터베이스")

getRank(Webprogramming)
getGrade(Webprogramming)
printRankNGrade(Webprogramming, "웹프로그래밍")
```

• 전체 프로그램은 다음과 같다.

```python
01    from operator import itemgetter
02    Database = [[101, 80],[102, 76],[103, 88],[104, 82],[105, 92],
03              [106, 93],[107, 70],[108, 77],[109, 96],[110, 82]]
04    Webprogramming = [[101,82], [102,78], [103,90], [104,84], [105,94],
05                  [106,88], [107,68], [108,99], [109,77], [110,88]]
06
07    def getRank(grade):    # 한 과목의 [학번, 점수]의 쌍들을 저장한 2차 리스트
08        grade.sort(key = itemgetter(1), reverse = True)
09        rank = 0           # 등수의 초기화
10        value = 100        # 최초의 점수. 다음 점수가 낮다면, 등수를 증가시킴.
11        equalpoint = 0     # 동점을 계산하기 위한 변수의 초기화.
12        noStudents = len(grade)     # 전체 학생의 수
13
14        for i in range(noStudents):
15            if grade[i][1] < value:  # 학생의 점수가 이전 학생 점수보다 낮음.
16                value = grade[i][1]  # 가장 최근에 처리한 학생의 점수
17                rank += (1 + equalpoint) # 동점을 감안하여 등수를 조정함.
18                equalpoint = 0       # 동점을 처리하였으므로 동점자수 초기화.
19            else:                    # 이전 학생의 점수와 동점임.
20                equalpoint += 1      # 동점인 학생의 수를 1 증가시킴.
21            grade[i].append(rank)    # 각 학생의 정보를 저장한 리스트에
22                                     # 등수를 추가함.
23
24    def getGrade(grade):
25        noStudents = len(grade)
26        for i in range(noStudents):
27            if grade[i][1] >= 90 :          # 90점 이상이면 A
28                grade[i].append('A')
29            elif grade[i][1] >= 80 :        # 80점 이상 90점 미만이면 B
30                grade[i].append('B')
31            elif grade[i][1] >= 70 :        # 70점 이상 80점 미만이면 C
32                grade[i].append('C')
33            elif grade[i][1] >= 60 :        # 60점 이상 70점 미만이면 D
34                grade[i].append('D')
35            else : grade[i].append('F')     # 60점 미만이면 F
36
37    def printRankNGrade(grade, subjectname):
38        print("*******", subjectname, "*******") # 과목명을 출력
```

```
39      print(" 학번   점수   등수   학점")
40      print("*" * 28)
41      for oneStudent in grade:
42          print(" %s    %3d    %2d    %s" %(oneStudent[0],
43              oneStudent[1], oneStudent[2], oneStudent[3]))
44      print("*" * 28)
45
46  getRank(Database)
47  getGrade(Database)
48  printRankNGrade(Database, "데이터베이스")
49
50  getRank(Webprogramming)
51  getGrade(Webprogramming)
52  printRankNGrade(Webprogramming, "웹프로그래밍")
```

테스트와 디버깅 [CT]

입력 값	출력 결과	확인 및 유의사항
Database = [[101,80], [102, 76], [103,88], [104,82], [105, 92], [106,93], [107,70], [108, 77], [109,96], [110,82]] Webprogramming = [[101,82], [102,78], [103, 90], [104,84], [105,94], [106,88], [107,68], [108,99], [109,77], [110,88]]	``` ****** 데이터베이스 ****** 학번 점수 등수 학점 **************************** 109 96 1 A 106 93 2 A 105 92 3 A 103 88 4 B 104 82 5 B 110 82 5 B 101 80 7 B 108 77 8 C 102 76 9 C 107 70 10 C **************************** ****** 웹프로그래밍 ****** 학번 점수 등수 학점 **************************** 108 99 1 A 105 94 2 A 103 90 3 A 106 88 4 B 110 88 4 B 104 84 6 B 101 82 7 B 102 78 8 C 109 77 9 C 107 68 10 D **************************** ```	▪ 내림차순으로 점수가 정렬되면서 등수와 학점이 맞는지 확인함.

심화 활동   CT

다음과 같이 한 학생이 중간고사와 기말고사 두 개의 점수를 가지고 있다고 가정해보자. 2차 리스트 안의 원소값인 1차 리스트에 대해 첫 번째 원소값은 학번, 두 번째 원소값은 중간고사 점수, 세 번째 원소값은 기말고사 점수이다. 두 점수의 평균을 구하여 이에 대해서 등수와 학점을 계산해야 한다면, 프로그램을 어떻게 수정하면 좋을지 생각해보자.

```
Database = [[101, 80, 85],[102, 76, 88],[103, 88, 90],[104, 82, 78],
            [105, 92, 90],[106, 93, 88],[107, 70, 76],[108, 77, 80],
            [109, 96, 96],[110, 82, 82]]
```

실행 결과

```
****** 데이터베이스 ******
  학번    점수   등수   학점
**************************
  109    96.0    1     A
  105    91.0    2     A
  106    90.5    3     A
  103    89.0    4     B
  101    82.5    5     B
  102    82.0    6     B
  110    82.0    6     B
  104    80.0    8     B
  108    78.5    9     C
  107    73.0   10     C
**************************
```

1. 파이썬의 operator 모듈은 파이썬 언어의 내장(built-in) 연산자에 해당하는 함수 집합을 포함한다.

2. 리스트를 정렬하는 함수 sort()와 sorted()는 방법에 차이가 있다. 리스트이름.sort()는 리스트의 값에 변화를 가져온다. 반면, sorted(리스트이름)는 정렬된 리스트를 값으로 반환하여 원래의 리스트의 값에 변화를 주지 않는다.

3. 2차 리스트에서 특정 열을 중심으로 정렬을 하는 경우, itemgetter(열의 번호) 함수를 사용한다. 정렬함수의 기본은 오름차순 정렬이므로 내림차순으로 정렬을 할 경우에는 매개변수에 reverse = True를 설정해주어야 한다.

4. 파이썬에서 함수의 매개변수 처리에서 단일 정수, 실수, 문자열을 매개변수로 사용하여 함수 내부에서 매개변수에 변화를 주면, 이 변화가 함수 밖에 영향을 미지지 않는다. 예를 들면, 다음과 같은 프로그램이 있다. 함수 changevalue()는 매개변수 n의 데이터 형을 isinstance() 함수로 확인하고, 데이터 형에 따라서 변화를 준다. 이 때, 함수 밖에서 변수 A, B, C의 값에는 변화가 생기지 않으나, 변수 D는 변화가 생긴다.

```python
def changevalue(n):
    if isinstance(n, str):
        n += " Univ"
    elif isinstance(n, int) or isinstance(n, float):
        n += 1
    else: n[1] = 50

A = 10
B = 10.5
C = "Jeju"
D = [30, 20, 10]
changevalue(A)
changevalue(B)
changevalue(C)
changevalue(D)

print(A, B, C)        # 10 10.5 Jeju
print(D)              # [30, 50, 10]
```

연 습 문 제

1. 다음 괄호 안의 내용을 채우시오.

(1)   1. t = datetime.datetime.now()를 수행한 후, t.year의 데이터형을 출력하면

(   )형이다.

(2)   만일, a = 40이고 b = 8일 때, a % b의 결괏값을 부울값으로 나타내면

(   ) 이다.

2. 다음 프로그램의 수행 결과를 예측해보시오.

(1)
```python
def changevalue(a, b, c, d):
    a += b
    b *= c
    c = c.split(":")
    c[0] = '@'
    d[0] = '@'
    return a, b


A = 5
B = 3
C = "*:#"
D = ["A", "B"]
A, B = changevalue(A, B, C, D)
print(A, B, C, D)
```

(2)
```python
def alias(*a):
    global b

    for n in a:
        b += n

def printvalue(a, b=2):
    b += a
```

```
b = 10
alias(1, 2, 3)
print(b)
printvalue(20)
print(b)
```

3. 화씨를 섭씨로 섭씨를 화씨로 변환하는 함수를 작성해보자.

4. 대한민국 화폐 원(₩)과 미국 달러($)를 서로 변환하는 환율 계산 함수를 작성해보자.

5. timedelta() 함수를 이용하여 시차를 계산해보자. timedelta() 함수는 datetime 모듈에 포함되어 있다. 또한, 시차를 매개변수로 주면 된다. 예를 들어 현재 날짜에서 50일 전의 날짜를 구하려면 현재 날짜 − datetime.timedelta(days = 50)로 주면 된다.

6. 파이썬의 딕셔너리를 정렬하는 방식을 알아보자. 킷값을 기본값으로 이용하여 정렬한다. 예를 들어, D = {'A': 1, 'D': 4, 'B': 20, 'C': 5}일 때, sortedD = sorted(D.items()) 명령어를 수행하면 결괏값은 [('A', 1), ('B', 20), ('C', 5), ('D', 4)]가 된다. 키에 대한 값을 이용하여 딕셔너리를 정렬하는 방법을 기술하시오.

CHAPTER 16 성적 처리기

기본 학습 목표

- 학생 클래스를 만들 수 있다.
- 학생 객체를 생성할 수 있다.
- __init()__ 생성자를 사용하여 객체 생성시 초기 값을 설정할 수 있다.
- 객체와 클래스의 차이를 알 수 있다.

심화 학습 목표

- 학생 객체 속성 값을 적절하게 접근하고 변경할 수 있다.
- 학생 클래스에 성적 등급을 부여하는 새로운 메소드를 추가할 수 있다.

핵심 학습 요소

- 클래스, 객체, 객체 생성자 __init__(), self

문제 상황 CT

학생의 성적을 처리하고자 한다. 학생의 성적은 중간고사, 기말고사, 과제에 의해 결정된다. 학생별로 학생 이름, 중간고사, 기말고사, 과제 성적을 입력받아 학생이 얻은 점수의 합과 평균을 구해서 알려주고 싶다.

문제 분석 CT

※ 입력

- 학생 이름을 문자열로 입력
- 중간고사, 기말고사, 과제 성적을 정수형으로 입력

※ 출력

- 학생 이름
- 계산된 합계
- 계산된 평균

※ 문제 분해

- 학생 클래스 정의하기
- 성적 입력하고 학생 객체 생성하기
- 합계와 평균 구하고 보여주기

※ 데이터

- 학생 이름을 나타내는 임의의 길이의 문자열
- 0부터 100까지 점수를 나타내는 정수
- 0부터 300까지의 합계를 나타내는 정수
- 0.0부터 100.0까지의 평균을 나타내는 실수

알고리즘 CT

※ 알고리즘 효율성

- 정수 연산과 실수 연산 구분하여 사용
- 정수 연산이 실수 연산보다 빠름

※ 전체 알고리즘 뼈대

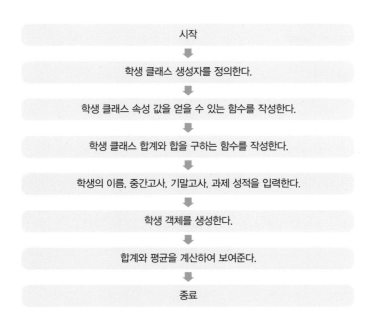

시작

학생 클래스 생성자를 정의한다.

학생 클래스 속성 값을 얻을 수 있는 함수를 작성한다.

학생 클래스 합계와 합을 구하는 함수를 작성한다.

학생의 이름, 중간고사, 기말고사, 과제 성적을 입력한다.

학생 객체를 생성한다.

합계와 평균을 계산하여 보여준다.

종료

📄 **프로그래밍** `CT`

✳ **변수**

- name: 학생 이름
- mid_score, final_score, project_score: 학생 점수
- student1: 학생 객체 식별자

✳ 프로그램

학생 클래스를 정의한다. 학생 클래스 안에는 __init__()를 이용하여 초기화한다. 또한, 학생 이름, 성적 합, 성적 평균을 알려주는 함수를 작성한다. 마지막으로 합과 평균을 계산하는 함수를 작성한다.

```python
class Student:
    def __init__(self, name, mid_score, final_score, project_score):
        self.name = name
        self.mid_score = mid_score
        self.final_score = final_score
        self.project_score = final_score

    def get_name(self):
        return self.name

    def get_sum(self):
        return self.sum

    def get_avg(self):
        return self.avg

    def calculate(self):
        self.sum = self.mid_score + self.final_score + self.project_score
        self.avg = self.sum / 3
```

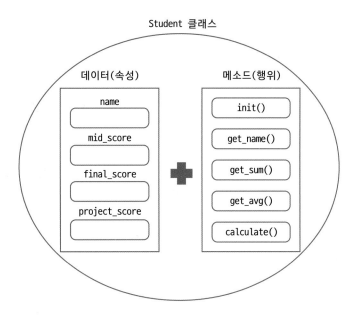

그림에서 보는 것처럼, Student 클래스는 데이터와 메소드로 구성된다. 데이터에는 name, mid_score, final_score, project_score이 있으며, 메소드에는 init(), get_name(), get_sum(), get_avg(), calculate() 등이 있다.

Q 묻고 답하기

문 __init__() 생성자 이름을 바꿀 수 있는가?

답
바꿀 수 없다. 단, 사용자가 정의하는 메소드 get_name() 등은 프로그래머가 원하는 이름으로 바꿀 수 있다.

학생의 이름, 중간고사, 기말고사, 과제 성적을 입력 받는다. 그런 다음에 객체 생성하도록 한다. 생성된 객체 이름은 student1이다.

```
name = input('이름 입력 : ')

mid_score = int(input('중간 고사 성적 입력 : '))
final_score = int(input('기말 고사 성적 입력 : '))
project_score = int(input('과제 성적 입력 : '))

student1 = Student(name, mid_score, final_score, project_score)   # 객체 생성
```

실습해보기 16-1

학생 2명에 대해 객체를 만들도록 수정해보자.

생성된 객체를 이용하여 합과 평균을 구하는 calculate() 함수를 호출한다. 계산된 합과 평균을 print()를 이용해 출력한다. 일반적으로 클래스 안에 속성이 있으면 각 속성별로 값을 알려주는 get() 메소드와 값을 변경하는 set() 메소드가 있다.

그림에서 보는 것처럼, name, mid_score, final_score, project_score가 '홍길동, 60, 70, 80으로 각각 초기값으로 주어졌을 때, Student 클래스의 인스턴스가 다음과 같이 생성된다.

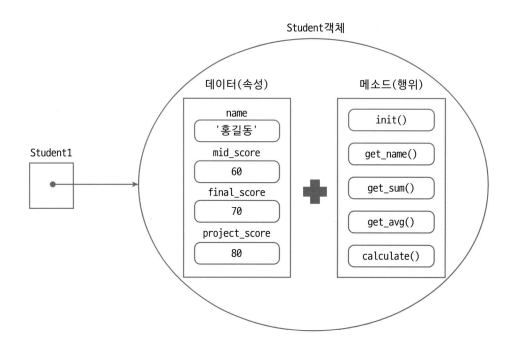

```
student1.calculate()

print("\n학생 이름 = ", student1.get_name())
print("합계 = ", student1.get_sum())
print("평균 = ", student1.get_avg())
```

📖 학생 이름을 메소드 get_name() 대신에 **student1.name**과 같이 직접 접근해서 값을 가져오는 방법은 안되는가?

📖
가능하다. 하지만 일반적으로 속성은 클래스에 정의된 메소드를 통해서만 접근하고 변경하는 것이 바람직하다. 속성 변수 앞에 '__'를 앞에 붙여서 직접적인 접근을 막을 수 있다.

실습해보기 16-2

메소드를 사용하지 않고 직접 속성 값을 접근하여 동일한 출력 결과를 얻도록 수정해 보자.

실습해보기 16-3

student2에 대해서도 출력하도록 수정해 보자.

전체 프로그램은 다음과 같다. 1번째 줄부터 18번째 줄까지는 Student 클래스를 정의하는 부분이다. 20-24번째 줄은 학생의 속성 값을 입력 함수를 통해 입력 받는다. 26번째 줄이 객체를 생성하는 문장이다. 28번째 줄은 생성된 객체에 대해 메소드 calculate()를 호출한다.

```
01   class Student:      # 클래스 정의
02      def __init__(self, name, mid_score, final_score, project_score):
                                             # 생성자를 이용한 초기화
03          self.name = name
04          self.mid_score = mid_score
05          self.final_score = final_score
06          self.project_score = project_score
07
08      def get_name(self):
09          return self.name
10
11      def get_sum(self):
12          return self.sum
13
14      def get_avg(self):
15          return self.avg
```

```
16
17      def calculate(self):     # 합과 평균 계산하는 메소드
18          self.sum = self.mid_score + self.final_score + self.project_score
19          self.avg = self.sum / 3
20
21  name = input('이름 입력 : ')
22
23  mid_score = int(input('중간 고사 성적 입력 : '))
24  final_score = int(input('기말 고사 성적 입력 : '))
25  project_score = int(input('과제 성적 입력 : '))
26
27  student1 = Student(name, mid_score, final_score, project_score)  # 객체 생성
28
29  student1.calculate()        #합과 평균 계산 메소드 호출
30
31  print("\n학생 이름 = ", student1.get_name())
32  print("합계 = ", student1.get_sum())
33  print("평균 = ", student1.get_avg())
```

테스트와 디버깅 CT

입력값 / 출력 결과	확인 및 유의사항
이름 입력 : 홍길동 중간 고사 성적 입력 : 60 기말 고사 성적 입력 : 70 과제 성적 입력 : 80 학생 이름 = 홍길동 합계 = 210 평균 = 70.0	▪ 예상된 테스트 결과인지 확인한다. ▪ 합계가 예상과 다른 경우 클래스내 calculate()가 제대로 작성되었는 지 확인한다. ▪ 객체 생성을 위한 26번째 라인이 제대로 실행되는 지 print() 함수를 이용하여 알아본다.

심화 활동 CT

성적 평균에 대해 A, B, C, D, F로 등급을 매기도록 수정해 보자. 단, A 등급은 90점 이상, B 등급은 80이상이고 90미만, C 등급은 70이상 80미만, D 등급은 60이상 70미만, F 등급은 60미만이다.

실습해보기 문제 해답

실습해보기 16-1

```
name = input('이름 입력 : ')
mid_score = int(input('중간 고사 성적 입력 : '))
final_score = int(input('기말 고사 성적 입력 : '))
project_score = int(input('과제 성적 입력 : '))

student1 = Student(name, mid_score, final_score, project_score)

name = input('이름 입력 : ')
midScore = int(input('중간 고사 성적 입력 : '))
final_score = int(input('기말 고사 성적 입력 : '))
project_score = int(input('과제 성적 입력 : '))

student2 = Student(name, mid_score, final_score, project_score)
```

실습해보기 16-2

```
print("\n학생 이름 = ", student1.name)
print("합계 = ", student1.sum)
print("평균 = ", student1.avg)
```

실습해보기 16-3

```
student2.calculate()

print("\n학생 이름 = ", student2.get_name())
print("합계 = ", student2.get_sum())
print("평균 = ", student2.get_avg())
```

1.   객체를 생성하면서 초기화하기 위해서는 생성자 __init__()를 사용한다.

2.   학생 클래스 Student는 속성으로 학생 이름, 시험이나 과제 점수 등을 가진다.

3.   학생 클래스 Student는 메소드로 평균 계산하기(calculate()), 속성 값을 알려주기(get_name() 등)가 있다.

4.   학생 클래스에 대한 속성을 input() 함수로 입력을 받아서 이를 생성자 __init()__을 통해 객체 생성 시 초기 값으로 설정한다.

5.   학생별로 성적 등급을 주기 위해서는 점수대에 따라 점수를 부여하는 set_grade() 메소드를 학생 클래스에 추가한다.

6.   일반적으로 클래스 안에 속성이 있으면 각 속성별로 값을 알려주는 get() 메소드와 값을 변경하는 set() 메소드가 있다.

7.   속성은 클래스에 정의된 메소드를 통해서만 접근하고 변경하는 것이 원칙적으로 바람직하다.

8.   Student 클래스의 경우 객체 student1에 대해 student1.get_name()과 student1.name 둘 다 사용가능하다.

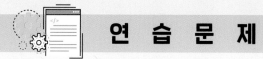

1. 다음 빈 칸을 채워보자. 난이도 ★

    (1) 클래스는 속성과 메소드로 구성되는 학생 클래스의 속성에는 (   )이 있다.

    (2) 학생 클래스의 메소드에는 (   )있다.

    (3) 학생 클래스로부터 학생 객체를 생성시 초기 값을 주기 위해서 (   )을 사용한다.

2. 다음 내용이 맞는 지 틀린 지 O / X로 표시해 보자. 난이도 ★

    (1) 속성 값은 직접 접근하고 변경하는 것이 좋다.   (   )

    (2) 속성에 대한 값을 가져오거나 변경하기 위해서 일반적으로 get()과
        set() 메소드를 둔다.   (   )

3. 여러분의 이름을 가진 학생을 여기서 정의한 Student 클래스를 이용하여 객체를 생성해
   보자. 난이도 ★★

연 습 문 제

4. 다음은 Student 클래스를 구현한 프로그램이다. 빈칸 ㉮와 ㉯를 채워보자. 난이도 ★★

```python
lass Student:        # 클래스 정의
    def ㉮_____
        self.name = name
        self.mid_score = mid_score
        self.final_score = final_score
        self.project_score = project_score

    def get_name(self):
        return self.name

    def get_sum(self):
        return self.sum

    def get_avg(self):
        return self.avg

    def calculate(self):      # 합과 평균 계산하는 메소드
        self.sum = self.mid_score + self.final_score + self.project_score
        self.avg = ㉯_____
```

CHAPTER 17

온라인 장바구니

기본 학습 목표

- 클래스 속성으로 리스트를 정의할 수 있다.
- 장바구니 객체를 여러 개 생성할 수 있다.
- 연산을 이용하여 장바구니 객체의 속성값을 변경할 수 있다.

심화 학습 목표

- 장바구니 정보를 좀 더 효율적으로 관리할 수 있는 메소드를 정의할 수 있다.

핵심 학습 요소

- 리스트 append() 함수, 리스트 del 함수, class

문제 상황 CT

온라인 쇼핑몰에서 여러 사람이 쇼핑을 하는데 각각 고객이 주문한 물건을 장바구니에 담고, 계산하는지 궁금하다. 여러 사람이 장바구니에 담거나 장바구니에서 삭제하는 물건들을 각각 기억한 후, 최종 금액을 계산해주는지 프로그래밍하고자 한다.

문제 분석 CT

컴퓨터의 역할

- 장바구니 클래스의 정의하기
- 클래스 안의 메소드와 속성을 정의하기
- 클래스 객체 생성하기와 메소드 사용하기

사용자

- 사용자들이 장바구니에 물건을 담을 때, 어떤 정보를 주어야 할지를 생각하여 장바구니의 속성을 생각하기
- 구매할 물건에 대해서 사용자가 어떤 행동을 할 수 있을지 생각하기

입력

- 해당사항 없음

출력

- 장바구니 안의 정보와 총 지불 금액

데이터

- 물건의 가격. 예를 들면, 라면 1박스(10개) : 5900원, 커피믹스 1박스(100개) : 10000원, 우유 1병 : 2500원, 사과 5kg : 23000원, 바나나 1송이 : 5000원
- 장바구니 안의 데이터를 처리하기 위한 리스트

알고리즘 CT

전체 알고리즘 뼈대

시작

↓

클래스 Basket의 생성자를 정의한다.
클래스 Basket의 속성변수와 각 변수의 타입에 대해서 정의한다.

↓

클래스 Basket의 어떤 기능들이 있을지 생각해본다. 물건을 담는 `add()`와 담았던 물건을 삭제하는 `delete()`,장바구니 안의 물건을 출력해보는 `printitems()` 메소드를 정의한다.

↓

클래스 Basket에 대한 객체변수 두 개를 각각 생성해보자.

↓

각 두 개의 객체 변수에 대해 임의의 연산을 수행해보자.

↓

물건을 다 담으면 장바구니의 내용을 출력해보자.

↓

종료

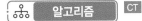

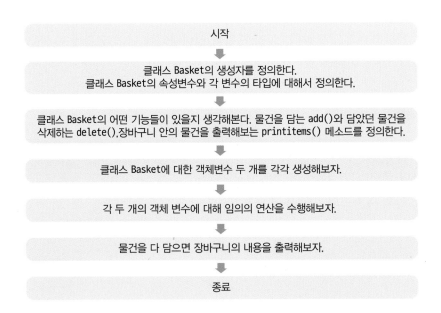

프로그래밍 CT

변수

- Basket: 클래스명
- id, total, noitems : 클래스 Basket의 속성.
- 누구의 장바구니인지(id), 총 금액은 얼마인지(total), 몇 개의 항목(noitems)이 담겨있는지 나타낸다.
- items, prices, quantity : 클래스 Basket의 속성.
- 각 물건의 이름(items), 단가(prices), 수량(quantity)을 각각 나타낸다. 같은 항목에 대해 여러 개를 담을 수 있을 수 있으므로 리스트로 정의한다.
- cjBasket, jsBasket : 클래스 Basket의 객체 변수들

프로그램

- 클래스 Basket를 정의한다. 객체 변수가 생성될 때, 자동적으로 수행하여야 할 일을 모아 생성자에 정의한다. 장바구니의 이름(id), 현재 장바구니에 담긴 물건의 총 금액(total)과 항목의 개수(noitems)를 초기화하고, 장바구니에 담길 물건의 정보를 저장하기 위하여 items, prices, quantity 리스트를 초기화한다.

```
class Basket:
    def __init__(self, id):
        self.id = id
        self.items = []
        self.prices = []
        self.quantity = []
        self.total = 0
        self.noitems = 0
```

- 클래스 Basket의 메소드를 정의한다. 메소드 add는 항목의 이름, 가격, 몇 개를 사는지 item, price, qty를 매개변수로 받아들여, 각각을 클래스 Basket의 속성 변수 값으로 추가한다. 리스트이므로 append() 함수를 사용한다. 한 단위의 단가와 수량을 곱하여 물건별로 금액을 구하여 총금액에 누적한다. 항목의 개수를 1씩 증가시킨다.

```python
def add(self, item, price, qty):
    self.items.append(item)
    self.prices.append(price)
    self.quantity.append(qty)
    self.total += price * qty
    self.noitems += 1
```

Q 묻고 답하기

📋 함수 add()의 매개변수 qty의 값을 기본적으로 1로 설정하려면 어떻게 해야 할까?

📋

```python
def add(self,item, price, qty = 1) :
```

- 클래스 Basket의 삭제 메소드를 정의한다. 삭제를 원하는 항목을 사용자가 지정하면, 수량과 단가를 이용하여 총금액에서 차감하고, 항목의 개수를 하나 줄인 후에 항목의 개수가 0이 되면 장바구니에서 삭제한다.

```python
def delete(self, item, qty):
    for i in range(self.noitems):
        if item == self.items[i]:
            self.quantity[i] -= qty
            self.total -= self.prices[i] * qty
            if self.quantity[i] == 0:
                self.noitems -= 1
                del self.items[i]
                del self.quantity[i]
                del self.prices[i]
            break
```

- Basket 클래스 인스턴스를 두 개 생성한다. 이 때, 각각의 변수에 Basket 객체의 속성값을 지정해준다. 그 다음에 각 클래스 객체에 대해 **add()**와 **delete()** 메소드를 무작위로 사용해본다. 아래 프로그램에서는 **cjBasket**에 바나나 2묶음과 우유 1병, **jsBasket**에는 라면 1박스, 커피 2박스가 담겨있다. 두 개의 객체 변수가 가진 물건을 출력하기 위해 **printitems()** 메소드를 사용한다.

```python
cjBasket = Basket("영희")
jsBasket = Basket("철수")
cjBasket.add("바나나", 5000, 2)
cjBasket.add("우유", 2500, 1)
jsBasket.add("라면", 5900, 1)
jsBasket.add("커피", 5000, 2)
cjBasket.printitems()
jsBasket.printitems()
```

- 장바구니에서 물건을 삭제하는 방법은 다음과 같다. **cjBasket**에서는 우유를 1병 삭제하고, **jsBasket**에서는 커피믹스 1박스를 삭제한다.

```python
cjBasket.delete("우유", 1)
cjBasket.printitems()
jsBasket.delete("커피믹스", 1)
jsBasket.printitems()
```

- 전체 프로그램은 다음과 같다.

```python
01   class Basket:
02       def __init__(self, id):
03           self.id = id
04           self.items = []
05           self.prices = []
06           self.quantity = []
07           self.total = 0
08           self.noitems = 0
09       def add(self, item, price, qty):
10           self.items.append(item)
```

```
11              self.prices.append(price)
12              self.quantity.append(qty)
13              self.total += price * qty
14              self.noitems += 1
15        def delete(self, item, qty):
16            for i in range(self.noitems):
17                if item == self.items[i]:
18                    self.quantity[i] -= qty
19                    self.total -= self.prices[i] * qty
20                    if self.quantity[i] == 0:
21                        self.noitems -= 1
22                        del self.items[i]
23                        del self.quantity[i]
24                        del self.prices[i]
25                    break
26        def printitems(self):
27            print(self.id, "의 장바구니")
28            for i in range(self.noitems):
29                print(self.items[i], self.prices[i], self.quantity[i])
30            print("** total = ", self.total, ", noitems = ", self.noitems)
31    cjBasket = Basket("영희")
32    jsBasket = Basket("철수")
33    cjBasket.add("바나나", 5000, 2)
34    cjBasket.add("우유", 3000, 1)
35    jsBasket.add("라면", 5900, 1)
36    jsBasket.add("커피믹스", 10000, 2)
37    cjBasket.printitems()
38    jsBasket.printitems()
39    cjBasket.delete("우유", 1)
40    cjBasket.printitems()
41    jsBasket.delete("커피믹스", 1)
42    jsBasket.printitems()
```

⚙ 테스트와 디버깅 CT

입력값	출력 결과	확인 및 유의사항
	영희 의 장바구니 바나나 5000 2 우유 3000 1 ** total = 13000 , noitems = 2	▪ 항목과 금액이 맞는지 확인한다.
	철수 의 장바구니 라면 5900 1 커피믹스 10000 2 ** total = 25900 , noitems = 2	▪ 항목과 금액이 맞는지 확인한다.
	영희 의 장바구니 바나나 5000 2 ** total = 10000 , noitems = 1	▪ 삭제가 잘 되었는지 확인한다.
	철수 의 장바구니 라면 5900 1 커피믹스 10000 1 ** total = 15900 , noitems = 2	▪ 삭제가 잘 되었는지 확인한다.

📖 심화 활동 CT

같은 항목의 물건을 장바구니에 추가하면, 장바구니의 내용을 검색하여 장바구니의 항목의 개수를 갱신하는 클래스 Basket의 메소드 add()를 수정해 보자.

또한, 프로그램 42줄에 jsBasket.delete("커피믹스", 2)라는 문장을 추가한 후, 프로그램 43줄에서 jsBasket.printitems()를 수행하면 어떤 결과가 발생할까? 문제가 있다면 프로그램을 수정해 보자.

1. Basket 클래스는 사람 이름을 아이디(id)로 갖는 생성자를 비롯해 장바구니에 물건을 담거나 담았던 물건을 삭제하거나 장바구니에 담긴 내용을을 확인하는 메소드가 있다.

2. 물건들을 여러 개 담기 위해 장바구니 클래스 속성으로 리스트를 여러 개 정의할 수 있다.

3. 장바구니 객체에 ID 값을 주어 여러 개의 장바구니 객체를 생성할 수 있다.

4. 각 객체를 이용하여 장바구니에 여러 종류의 물건을 여러 개 담을 수 있고, 한 종류의 물건도 여러 개 담을 수 있다.

5. 물건을 추가하거나 삭제할 때, 개수를 조정하고, 개수가 0이 되면 해당 물건의 정보를 리스트에서 삭제되도록 메소드를 정의할 수 있다.

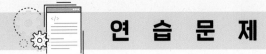

1. 다음 리스트에 대한 함수 연산 결과를 제시해 보자. 난이도 ★

   A = [[40, 2], [3, 4, 5], [70, 80]]

   (1) A.pop() 후 A 값?

   (2) A.append(3) 후 A 값?

   (3) A[0].insert(1,10) 후 A 값?

   (4) n = A[1].index(4) 후, n 값?

   (5) print(A[-1:])

2. Basket 클래스에서 다른 사람의 장바구니를 매개변수로 받아 자신의 장바구니 내용으로 모두 복사하는 메소드 copy()를 작성해보자. 난이도 ★★

3. 두 개의 바구니를 비교하여 다 많은 비용을 지불해야 할 바구니를 찾는 메소드 compare()를 작성해보자. 난이도 ★★

연 습 문 제

4. 바구니 안에 담긴 항목의 개수를 직접 수정하는 메소드 update(item, qty)를 작성하시오. 이 때, 만일 항목이 담겨있지 않다면, '수정할 항목이 장바구니에 없습니다.'를 출력하시오.

```python
def update(self, item, qty):
        found=False
        self.total = 0
        for i in range(self.noitems):
            if item == self.items[i]:
                self.quantity[i] = qty
                self.total += self.prices[i] * self.quantity[i]
                found=True
                break
            self.total += self.prices[i] * self.quantity[i]
            print(self.total)

        if found == False:
            print("수정할 항목이 장바구니에 없습니다.")
```

단어 암기 도우미

기본 학습 목표

- random 모듈의 **shuffle()** 함수를 이용해 다수의 항목들에 대한 무작위 순회 기능을 구현할 수 있다.
- 암기할 적정 개수의 단어들을 등록해 두고 해당 단어들에 대한 문답 방식 암기 학습을 할 수 있도록 지원하는 객체의 클래스를 정의할 수 있다.
- 집합 객체를 사용해 암기가 덜 된 단어들의 집합을 관리할 수 있다.

심화 학습 목표

- 단어장에 등록된 단어가 너무 많을 때, 적정 개수의 단어를 선정·암기하는 방식의 학습을 반복할 수 있도록 지원하는 객체의 클래스를 정의할 수 있다.
- 단어들을 분류해 다수의 집합(등록된 단어들의 집합, 암기 대상으로 선택된 단어들의 집합, 암기 대상으로 선택된 단어 중 충분히 암기하지 못한 단어들의 집합 등)을 설정하고, 차집합 등의 집합 대상 연산을 활용해 관리할 수 있다.

📣 핵심 학습 요소

- 집합 객체, **None** 객체, **Ellipsis** 객체, **is**, **is not**, **not in**

💡 문제 상황 `CT`

영문 자료를 읽거나 영어 공부를 할 때 그 뜻을 잘 몰라 사전에서 찾게 되는 단어들이 있다. 찾아 본 단어들을 적절히 모아 두었다가 짬이 날 때마다 몇 개씩이라도 외울 수 있으면 좋겠다는 생각이 든다.

📝 문제 분석 `CT`

✳ 컴퓨터의 역할

단어장에 정리해 두었다가 혼자서 단어 암기 학습을 하게 되면 스스로에게 문답하며 그 답을 확인하는 번거로움을 감수해야 하고, 무작위적 질문에 제대로 답할 수 있는지 검증하기가 어렵다는 한계가 있다. 이와 관련해 해당 문제의 해결책으로 "단어 암기 도우미" 활용을 생각해 볼 수 있다. 여기에서 단어 암기 도우미는 사용자가 적정 개수의 단어를 등록해 두고 문답 방식으로 해당 단어들을 암기할 수 있게 도와주는 프로그램을 말한다. 사용자가 단어 암기 학습을 효과적으로 수행할 수 있도록 지원하기 위해 단어 암기 도우미가 갖추어야 할 핵심 기능을 다음과 같이 설정해 볼 수 있다.

- 암기 학습 대상으로서 영어 단어의 철자와 뜻의 짝을 원하는 만큼 등록할 수 있게 지원
- 무작위 순회 문답(암기 학습 대상 단어들로 '순회 집합'을 구성하고, 해당 집합에 속한 단어들을 무작위로 순회하며 문답하는 활동)을 통해 등록한 단어 모두를 암기할 수 있도록 지원
- 무작위 순회 문답의 주기(예: 3회 순회, 4회 순회 등)를 설정해 매 주기가 끝나고 그 다음 주기가 시작될 때 순회 집합 갱신(기존의 순회 집합에서 해당 주기 동안의 문답 모두에 정답이 제시된 단어들을 제거)
- 각 질문에 대해 사용자가 제시된 답이 맞는지 틀렸는지 확인 · 안내

✳ 사용자

단어 암기 학습의 효과를 높이려면, 문답 학습을 할 때 학습에 도움이 되는 정보를 사용자와 주고받을 필요가 있다. 이를 고려해 해결책에 반영할 사항을 다음과 같이 설정해 볼 수 있다.

- 무작위 순회 문답의 주기가 시작될 때마다 해당 주기에 암기할 단어들이 무엇인지 출력
- 무작위 순회 문답의 주기가 시작될 때 해당 주기에 몇 차례의 순회 문답을 할지 사용자가 직접 설정할 수 있도록 지원
- 단어에 대한 질문에 오답이 제시된 경우 정답 안내

✳ 입력
- 암기 학습 대상 단어들의 철자와 뜻
- 순회 문답 시 주어진 질문(단어의 뜻) 각각에 대한 답(단어의 철자)
- 무작위 순회 문답 주기 각각에 대한 순회 문답 횟수

✳ 출력

- 등록할 단어들에 대한 입력 요구 메시지
- 순회 문답할 단어들의 목록
- 순회 문답 횟수에 대한 입력 요구 메시지
- 암기 학습 대상 단어에 대한 질문
- 질문에 대한 답이 맞는지 여부(틀릴 경우 정답 출력)
- 암기 학습이 종료되었음을 알리는 메시지

✳ 데이터

단어 암기 도우미 프로그램이 수행될 때 데이터 처리와 관련해 두 가지 패턴의 작업을 상정해 볼 수 있는데, 각 작업과 관련해 유지·관리해야 할 데이터는 다음과 같다.

- 지속적으로 유지되는 데이터 : 등록된 단어들의 철자와 뜻
- 무작위 순회 문답 주기별로 갱신되는 데이터 : 순회 집합, 한 번 이상 오답이 제시된 단어들의 집합

> ⊹⊹⊹ **알고리즘** CT

✳ 알고리즘 효율성

단어 암기 도우미가 수행하는 작업의 효율성을 고려해 그 설계에 반영할 사항은 다음과 같다. 등록 단어가 너무 많을 경우 무작위 선택한 적정 개수의 단어들로 순회 집합을 설정하는 방식의 해결책에 대해서는 【심화 활동】에서 살펴보기로 하자.

- 사용자가 무작위 순회 문답의 주기(순회 문답 횟수)를 자신에게 가장 적합한 값으로 설정할 수 있게 지원
- 무작위 순회 문답에 대한 효율적 수행 방안으로, 순회 집합을 리스트로 구성하고 해당 리스트 상의 단어들을 무작위로 재배치한 후 차례대로 순회하며 문답하는 방법 사용

※ 전체 알고리즘 뼈대

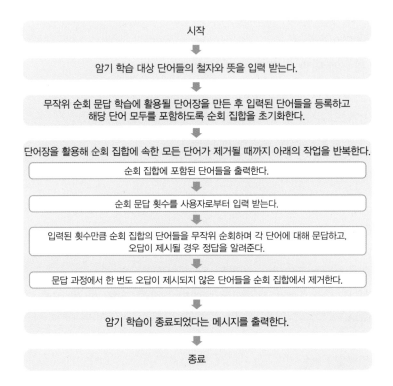

📄 **프로그래밍** CT

※ 변수

- wdict : 입력된 암기 학습 대상 단어들의 딕셔너리
- voc : 등록 단어 관리 및 학습에 사용되는 단어장(Vocabulary) 객체
- nQNA : 무작위 순회 문답 주기를 설정하기 위해 사용자가 입력한 순회 문답 횟수
- meaning : 문답 대상 단어의 뜻
- answer : 질문에 대한 답으로 사용자가 입력한 단어 철자

※ 프로그램

우선 등록 단어 관리 및 학습에 사용할 Vocabulary 클래스의 구현을 생각해 보자. 그 인스턴스 객체의 초기화는 아래 코드와 같이 진행된다. 단어들의 뜻과 철자가 짝지어 저장된 딕셔너리 객체 wdict를 인자로 받아, 그 복사본을 self.words(인스턴스 변수 words)로 레퍼런스 할 수 있게 설정한다. 그리고 wdict의 킷값(단어의 뜻) 모두로

구성된 집합 객체를 만들어 self.untrained로 레퍼런스 할 수 있게 설정한 후 메소드 renew()를 호출해 무작위 순회 문답의 첫 주기가 시작되게 한다. 딕셔너리 객체 wdict의 복사본 객체를 만들어 관리하는 이유는 원본 객체가 바뀔 때 발생할 수 있는 문제를 예방하기 위함이다. 이는 Vocabulary 객체 생성 시점에 메소드 __init__이 수행될 때 인자로 전달된 단어들(딕셔너리 객체 wdict에 저장되어 있음)이 암기 단어로 등록되는데, self.words가 원본 객체(딕셔너리 객체 wdict)의 레퍼런스로 설정되고 객체 외부의 코드에 의해 원본 객체가 바뀌게 되면 Vocabulary 객체에 등록된 단어들의 구성이 임의대로 바뀌어 버릴 수 있음을 고려한 것이다.

메소드 renew()는 무작위 순회 문답의 현재 주기를 끝내고 새 주기가 시작되게 해 주는데, 문답에서 한 번 이상 틀린 단어들(self.untrained에 저장)로 구성된 리스트 객체를 만들어 다음 주기에 순회 문답할 수 있도록 그 레퍼런스를 self.target으로 설정해 둔다. 순회 문답의 순서를 무작위로 설정하는 효과적인 방법은 리스트 self.target에 저장되어 있는 순회 문답 대상 단어들을 무작위로 재배치한 후 해당 항목들을 저장 순서대로 순회하게 하는 것이다. 이를 위해 아래 코드에서는 모듈 random에 정의된 함수 shuffle()을 호출·활용하고 있다. 함수 shuffle()은 인자로 받은 시퀀스 객체(리스트, 문자열, 투플 등)의 항목들을 무작위로 재배치시켜 준다. 메소드 renew()는 self.untrained를 비어 있는 집합 객체에 대한 레퍼런스로 설정함으로써 새로운 문답 주기가 시작되게 한다.

```python
def __init__(self, wdict):
    self.words = wdict.copy()
    self.untrained = set(self.words)
    self.renew()

def renew(self):
    self.target = list(self.untrained)
    random.shuffle(self.target)
    self.untrained = set()         # empty set
```

Q **묻고 답하기**

🖥 아래 메소드를 Vocabulary 클래스에 추가하고 위의 코드 중에 random.shuffle(self.target)을 self.shuffle()로 바꾸어도 원래 의도대로 작동하는가? 그 이유는 무엇인가?

```
def shuffle(self):
    n = len(self.target)
    for i in range(0, n):
        j = random.randint(i, n - 1)
        t = self.target[i]
        self.target[i] = self.target[j]
        self.target[j] = t
```

📄
random.shuffle(self.target)은 self.target 리스트에 저장된 단어들을 무작위로 재배치해 준다. 위의 메소드 shuffle() 역시 self.target 리스트에 저장된 단어들을 무작위 재배치해 준다. shuffle()은 self.target 리스트에 저장된 첫 번째 단어부터 마지막 단어까지 하나씩 순회하면서 각 단어를 무작위 선정 인덱스 j(i ≤ j ≤ n - 1) 위치의 단어와 교체해 준다.

순회 문답 시 각 질문에 대해 사용자가 제시한 답이 맞는지 확인해 주는 메소드가 아래에 제시된 check()이다. 킷값(단어의 뜻)과 답변(단어의 철자)에 해당하는 두 문자열 인자가 각각 key와 value라는 이름의 변수로 설정되는데, 해당 킷값이 단어장의 딕셔너리(self.words)에 등록되어 있지 않다면(not in 연산자로 확인) None 객체를 리턴한다. 혹 value 문자열이 None 객체로 주어지거나 틀린 답이면 정답에 해당하는 문자열(단어의 철자) 객체가 리턴된다. 정답 여부는 key와 value 값이 단어장의 딕셔너리 self.words에 짝지어 저장되어 있는지 확인함으로써 밝힐 수 있는데, 해당 목적으로 사용되는 조건식이 self.words[key] == value이다. 오답일 경우 해당 킷값을 집합 객체 self.untrained에 추가해, 다음 순회 문답 주기에도 순회 문답의 대상 단어가 되게 만든다. self.untrained가 집합 객체이므로 이미 포함된 킷값이 다시 추가된다 하더라도 아무 문제가 발생하지 않는다. 질문에 사용된 단어의 뜻과 사용자가 입력한 단어의 철자를 인자로 메소드 check()를 호출한 경우, 그 리턴 값(정답이면 Ellipsis, 오답이면 정답에 해당하는 철자 문자열)으로 정오 여부를 판단할 수 있다.

```
def check(self, key, value = None):
    if key not in self.words:
        return None
    if value is not None:
        if self.words[key] == value:
            return Ellipsis
        self.untrained.add(key)
    return self.words[key]
```

실습해보기 18-1

Vocabulary 객체의 경우 문답에서 한 번 이상 틀린 단어를 집합 객체에 저장하고 해당 객체에 대한 레퍼런스를 self.untrained에 저장하여 관리한다. 틀린 단어들을 집합 객체가 아니라 리스트 객체에 저장하여 관리하도록 Vocabulary 클래스를 변경·정의해 보자.

아래 코드는 사용자로부터 암기 학습 대상 단어들을 입력받아, 해당 단어들이 등록된 Vocabulary 객체를 생성해 준다. 단어의 뜻을 제시하고 단어의 철자를 요구하는 문답 방식을 적용하기 위해 딕셔너리 객체 wdict에 단어의 철자와 뜻을 짝지어 저장할 때, 단어의 뜻을 '키'로 단어의 철자를 '값'으로 설정하고 있음에 유의하자. 이 경우 뜻이 동일한 단어를 등록할 수 없다. 등록 단어에 대한 사용자 입력이 끝나면 딕셔너리 객체 wdict를 인자로 Vocabulary 객체를 생성한다.

```
wdict = {}              # empty dictionary
while True:
    line = input("등록 / 암기할 단어의 철자와 뜻 : ")
    tokens = line.split()
    if len(tokens) != 2:
        break
    wdict[tokens[1]] = tokens[0]

voc = Vocabulary(wdict)
```

사용자가 입력한 순회 문답 횟수(변수 nQNA에 저장)만큼 한 주기의 무작위 순회 문답이 진행되게 만드는 코드는 아래와 같다. 매회 순회 문답이 시작될 때 voc.shuffle()

호출에 의해 문답 대상 단어들에 대한 무작위 재배치 작업이 이루어지고, 한 주기의
순회 문답(for 문에 의해 수행되는 작업 전체)이 끝났을 때 voc.renew() 호출을 통해
순회 집합이 갱신됨을 알 수 있다.

```python
for index in range(0, nQNA):
    voc.shuffle()
    for meaning in voc.target_keys():
        answer = input("'" + meaning + "'의 뜻을 가진 단어는?  ")
        word = voc.check(meaning, answer)
        if word is Ellipsis:
            print("정답입니다.")
        else:
            print("정답은 '" + word + "'입니다.")
voc.renew()
```

사용자 입력의 오류 가능성을 배제하고, 앞서 설명한 코드들로 전체 프로그램을 구성
하면 다음과 같다.

```python
01    import random
02
03    class Vocabulary:
04        def __init__(self, wdict):
05            self.words = wdict.copy()
06            self.untrained = set(self.words)
07            self.renew()
08
09        def renew(self):
10            self.target = list(self.untrained)
11            random.shuffle(self.target)
12            self.untrained = set()        # empty set
13
14        def target_keys(self):
15            return self.target
16
17        def check(self, key, value = None):
18            if key not in self.words:
19                return None
```

```
20          if value is not None:
21              if self.words[key] == value:
22                  return Ellipsis
23              self.untrained.add(key)
24          return self.words[key]
25
26      def shuffle(self):
27          random.shuffle(self.target)
28
29  wdict = {}              # empty dictionary
30  while True:
31      line = input("등록 / 암기할 단어의 철자와 뜻 : ")
32      tokens = line.split()
33      if len(tokens) != 2:
34          break
35      wdict[tokens[1]] = tokens[0]
36
37  voc = Vocabulary(wdict)
38  while len(voc.target_keys()) > 0:
39      print("\n암기할 단어 : ", voc.target_keys())
40      nQNA = int(input("단어별 문답 횟수 : "))
41      print()
42      for index in range(0, nQNA):
43          voc.shuffle()
44          for meaning in voc.target_keys():
45              answer = input("'" + meaning + "'의 뜻을 가진 단어는?  ")
46              word = voc.check(meaning, answer)
47              if word is Ellipsis:
48                  print("정답입니다.")
49              else:
50                  print("정답은 '" + word + "'입니다.")
51      voc.renew()
52  print("\n단어 학습이 끝났습니다.")
```

실습해보기 18-2

제시된 단어 암기 도우미 프로그램은 '뜻'으로 묻고 '단어의 철자'로 답하도록 요구한다. '단어의 철자'
로 묻고 '뜻'으로 답하는 방식으로 문답하도록 프로그램의 코드(라인 30 ~ 라인 50)를 변경해 보자.

입출력 사례	등록 / 암기할 단어의 철자와 뜻 : test 시험 등록 / 암기할 단어의 철자와 뜻 : error 오류 등록 / 암기할 단어의 철자와 뜻 : modify 수정하다 등록 / 암기할 단어의 철자와 뜻 : 암기할 단어 : {'시험', '수정하다', '오류'} 단어별 문답 횟수 : 2 '오류'의 뜻을 가진 단어는? errer 정답은 'error'입니다. '수정하다'의 뜻을 가진 단어는? modfy 정답은 'modify'입니다. '시험'의 뜻을 가진 단어는? test 정답입니다. '시험'의 뜻을 가진 단어는? test 정답입니다. '수정하다'의 뜻을 가진 단어는? modify 정답입니다. '오류'의 뜻을 가진 단어는? eror 정답은 'error'입니다. 암기할 단어 : {'수정하다', '오류'} 단어별 문답 횟수 : 1 '오류'의 뜻을 가진 단어는? error 정답입니다. '수정하다'의 뜻을 가진 단어는? modify 정답입니다. 단어 학습이 끝났습니다.

확인 및
유의사항
	▪ 단어의 개수와 단어별 문답 횟수를 바꿔가며 올바른 결과가 나오는지 확인한다.
	▪ 무작위 순회 문답의 한 주기 동안 한번 이상 오답이 제시된 답이 제대로 처리되어 다음 주기
	  의 순회 집합이 올바로 설정되는지 확인한다.
	▪ 순회 집합에 남아 있는 단어가 없어질 때까지 무작위 순회 문답 주기가 반복된 후 프로그램
	  이 종료되는지 확인한다.

심화 활동 `CT`

등록 단어가 너무 많을 경우(예: 5개 초과) 아래 방법을 적용함으로써 영어 단어 암기 학습을 보다 효과적으로 지원할 수 있도록, 아래에 제시된 기능을 참고·활용하여 단어 암기 도우미 프로그램(클래스 Vocabulary 등)을 보완·개선해 보자.

- 적용할 방법 : Vocabulary 객체에 등록된 단어 중 '미암기' 단어(등록 이후 현 시점까지 한 번도 문답이 이루어지지 않았거나, 가장 최근의 주기별 문답에서 한 번 이상 틀린 단어)들을 별도의 집합 객체 self.unmemorized에 저장·관리하면서, 순회 문답 주기가 시작될 때마다 미암기 단어들 중에 적정 개수의 단어(예: 5개)들을 무작위로 선택하여 순회 집합을 구성함. 순회 문답 주기가 끝나면 해당 주기의 순회 문답 모두에 정답으로 답한 단어들을 미암기 단어 집합에서 제외함.
- 참고·활용할 기능
  - random.sample(*sequence*, *k*) : *sequence*를 구성하는 항목들 중에 *k*개의 항목을 무작위로 선택·구성한 리스트 객체를 리턴함. *sequence*로 리스트 객체나 투플 객체, 문자열 객체, 집합 객체 등이 주어질 수 있음.
  - 차집합 연산자 '-' : 집합 객체 a와 b가 있을 때, 식 'a - b'를 수행하면 집합 a에는 속하고 집합 b에는 속하지 않은 모든 원소들로 구성된 집합 객체가 생성됨.

실습해보기 18-1

```python
class Vocabulary:
    def __init__(self, wdict):
        self.words = wdict.copy()
        self.untrained = list(self.words)
        self.renew()

    def renew(self):
        self.target = self.untrained
        random.shuffle(self.target)
        self.untrained = []      # empty list

    def target_keys(self):
        return self.target

    def check(self, key, value = None):
        if key not in self.words:
            return None
        if value is not None:
            if self.words[key] == value:
                return Ellipsis
            if key not in self.untrained:
                self.untrained.append(key)
        return self.words[key]

    def shuffle(self):
        random.shuffle(self.target)
```

실습해보기 문제 해답

실습해보기 18-2

```
while True:
    line = input("등록 / 암기할 단어의 철자와 뜻 : ")
    tokens = line.split()
    if len(tokens) != 2:
        break
    wdict[tokens[0]] = tokens[1]


voc = Vocabulary(wdict)
while len(voc.target_keys()) > 0:
    print("\n암기할 단어 : ", voc.target_keys())
    nQNA = int(input("단어별 문답 횟수 : "))
    print()
    for index in range(0, nQNA):
        voc.shuffle()
        for word in voc.target_keys():
            answer = input("'" + word + "'의 뜻은?  ")
            meaning = voc.check(word, answer)
            if meaning is Ellipsis:
                print("정답입니다.")
            else:
                print("정답은 '" + meaning + "'입니다.")
```

1. 딕셔너리 객체는 '키'와 '값'의 쌍을 저장해 두고 '키'를 이용해 그와 쌍을 이루고 있는 '값'에 접근할 수 있게 지원한다. 따라서 하나의 딕셔너리에 '키'가 같은 두 개 이상의 '키-값' 쌍이 저장될 수 없다.

2. 객체 A가 다른 객체 B의 현재 상태를 저장·관리하며 지속적으로 활용할 필요가 있는데 객체 B의 상태가 언제든 바뀔 수 있을 경우, 객체 B의 '복사본' 객체를 만들어 저장·활용해야 한다.

3. 집합 객체에 이미 저장되어 있는 객체를 다시 추가할 경우 중복 저장되지 않는다.

4. 모듈 random에 정의된 함수 shuffle()은 인자로 주어진 시퀀스 객체(리스트, 문자열, 투플 등)의 항목들을 무작위로 재배치시켜 준다.

5. 대상 객체(예: None 객체, Ellipsis 객체 등)가 다루고자 하는 바로 그 객체인지 확인하려면, 객체의 고유식별값(identity)이 같은지 확인해 주는 연산자 is나 is not을 사용해야 한다.

1. 다음 빈 칸을 채워보자. `난이도 ★`

(1) 다수의 객체들을 저장·관리할 수 있는 시퀀스 객체 중에 중복 저장 원소 배제 기능을 지원하는 객체 형은 (   )이다.

(2) 리스트, 문자열, 투플 등 시퀀스 객체에 저장된 객체들의 순서를 무작위로 재 배치하려 할 때 효과적으로 활용할 수 있는 random 모듈 내의 함수는 (   ) 이다.

(3) 집합 객체는 중괄호 사이에 원소 객체들을 코마로 구분·나열하여 초기화시킬 수 있지만, 공집합으로 초기화하려면 함수 (   )을 인자 없이 호출해야 한다.

2. 다음 내용이 맞는지 틀리는지 O / X로 표시해 보자. `난이도 ★`

(1) 딕셔너리 객체는 키(key)와 값($value$)의 쌍 여러 개를 저장해 두고 키를 이용해 값에 접근할 수 있게 지원하는데, 동일 키를 갖는 두 개 이상의 키-값 쌍을 저 장·활용할 수 있게 허용한다.   (   )

(2) 중괄호의 쌍 "{ }"는 빈 딕셔너리 객체를 생성한다.   (   )

3. 단어 암기 도우미에 정의된 클래스 Vocabulary에 다음 메소드를 추가하려 한다. 아래 코 드에서 밑줄 친 ㉮ ∼ ㉺를 채워 보자. `난이도 ★★★`

- size(self) : 등록되어 있는 단어들의 총 개수를 리턴한다.
- target_size(self) : 아직 암기하지 못한 단어들의 개수를 리턴한다.
- add(self, key, value) : 새로운 단어(key와 value의 쌍)를 등록해 준다.
- reset(self) : 등록되어 있는 단어 중 한 단어도 암기하지 못한 그런 상태로 만 든다.
- delete_nontarget(self) : 등록되어 있는 단어 중 이미 암기된 단어들은 모두 제거한다.

연 습 문 제

```python
class Vocabulary:
    def __init__(self, wdict):
        self.words = wdict.copy()
        self.untrained = set(self.words)
        self.renew()

    def renew(self):
        self.target = list(self.untrained)
        random.shuffle(self.target)
        self.untrained = set()        # empty set

    def size(self):
        return  ㉮ _____

    def target_size(self):
        return len(self.target)

    def target_keys(self):
        return self.target

    def add(self, key, value):
        if key not in self.words:
            ㉯ _____

        self.target.append(key)

    def reset(self):
        self.untrained = ㉰ _____
        self.renew()

    def delete_nontarget(self):
        words = set(self.words)
        for key in words:
            if  ㉱ _____ :
                ㉲ _____
```

```python
    def check(self, key, value = None):
        if key not in self.words:
            return None
        if value is not None:
            if self.words[key] == value:
                return Ellipsis
            self.untrained.add(key)
        return self.words[key]

    def shuffle(self):
        random.shuffle(self.target)
```

PART3 종합연습문제

1. A 학교에서는 단체 티셔츠를 주문하기 위해 학생별로 원하는 티셔츠 사이즈를 조사했다. 선택할 수 있는 티셔츠 사이즈는 작은 순서대로 "XS", "S", "M", "L", "XL", "XXL" 총 6종류가 있다. 학생별로 원하는 티셔츠 사이즈를 조사한 결과가 들어있는 리스트 shirt_size 가 매개변수로 주어질 때, 사이즈별로 티셔츠가 몇 벌씩 필요한지 가장 작은 사이즈부터 순서대로 리스트에 담아 리턴하는 함수를 완성하자. 난이도 ★★

2. 시작 날짜와 끝 날짜가 주어질 때, 두 날짜가 며칠만큼 떨어져 있는지(D-day)를 함수를 정의하여 구해보자. (단, 윤년은 고려하지 않는다.) 난이도 ★★

3. 단을 매개변수 인자로 받아 이를 출력하는 구구단을 함수로 정의하고 이를 호출하여 2단부터 9단까지 출력하는 프로그램을 작성해 보자. 난이도 ★

4. 369 게임은 여러 명이 같이하는 게임이다. 게임의 규칙은 아래와 같다. 난이도 ★★

- 1부터 시작한다.
- 한 사람씩 차례대로 숫자를 1씩 더해가며 말한다.
- 말해야 하는 숫자에 3, 6, 9중 하나라도 포함되어있다면 숫자를 말하는 대신 숫자에 포함된 3, 6, 9의 개수만큼 손뼉을 친다.

어떤 수 number가 매개변수로 주어질 때, 1부터 number까지 369게임을 올바르게 진행했을 경우 박수를 총 몇 번 쳤는지를 리턴하는 함수를 작성하고 이를 호출하여 박수치는 총 횟수를 출력하도록 프로그램을 작성해 보자.

5. 평균은 자료의 합을 자료의 개수로 나눈 값을 의미한다. 자연수가 들어있는 리스트의 평균을 구하고, 평균 이하인 숫자는 몇 개 있는지 리턴하는 함수를 이용하여 프로그램을 작성하자.

   예를 들어 주어진 리스트가 [1, 2, 3, 4, 5, 6, 7, 8, 9, 10]이라면, 평균은 5.5이므로 리스트에서 평균 이하인 값은 5개이다. 난이도 ★★

6. 클래스를 이용하여 사용자가 자신의 은행 계좌를 관리하는 프로그램을 작성해 보자. 사용자는 계좌에 돈을 입금하거나 현재 입금된 잔고를 조회할 수 있다. 또한, 잔고가 있다면 일정 액수를 인출할 수 있다. 단, 잔고보다 더 많은 액수를 인출하려고 하면 인출할 수 없음을 알려준다. 난이도 ★★

7. 6번 문제에서 추가 기능으로 통장을 개설하는 기능을 추가해 보자. 단, 통장 개설시 처음 입금 액수를 정하고자 한다. 계좌 개설시 계좌 개설하는 사람의 이름과 계좌 번호를 사용자가 지정한다. 난이도 ★★★

8. 배달음식 전문점 운영을 위해 Food 클래스를 정의하고 주문한 음식 가격의 전체 합을 구하는 프로그램을 작성하자. 예를 들면, Food 클래스는 속성으로 이름(name)과 가격(price)을 포함한다. 난이도 ★★

4

그래픽과 GUI

PART 4

그래픽과 GUI

CHAPTER 19   Turtle과 Tkinter

CHAPTER 20   가위바위보 게임기

CHAPTER 21   기억력 테스트 게임기

CHAPTER 22   GUI 계산기

CHAPTER 23   여행지 퀴즈 게임기

종합연습문제

Turtle과 Tkinter

기본 학습 목표
- turtle 모듈을 이용하여 그림을 그리는 프로그램을 작성할 수 있다.
- tkinter 모듈을 이용하여 GUI 응용 프로그램을 작성할 수 있다.
- 파이썬으로 파일 입출력 방법을 이해할 수 있다.

심화 학습 목표
- 여러 위젯을 이용하여 GUI 기반 게임 프로그램을 작성할 수 있다.

19.1 Turtle

Turtle 그래픽 모듈은 1960년대 LOGO라는 교육용 프로그래밍 언어에서 사용한 그래픽 방식을 처리할 수 있도록 관련 함수들을 모아둔 모듈이다. Turtle 그래픽 모듈은 파이썬을 설치할 때 자동적으로 함께 설치가 되어 모듈만 포함시키면 사용이 가능하며, 간단한 그래픽 사용자 인터페이스(graphical user interface : GUI) 윈도우를 만들 수 있다.

GUI란 사용자가 응용 프로그램을 편리하게 사용할 수 있도록 마우스로 입력을 할 수 있고 아이콘과 같은 객체를 클릭하여 프로그램을 동작시키는 환경을 말한다.

Turtle 모듈을 사용하기 위해 프로그램에 import 하는 방식은 다음과 같다.

```
import turtle
import turtle as t
from turtle import *
```

import turtle 문을 사용하면, turtle 모듈 내의 함수를 사용할 때, 모듈 이름을 함께 써야 한다. 이름을 줄여 사용하면 프로그래밍이 간단해진다. 이름을 재명명하기 위해서는 import turtle as t와 같이 turtle 대신 이를 t로 사용하는 것이다. 마지막 방법은 모듈의 이름 없이 모듈 내에 정의된 함수 이름만을 사용한다.

Turtle 모듈을 import한 후 turtle 함수를 사용하면 새로운 창이 뜨고 창의 중앙점 좌표인 (0, 0)에 turtle이 위치한다. turtle의 모양은 기본적으로 화살표 머리 모양(classic, ▶(머리쪽))이다. 초기 turtle의 머리는 동쪽을 향하고 있다.

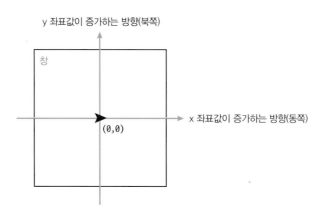

[그림 19-1] Turtle 창과 Turtle의 초기 위치

이 장의 예제에서 사용된 함수들을 중심으로 설명하면 〈표 19-1〉과 같다.

〈표 19-1〉 Turtle 모듈의 기본 함수

함수 이름	의미
forward(size) / fd(size)	size만큼 turtle 머리가 향하는 방향으로 전진.
back(size) / bk(size)	숫자만큼 turtle 머리가 향하는 반대 방향으로 전진.
left(angle) / lt(angle)	angle 각도 만큼 머리가 향하는 방향의 좌측으로 회전.
right(angle) / rt(angle)	angle 각도 만큼 머리가 향하는 방향의 우측으로 회전.
goto(x, y) position() xcor(), ycor()	x, y 좌표값으로 이동. Turtle 머리 방향은 유지. Turtle의 x, y 위치를 나타냄. Turtle의 현재 x의 위치, y의 위치.
circle(size, degree)	반지름이 size인 원을 turtle 머리 방향에서 반시계방향으로 그림. 만일 두 번째 매개변수가 있다면 주어진 각도만큼만 원호를 그린다.
penup() / pu()	Turtle 꼬리에 달린 펜을 들어 올림. Turtle 이동 시에 이동 과정이 그려지지 않음.

함수 이름	의미
pendown() / pd()	Turtle 꼬리에 달린 펜를 화면으로 내림. Turtle 이동 시에 이동 과정이 그려짐.
pensize(size)	펜의 굵기를 size로 함.
hideturtle() / ht()	Turtle을 화면에서 사라지게 함.
showturtle() / st()	Turtle을 화면에 나타나게 함.
shape(모양)	Turtle 모양. classic(➤), circle(●), square(■), turtle(🐢) 이미지로 대치 가능함.
addshape(file)	파일인 file의 이미지로 turtle 모양을 등록. 파일 타입은 gif.
speed(속도)	Turtle 이동 속도. 속도 구간 1(느림) ~ 9(빠름). 0은 매우 빠름.
color(색1, 색2) color(색1) fillcolor(색2) pencolor(색1) bgcolor(색1)	Turtle 모양에서 테두리를 색1로, 안을 색2로 칠함. 색이 한 개일 경우는 모두 같은 색으로 칠함. 색2는 도형의 색상을 채울 때 사용이 됨. 테두리색인 색1은 turtle 이동 시 펜의 색깔로 이용됨. bgcolor() 함수는 배경색을 색1로 바꿔줌.
begin_fill() end_fill()	어떤 도형의 내부를 색칠할 때 사용함. 쌍으로 이용이 되어야 함. 실제 색깔은 end_fill() 함수가 있어야 칠해짐.
write(문자열, move값, 정렬값, 폰트정보)	Turtle 현재 위치에서 우측으로 글자가 쓰여짐. Turtle의 이동을 허용(True), 불허(False)를 move 값으로 나타냄. 정렬 값으로는 "center", "left", "right"이 있음. 폰트 정보는 font = (폰트 패밀리명, 크기, 폰트스타일)로 표현함.
onkeypress(수행함수, '킷값') onclick(수행함수) onrelease(수행함수) ondrag(수행함수)	킷값이 입력되면, 첫 번째 매개변수인 수행 함수를 호출함. Turtle 펜이 눌렀을 때 일어나는 함수를 지정함. Turtle 펜을 눌렀다 떼었을 때 일어나는 함수를 지정함. Turtle 멘을 마우스로 끌어 움직일 때 함수를 지정함.
listen()	이 함수는 키 입력 모드가 실행이 되어 입력 킷값에 반응이 일어나도록 함.
home(), reset(), clear()	함수 home()은 화면 내용은 그대로 두고 turtle의 위치를 (0, 0)에 둠. 함수 reset()은 모두 초기화함. 함수 clear()은 화면 내용만 지우고 turtle 위치는 그대로 둠.
mainloop(), done(), bye()	이벤트 루프를 시작함. Turtle 창이 닫힘.

시작점에서 길이 100의 직사각형을 그려보자. 여기서 길이의 단위는 화소 즉 픽셀(picture element : pixel)값이다. 픽셀이란 화면을 이루는 가장 기본 단위이다. 한 픽

셀은 빨강, 초록, 파랑, 투명도 등 색 정보를 가진다. bmp, gif, jpeg, png가 픽셀을 사용하는 대표적인 포맷이다. 이를 비트맵 이미지라고 한다. 해상도란 모니터를 기준으로 가로와 세로에 얼마나 많은 화소를 배치했는지를 말한다. 더 정확하게는 모니터에서 1인치 안에 놓인 화소의 수를 말한다. 해상도의 기본 단위가 PPI(pixels per inch)이다. 해상도가 높다는 것은 1인치 안에 많은 화소가 놓인다는 뜻이므로 화소가 작아져 이미지가 선명해진다.

아래 [그림 19-2]의 (가)는 fd(100) 함수는 현재 turtle의 머리 방향으로 100 픽셀 전진한 후, 90도 좌회전하라는 뜻이므로 동쪽으로 100 픽셀 전진한 후, turtle의 머리를 90도 좌회전하여 북쪽 방향을 가리키도록 하였다. 이 두가지 동작을 4번 반복한 것이 [그림 19-2]의 (나)이다.

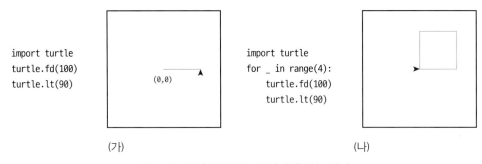

(가)   (나)

[그림 19-2] 한 변의 길이가 100인 직사각형 그리기

아래와 같은 모양의 계란프라이를 그려보자.

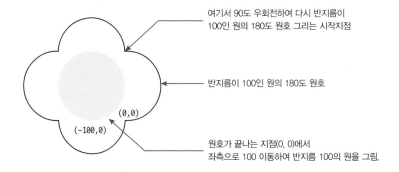

circle() 함수에서 두 번째 매개변수를 사용하면 원하는 각도 만큼만 원의 호를 그릴 수 있다. 예를 들어 아래와 같이 t.circle(100, 180)이라고 함수를 사용하면 현재

turtle의 머리방향에서 좌측으로 180도 회전하면서 원호를 그리게 된다. 이 때, 반지름은 100이다. 원호를 4번 반복하면 계란의 흰자 부분을 그리게 된다.

```python
import turtle as t
for i in range(4):
    t.circle(100, 180)
    t.rt(90)
```

원점으로 돌아온 turtle을 노른자를 그리기 위해 원점에서 100만큼 왼쪽으로 이동하여 다시 반지름이 100인 원을 그린다. 이 때, fillcolor() 함수로 채울 색상을 결정하고, begin_fill()과 end_fill() 함수 사이에 원을 그리는 circle() 함수를 이용하여 노른자를 그린다.

```python
t.pu()
t.goto(-100,0)
t.pd()
t.fillcolor('yellow')
t.begin_fill()
t.circle(100)
t.end_fill()
t.ht()
```

전체 프로그램은 다음과 같다.

```python
import turtle as t
for i in range(4):
    t.circle(100, 180)
    t.rt(90)
t.pu()
t.goto(-100,0)
t.pd()
t.fillcolor('yellow')
t.begin_fill()
t.circle(100)
t.end_fill()
t.ht()
```

이번엔 좀 더 복잡하게 아래와 같은 꽃을 함수를 이용하여 그려보자.

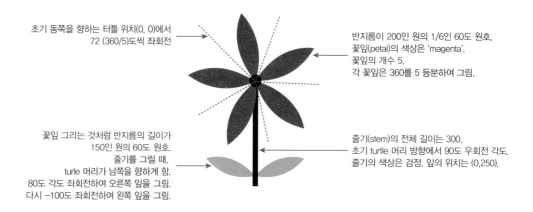

초기 동쪽을 향하는 터틀 위치(0, 0)에서
72 (360/5)도씩 좌회전

반지름이 200인 원의 1/6인 60도 원호.
꽃잎(petal)의 색상은 'magenta'.
꽃잎의 개수 5.
각 꽃잎은 360를 5 등분하여 그림.

꽃잎 그리는 것처럼 반지름의 길이가
150인 원의 60도 원호.
줄기를 그릴 때,
turle 머리가 남쪽을 향하게 함.
80도 각도 좌회전하여 오른쪽 잎을 그림.
다시 −100도 좌회전하여 왼쪽 잎을 그림.

줄기(stem)의 전체 길이는 300.
초기 turtle 머리 방향에서 90도 우회전 각도.
줄기의 색상은 검정. 잎의 위치는 (0,250).

잎을 그리는 함수를 생각해보자. 두께를 적당히 좁히기 위해 원호를 60°로 정하고 꽃
잎의 위치에서 방향을 조정하기 위해 각도(degree), 색상을 정하기 위해 color, 잎의
크기를 정하기 위해 size를 매개변수화한다. 이 때, 색을 채우기 위해 begin_fill() 함
수와 end_fill() 함수를 사용한다.

```python
def draw_petal(degree, color, size):
    t.lt(degree)
    t.begin_fill()
    t.color(color)              # 테두리는 검정, 안은 color로 채움
    t.circle(size, 60)          # 원호의 각도 60도. 잎의 한쪽 선
    t.lt(120)                   # 원호의 반을 반대 방향에서 그리기 위한 회전
    t.circle(size, 60)          # 잎의 반대쪽 선
    t.end_fill()
```

줄기를 그리는 함수 draw_stem()을 생각해보자. 줄기를 그릴 때에는 방향 정보
(degree), 길이(length), 색상(color)을 매개변수화 한다. 줄기를 그리고 잎을 그리기
위해 원래의 위치로 되돌아온다.

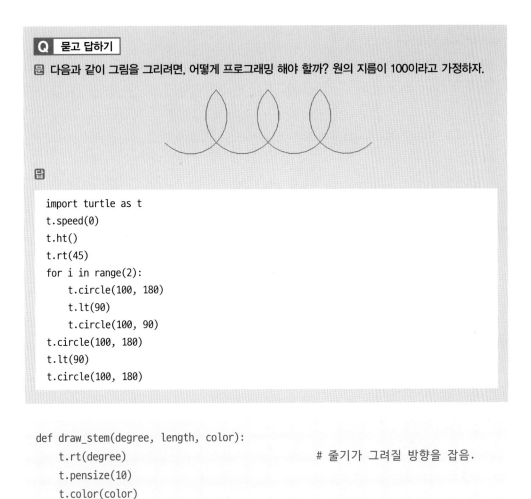

Q 묻고 답하기

다음과 같이 그림을 그리려면, 어떻게 프로그래밍 해야 할까? 원의 지름이 100이라고 가정하자.

답

```
import turtle as t
t.speed(0)
t.ht()
t.rt(45)
for i in range(2):
    t.circle(100, 180)
    t.lt(90)
    t.circle(100, 90)
t.circle(100, 180)
t.lt(90)
t.circle(100, 180)
```

```
def draw_stem(degree, length, color):
    t.rt(degree)                          # 줄기가 그려질 방향을 잡음.
    t.pensize(10)
    t.color(color)
    t.fd(length)                          # 줄기의 길이
    t.back(length)                        # 원래의 위치로 돌아옴.
    t.lt(degree)
```

꽃잎의 중앙을 일정한 크기와 색깔로 채워주기 위한 함수 draw_center()는 원을 그려주어 꽃잎이 달려있는 모습을 만들어준다. 원점에서 반지름반큼 남쪽으로 이동한 후, (0, 0)점이 원의 중앙점이 되게 반지름이 size인 원을 그려 주어진 색깔을 칠한다.

```
def draw_center(size, color):
    t.goto(0,-size)
    t.color(color)
    t.begin_fill()
    t.circle(size)
    t.end_fill()
```

실습해보기 19-1

꽃잎을 좀 더 넓게 그리려면 어떻게 프로그램을 수정하면 좋을지 생각해보자.

꽃잎의 수를 정해주고, 수만큼 반복적으로 꽃잎을 그릴 수 있게 해준다. 전체 프로그램은 다음과 같다.

```
01    import turtle as t
02    def draw_petal(degree, color, size):
03        t.lt(degree)
04        t.begin_fill()
05        t.color(color)
06        t.circle(size, 60)
07        t.lt(120)
08        t.circle(size, 60)
09        t.end_fill()
10    def draw_stem(degree, length, color):
11        t.rt(degree)
12        t.pensize(10)
13        t.color(color)
14        t.fd(length)
15        t.back(length)
16        t.lt(degree)
17    def draw_center(size, color):
18        t.goto(0,-size)
19        t.color(color)
20        t.begin_fill()
21        t.circle(size)
22        t.end_fill()
23    n = 5
24    draw_stem(90, 300, 'black')
25    t.pensize(2)
26    for i in range(n):
```

```
27          draw_petal(0, 'magenta', 200) # 꽃잎의 개수만큼 반복하면서 꽃잎을 그림.
28          t.home()
29          t.lt((360 / n) * (i + 1))       # 꽃잎의 개수가 균등한 영역을 갖도록 회전함.
30
31      draw_center(20, 'black')
32      t.pu()
33      t.rt(90)    # 줄기 그리기 위해 오른쪽으로 90도 회전하여 방향을 결정함.
34      t.fd(250)   # 잎의 위치
35      t.pd()
36      draw_petal(80, 'green', 150)    # 줄기에 붙은 오른쪽 잎 그리기
37      draw_petal(-100,'green', 150)   # 줄기에 붙은 왼쪽 잎 그리기
38      t.ht()
```

실습해보기 19-2

다음 [실행 결과]와 같이 한 변의 길이가 100인 정사각형을 몇 개를 그릴지를 사용자로부터 입력을
받은 후, 개수만큼 정사각형을 위로 쌓아주는 프로그램을 작성하시오. 이 때, 토글(toggle) 방식으로
처음 정사각형은 검정으로 채우고, 다음 정사각형은 내부를 채우지는 않고 선만 그린다. 이 과정을
반복하도록 하시오. 토글이라는 용어는 오직 두 가지 상태밖에는 없는 상황에서, 스위치를 한번 누
르면 한 값이 되고, 다시 한번 누르면 다른 값으로 변하는 것을 의미한다.

실행 결과

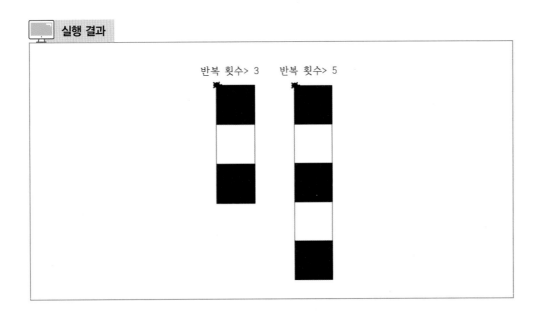

19.2 Tkinter

Tkinter는 turtle과 마찬가지로 파이썬을 설치할 때 기본적으로 함께 설치가 되는 파이썬 GUI 제공 모듈이다. Tkinter는 GUI를 위한 클래스를 포함한다. Tkinter는 turtle 보다 다양한 GUI 기능을 제공한다. Tcl / Tk 언어를 파이썬에서 사용할 수 있게 해주었다. Tkinter를 사용하기 위해서는 tkinter 모듈을 import 한다. 모듈 내의 Tk() 함수로 Tk 클래스 객체를 생성한다. Tkinter는 레이블(label), 버튼(button), 엔트리(entry), 캔버스(canvas), 스크롤바(scrollbar), 이미지 등의 위젯(widget) 클래스를 제공한다. 위젯이란 컴퓨터 사용자가 상호작용하는 인터페이스 요소이다. 기본 위젯 클래스들은 〈표 19-2〉와 같다. 본문에서는 위젯 클래스를 위젯이라 부르기로 하자.

〈표 19-2〉 주요 위젯 클래스 종류

위젯 이름	의미
Label	텍스트나 이미지를 출력하기 위한 위젯
Entry	사용자가 텍스트를 입력할 수 있는 위젯. 길이, 배경색, 글자색, 위젯 테두리 두께 등의 속성을 가짐.
Button	버튼 이름(문자열), 너비, 높이, 버튼이 클릭되면 작동하는 함수 이름 등의 속성을 가짐.
Canvas	그림이나 도형, 글자를 그리거나 쓸 수 있는 위젯. 너비, 높이 등의 속성을 가짐.
PhotoImage	이미지 파일을 입력받아 파일의 내용을 이미지 객체의 값으로 할당함.
Scrollbar	위젯에 스크롤을 하기 위한 스크롤바를 생성함.
Frame	다른 위젯들을 포함하기 위해 프레임을 생성할 수 있음. 위젯을 담는 박스란 의미의 위젯으로 다른 위젯을 그룹화할 수 있음.
CheckButton	체크 박스 버튼(여러 개 대안 중에 여러 개 선택)
RadioButton	라디오 버튼(여러 개 대안 중에 하나만 선택)
Menu	메뉴 바를 생성함.
Menubutton	메뉴 버튼
Text	문자를 보여주고 입력할 수 있음.
Message	텍스트를 출력. 텍스트의 길이에 따라 창의 폭 등이 자동적으로 정해짐.
Scale	스케일 바를 만듦.
Listbox	리스트 상자를 만듦.

Tkinter를 이용하여 프로그래밍 하는 순서는 다음과 같다.

[그림 19-3] 프로그래밍 순서

먼저 간단한 tkinter 예제를 살펴보자. 창에 "안녕하세요"라고 쓰고, 아무 기능이 없는 "확인"이라는 버튼을 만들어보자. 글자를 쓰기 위해서는 Label 위젯이 필요하고 버튼을 만들기 위해서는 Button 위젯이 필요하다. 다음과 같이 제일 먼저 tkinter 모듈을 import하고, GUI를 제공하는 창을 생성하자.

```
import tkinter as tk
w = tk.Tk()                    # 창을 생성. 즉, Tk 클래스 객체 w를 생성함.
```

그 다음은 글자를 쓰기 위해 Label 위젯으로 레이블을 만들고 '확인' 버튼을 만들자. 모든 위젯들의 첫 번째 매개변수는 해당 위젯이 놓이게 될 부모 컨테이너이다. 대표적인 부모 컨테이너가 Tk() 클래스 객체이고, 하위 위젯을 가진 모든 위젯들은 부모 컨테이너가 될 수 있다.

```
l = tk.Label(w, text = "안녕하세요")    # 레이블 위젯 클래스 객체 l 생성.
b = tk.Button(w, text = "확인")         # 버튼 위젯 클래스 객체 b 생성.
```

부모 컨테이너에 생성한 위젯 객체들을 배치시키려면 pack(), grid(), place()와 같은 방법이 있으나, 그 중에 pack() 메소드를 사용해보자. pack()은 화면의 위에서 아래로 또는 왼쪽에서 오른쪽으로 위젯을 컨테이너 안에 배치한다.

```
l.pack()                       # 창 내부에 레이블 객체 l을 배치한다.
b.back()                       # 창 내부에 버튼 객체 b를 배치한다.
```

마지막으로 tkinter는 이벤트 기반의 GUI 방식을 제공한다. 즉, 사용자들의 마우스 클릭과 같은 이벤트의 발생을 처리할 수 있다. 사용자가 발생시키는 이벤트를 대기하기 위하여 `w.mainloop()` 메소드를 사용하여야 한다. `mainloop()`은 이벤트를 감지하기 위한 기능을 시작하여 이벤트가 발생하면 이를 감지하고 발생하는 이벤트가 창을 종료하는 이벤트가 아니라면, 지속적으로 이벤트를 감지하는 일을 수행한다.

```
w.mainloop()
```

수행 결과는 다음과 같다.

Tkinter에서 위젯들은 Geometry Manager를 통해 자신의 컨테이너안의 위치를 정해준다. 배치 방법은 〈표 19-3〉와 같다. 배치를 해야 사용자가 창에서 위젯을 볼 수 있다.

〈표 19-3〉 위젯 배치 방법

배치 방법	의미
grid()	윈도우의 화면을 행(row)과 열(column)로 구성함. 특정 행과 열에 위젯을 놓을 수 있음.
pack()	부모 위젯에 모두 차례대로 위에서 아래 방향으로 또는 옆방향으로 배치함. 불필요한 공간을 없앰.
place()	위젯의 위치를 절대값으로 줌. 윈도우의 크기에 위젯 위치 값이 변하지 않음.

각 위젯은 다양한 메소드를 포함하고 있기 때문에 모든 경우를 다 기술하기 어려워 이 장에서 다루어지는 예제들을 중심으로 메소드를 기술한다. 본문에서 사용하는 위젯들의 기본 함수들은 〈표 19-4〉와 같다. 다른 메소드들은 파이썬 문서를 참조하면 된다.

〈표 19-4〉 위젯의 기본 함수

메소드	의미
title()	Tk의 함수. GUI 윈도우의 제목을 달아줌.
mainloop()	Tk의 함수. 사용자와 계속 상호작용을 할 수 있게 입력을 대기함.
geometry()	Tk의 함수. 윈도우의 크기와 위치를 정함. 너비×높이×모니터에서 왼쪽상단에서부터 (x 좌표값 × y 좌표값)
config()	각 위젯의 함수. 프로그램 수행 중에 동적으로 특정 위젯의 속성값을 변경하기 위한 함수.
image()	Label 위젯의 함수. Label 위젯 객체에 이미지 속성을 설정함.
get()	Entry 위젯의 함수. 사용자로부터 텍스트 한 줄 입력을 받음.
insert()	Entry 위젯의 함수. 엔트리의 텍스트 값으로 삽입.
delete()	Entry 위젯의 함수. 엔트리의 텍스트 값을 제거.
bind()	Canvas, Entry 위젯의 함수. 키 입력에 대해 작동할 함수를 연결해줌.
create_rectangle()	Canvas 위젯의 함수. 사각형을 그림. 두 점의 좌표 값, 도형 채움 여부 값, 태그값 등의 속성을 가짐.
create_oval()	Canvas 위젯의 함수. 두 점의 좌표(경계 사각형을 이루는 점), 채움 여부 값, 태그값 등의 속성을 가짐.
coords(태그값)	Canvas 위젯의 함수. 태그값을 갖는 도형의 위치에 대한 좌표값. 두 점의 좌표를 가짐. 한 점은 도형의 좌측 상최단점, 다른 한점은 도형의 우측 최하단점.
after(초)	Canvas 위젯의 함수. 특정 초가 지난 다음에 어떤 함수를 실행하도록 예약하는 함수
update()	Canvas 위젯의 함수. 캔버스의 내용을 수정함.
delete()	Canvas 위젯의 함수. 캔버스에서 삭제함.
move()	Canvas 위젯의 함수. 캔버스 위에 정의된 객체를 이동함.
focus_set()	Canvas, Frame 등 해당 위젯에 대해 키 등 입력이 가능하도록 함.

각 위젯의 사용 가능한 속성들을 살펴보려면 다음과 같이 입력해보면 된다.

```
>>> import tkinter
>>> mywidget = tkinter.Label()
>>> mywidget.configure()
```

예제들을 살펴보자. 다음 수행결과와 같이 이미지를 캔버스로 읽어 들인 후, 캔버스 위에 글자를 쓰거나 마우스로 그림을 그리는 간단한 낙서장을 만들어보자. 우선 Tk()

함수를 이용하여 윈도우 객체 변수를 생성한다. 창이 하나 생성된다. 낙서장의 크기를 400x400 픽셀로 정하자. 이전 장의 turtle과는 다르게 tkinter에서는 모니터 화면의 좌측 상단 지점이 (0, 0)이다. Tkinter 창이 항상 화면의 (10, 10)의 위치에 뜨게 만들려면, 좌표값을 창의 크기와 함께 주어야 한다. window.geometry("400x400 + 10 + 10")는 너비x높이 + 창의 시작 x 좌표 + 창의 시작 y 좌표 값을 의미한다.

```
from tkinter import *
w = Tk()
w.geometry("400x400 + 10 + 10")
```

다음은 위젯의 위치를 정해보자. 다음과 같이 격자를 사용하자. 이번에는 grid() 방식을 사용해보자.

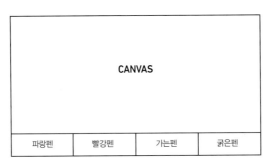

w 객체는 한개의 캔버스와 4개의 버튼으로 구성된다. 캔버스의 크기는 400x350이고, 바탕색은 베이지색이다. 하나의 버튼을 격자상 한 행과 한 열을 차지하게 만들면, 총 4개의 열이 필요하다. 하지만, 캔버스는 한개이므로 너비를 맞추기 위해 열을 확장하여 합치는 columnspan 속성을 사용해야 한다. columnspan = 4라는 명령어가 4개의 열을 하나의 열로 합치는 것이다. 캔버스의 행이 0이면, 버튼의 행은 1이 된다. 행인 row와 열인 column 속성의 값은 0부터 주어진다.

```
canvas = Canvas(w, width = 400, height = 350, bg = "beige")
canvas.grid(row = 0, column = 0, columnspan = 4)
```

아래의 프로그램과 같이 2개의 펜 색상 버튼과 2개의 펜 굵기 버튼을 정의하자. 해당 펜을 클릭하면 펜의 색상이 변하게 되거나 펜의 굵기가 변하게 된다. 변화를 일으키는 함수는 버튼별 정의가 되는데, 파랑펜으로 변경은 함수 blue(), 빨강펜으로 변경은 함수 red()로 처리한다. 펜의 굵기는 함수 thin() 또는 함수 thick()으로 처리한다.

```
bb = Button(w, text = "파랑펜", bg = "blue", fg = "white", command = blue)
rb = Button(w, text = "빨강펜", bg = "red",  fg = "white", command = red)
nb = Button(w, text = "가는펜", command = thin)
kb = Button(w, text = "굵은펜", command = thick)
bb.grid(row = 1, column = 0)
rb.grid(row = 1, column = 1)
nb.grid(row = 1, column = 2)
kb.grid(row = 1, column = 3)
```

버튼에 왼쪽 마우스 버튼이 클릭되면 <ButtonPress-1>이라는 이벤트가 발생하게 된
다. 마우스를 계속 드래깅하면 <B1-Motion>이라는 이벤트가 발생한다. 이벤트가 발생
하면 이를 처리하기 위한 이벤트 처리기가 정의되어야 하며, 이를 파이썬 함수로 구현
하게 된다. 이벤트와 이벤트 처리기를 연결시켜주는 메소드가 bind()이다. 예제에서
현재 위치 정보를 구한 후, 계속 드래깅(dragging) 연산이 일어나면 이전 점과 이동하
게 되는 점 사이에 선을 그린다. 이를 위해 마우스 버튼과 마우스 드래깅 이벤트에 대
해 이벤트를 각각 처리할 함수 onStart()와 onDraw()를 정의한다. 계속 사용자 입력을
받기 위해서 mainloop() 함수를 수행한다.

```
canvas.bind('<ButtonPress-1>', onStart)
canvas.bind('<B1-Motion>',      onDraw)
w.mainloop()
```

본 프로그램에서는 펜의 색상과 펜의 굵기를 변경시키기 위해 전역변수인 color와
pensize를 정의하여 사용한다. 최초에 color는 "black"이고 pensize는 3이지만, 파랑
펜 버튼이 클릭되면, color를 "blue"로 바꿔주고, 빨강펜 버튼이 클릭되면, color를
"red"로 바꿔준다.

```
def blue():                    def red():
    global color                   global color
    color = "blue"                 color = "red"
```

반면, 펜 굵기를 변경하기 위해서 가는펜 버튼을 클릭하면 pensize를 1로 바꿔주고, 굵은펜 버튼을 클릭하면 pensize를 7로 바꿔주는 함수 thin()과 thick()을 다음과 같이 정의한다.

```
def thin():                    def thick():
    global pensize                 global pensize
    pensize = 1                    pensize = 7
```

이벤트 처리 함수는 자동적으로 발생한 이벤트 정보를 담은 이벤트 객체를 매개변수로 갖도록 처리한다. 이벤트 객체의 이름은 임의로 정할 수 있다. 마우스의 왼쪽 버튼 클릭 이벤트를 감지하여 현재 마우스의 위치 정보를 구하기 위한 함수 onStart()에서는 이벤트 e 객체의 속성인 x와 y값을 이용하여 현재 좌표값을 계산한다. 각 값을 prevx와 prevy 변수에게 배정한다. 이 두 값은 다른 함수에서도 사용되므로 전역변수로 정의한다.

```
def onStart(e):
    global prevx, prevy
    prevx = e.x
    prevy = e.y
```

> **Q 묻고 답하기**
>
> 📋 다음 코드에서 잘못된 점은?
>
> ```
> def function():
>     x = 4.5
>     y = 3.5
>     print(x)
>     print(y)
> function()
> print(x)
> print(y)
> ```
>
> 📋
> function() 안의 x와 y는 지역 변수이기 때문에, function() 밖에서, 변수 x와 y를 사용할 수 없다 (정의 안됨).

마우스의 왼쪽 버튼으로 드래깅이 시작되면, 변경된 마우스의 위치 정보를 찾아 이전 마우스 위치에서 현재 마우스 위치로의 선을 그려 낙서가 이루어지도록 한다. 선을 그릴 때는 전역 변수값 color와 pensize를 이용하면 된다.

```
def onDraw(e):
    global prevx, prevy, canvas, color, pensize
    curx = e.x
    cury = e.y
    canvas.create_line(prevx, prevy, curx, cury, width = pensize, fill = color)
    prevx = curx
    prevy = cury
```

전체 프로그램은 다음과 같다. 비슷한 함수들은 좌측과 우측에 함께 기술하였다.

```
01   def blue():                      04   def red():
02       global color                 05       global color
03       color = "blue"               06       color = "red"

07   def thin():                      10   def thick():
08       global pensize               11       global pensize
09       pensize = 1                  12       pensize = 7

13   def onStart(e):                  17   def onDraw(e):
14       global prevx, prevy          18       global prevx, prevy, canvas
15       prevx = e.x                  19       global pensize, color
16       prevy = e.y                  20       curx = e.x
                                      21       cury = e.y
                                      22       canvas.create_line(prevx, prevy,
                                           curx, cury, width = pensize,
                                           fill = color)
                                      23       prevx = curx
                                      24       prevy = cury

25   from tkinter import *
26   w = Tk()
27   w.geometry("400x400 + 10 + 10")
28   prevx = 0
29   prevy = 0
30   pensize = 3
```

```
31    color = 'black'
32    canvas = Canvas(w, width = 400, height = 350, bg = "beige")
33    canvas.grid(row = 0, column = 0, columnspan = 4)
34
35    bb = Button(w, text = "파랑펜", bg = "blue", fg = "white", command = blue)
36    rb = Button(w, text = "빨강펜", bg = "red",  fg = "white", command = red)
37    nb = Button(w, text = "가는펜", command = thin)
38    kb = Button(w, text = "굵은펜", command = thick)
39    bb.grid(row = 1, column = 0)
40    rb.grid(row = 1, column = 1)
41    nb.grid(row = 1, column = 2)
42    kb.grid(row = 1, column = 3)
43
44    canvas.bind('<ButtonPress-1>', onStart)
45    canvas.bind('<B1-Motion>',      onDraw)
46    w.mainloop()
```

수행 결과

19.3 파일 I / O

2부와 3부에서 여러 가지 파이썬 프로그램을 살펴보았다. 한가지 특징은 input() 함수를 이용하여 사용자로부터 입력값을 받고, print() 함수만을 통해 출력값을 화면에 출력하였다. 또한, 수행하던 프로그램을 종료하면 프로그램에서 만들어진 결과를 다시 사용할 수가 없었다. 프로그램이 주기억장치인 메모리에 데이터를 저장하고 있기 때문에 프로그램이 종료되면 데이터값도 함께 사라진다.

이 절에서는 input()과 print() 함수 이외에 프로그램이 종료되더라도 프로그램의 유의미한 결과값을 계속 사용할 수 있도록 보조기억장치인 하드디스크에 파일로 저장하고 읽어드리는 방법에 대해 살펴보자. 여러 운영체제는 파일에 데이터를 저장하거나 읽어들인 후 다양한 작업을 수행한다. 파이썬으로 파일을 처리하는 방법을 살펴보자. 이 책에서는 파일의 유형으로 사람이 읽을 수 있는 텍스트 파일을 다룬다.

19.3.1 파일 열기

파일의 내용을 사용하기 위해서는 제일 먼저 파일 열기를 통해 내용을 가져올 수 있는 환경을 만들어야 한다. 이를 위해 파일 열기를 수행한다. 파이썬의 파일 열기는 다음과 같다.

```
파일객체변수 = open(파일이름, 파일열기목적)
또는
with open(파일이름, 파일열기목적) as 파일객체변수:
```

기본적인 파일 열기 목적에 "읽기 전용(r)", "쓰기 전용 (w)", "내용 추가 (a)"가 있다. 열기를 원하는 파일의 이름을 이용해 파일을 열고 나면 결괏값으로 해당 파일에 대한 파일 객체 값이 반환된다. 이를 파일객체변수가 자신의 값으로 가지게 된다.

19.3.2 파일 쓰기

파일을 열고 나면 파일 객체에서 제공하는 함수들을 사용할 수 있다. 먼저 파일에 문자열을 저장하려면 write(), writelines()라는 함수를 이용하면 된다. 구문은 다음과 같다. 파일에 쓰려는 문자열의 뒤에는 다음 줄을 나타내는 '\n' 문자열을 붙여주어야 한다. 다음 줄 처리를 하지 않으면 파일에 쓰는 내용들이 모두 한 줄에 쓰이게 된다.

```
파일객체변수.write(문자열)
파일객체변수.writelines(문자열 리스트)
```

19.3.3 파일 읽기

파일을 열고 나면 파일 쓰기 함수와 마찬가지로 파일의 내용을 읽을 수 있다. 파일의
내용을 읽어 변수에 치환하고 변수값으로 사용하게 된다. 구문은 다음과 같다.

```
변수 = 파일객체변수.read()
변수 = 파일객체변수.readline()
변수 = 파일객체변수.readlines()
```

파일에 있는 모든 내용을 하나의 문자열로 가져오는 함수가 read()이고 한줄씩 읽어
오는 함수가 readline()이다. readlines()는 read()와 다르게 전체 파일 내용을 처음
부터 끝까지 한줄씩 읽은 후, 각 줄을 리스트의 한 원소값으로 저장한다.

19.3.4 파일 닫기

파일에 내용을 쓰거나 읽은 후에는 파일을 닫아야 한다. 하나의 프로그램이 열 수 있
는 파일의 개수가 제한되어 있어서 파일을 계속 열기만 하면, 어느 시점에서는 더 이
상 파일을 열 수 없다. 파일 닫기 구문은 다음과 같다.

```
파일객체변수.close()
```

19.3.5 파일 처리 예제

다음 예제는 파이썬 프로그래밍 파일과 같은 폴더에 존재하는 'data.txt' 파일의 내용
을 'newdata.txt' 파일로 복사하는 프로그램이다. 파일 객체 변수 wfile은 newdata.txt
파일을 쓰기 목적으로 파일 열기하여 해당 파일 객체를 변수값으로 가지게 된다. 반면
rfile은 data.txt 파일을 읽기 목적으로 파일 열기하여 해당 파일 객체를 변수값으로

갖는다.

```
wfile = open('newdata.txt', 'w')
with open('data.txt', 'r') as rfile:
    lines = rfile.readlines()

for oneline in lines:
    wfile.write(oneline)

rfile.close()
wfile.close()
```

rfile 객체 변수를 이용하여 data.txt 파일의 각 줄을 한꺼번에 읽어드려 lines로 명
명된 객체 값으로 저장한다. 이 lines 리스트 변수를 이용하여 한 줄씩 wfile 객체 변
수가 가리키는 newdata.txt 파일에 쓰게 된다. 기록이 완료되면, 두 파일을 모두 닫
는다.

🖥 수행 결과

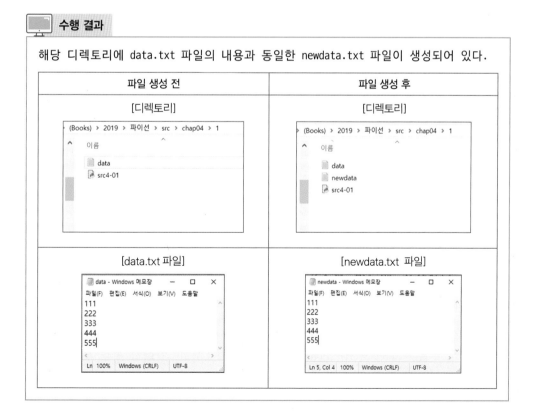

한 줄씩 문자열을 읽을 때에는 문자열의 마지막에 '\n' 문자가 달려있음을 잊어선 안
된다. 이를 제거하기 위해서 다음과 같은 strip() 함수를 적용할 수 있다.

```
변수 = 파일객체변수.readline()
변수 = 변수.strip('\n')
```

다음과 같이 classroom.txt 파일에 다음 학기 강의실 배정 현황이 저장되어 있다. 한
줄에는 학과, 과목명, 요일, 시작시간, 강의실번호 정보가 ':' 콜론을 구분자로 삼아
문자열로 저장되어 있다. 학과별 사용 예정인 강의실은 무엇인지 구하고자 한다. 우
선, 어떤 학과들이 있는지를 살펴보아야 한다.

〈classroom.txt〉

```
학과:과목명:요일:시작시간:강의실
컴퓨터:파이썬 기초:월,수:10:S3246
컴퓨터:데이터베이스:화,목:11:S3220
수학:정수론:월,수:14:S3220
수학:선형대수:화,목:15:S3217
생물:공통과학I:화,목:16:S3246
```

학과에 관한 정보와 강의실 정보를 얻으려면, 문자열을 리스트로 분리해야 한다. 문자
열 함수인 split()을 적용하면 가능하다. 예를 들면, data = 'A:B:C'일 때, listdata
= data.split(':')를 실행하면, listdata = ['A', 'B', 'C']가 된다. 따라서, 다음과
같이 각 줄에 대해 split() 함수를 적용시킨 후, 학과명을 구한다.
주어진 classroom.txt 안에 저장된 학과만을 생각한다면, '컴퓨터', '수학', '생물' 밖에
는 없다. 그런데, 다른 학과가 추후 파일의 내용으로 추가가 되더라도 문제 없이 프로
그램이 실행되려면, 정해진 값만을 이용하지 말고 프로그램을 일반화시키는 것이 좋
다. 서로 다른 학과명을 도출하기 위해 데이터형 중에서 집합형(set)을 사용하면 된다.
depts 변수에 학과 이름이 저장되면, 이를 이용하여 강의실 정보를 담은 lectures 변
수의 원소값을 비교하기 위해 반복문을 이용하면 된다. 각 학과별로 작업을 수행하
기 위해 밖의 for onedept in depts: 반복문이 필요하고, 강의실 정보 등을 저장한
lectures 변수의 각 원솟값을 가져오기 위해 for onelecture in lectures: 반복문이

필요하다. 다음의 프로그램을 고려해보자.

```
01   fp = open("classroom.txt", "r", encoding = "utf-8")
02   fp.readline()                # 첫줄은 의미를 나타내므로 데이터에서 제외시킴.
03   classroom = fp.readlines() # 파일의 각 줄을 원소로 갖는 리스트 생성
04   lectures = []
05   for onelecture in classroom:
06       onelecture = onelecture.strip()    # 문자열 뒤의 '\n' 문자 떼기
07       onelecture = onelecture.split(":")# 구분자인 콜론으로 문자열 분리하기
08       lectures.append(onelecture)        # 분리시킨 리스트를 lectures 리스트의
09                                          # 원소로 추가하기
10   fp.close()
11
12   depts = []                           # 학과명 구하기 위한 리스트 초기화
13   for onelecture in lectures:
14       depts.append(onelecture[0])      # onelecture[0] : 학과명
15
16   depts = set(depts)                   # 중복된 학과명을 삭제함.
17
18   info = {}      # 학과가 키, 학과의 강의실 목록(리스트)이 값인 딕셔너리 info
19
20   #학과별로 강의실을 구함.
21   for onedept in depts:        # 학과별로 반복함.
22      info[onedept] = []        # 각 학과별 강의실을 담기 위한 리스트의 초기화
23      for onelecture in lectures:
24          if onedept == onelecture[0] :         # onelecture[0]: 학과명
25              info[onedept].append(onelecture[4]) # onelecture[4]: 강의실
26
27   print(info)        # {'수학': ['S3220', 'S3217'],
28                      # '컴퓨터': ['S3246', 'S3220'], '생물': ['S3246']}
```

라인 23~25는 학과별로 강의정보를 담은 onelecture[0]이 해당 학과(onedept)와 같다면, onelecture[4]를 그 학과의 강의실 목록(리스트)으로 추가하는 과정을 나타낸다.

실습해보기 19-3

다음과 같은 중간고사 성적 파일(midgrade.txt)을 읽어드린 후, 두 번째 줄부터 시작하여 끝까지 세 번째 있는 GPA를 합산하여 "평균 : 3.52"를 구하는 프로그램을 작성해보자. 파일의 첫 번째 줄에는 파일의 정보에 대한 구조가 정의되어 있다.

```
학번:이름:GPA:학년:소속학과
20191031:강지훈:3.78:1:컴퓨터
20191020:김명진:3.30:1:통계
20171011:주현주:4.00:3:영문
20191013:최진주:3.00:2:국문
```

실습해보기 19-1

(1) 60도 보다 더 큰 90도 회전으로 꽃잎의 너비를 늘이기

```
import turtle as t
t.speed(0)
t.ht()
t.rt(45)
for i in range(6):
    t.circle(100, 90)
    t.lt(90)
    t.circle(100, 90)
    t.lt(30)
```

(2) 90도 각도보다 더 큰 120도 회전으로 꽃잎의 너비를 늘이기

```
import turtle as t
t.speed(0)
t.ht()
t.rt(60)
for i in range(4):
    t.circle(100, 120)
    t.lt(60)
    t.circle(100, 120)
    t.lt(150)
```

circle() 함수에서 회전 각도가 클수록 꽃잎은 넓어진다. 첫번째 꽃잎이 동쪽과 평행하게 그리려면, 회전하는 각도의 1 / 2 만큼 시작시 오른쪽으로 회전하면 된다. 꽃잎이 시작점으로 다시 돌아오게 하려면, 꽃잎의 회전각도와 좌회전 각도의 합이 180도가 되면 된다.

실습해보기 19-2

```
import turtle as t
n = int(input("반복 횟수 > "))
t.shape('turtle')
fill = True                # 채우기 모드(begin_fill)를 참으로 함
for i in range(n):
    if fill == True: t.begin_fill()
    for _ in range(4):
        t.fd(100)
        t.lt(90)           # 사각형 만들기 위한 회전
                           # 다음 사각형을 그리기 위한 명령어
    t.lt(90)
    t.fd(100)
    t.rt(90)               # 거북이의 머리 방향의 조정
    # 채우기 모드 토글하기
    if fill == True:
        t.end_fill()       # 도형채우기가 끝남.
        fill = False       # 채우기 모드 끔.
    else:
        fill = True        # 채우기 모드가 꺼져있다면, 다시 켬.
```

실습해보기 19-3

```
f = open("midgrade.txt", "r", encoding = "utf8")
nolines = 0
sum = 0
f.readline()  #첫줄은 무시함.
lines = f.readlines()
for oneline in lines:
    data = oneline.split(":")    # 각줄의 내용을 ":" 문자로 분할함.
    print(data[2])               # data[2]에 GPA가 저장됨.
    sum += float(data[2])        # data[2]의 데이터 형이 문자열이므로 실수형으로
    nolines += 1
print("평균 : ", sum / nolines)
```

1. GUI란 사용자가 응용 프로그램을 편리하게 사용할 수 있도록 마우스로 입력을 할 수 있고 아이콘과 같은 객체를 클릭하여 프로그램을 동작시키는 환경을 말한다.

2. Turtle 프로그램에서 어떤 도형의 내부를 색칠할 때 begin_fill() 함수를 사용한다. 실제 색깔은 end_fill() 함수가 있어야 칠해진다. 두 함수 사이에 도형을 정의한다.

3. onkeypress(수행함수, '킷값') 함수는 어떤 '킷값'이 입력되면, 수행 함수를 수행한다.

4. t.circle(100, 180)이라고 함수를 사용하면 현재 turtle의 머리방향에서 좌측으로 180도 회전하면서 원호를 그리게 된다. 이 때, 반지름은 100이다.

5. Tkinter는 레이블(label), 버튼(button), 엔트리(entry), 캔버스(canvas), 스크롤바(scrollbar), 이미지 등의 위젯(widget) 클래스를 제공한다. 위젯이란 컴퓨터 사용자가 상호작용하는 인터페이스 요소이다.

6. Tkinter는 이벤트 기반의 GUI 방식을 제공한다. 즉, 사용자들의 마우스 클릭과 같은 이벤트의 발생을 처리할 수 있다.

7. 사용자가 발생시키는 이벤트를 대기하기 위하여 w.mainloop() 메소드를 사용하여야 한다. mainloop()은 이벤트를 감지하기 위한 반복문을 시작하여 이벤트가 발생하면 이를 감지하고 만일, 발생하는 이벤트가 창을 종료하는 이벤트가 아니라면, 지속적으로 이벤트를 감지하는 일을 수행한다.

8. Tkinter에서 위젯들은 Geometry 관리자를 통해 화면에 배치하게 되는데, 배치 방법은 grid(), pack(), place() 가 있다.

9. 이벤트와 이벤트 처리기를 연결시켜주는 메소드가 bind()이다.

10. 파일 처리를 위해 파일 객체 변수를 이용하여 파일을 개방(open)하고 닫을 수 있다(close). 파일을 읽기 위해 파일객체변수의 read(), readline(), readlines()가 있다. 파일에 쓰기 위해서는 파일객체변수의 write()와 writelines()가 있다.

연 습 문 제

1. 다음 프로그램을 수행하면 어떤 그림이 그려질지 직접 그려보자. 난이도 ★

(1)
```python
import turtle as t
t.shape('turtle')
t.pensize(5)
for i in range(4):
    for j in range(3):
        t.fd(100)
        t.rt(120)
    t.lt(90)
```

(2)
```python
pensize = 3
for i in range(4):
    t.pensize(pensize + i * 2)
    t.fd(200)
    t.rt(90)
```

(3)
```python
import turtle as t
colors = ["red", "pink", "orange"]
for i in range(3):
    t.begin_fill()
    t.fillcolor(colors[i])
    t.pu()
    t.goto(-200 + i * 50, 0)
    t.pd()
    t.circle(70)
    t.end_fill()
```

2. 다음과 같은 그림을 그리는 프로그램을 작성해보자. **난이도 ★★**

(1) 다음 그림과 같이 계단을 만드는 프로그램을 작성
하시오. 계단의 높이는 50, 길이는 100이며, 색상
은 초록색상이다.

(2) 다음 그림을 그리는 프로그램을 작성하시오. 단,
펜사이즈는 5, 작은 원의 반지름은 50, 큰 원의 반
지름은 100이다.

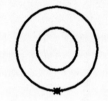

(3) 모든 변의 길이는 100이고, 아래의 삼각형은 정삼
각형이다.

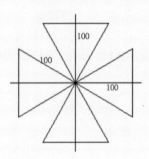

(4) 다음과 같이 Entry 위젯을 이용하여 문자 하나와 반
복 횟수를 입력받아 해당 문자를 1부터 반복 횟수
까지 반복하여 출력하는 프로그램을 작성해보자.

CHAPTER
20

가위바위보 게임기

기본 학습 목표

- Turtle의 모양을 이미지로 바꿀 수 있다.
- 키 입력 이벤트에 대한 이벤트 처리 함수를 작성할 수 있다.
- 컴퓨터와 사람의 선택에서 승자를 계산할 수 있다.

심화 학습 목표

- 반복적으로 가위바위보 게임을 진행할 수 있다.
- Turtle 명령어 중에서 write() 함수의 특징을 잘 이해할 수 있다.

핵심 학습 요소

- turtle 모듈, 키보드 이벤트 처리, randint() 함수

문제 상황 `CT`

컴퓨터와 가위, 바위, 보 할 수 있도록 프로그래밍 하려한다. 키보드의 키 r(rock), s(scissors), p(paper)를 이용하여 나의 선택을 알리고, 컴퓨터는 무작위로 r, s, p를 선택할 수 있게 하려면 어떻게 해야 할지 궁금하다. 터틀의 모습을 가위, 바위, 보 이미지로 바꾸어 컴퓨터의 선택에 따라 정확하게 이미지가 화면에 보이도록 프로그래밍해보자.

문제 분석 `CT`

✳ 컴퓨터의 역할

- 터틀의 이미지를 사용자가 정한 이미지로 바꾸기
- 사용자의 키보드의 키 입력을 인식하기
- 특정 키가 눌리면 이에 해당하는 함수가 동작하도록 만들기

❇ **사용자**

- 컴퓨터의 선택을 사용자에게 쉽게 전달할 수 있는 방법을 생각하기
- 가위, 바위, 보에 대한 사용자의 선택을 쉽게 나타낼 수 있는 키를 정의하기

❇ **입력**

- 가위 : s
- 바위 : r
- 보 : p

❇ **출력**

- 컴퓨터의 선택에 대한 가위, 바위, 보 중 하나의 이미지와 우승자

❇ **데이터**

- 터틀의 모양을 담은 리스트

[🔗 알고리즘] CT

❇ **전체 알고리즘 뼈대**

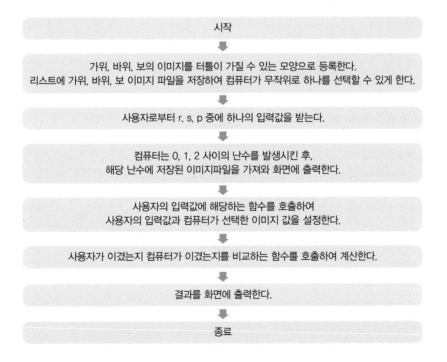

📄 **프로그래밍** CT

❋ **변수**

- s : 컴퓨터가 사용할 가위, 바위, 보 이미지 파일이름을 저장할 리스트. 이미지 파일 형식은 gif이어야 한다.
- cno : 0, 1, 2 중에 컴퓨터가 선택한 무작위 수
- myno : 0, 1, 2 중에 사용자가 선택한 수 (보: 0, 가위: 1, 바위: 2, 보 : 0)
- result : 우승자를 계산하기 위한 변수 (가위 < 바위 < 보 < 가위)

❋ **프로그램**

- 터틀 모듈와 컴퓨터의 선택(가위, 바위, 보 중 하나)을 만들어내기 위한 random 모듈을 포함한다. import turtle as t에서 as t는 turtle에게 별명을 만들어주게 된다. turtle을 사용해야 할 부분에서 turtle 대신 t로 사용하게 된다. from random import *는 모듈의 이름을 사용하지 않게 해준다. import random으로만 하면 random.xxx와 같이 모듈의 이름을 밝혀주어야 한다.

```
import turtle as t
from random import *
```

- 터틀의 모양을 컴퓨터가 가위, 바위, 보 중에 선택한 값으로 처리하기 위해 이미지 파일의 경로와 이름을 등록하고, 화면의 크기를 고정한다.

```
s = ["D:/images/pap.gif","D:/images/sci.gif","D:/images/roc.gif"]
t.setup(300, 300)                # 화면의 크기를 정한다.
for img in s:
    t.addshape(img)              # turtle 모양이 될 이미지 등록
```

> **Q 묻고 답하기**
>
> 📖 t.addshape("D: / images / paper.jpg") 명령어를 수행하면 터틀의 모양은 어떻게 변할까?
>
> 💬
> 파일 오류 발생한다. 반드시 gif 파일로 하여야 한다.

- 함수 show_result()는 나의 선택과 컴퓨터의 선택값을 입력 받아, 우승을 계산한다. 0은 보, 1은 가위, 2는 바위를 나타낸다. 실제 0(보) < 1(가위) < 2(바위)인데, 보가 바위를 이기므로 차이를 구하는 result = myno − cno에서 −2 또는 2가 나오게 된다. 2는 오히려 진 경우이고, −2는 반대로 이긴 경우이다. result 값이 1이면 이긴 경우, 0이면 무승부, −1이면 진 경우이다.

```
def show_result(myno, cno):
    t.shape(s[cno])
    result = myno - cno          # 우승 계산하기
    if result == 2: result = -1  # 내가 바위, 컴퓨터가 보. 내가 짐.
    elif result == -2 :
        result = 1               # 내가 보, 컴퓨터가 바위. 내가 이김.
    if result == 0 :
        print("컴퓨터와 무승부입니다. 다시 하세요.")
    elif result < 0 :            # result = -1
        print("당신이 졌습니다")
    else:                        # result = 1
        print("당신이 이겼습니다")
```

- 터틀의 onkeypress() 함수는 두 번째 매개변수의 값이 입력되면, 첫 번째 매개변수로 놓인 함수를 호출하게 된다. 예를 들어, t.onkeypress(rock, 'r') 함수의 호출은 만일, 사용자가 'r' 키를 입력하게 되면, 함수 rock()을 호출하게 된다는 의미이다. 입력값 's'와 'p'도 마찬가지로 각각 scissor() 함수와 paper() 함수를 호출하게 된다.

```
t.onkeypress(rock, 'r')          # 나는 바위를 냄
t.onkeypress(scissor, 's')       # 나는 가위를 냄
t.onkeypress(paper, 'p')         # 나는 보를 냄
```

Q 묻고 답하기

🖥 키 입력 이벤트에서 대소문자를 구분하지 않고 'r'이나 'R', 's'또는 'S', 'p' 또는 'P'에 대해 모두 이벤트 처리기를 연결시키려면?

🖥

```
t.onkeypress(rock, 'R')
t.onkeypress(scissor, 'S')
t.onkeypress(paper, 'P')를 추가한다.
```

• 함수 rock(), scissor(), paper()에서는 0, 1, 2 중에서 컴퓨터의 선택을 무작위로 결정지어주고, 사용자가 r 키를 눌러 rock()을 호출하게 되면, 나의 선택으로 myno 값에 2를 치환한다. 나머지 scissor()와 paper()도 마찬가지로 동작한다. 나와 컴퓨터의 선택값이 정해지면 결과를 계산하기 위해 함수 show_result()를 호출한다. 전체 프로그램의 함수 rock(), scissor(), paper()에서는 print("당신의 선택은 ...", end = ' ') 함수를 사용하고 있다. 이 부분은 나의 선택이 무엇이었는지를 확인할 수 있도록 도와준다.

```
def rock():
  cno = randint(0, 2)
  myno = 2
  print("당신의 선택은 [바위].",  end = ' ')
  show_result(myno, cno)


def scissor():
  cno = randint(0,2)
  myno = 1
  print("당신의 선택은 [가위].",  end=' ')
  show_result(myno, cno)


def paper():
    cno = randint(0, 2)
    myno = 0
    print("당신의 선택은 [보].",  end = ' ')
    show_result(myno, cno)
```

• 전체 프로그램은 다음과 같다.

```
01  import turtle as t
02  from random import *
03  s = ["D:/images/pap.gif","D:/images/sci.gif","D:/images/roc.gif"]
04  t.setup(300, 300)           # 화면의 크기를 정한다.
05  for img in s:
06      t.addshape(img)            # 가위, 바위, 보 이미지(gif)를 등록한다.
07  print("당신이 가위바위보를 하려면,  가위는 s, 바위는 r, 보는 p를 누르세요.")
08
09  def show_result(myno, cno):
10      t.shape(s[cno])
11      result = myno - cno          # 우승 계산하기
12      if result == 2: result = -1    # 내가 바위, 컴퓨터가 보. 내가 짐.
13      elif result == -2 : result = 1 # 내가 보, 컴퓨터가 바위. 내가 이김.
14      if result == 0 :
15          print("컴퓨터와 무승부입니다. 다시 하세요.")
16      elif result < 0 :                # result = -1
17          print("당신이 졌습니다")
18      else:                          # result = 1
19          print("당신이 이겼습니다")
20  def rock():
21      cno = randint(0,2)
22      myno = 2
23      print("당신의 선택은 [바위].",  end = ' ')
24      show_result(myno, cno)
25  def scissor():
26      cno = randint(0,2)
27      myno = 1
28      print("당신의 선택은 [가위].",  end = ' ')
29      show_result(myno, cno)
30  def paper():
31      cno = randint(0,2)
32      myno = 0
33      print("당신의 선택은 [보].",  end = ' ')
34      show_result(myno, cno)
35
36  t.onkeypress(rock, 'r')          # 나는 바위를 냄
37  t.onkeypress(scissor, 's')       # 나는 가위를 냄
38  t.onkeypress(paper, 'p')         # 나는 보를 냄
39  t.listen()
40  t.mainloop()
```

입력값	출력 결과	확인 및 유의사항
r	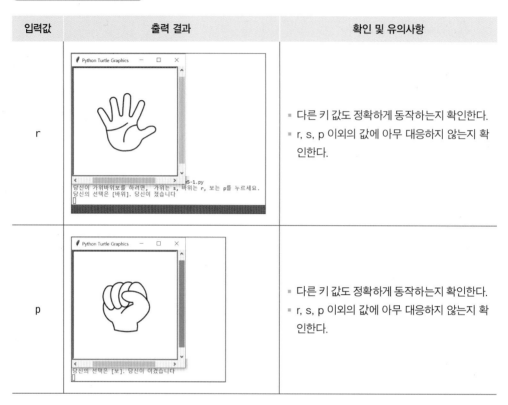	▪ 다른 키 값도 정확하게 동작하는지 확인한다. ▪ r, s, p 이외의 값에 아무 대응하지 않는지 확인한다.
p		▪ 다른 키 값도 정확하게 동작하는지 확인한다. ▪ r, s, p 이외의 값에 아무 대응하지 않는지 확인한다.

심화 활동   CT

승부의 결과를 print() 함수로 사용하지 않고 터틀 모듈에 정의된 함수 write()를 이용하여 프로그래밍해보자. 또한, 3판 2승으로 게임을 진행해보자.

1. import turtle as t에서 as t는 turtle에게 별명을 만들어주게 된다. turtle을 사용해야 할 부분에서 turtle 대신 t로 사용하게 된다. from random import *는 모듈의 이름을 사용하지 않게 해준다. import random으로만 하면 random.xxx와 같이 모듈의 이름을 밝혀주어야 한다.

2. 화면의 크기를 정하는 명령어는 turtle.setup(width크기, height크기) 이다.

3. Turtle 명령어에서 onkeypress() 함수는 두 개의 매개변수를 갖는데, 첫 번째 매개변수가 두 번째 매개변수에 오는 이벤트가 발생할 때 작동하는 이벤트 처리함수이다.

4. Turtle 명령어에서 listen() 함수가 실행되어야 키 입력모드가 실행되어 입력된 키에 반응할 수 있다.

1. 다음 프로그램의 기능을 설명하시오. `난이도 ★★`

```python
import turtle as t

t.speed(0)

def up():
    t.lt(90)
    t.fd(100)
    t.rt(90)

def down():
    t.rt(90)
    t.fd(100)
    t.lt(90)

def left():
    t.lt(180)
    t.fd(100)
    t.rt(180)

def right():
    t.fd(100)

t.onkeypress(up, 'Up')
t.onkeypress(down, 'Down')
t.onkeypress(left, 'Left')
t.onkeypress(right, 'Right')

t.listen()
```

2. 다음과 같이 두 점의 좌표를 입력 받으면, 두 점간의 거리를 구하여 소수점 이하 2자리까지 표현하는 프로그램을 작성해보자. 난이도 ★★

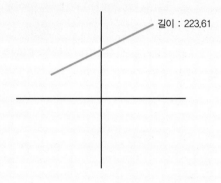

길이 : 223.61

- 두 점의 좌표값이 −200 ~ 200을 넘지 않을 때 두 점간의 거리를 계산하자.
- 첫번째 점의 (x, y) 좌표 : −100, 50
- 두번째 점의 (x, y) 좌표 : 100, 150

연 습 문 제

3. 위도우의 크기를 350x350으로 설정한다. 두개의 turtle을 만들어 하나는 사각형(square), 다른 하나는 거북이(turtle) 모양으로 한다. 거북이 모양의 turtle을 (−150, −150)에서 (150, 150) 사이의 임의의 위치로 옮겨다니도록 한다. 사각형 모양의 turtle이 거북이를 잡으러 다니는 프로그램을 작성하고자 한다. 연습문제 1의 프로그램에서 사각형 모양의 turtle의 이동거리를 50으로 하고, 두 turtle의 x, y 좌표값이 30픽셀 이내로 들어오면 거북이 모양의 turtle이 사라지도록 프로그래밍하려면, 빈칸의 내용은 어때야 할지 채우시오. 난이도 ★★★

```python
import turtle as t
import random
t.setup((1)_____)
def move(t, x, y):
    t.pu()
    t.goto(x, y)
    t.pd()
def up():
    t1.lt(90)
    t1.fd(50)
    t1.rt(90)
def down():
    t1.rt(90)
    t1.fd(50)
    t1.lt(90)
def left():
    t1.lt(180)
    t1.fd(50)
    t1.rt(180)
def right():
    t1.fd(50)
t.onkeypress(up, 'Up')
t.onkeypress(down, 'Down')
t.onkeypress(left, 'Left')
t.onkeypress(right, 'Right')
t.listen()
```

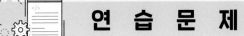

```
t1 = t.Turtle()
t2 = t.Turtle()
t1.speed(0)
t1.shape('square')
t1.pu()
t2.speed(1)
t2.color('red')
t2.shape('turtle')
t2.pu()
while (True):
    (2) _____        # t2를 이용시킴.
     if ((3)_____):          # 두개의 turtle이 만나는지 확인.
            t2.ht()
            break
```

CHAPTER 21

기억력 테스트 게임기

기본 학습 목표

▪ time 모듈의 sleep() 함수를 적절하게 사용할 수 있다.
▪ textinput() 함수를 적절하게 사용할 수 있다.
▪ 특정 범위의 난수를 발생시켜 원하는 개수만큼 리스트에 저장할 수 있다.

심화 학습 목표

▪ turtle 모듈의 write() 함수를 적절하게 사용할 수 있다.

핵심 학습 요소

• sleep() 함수, 터틀의 textinput(), reverse() 함수

문제 상황   CT

기억하고 싶은 1에서 99 사이의 임의의 숫자 n을 입력받은 후, n 개의 수를 2초 간격
으로 제시한 후, 창을 닫고 제시한 숫자들을 순서대로 맞히는 컴퓨터 게임을 만들고자
한다. 이 게임을 이용하여 사람들의 기억력을 테스트하고자 한다.

문제 분석   CT

※ 컴퓨터의 역할

• 1에서 99사이의 난수를 발생시키는 방법을 생각하기
• 2 초 간격으로 어떤 행동을 제어하는 방법을 생각하기
• 두 개의 리스트가 동일한 값을 갖는지 비교하는 방법을 생각하기

※ 사용자

• 숫자를 어떻게 제시할 것인지를 생각하기
• 숫자 제시 후, 사용자 입력을 받는 방법을 생각하기

입력

- 테스트하려는 숫자의 개수
- 컴퓨터가 제시한 숫자들에 대한 사용자 기억값

출력

- 사용자가 입력한 숫자들과 컴퓨터가 제시한 숫자들
- 정답 또는 오답 여부

알고리즘 CT

전체 알고리즘 뼈대

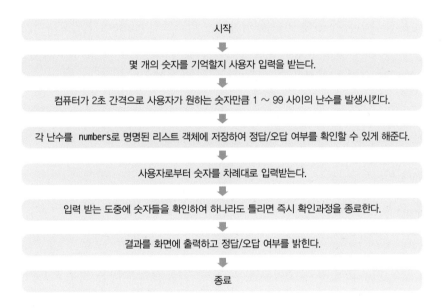

시작

↓

몇 개의 숫자를 기억할지 사용자 입력을 받는다.

↓

컴퓨터가 2초 간격으로 사용자가 원하는 숫자만큼 1 ~ 99 사이의 난수를 발생시킨다.

↓

각 난수를 numbers로 명명된 리스트 객체에 저장하여 정답/오답 여부를 확인할 수 있게 해준다.

↓

사용자로부터 숫자를 차례대로 입력받는다.

↓

입력 받는 도중에 숫자들을 확인하여 하나라도 틀리면 즉시 확인과정을 종료한다.

↓

결과를 화면에 출력하고 정답/오답 여부를 밝힌다.

↓

종료

알고리즘 효율성

- 프로그램의 이해를 돕기 위해 모듈의 이름을 사용하지 않는 방법을 생각해보자.
- 효율성을 위해 사용자의 입력을 모두 받은 후에 숫자를 비교하지 말고, 입력하는 숫자 하나씩 비교하여 바로 정답 여부를 확인할 수 있게 프로그래밍해보자.

📄 **프로그래밍** CT

✳ **변수**

- numbers : 컴퓨터가 발생시키는 난수들을 저장하는 리스트
- qno : 난수의 개수
- unumber : 사용자가 입력하는 숫자

✳ **프로그램**

- 프로그램이 필요로 하는 모듈들을 내포한다. 프로그램의 부피를 줄이기 위해, 모듈
  의 이름 없이 함수만 쓸 수 있도록 해보자. 모듈 turtle, 난수를 발생시키는 random,
  시간을 제어하는 time이 필요하다. 또한, 컴퓨터가 난수를 발생시키면 사용자의 입
  력과 같은지 확인하기 위해 난수를 저장하는 리스트인 numbers가 필요하다. 또한 몇
  문제를 풀 것인지 사용자에게 입력 받은 후, 값이 1보다 크면 숫자가 출력될 turtle
  창을 300x200 크기로 설정한 후 띄운다.

```
from turtle import *              # Turtle 모듈
from random import randint        # 난수 관련 모듈
from time import sleep            # 시간 관련 모듈
numbers = []                      # 난수 저장할 리스트
qno = int(textinput("","몇 개의 숫자를 기억하시겠습니까? "))
if qno > 1 :
    setup(300, 200)
```

- Turtle 창을 띄우고 숫자가 출력되면, 다음 숫자를 위해 화면을 지우고 turtle의 위
  치를 중앙점에 놓기 위한 화면 초기화 함수인 reset()을 호출한다. Turtle을 감추
  고, turtle을 중앙점인 (0, 0)에서 30 픽셀 좌측의 점인 (−30, 0)에 숫자가 출력될
  수 있도록 이동한다. 사용자가 정한 개수만큼 숫자를 발생시켜 리스트 numbers에
  추가하고, 폰트 크기 32로 숫자를 turtle 창에 출력한다. 출력 후에는 time모듈의
  sleep() 함수를 이용하여 2초간 출력을 정지시킨다.

```
for i in range(qno):
    reset()             # 화면을 지우고 turtle의 위치를 (0,0)으로
    ht()                # Turtle의 모양을 감추기
    pu()                # 펜을 들어 그림이 그려지지 않게 하기
```

```
    goto(-30, 0)           # Turtle 위치의 이동

    numbers.append(random.randint(1,99))
    write(numbers[i], font = ("", 32))
    sleep(2)               # 2초간 정지
```

• 숫자가 다 출력되면 turtle 화면을 닫고, 사용자로부터 숫자를 차례대로 입력받는다. 입력 시에 하나라도 숫자가 틀리면 바로 반복문에서 빠져나오고 정답과 함께 오답임을 출력한다. 만일 문제의 개수만큼 정확하게 반복하였으면 정답임을 출력한다.

```
bye()
Success = True
for i in range(qno):                      # 5개 숫자 비교하기
    unumber = int(input(str(i + 1) + '번째 숫자>> '))
    if unumber != numbers[i] :
        print(numbers, "오답입니다")         # 같지 않으면 오답 처리함
        Success = False                   # 답이 같지 않으므로 실패로 처리
        break
    if i = qno - 1 :                      # 다 맞히면 정답
        print(numbers, "정답입니다.")
```

Q 묻고 답하기

문 만일 프로그램이 다음과 같이 들여쓰기가 다르다면 무슨 일이 발생할까?

```
for i in range(qno): # 5개 숫자 비교하기
    unumber = int(input(str(i + 1) + '번째 숫자>> '))
    if unumber != numbers[i] :
        print(numbers, "오답입니다")         # 같지 않으면 오답 처리함
        Success = False                   # 답이 같지 않으므로 실패로 처리
        break
if i == qno-1: # 다 맞히면 정답
    print(numbers, "정답입니다.")
```

답
마지막 숫자에서 틀릴 때 오답과 정답을 모두 출력하게 된다.

• 전체 프로그램은 다음과 같다.

```
01   from turtle import *          # 터틀 모듈
02   from random import randint    # 난수 관련 모듈
03   from time import sleep        # 시간 관련 모듈
04
05   numbers = []                  # 난수 저장할 리스트
06
07   qno = int(textinput("","몇개의 숫자를 기억하시겠습니까? "))
08
09   if qno > 1 :
10       setup(300, 200)
11
12   for i in range(qno):
13       reset()                   # 화면을 지우고 터틀의 위치를 (0,0)으로
14       ht()                      # 터틀 감추기
15       pu()                      # 터틀의 펜을 들어 그려지지 않게 하기
16       goto(-30, 0)              # 위치 이동
17
18       numbers.append(randint(1,99))
19       write(numbers[i], font = ("", 32))
20       sleep(2)                  # 2초간 정지
21
22   bye()                         # 터틀 화면 닫음
23   Success = True
24   for i in range(qno):          # qno 개 숫자 비교하기
25       unumber = int(input(str(i + 1) + '번째 숫자>> '))
26       if unumber != numbers[i] :    # 같지 않으면 오답 처리함
27           print(numbers, "오답입니다")
28           Success = False
29           break
30       if i = qno - 1 :              # 다 맞히면 정답
31           print(numbers, "정답입니다.")
```

테스트와 디버깅 CT

입력값	출력 결과	확인 및 유의사항
몇개의 숫자를 기억하시겠습니까? 4 1번째 숫자 >> 33 2번째 숫자 >> 75 3번째 숫자 >> 4	[33, 75, 67, 7] 오답입니다	▪ 오답을 입력하였는데, 정답으로 처리 하였는지 확인한다. 특히, 마지막 문제에서 확인을 제대로 하고 있는지 살펴본다.
몇개의 숫자를 기억하시겠습니까? 3 1번째 숫자 >> 14 2번째 숫자 >> 59 3번째 숫자 >> 39	[14, 59, 39] 정답입니다.	▪ 정답인데, 오답처리하는지 확인한 다. 문제의 개수가 일치하는지도 확인한다.

심화 활동 CT

임의의 알파벳(소문자, 대문자 구분) 52개 중 5개 기억하여 맞힐 수 있도록 프로그램을 수정해보자.

1.   random 모듈의 randint()를 반복적으로 사용하여 특정 범위의 난수를 발생시킨 후, 리스트
     에 저장하면 난수 리스트가 만들어진다.

2.   일정 시간 간격을 두고 특정 사건이 일어나게 프로그램하려면 time 모듈에서 sleep() 함수
     를 이용하면 된다.

3.   Turtle 창에서 입력을 받으려면 textinput() 함수를 사용한다. 이 때, 반환값은 문자열이므로
     정수로 처리하려면 int() 함수를 이용하여 변환해야 한다.

4.   Turtle 창의 크기를 정하려면 setup() 함수에서 너비와 높이 값을 준다. 예를 들면,
     setup(300, 200)을 사용하면 300x200 크기의 창이 된다.

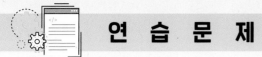

1. 다음 turtle 창에서 문자열을 입력받은 후, 문자열을 거꾸로 하여 터틀 창에 출력하는 프로그램을 작성하고자 한다. 다음 빈 칸에 프로그램을 작성해보자. 난이도 ★

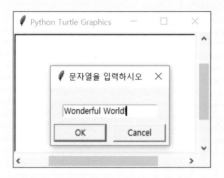 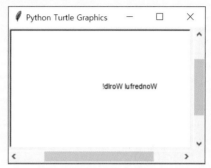

```
import turtle as t
import time
import random

def reverse(s):
    sl = list(s)
    ㉮ _____
    ㉯ _____

t.speed(0)
t.ht()
t.setup(300, 200)
s = t.textinput("문자열을 입력하시오","")
s = reverse(s)
t.write(s)
```

연 습 문 제

2. 다음 프로그램은 x 값의 범위가 −200 ~ 200 사이로 y = x² / 4 + 3에 대한 그래프 곡선을 그려주는 것이다. 빈 칸을 채워보자. `난이도 ★★`

```python
import turtle as t
t.speed(0)
t.ht()
t.setup(500, 500)

for _ in range(4):   # x축과 y축을 그린다.
    t.fd(250)
    t.back(250)
    t.lt(90)


# x 좌표값이 −200 인 곳으로 이동한 후, 곡선을 그린다.
```

3. 다음은 초록별이 (−200 ~ 200, −200 ~ 200) 사이의 좌표값을 무작위로 가지면서 1초 간격으로 이동하여 반짝이는 프로그램이다. 별의 크기는 한 꼭지점에서 다른 쪽지점까지의 직선 길이를 50으로 정하였을 때, 프로그램을 완성하기 위해 빈 상자의 프로그램을 작성해보자. `난이도 ★★`

4. 다음 크리스마스 나무에 장식을 만든 코드가 있다. 다음 문제를 해결하기 위한 프로그램을 작성하시오. 난이도 ★★

```python
01   import turtle as t
02   import time
03   import random
04
05   t.speed(0)
06   t.ht()
07   t.setup(400, 400)
08
09   colors = ["red", "gold", "pink", "blue", "yellow", "lightgreen", "cyan", "purple"]
10
11   def move(x, y):
12       t.pu()
13       t.goto(x, y)
14       t.pd()
15
16   def drawtree():
17       t.color("darkgreen", "darkgreen")
18       x = -35            # 나무 꼭대기 삼각형의 시작점 (x, y). 화면 가운데
19       y = 100               # 나무가 그려지도록 함.
20       for i in range(3):
21           move(x, y)
22           t.begin_fill()
23           for j in range(3):    # 위에서 아래로  삼각형 그리기
24               t.fd(70 * (i + 1)) # 한 변의 길이는 70씩 늘어나게 그림.
25               t.lt(120)
26           t.end_fill()
27           x -= 35        # 다음 나무의 시작 위치가 늘어나는 한변의 길이의
28           y -= 100              # 1 / 2이 되도록 설정함. y는 100씩 줄임.
29
30       t.goto(x + 35 + 70, y + 100) # 나무의 중앙에 나무지지대가 오도록 함.
31       t.color("brown", "brown")
32       t.begin_fill()
33       for i in range(4):        # 한 변의 길이가 70인 사각형을 그림.
34           t.fd(70)
35           t.rt(90)
36       t.end_fill()
```

연 습 문 제

```
37
38    def drawchain():
39        startx = -40              # 장식 전구를 그리는 출발점의 위치를 임의로
40        starty = 35              # (-40, 35)로 설정함.
41        t.color("black")          # 테두리의 색은 검정으로 함.
42        for i in range(8):
43            move(startx + (i * 13), starty-(i * 12)) # 원의 지름인 10을 감안하여
44            t.color("black", colors[i])       # 다음 전구의 시작점을 설정함.
45            t.begin_fill()
46            t.circle(10)          # 지름이 10인 원을 그림.
47            t.end_fill()
48
49    drawtree()
50    drawchain()
```

🖥 수행 결과

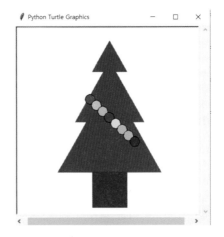

(1) 나무 장신구인 전구의 색이 1초 간격으로 무작위로 변하게 하여 반짝이는 효과를 내는 프로그램을 수정하시오.

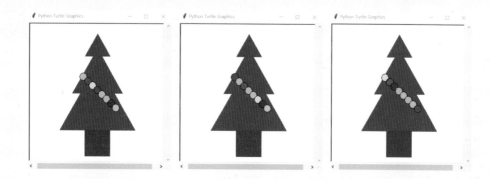

(2) 나무 꼭지점 중앙에 색상을 주면 색상으로 칠해진 별을 그리는 함수 drawstar (color)를 작성하고, 첫 번째 전구의 색과 동일하게 같은 시간 간격으로 색상이 변하게 하는 프로그램을 수정하시오.

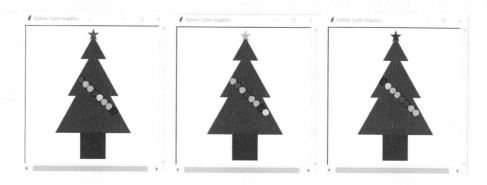

CHAPTER 22

GUI 계산기

기본 학습 목표

- 윈도우의 이름을 만들 수 있다.
- Tkinter의 **Button** 위젯 객체를 만들 수 있다.
- Tkinter의 **Entry** 위젯 객체를 만들 수 있다.
- 마우스 클릭이나 키 입력 이벤트에 대해 이벤트를 처리하는 함수를 정의할 수 있다.

심화 학습 목표

- 여러 개의 **Button** 위젯 객체를 만들 수 있다.

핵심 학습 요소

- GUI 버튼, eval() 함수, Entry 위젯

문제 상황   CT

옆의 그림과 같이 **tkinter** 모듈을 이용하여 창의 위쪽에 놓인 검은색 칸에 마우스로 버튼을 클릭하면 해당 숫자와 연산자가 찍히도록 한 후, '='을 클릭하면 계산 결과를 출력하도록 프로그래밍 하자. 이 계산기에는 사칙 연산자 이외에도 나머지를 구하는 연산자와 지수를 계산하는 연산자, 정수 나눗셈과 실수 나눗셈을 계산하는 연산자가 있다.

📝 문제 분석 `CT`

❊ 컴퓨터의 역할

계산기를 만들 때 컴퓨터가 처리해야 할 일들을 생각해보자.

- tkinter의 Entry 위젯과 Button 위젯의 사용법
- 위젯을 윈도우에 배치하는 방법
- 버튼을 클릭하는 이벤트가 발생하면, 버튼 클릭이라는 이벤트를 처리하는 처리기를 호출하기 위한 방법
- 이벤트 처리기의 정의

❊ 사용자

계산기를 사용하는 사용자들이 편하게 계산기를 사용하게 하기 위한 방법을 생각해보자.

- 사용자가 계산하기 용이하게 버튼의 크기를 정하고 위치를 정한다.
- 한번 계산이 완료되면 이전 입력들은 쉽게 지워질 수 있도록 기능을 정의한다.

❊ 입력

- 버튼 클릭

❊ 출력

- 클릭한 버튼 위에 적힌 문자
- 계산 결과

❊ 데이터

- 0 ~ 9 까지 숫자, 사칙 연산자(+, −, *, /) 와 기타 파이썬 연산자 (%, //, **)

알고리즘 `CT`

※ 전체 알고리즘 뼈대

시작

원하는 GUI를 정의하기 위해서 윈도우 객체를 정의한다. 또한, 계산 결과나 사용자가
마우스로 클릭하게 될 문자를 화면에 보여줄 Entry 위젯을 정의한다.

계산기에 놓일 연산자들과 숫자들을 하나씩 처리하기 위한 버튼 정보를 리스트로 정의한다.

윈도우에 버튼들을 4행 5열로 놓일 수 있게 버튼의 너비와 높이를 설정하고,
특정 버튼이 클릭되는 이벤트가 발생하면, 이를 처리할 함수 click()를 정의한다.

함수 click()은 사용자가 어떤 버튼을 클릭했는지 정보를 입력 받아, 입력 문자에 따라
적절한 행동을 취하게 된다. 입력문자가 '='이면 연산 결과를 계산하고, 'C'이면
Entry 위젯의 내용을 모두 삭제한다. 그밖의 문자에 대해서는 Entry 위젯에 출력되도록 한다.

종료

프로그래밍 `CT`

※ 변수

- window : 윈도우 객체
- e : Entry 위젯. 계산 결과를 보여줌
- buttons : 버튼 위에 출력될 문자들의 리스트
- row : 특정 버튼이 놓이게 될 행
- col : 특정 버튼이 놓이게 될 열
- key : 사용자가 클릭한 버튼위의 문자
- b : 한 개의 Button 위젯

✳ 프로그램

- GUI를 제공하기 위하여 tkinter 모듈을 내포하고, 윈도우 객체를 정의한다. title() 메소드를 이용하여 윈도우의 이름을 "계산기 만들기"로 설정하여 윈도우 상단에 이름이 뜨도록 한다.

```
from tkinter import *
window = Tk()
window.title("계산기 만들기")
```

- 제일 먼저 버튼을 클릭하게 되면, 버튼 위의 숫자나 연산자들이 출력될 Entry 위젯을 정의한다. 이 때, Entry 위젯의 너비는 40 픽셀이고, 배경색은 검은색, 글자색은 흰색으로 한다. 가장자리의 두께를 5픽셀로 한다. Entry 위젯을 윈도우에 배치할 때, 하단에 놓일 Button 위젯들을 한 행에 5개씩 격자 모양으로 배치시킬 것을 가정하여 columnspan을 5로 설정한다. 첫 번째 위젯이므로 row와 column 값을 모두 0으로 설정한다.

```
e = Entry(window, width = 40, bg = "black", fg = "white", bd = 5)
e.grid(row = 0, column = 0, columnspan = 5)
```

- 버튼 목록을 초기화 한다. 윈도우에 배치될 순서로 정의한다.

```
buttons = [
'0', '1', '2', '+', '%',
'3', '4', '5', '-', '//',
'6', '7', '8', '*', '**',
'9', '.', '=', '/', 'C' ]
```

- 버튼 리스트에 저장된 각 버튼 문자를 이용하여 먼저 Button 위젯을 정의해보자. Button 위젯은 윈도우를 4행, 5열 격자로 나누어 정의한다. Entry 위젯이 행(row) 0에 배치되므로, 버튼은 1 행부터 배치되게 된다. 버튼이 0번째 열부터 배치되기 시작하다가, 열인 col 변수의 값이 5가 되면, 한 행이 버튼 5개로 꽉찼음을 의미하므로, 다음 행으로 가기 위해 변수 row를 1 증가시키고, 변수 col은 0으로 초기화한다. 버튼이 클릭되는 이벤트가 발생하면, 이를 처리하는 함수인 click을 command 옵션의 값으로 배정하여 추후 정의한다.

```
row = 1
col = 0
for char in buttons :
        b = Button(window, text = char, width = 7, height = 3, command = click)
        b.grid(row = row, column = col)
        col += 1
        if col > 4 :
                row += 1
                col = 0
```

- 다음은 특정한 버튼이 클릭되는 이벤트가 발생하였을 때, 이 이벤트를 처리하는 함수인 click()을 정의한다. 이벤트 처리 함수 click()은 어떤 버튼이 클릭되었는지 정보가 필요하기 때문에, 해당 정보를 줄 수 있는 반복문 안에서 정의되어야 한다. 다음과 같이 반복문 안에서 정의를 하게 되면, 어떤 버튼이 클릭되었고 해당 문자가 무엇인지 매개변수 key로 확인할 수 있다. key 값이 무엇이냐에 따라 행동이 달라진다. 만일 key 값이 '='이면, 지금까지 입력한 문자열들을 eval()이라는 함수의 매개변수로 정의해 결과값을 계산하게 된다. 지금까지 입력한 문자열들은 Entry 위젯에 저장되어 있으므로, 값을 구하기 위해 객체 변수 e의 메소드 get()을 사용하면 된다. key값이 'C'이면 Entry 위젯에 담긴 내용을 삭제하기 위해 객체 변수 e의 메소드 delete()를 이용한다. 그 밖의 문자들은 차례대로 객체 변수 e의 메소드 insert()를 이용하여 Entry 위젯에 저장한다.

```
for char in buttons :

        def click(key = char) :
            if key == '=' :
                result = eval(e.get())
                s = str(result)
                e.delete(0, END)
                e.insert(0, s)
            elif key == 'C' :
                e.delete(0, END)
            else :
                e.insert(END, key)
```

• 최종 프로그램은 다음과 같다.

```
01    from tkinter import *
02    window = Tk()
03    window.title("계산기 만들기")
04
05    e = Entry(window, width = 40, bg = "black", fg = "white", bd = 5)
06    e.grid(row = 0, column = 0, columnspan = 5)
07
08    buttons = [
09    '0',  '1',  '2',  '+',  '%',
10    '3',  '4',  '5',  '-',  '//',
11    '6',  '7',  '8',  '*',  '**',
12    '9',  '.',  '=',  '/',  'C' ]
13
14    row = 1
15    col = 0
16    for char in buttons :
17
18            def click(key = char) :
19                if key == '=' :
20                    result = eval(e.get())
21                    s = str(result)
22                    e.delete(0, END)
23                    e.insert(0, s)
24                elif key == 'C' :
25                    e.delete(0, END)
26                else :
27                    e.insert(END, key)
28
29            b = Button(window, text = char, width = 7, height = 3, command = click)
30            b.grid(row = row, column = col)
31            col += 1
32            if col > 4 :
33                    row += 1
34                    col = 0
35    window.mainloop()
```

 테스트와 디버깅 CT

입력값	출력 결과	확인 및 유의사항
'='이나 'C'가 아닌 문자 버튼 클릭		▪ Entry 위젯에 클릭한 문자들이 잘 쓰여지는지 확인한다.
위의 입력에 대해 '='버튼을 클릭		▪ 결과가 맞게 계산되는지 확인한다.
'C'버튼을 클릭		▪ 글자가 지워지는지 확인한다.

심화 활동 CT

Entry 위젯 대신 Label 위젯으로 바꾸면 프로그램이 어떻게 바뀔지 프로그래밍 해보자.

1. Entry(window, width = 40, bg = "black", fg = "white", bd = 5)의 의미는 '사용자가 텍스트를 입력할 수 있는 Entry 위젯 클래스 객체는 너비는 40 픽셀이고, 배경색은 검은색, 글자색은 흰색으로 갖고 가장자리의 두께를 5픽셀로 생성한다'이다.

2. Entry 위젯에 담긴 내용을 삭제하기 위해 메소드 delete()를 이용한다.

3. Entry 위젯의 메소드 insert()를 이용하여 Entry 위젯에 텍스트를 저장한다.

4. Entry 위젯의 메소드 get()을 이용하여 사용자가 입력한 텍스트의 내용을 알 수 있다.

5. Button(window, text = char, width = 7, height = 3, command = click)의 의미는 '버튼의 너비는 7 글자단위, 높이는 3 글자단위이며, char 변수의 값을 문자열로 갖는 버튼을 만들고, 버튼이 클릭되면 click() 함수를 호출한다'는 의미이다.

연 습 문 제

1. [프로젝트 문제] 2부에서 커피 자동 주문기 버튼을 클릭하여 금액을 계산하는 GUI 프로그램으로 바꿔보자.

단, 가격은 아메리카노(핫), 핫초코는 3000원이고 나머지는 모두 4000원이라고 가정하자. 아래의 좌측 그림에서 아메리카노(핫) 1잔과 카페라테(핫) 1잔을 주문하였고, 우측 그림에서 주문 버튼을 클릭하였다. 난이도 ★★

커피 자동 주문기		
3000+4000		
아메리카노(핫)	카페라떼(핫)	카푸치노(핫)
아메리카노(아이스)	카페라떼(아이스)	카푸치노(아이스)
카라멜마끼아또	핫초코	레모네이드
자몽에이드	주문	지움

커피 자동 주문기		
7000 원을 결제하세요.		
아메리카노(핫)	카페라떼(핫)	카푸치노(핫)
아메리카노(아이스)	카페라떼(아이스)	카푸치노(아이스)
카라멜마끼아또	핫초코	레모네이드
자몽에이드	주문	지움

2. 다음 프로그램의 실행했을 때, 실행결과를 예측하시오. 난이도 ★★

(1)
```
01    from tkinter import *
02    window = Tk()
03    mybooks = [
04    {"제목":"안드로이드앱개발", "저자" : "최전산",
05            "출판사": "PCBOOK", "가격": 25000, "출판년도": 2017},
06    {"제목":"파이썬", "저자" : "강수라",
07            "출판사": "연두", "가격": 23000, "출판년도": 2019},
08    {"제목":"자바스크립트", "저자" : "박정식",
09            "출판사": "SAMS", "가격": 38000, "출판년도": 2018},
10    {"제목":"HTML5", "저자" : "주환", "출판사": "생능출판사",
11            "가격": 33000, "출판년도": 2012},
12    {"제목":"컴파일러", "저자" : "장진웅", "출판사": "PCBOOK",
13            "가격": 24000, "출판년도": 2011},
14    {"제목":"C언어", "저자" : "홍말숙", "출판사": "한빛미디어",
15            "가격": 29000, "출판년도": 2010},
16    {"제목":"프로그래밍비타민", "저자" : "현정숙",
17            "출판사": "정익사", "가격": 41000, "출판년도": 2009},
18    {"제목":"안드로이드", "저자" : "이광희", "출판사": "한빛미디어",
19            "가격": 42000, "출판년도": 2013},
```

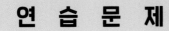

```
20    {"제목":"앱인벤터", "저자" : "박규진", "출판사": "생능출판사",
21              "가격": 30000, "출판년도": 2015}
22    ]
23
24    noBooks = len(mybooks)
25    title = []
26    sbutton = []
27
28    row = 0
29    i = 0
30    while (i < noBooks):
31
32        def click(key = i):
33            print(mybooks[key]["제목"], mybooks[key]["출판사"])
34
35        msg = "%2d. %s " % (i + 1, mybooks[i]["제목"])
36        title.append(Label(window, text = msg, width = 30, height = 3,
37                    relief = "solid", bg = "gold", anchor = "w"))
38        title[i].grid(row = row, column = 0)
39        sbutton.append(Button(window, text = "구매", width = 4, height = 3,
40                        command = click))
41        sbutton[i].grid(row = row, column = 1)
42
43        i += 1
44        row += 1
45
46    window.mainloop()
```

연 습 문 제

(2) 위 (1)번의 프로그램을 수정하여 책의 제목을 클릭하면, 다음 [실행 결과]와 같이 책에 관한 정보가 레이블에 출력되는 프로그램을 작성하시오.

수행 결과

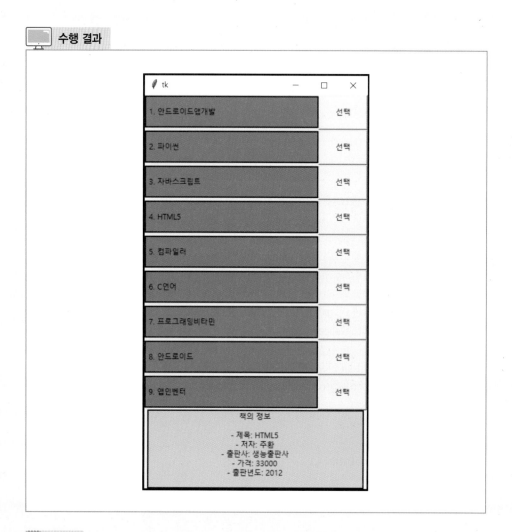

Hint

HTML5라는 책을 선택하면, 아래에 책의 정보가 출력된다. 책의 배경색은 grey이고 책의 정보를 출력하는 레이블의 배경색은 lightgrey이다.

CHAPTER 23

여행지 퀴즈 게임기

기본 학습 목표

- Label 위젯의 config() 함수를 이용하여 계속 다른 문자열을 제시할 수 있다.
- 함수 밖에서 정의된 변수를 함수 내부에서 사용하기 위해 global 변수를 사용할 수 있다.
- PhotoImage 위젯을 이용하여 이미지를 처리할 수 있다.

심화 학습 목표

- Radiobutton 위젯을 사용할 수 있다.

핵심 학습 요소

- Label 위젯, PhotoImage 위젯, 파일, global 변수

문제 상황 <small>CT</small>

사회 과목에서 다루는 문화 지역에 대한 공부를 하고 있다. 친구들과 함께 공부하기 위해 문화 지역을 맞혀보는 퀴즈 문제를 컴퓨터가 내도록 프로그래밍하고자 한다. 즉, 문화 지역에 대한 이미지와 문제의 내용이 제시되면 문제의 정답을 맞혀보는 퀴즈 프로그램을 만들려고 한다. 이 때, 문제의 내용은 파일에 저장이 되어 있고 파일의 내용이 갱신될 수 있어서 개수는 불확실하다. 문제의 주제나 내용은 파일에 어떤 문제를 담느냐에 따라 향후에 변경이 가능하다.

문제 분석 <small>CT</small>

✳ 컴퓨터의 역할

- GUI를 이용하여 이미지와 이미지에 관련된 내용을 제시
- 파일 처리
- Label과 Entry, Button 위젯 사용
- 키 입력 이벤트 처리

사용자

- 이미지와 문제, 정답을 입력할 칸, 버튼 등 화면을 설계하기
- 정답을 처리하는 방법에 대해 생각하기
- 파일에 저장된 문제를 모두 풀어본 다음 화면 처리 방법을 생각하기

입력

- 정답과 정답 확인을 위한 [Enter] 키
- 다음 문제를 보기 위한 버튼 클릭

출력

- 문제와 문제 이미지, 다음 문제 확인 버튼
- 정답 / 오답의 여부

데이터

- 문제를 저장하고 있는 파일

알고리즘 CT

전체 알고리즘 뼈대

시작

↓

원하는 GUI를 제공하기 위해서 윈도우 객체를 정의한다.
질문, 이미지, 정답/오답을 표시하는 결과 Label 위젯들을 정의한다.

↓

파일을 개방하여 문제들을 가져와 리스트에 저장한다.

↓

정답을 입력할 수 있도록 Entry 위젯을 정의하고 사용자가 [Enter] 키를 입력하여
정답 입력을 완료하였을 때, 키 이벤트를 처리할 함수를 정의한다. 함수에서는 사용자의
답이 정답인지 오답인지를 판단하고 Label 위젯에 출력한다.

↓

다음 문제 제시를 위한 Button 위젯을 정의하고 버튼을 클릭하였을 때
이 이벤트를 처리할 함수를 정의한다.

↓

위 버튼 클릭 이벤트 처리 함수에는 리스트에 저장된 문제들을 차례대로 가져와
화면에 제시하기 위해 리스트에 저장된 각 문자열을 분할하는 과정과 각각의
내용을 적절한 Label 위젯 내용으로 포함이 될 수 있도록 변경해 주는 내용이 정의된다.

↓

문제 제시 함수를 호출하여 문제 제시를 시작하고 문제가 모두 제시되면
다시 첫 문제를 반복적으로 제시할 수 있도록 처리한다.

↓

종료

❋ 알고리즘 효율성

• 파일을 효율적으로 처리할 수 있는 방법을 생각하기

• 위젯의 속성을 쉽게 바꿀 수 있는 방법을 생각하기

📄 **프로그래밍** CT

❋ **변수**

• window : 윈도우 객체

• qlabel : 문제 레이블 위젯 변수

• ilabel : 이미지 레이블 위젯 변수

• rlabel : 정답을 맞혔는지 여부를 제시하는 결과 레이블 위젯 변수

• file : 파일 객체

• p : 문제를 담은 문자열을 원소로 갖는 리스트

• answer : 정답 문자열

• e : 사용자 입력을 처리하는 Entry 위젯 변수

❋ **프로그램**

• GUI를 위해 tkinter를 내포하고 퀴즈의 문제, 이미지, 정답 칸을 정의하기 위해 Label 위젯 변수들을 정의한다.

```
from tkinter import *
w = Tk()
w.title("퀴즈 풀기")
w.geometry("400x350 + 10 + 10")
qlabel = Label(window, width = 100, text = "")    # 질문 레이블
qlabel.pack()
ilabel = Label(window)                            # 이미지 레이블
ilabel.pack()
Label(window, text = "정답을 쓰고 [Enter]키를 누르시오.").pack()
rlabel = Label(window)                            # 정답 / 오답 결과 레이블
rlabel.pack()
```

• 문제를 담고 있는 텍스트 파일 'problem.txt'을 개방하고 파일 객체의 readlines() 함수를 이용하여 파일의 한 줄씩을 읽어들여 리스트의 한 원소로 저장한다. 또한, 프로그램에서 사용할 인덱스 변수와 정답을 나타내는 변수 answer를 초기화한다.

```
file = open("problem.txt", "r")
p = file.readlines()
file.close()
i = -1
answer = ""
```

- 사용자가 정답을 입력할 수 있도록 Entry 위젯을 정의하고 정답을 입력한 후 정답의
  끝을 나타내는 [Enter] 키를 입력하였을 때, 이 이벤트를 처리할 checkanswer() 함
  수를 정의한다. Entry 위젯을 '다음 문제'를 제시하기 위한 Button 위젯보다 먼저 화
  면에 배치한다. checkanswer() 함수의 내용은 공백으로 둔다.(def checkanswer() :
  pass)

- 문제 제시를 위한 getQuestion() 함수를 정의한다. 이 함수에서는 problem.txt 입
  력 파일에 4개의 문제만 저장되어 있기 때문에 문제의 개수를 4개로 한정한다.
  problem.txt 파일에는 "문제내용:문제의답:이미지파일명" 과 같은 형식의 문자열이
  한줄씩 4줄 저장되어 있다. 마지막 문제가 제시되면 다시 첫 문제를 제시하기 위해
  문제 순서를 나타내는 인덱스 변수 i의 값을 0으로 재초기화한다. 문제 제시를 위해
  엔트리 객체 변수 e에 저장된 문자열을 모두 지우고, 결과 레이블의 값도 모두 지운
  다. 이 때, 레이블의 config() 메소드를 사용한다. 프로그램의 전체에서 사용될 수
  있도록 변수 i, answer, e는 전역변수로 처리한다.

```
global i, answer, e
i += 1
if i >= 4 : i = 0                     # 문제가 4개여서 반복함
e.delete(0, len(e.get()))
rlabel.config(text = "")
```

- 모든 문제를 담은 리스트 p에서 한 문자열 원소를 가져와 먼저 문자열 끝에 놓인 줄
  바꿈 문자('\n')를 제거하기 위해 strip() 함수를 사용한다. 줄바꿈 문자열을 제거한
  문자열을 aQuestion 변수에 치환한다.

- aQuestion 문자열 변수에 대해 split() 함수를 이용해 Q라는 문자열 리스트로 분할
  한다. 파일의 한 줄 문자열에는 문제, 정답, 이미지 정보가 저장되어 있고, 정보를
  구분하기 위해 ':'을 구분자로 사용하고 있다. Q의 첫 번째 리스트 원소에는 문제, 두
  번째 리스트 원소에는 답, 세 번째 리스트 원소에는 문제에 대한 이미지 파일이름이
  저장되어 있다.

```
aQuestion = p[i].strip()
Q = aQuestion.split(":")
```

• 문제인 Q[0]은 qlabel의 텍스트로 치환하고 답인 Q[1]은 전역변수 answer로 치환한다. 이미지는 PhotoImage(file = **파일명**) 위젯을 이용하여 이미지 객체 img를 생성한 후, 레이블의 이미지로 처리하기 위해 ilabel.config(image = img) 메소드와 ilabel.image = img를 사용한다.

```
qlabel.config(text = Q[0])        # Q[0] : 문제
answer = Q[1]                     # Q[1] : 답
img = PhotoImage(file = Q[2])     # Q[2] : 이미지파일
ilabel.config(image = img)
ilabel.image = img
```

• 위 단계에서 한 문제를 화면에 출력하였다. 마지막으로 다음 문제를 해결하기 위한 Button 위젯을 정의하여 버튼이 클릭되면 위에서 정의한 getQuestion() 함수를 호출할 수 있도록 설정한다. 또한, 첫 문제는 버튼을 클릭하지 않고 화면에 출력하기 위하여 한번 getQuestion() 함수를 호출한다.

```
Button(window, text = "다음 문제", command = getQuestion).pack()
getQuestion()
```

• 마지막으로 공백으로 두었던 checkanswer() 함수를 완성시키기 위해 Entry 위젯에 담긴 사용자의 답과 getQuestion()에서 구한 문제의 정답인 answer 변수 값이 동일한지 확인하여 정답 여부를 확인한다.

```
def checkanswer(event):
    global answer, e
    if answer == e.get() : rlabel.config(text = "정답입니다.")
    else: rlabel.config(text = "오답입니다.")
```

• 전체 프로그램은 다음과 같다.

```
01   from tkinter import *
02   window = Tk()
03   window.title("퀴즈 풀기")
04   window.geometry("400x350 + 10 + 10")
05   qlabel = Label(window, width = 100, text = "")    # 질문 레이블
06   qlabel.pack()
07   ilabel = Label(window)                            # 이미지 레이블
08   ilabel.pack()
09   Label(window, text = "정답을 쓰고 [Enter]키를 누르시오.").pack()
10   rlabel = Label(window)                            # 정답 / 오답 결과 레이블
11   rlabel.pack()
12   file = open("problem.txt", "r")
13   p = file.readlines()
14   file.close()
15   i = -1
16   answer = ""
17   def checkanswer(event):
18       global answer, e
19       if answer == e.get() : rlabel.config(text = "정답입니다.")
20       else: rlabel.config(text = "오답입니다.")
21   e = Entry(window, width = 50)                     # 사용자 답 입력창
22   e.bind("<Return>", checkanswer)
23   e.pack()
24
25   def getQuestion():
26       global i, answer, e
27       i += 1
28       if i >= 4 : i = 0                             # 문제가 4개여서 반복함
29       e.delete(0, len(e.get()))
30       rlabel.config(text = "")
31       aQuestion = p[i].strip()
32       Q = aQuestion.split(":")
33       qlabel.config(text = Q[0])                    # Q[0] : 문제
34       answer = Q[1]                                 # Q[1] : 답
35       img = PhotoImage(file = Q[2])                 # Q[2] : 이미지파일
36       ilabel.config(image = img)
37       ilabel.image = img
38   Button(window, text = "다음 문제", command = getQuestion).pack()
39   getQuestion()
40   window.mainloop()
```

 테스트와 디버깅 CT

입력값	출력 결과	확인 및 유의사항
		■ 화면에 문제와 이미지 정답 칸이 제대로 보이는지 확인한다. ■ 또한 답을 입력 후, [Enter]키를 쳐서 정답 / 오답이 출력되는지 확인한다. ■ 파일을 텍스트 에디터로 개방하여 정답 / 오답을 확인한다.

문제의 정답을 맞히는 과정에서 Radiobutton 위젯을 이용하여 답을 맞힐 수 있는 객관식 문제 형식으로 프로그램을 변경해보자.

라디어 버튼을 활용하는 사례는 다음과 같다.

```python
import tkinter
window = Tk()
window.geometry("640x480 + 100 + 100")
def check():
    label.config(text = "선택 = " + str(ans.get()) + "\n" )


ans = IntVar()
radio1 = Radiobutton(window, text = "북극", value = 1, variable = ans, command = check)
radio1.grid(row = 4, column = 0)

radio2 = Radiobutton(window, text = "오세아니아", value = 2, variable = ans,
command = check)
radio2.grid(row = 4, column = 1)

radio3 = Radiobutton(window, text = "사막", value = 3, variable = ans, command = check)
radio3.grid(row = 4, column = 2)

radio4 = Radiobutton(window, text = "동남아시아", value = 4, variable = ans,
command = check)
radio4.grid(row = 4, column = 3)

window.mainloop()
```

1. 파일을 개방한 후, 파일 내용을 여러 줄 읽어오는 readlines() 함수는 한줄씩을 원소로 갖는 리스트를 반환한다. 이 때, 각 원소의 값 마지막에는 '\n' 문자가 놓여 있다. 문자열 끝에 놓인 줄바꿈 문자('\n')를 제거하기 위해 strip() 함수를 사용한다.

2. e.bind("〈Return〉", checkanswer) 명령어는 엔터(Enter)키를 입력하면 checkanswer() 함수를 호출하도록 이벤트에 대한 처리 프로그램을 연결한 것이다.

3. 정답 Label 위젯의 텍스트를 바꾸기 위해 config() 함수를 이용하여 정답 / 오답을 출력할 수 있다.

4. 이미지는 PhotoImage(file = 파일명) 위젯을 이용하여 이미지 객체 img를 생성한 후, 레이블의 이미지로 처리하기 위해 ilabel.config(image = img) 메소드와 ilabel.image = img를 사용한다.

연습문제

1. 원으로 표현된 보물을 네모로 표현된 배가 잡으러 다니기 위해 화살표 키를 이용하여 움직여보는 게임을 프로그래밍하자. 이 때, 배가 보물이 놓인 위치에 가면 보물이 사라지도록 한다. 배는 위, 아래, 좌, 우 방향으로만 움직인다. **난이도 ★★★**
   알고리즘은 다음과 같다.

시작

원하는 GUI를 제공하기 위해서 윈도우 객체를 정의한다.
보물과 배가 놓일 캔버스를 정의하고 보물과 배를 생성한다. 이 때, 보물의 위치를
확인할 수 있도록 리스트에 저장한다. 배는 화면의 중앙에 놓이게 하고,
보물의 위치는 캔버스 크기 안에서 무작위로 발생시킨다.

키의 움직임에 따른 이벤트 처리 함수를 정의한다.
키는 위, 아래, 좌, 우로 이동하므로 각각 4 개의 함수가 필요하다.

위 방향으로 이동하는 키 입력시에는 배가 화면에서 사라지지 않도록 y 좌표값이 0 미만이
안되도록한다. 아랫방향으로는 y 좌표값이 높이를 넘지 않도록 한다. 좌측 방향으로는 x
좌표값이 0 미만이 안되도록 한다. 우측 방향으로는 x 좌표값이 너비를 넘지 않도록 한다.

화살표가 눌리면 배의 한번 움직임의 간격을 50 픽셀로 설정한다. 이 때, 이 값는 배의 크기와
동일하게 맞춘다. 보물의 크기도 배의 크기와 동일하게 설정한다.
배의 위치를 추적하여 한 개의 보물의 위치와도 같아지면 캔버스에서 보물을 지운다.

보물을 다 잡을 때까지 반복한다.

종료

- 이 프로그램의 주요 이벤트는 키 처리이다. 키의 움직임이 정확한지 확인한다.

- 보물이 사라지는지 확인한다.

- 세 개의 보물이 무작위로 발생하는지 확인한다.

1. 다음 프로그램의 수행결과를 그리시오. `난이도 ★`

(1)
```python
import turtle as t
color = ['red', 'green', 'blue']
t.shape('turtle')
for n in range(2,6):
    t.pencolor(color[n%3])
    t.fd(100)
    t.lt(90)
    t.width(2 * n)
```

(2)
```python
import turtle as t
t.shape('turtle')
def draw(n):
    for i in range(n):
        t.circle(100)
        t.lt(360 / n)

draw(3)
```

(3)
```python
import turtle as t
def draw_box(length):
    for _ in range(4):
        t.fd(length)
        t.lt(90)

def ndraw(number):
    d = 1
    for n in range(number):
        draw_box(200 / d)
        d *= 2
ndraw(3)
```

(4)
```python
def drawzip(n, left = True):
    for _ in range(n):
        t.fd(100)
        if left == True:
            t.lt(360 / n)
        else:
            t.rt(360 / n)

drawzip(3)
drawzip(4, False)
t.ht()
```

2. 다음 문제를 프로그래밍 하시오. `난이도 ★★`

(1) 어린이 동화에 나오는 토끼와 거북이 경주 게임을 만들고 싶다. 동화에서처럼 토끼는 경주 도중에 낮잠을 잔다. 토끼와 거북이 달리는 모습을 이미지를 통해 보여주고 목적지에 빨리 도착한 친구가 이겼다고 알려주도록 해 보자.

(2) sample.txt 파일의 내용이 다음과 같다. 파일을 열어 데이터를 읽어드린 후, 총금액을 모두 더하여 출력하는 프로그램을 작성하시오. 단 첫째줄은 #와 #간의 데이터 항목에 대한 설명을 담고 있다. 주문의 수에서는 제외하시오.

```
주문번호#고객번호#이름#총금액#날짜
121211#100#김철수#1500#2018-08-21
221223#200#양미경#9500#2018-08-31
323237#300#허진수#2100#2018-09-15
454244#400#고평옥#1750#2018-11-01
```

〈sample.txt〉

3. [프로젝트 문제] 재활용 쓰레기를 각각 정확히 버려야 할 바구니에 버릴 수 있도록 연습하는 프로그램을 작성해보자. 다음 그림과 같이 쓰레기는 빨강, 파랑, 초록, 노랑 공으로 표현하고, 각 쓰레기를 담을 수 있는 바구니를 빨강, 파랑, 초록, 노랑 바구니로 표현하자. 쓰레기는 창의 상단 중앙에서 떨어지고, 키보드의 좌(←), 우(→) 화살표 키를 이용하여 쓰레기가 떨어지는 방향을 제어할 수 있도록 하자. 방향키를 계속 누르면 속도가 빨라지게 하자. 쓰레기(공)가 자신과 같은 색깔의 바구니에 닿으면 점수를 3점 추가하고, 바구니에 못담고 바닥에 닿으면 프로그램이 종료하도록 프로그래밍하자. 마지막으로, 쓰레기(공)가 바구니에 닿으면 새로운 쓰레기(공)가 네가지 색중에 한가지를 무작위로 갖게 하여 다시 창의 상단 중앙에서 떨어지도록 프로그래밍하자. 난이도 ★★★

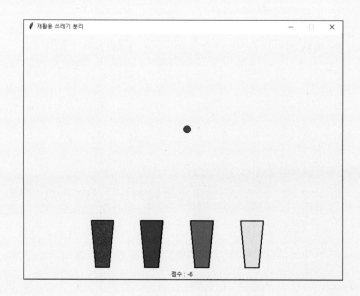

■ 문제를 해결하기 위한 바구니의 좌표를 다음과 같이 하자.

```
ballcolors = ['red', 'blue', 'green', 'yellow']

basketpoints = [[-150, 100, -100, 100, -110, 200, -140, 200],
        [-40, 100, 10, 100, 0, 200, -30, 200],
        [70, 100, 120, 100, 110, 200, 80, 200],
        [180, 100, 230, 100, 220, 200, 190, 200]]
```

■ 캔버스 위젯의 크기를 다음과 같이 하자.

```
...
canvas = Canvas(tk,width = 500,height = 500,bd = 1,highlightthickness = 1)
canvas.pack()
...
```

■ 바구니와 닿았는지 여부를 확인하기 위해 공의 우측 하단의 좌표값을 다음과
  같이 하자.

쓰레기 바구니 색상	x 좌표 범위	y 좌표
빨강	45 ~ 95	400
파랑	155 ~ 215	400
초록	275 ~ 325	400
노랑	385 ~ 435	400

4. 파이썬의 turtle 모듈을 이용하여 별 모양의 장식을 단 지휘봉을 여러가지 색깔로 그리려 한다. 별의 개수는 사용자 마음대로 정할 수 있으며 별들은 시계 방향으로 같은 색깔로 그려진다. 그리고 모두 색깔이 같아지면, 다음 색으로 바꾸어 별들을 차례대로 그릴 수 있게 프로그래밍하고자 한다. 정해 진 색깔의 수만큼 반복한다. 난이도 ★★★

5. 원을 이용하여 눈 객체를 여러 개 만들어 눈이 내리는 모습을 프로그래밍 하고자 한다. 다음 빈 칸을 채우시오. 난이도 ★★★

```
from turtle import *
import random as r
from time import *
snowballs = []
class Snow:
    def __init__(self, x, y):

                                        # 클래스 속성 x에 매개변수 x 값 치환
                                        # 클래스 속성 y에 매개변수 y 값 치환
        self.turtle = Turtle()
        self.turtle.color('white')
        self.turtle.speed(0)
        self.turtle.ht()


    def draw(self, x, size):

                                        # 펜을 들어 눈의 이동 시 줄이 그어지지 않게함
                                        # 눈이 내려오도록 y의 값을 40 ~ 50사이 난수만
                                        # 큼 감소하게 한다.
                                        # 해당 위치로 객체를 이동한다.
                                        # 다시 눈이 그려지도록 펜을 내린다.
        self.turtle.begin_fill()
        self.turtle.circle(size)
        self.turtle.end_fill()
```

```
bgcolor('black')
ht()
setup(500, 500)
for _ in range(5):
    snowballs.append(Snow(r.randint(-200, 200), r.randint(180, 200)))

for _ in range(10):
    for i in range(5):
        snowballs[i].draw(r.randint(-200, 200), 15)
```

수행 결과

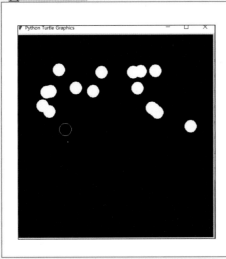
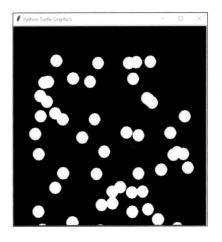

PART4 종합연습문제

6. 글자 색깔을 담고 있는 colors 배열을 이용하여 다음 [실행 결과]와 같이 글자가 출력되도록 프로그래밍하시오. 줄 간격은 50 픽셀이고, 글자 앞의 − (대쉬, dash) 길이는 10 픽셀이고 검정이다.

```
01    import turtle as t
02    subjects = ['국어 작문I', '영어회화 I', '대학 수학', '창의기초코딩']
03    colors = ['red', 'green', 'blue', 'black']
04
05    i = 0   # colors 리스트에서 색상의 인덱스 값
06
07    for subject in subjects: #과목별로 다음 문장을 반복하라.
08        t.color('black')
09        t.fd(10)                    # - (대쉬, dash) 그리기
10
11        ①_____              # 글자의 색상 처리하기
12        t.write(subject)
13
14        t.pu()
15        t.rt(90)
16        ②_____              # 줄간 간격 만들기
17        t.lt(90)
18
19        ③_____              # 다음 색상의 인덱스로 변경하기
20        t.back(10)
21        ④_____              # 펜의 모드 교정하기
```

🖥 **수행 결과**

_국어 작문I

_영어회화 I

_대학 수학

_창의기초코딩

PART 5

인공지능 응용

CHAPTER 24   데이터 과학과 인공지능

CHAPTER 25   미세먼지 데이터 시각화

CHAPTER 26   원주율 계산기

CHAPTER 27   숫자 인식기

종합연습문제

CHAPTER 24 데이터 과학과 인공지능

기본 학습 목표
- 인공지능, 머신러닝, 딥러닝을 이해할 수 있다.
- 빅데이터의 개념을 이해할 수 있다.
- matplotlib, numpy, pandas를 활용하여 프로그램을 작성할 수 있다.

심화 학습 목표
- Scikit-learn을 활용하여 간단한 머신 러닝 프로그램을 작성할 수 있다.
- Keras를 활용하여 간단한 딥러닝 프로그램을 작성할 수 있다.

24.1 데이터과학

데이터 과학(data science)은 데이터로부터 사람이 원하는 정보를 추출하는 학문을 말한다. 데이터의 수집, 분석, 가공 등을 컴퓨터로 처리하는 전 과정에서 사용되는 체계적인 이론과 기술들을 포함한다. 데이터 과학은 정형, 비정형을 포함하여 다양한 데이터를 탐구하고 분석하여 실세계의 문제를 해결한다. 특히 최근에 대량의 데이터로부터 필요한 지식이나 정보를 추출하고 이를 바탕으로 중요한 의사 결정을 할 수 있도록 한다.

24.2 빅데이터란?

빅데이터(big data)란 다양한 형태의 대량 데이터로 기존의 데이터 관리 기법(데이터베이스)으로 다루기 어려운 데이터를 일컫는 용어다. 기존의 데이터에 비하면 그 규모가 방대하고, 생성 주기도 짧으며, 형태도 수치 데이터뿐 아니라 문자와 영상 데이터를 포함하는 대규모 데이터를 말한다. 예를 들면, 트위터, 유투브, CCTV 영상 정보 등 하루에 수십 테라바이트(Tera-byte) 이상의 데이터가 나날이 생성되고 있다. 또 다른 예로 비행기가 한번 이착륙하는 과정에서도 테라바이트 이상의 데이터가 생성된다.

빅데이터의 특징은 5V로 나타낼 수 있다. 5V는 다음과 같다.

- 데이터의 양(Volume)
- 데이터 생성 속도(Velocity)
- 형태의 다양성(Variety)
- 데이터의 정확성(Veracity)
- 데이터의 가치(Value)

Volume은 얼마나 많은 데이터가 있는지를 나타낸다. Velocity는 새로운 데이터가 얼마나 빨리 생성되는지를 의미한다. Variety는 데이터의 종류가 얼마나 많은 지를 말해준다. Veracity는 데이터가 얼마나 정확한 지, Value는 데이터가 얼마나 가치가 있는지를 의미한다.

데이터의 유형은 크게 보면 정형과 비정형으로 구분한다. 정형과 비정형의 구체적인 예는 다음과 같다.

- 정형 : 관계형 데이터나 엑셀
- 비정형 : 이미지, 동영상, 음성, SNS

정형은 관계형 데이터나 엑셀 형태로 만들어진 데이터를 말하고 비정형은 이미지, 동영상, 음성, SNS 등의 데이터를 말한다. 영상이나 음성은 컴퓨터가 구분하기 까다로운 데이터 유형이다. SNS 데이터는 그래프 기반 데이터의 전형적인 예이다.

빅데이터 분석 기법은 다양한데 크게 보면 다음과 같다.

- 분류 : 새로운 데이터 값이 어떤 그룹에 속하는지를 분석하는 기법
- 군집화 : 유사한 특성을 가진 데이터끼리 묶는 기법
- 머신러닝 : 데이터를 이용해 학습한 후 데이터를 분석하는 기법
- 회귀분석 : 데이터 과학에서 두 변수 사이의 관계를 알아내고 이를 바탕으로 예측하는 기법
- 감성분석 : 문장에서 표현이 긍정 또는 부정인지를 판별하는 기법

Q 묻고 답하기

빅데이터 분석 사례로 어떤 것이 있을까?

검색 빈도 분석을 통한 구글의 독감 트렌드, 교통량 예측 시스템, 기업별 고객 분석, 맛집 분석 등 많은 사례가 있다.

빅데이터 분석 기법을 빅데이터에 적용하는 과정은 [그림 24-1]과 같다. 크게 보면 6 단계로 구성된다. 목표 설정, 데이터 획득, 데이터 사전 가공, 데이터 분석, 데이터 모델링, 사용자 맞춤형 서비스 등이다. 목표 설정 단계에서는 빅데이터 분석을 통해 궁

1단계 : 목표 설정

⬇

2단계 : 데이터 획득

⬇

3단계 : 데이터 사전 가공
- 데이터 정제   • 데이터 통합   • 데이터 변환

⬇

4단계 : 데이터 탐색적 분석
- 그래프 등을 이용한 시각적 분석

⬇

5단계 : 데이터 모델링
- 머신 러닝 모델 등을 적용하여 모델 진단과 비교

⬇

6단계 : 사용자 맞춤형 서비스 제공
- 사용자 인터페이스 설계 및 구현
- 실제 상황으로부터 획득한 데이터 기반 빅데이터 분석 결과 도출

[그림 24-1] 빅데이터 적용 단계

극적으로 해결하고자 하는 바가 무엇인지를 정한다. 데이터 획득 단계에서는 외부 또는 내부에서 센서 등을 포함해 다양한 경로로 데이터를 수집한다. 데이터 사전 가공 단계에서는 다양한 형태의 데이터에서 오류정정, 불필요한 데이터 제거, 서로 다른 데이터의 변환과 통합 등이 이루어진다. 데이터 탐색적 분석 단계에서는 그래프 등을 이용하여 데이터의 특성을 이해한다. 데이터 모델링 단계에서는 데이터 특성을 반영하여 다양한 머신 러닝 모델을 적용해 보고 모델 진단과 모델 간의 비교 분석을 해 본다. 마지막으로, 사용자 맞춤형 서비스 제공 단계에서는 활용 가능한 모델을 실제 상황에 적용하여 빅데이터 분석을 실시하고 분석 결과를 사용자에게 제공한다.

24.3 인공지능

24.3.1 인공지능

인공지능은 인간의 지능을 컴퓨팅 기기처럼 기계를 이용하여 지능을 일정 수준으로 가능하게 한 것이다. 인공지능 관련하여 인공지능, 머신러닝, 딥러닝이라는 용어들이 널리 사용되고 있는 데 이들 간의 관계는 다음과 같이 포함 관계로 나타낼 수 있다.

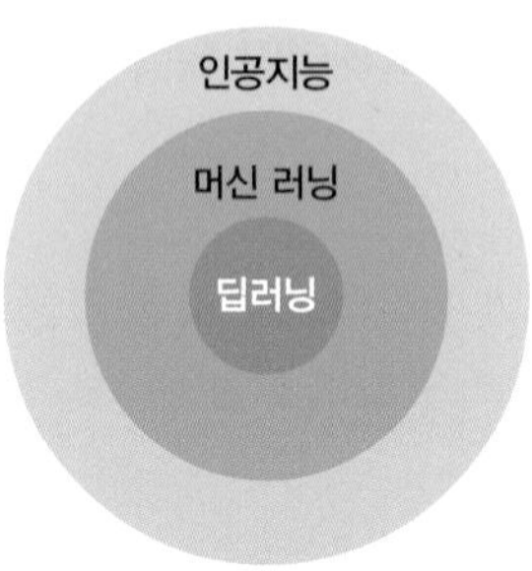

[그림 24-2] 인공 지능 관련 포함 관계

[그림 24-2]에서 보는 것처럼, 인공지능이 가장 넓은 개념이다. 머신러닝은 빅데이터 기반으로 학습을 통해 성능을 높인다. 딥러닝은 머신러닝의 한 종류로 볼 수 있는 데 특징은 인공 뉴런들을 여러 층으로 연결한 인공신경망 기법이라는 것이다.

인공지능이라는 개념 자체는 예전부터 있어왔다고 볼 수 있지만, 현대적 의미에서 인공지능은 컴퓨터가 발명되고 난 이후에 본격적으로 인공지능이라는 개념이 구체화되고 조금씩 발전했다고 볼 수 있다. 1940년대 지금의 컴퓨터의 근간이 되는 튜링 기계를 제시한 앨런 튜링은 인공지능의 개념을 설명하면서 다음과 같이 인공지능을 테스트하기 위한 [그림 24-3]과 같은 튜링 테스트를 제시했다.

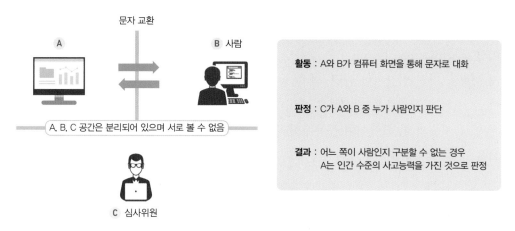

[그림 24-3] 튜링 테스트 개념도

Q 묻고 답하기

튜링테스트를 통과한 사례가 있는가?

답
'챗봇', '알파고' 등이 튜링 테스트를 통과한 것처럼 생각할 수도 있다. 하지만 진정한 사람과 같은 인공 지능이 되려면 다양한 분야에서 지능적인 응답과 종합적인 판단력이 있어야 할 것이다.

인공지능은 인간의 지능으로 할 수 있는 사고, 학습, 자기 개발 등을 컴퓨터가 사람처럼 동등하게 하거나 더 잘할 수 있도록 하는 방법을 연구한다. 따라서 인공지능은 컴퓨터 공학의 한 분야로서, 컴퓨터가 인간의 지능적인 행동을 모방할 수 있도록 한다.

또한 인공지능은 깊이 들여다보면 컴퓨터 과학의 다른 분야와 직간접으로 많은 관련을 맺고 있다. 예를 들면, 인공지능은 프로그래밍을 통해 이루어지기 때문에 프로그래밍과 연계되어 있다. 특히 현대에는 정보기술의 여러 분야에서 인공지능적 요소를 도입하여 그 분야의 문제 풀이에 활용하려는 시도가 매우 활발하게 이루어지고 있다.

인공지능은 인간의 경험과 지식을 바탕으로 문제를 해결하는 능력, 시각 및 음성 인식의 지각 능력, 자연 언어 이해 능력, 자율적으로 움직이는 능력 등을 컴퓨터나 전자 기술로 실현하는 것을 목적으로 한다. 인공 지능의 궁극적인 목표는 사람처럼 생각하고 행동까지 할 수 있는 기계를 개발하는데 있다.

24.3.2 머신러닝

머신 러닝(machine learning)은 컴퓨팅 기기에게 데이터를 수집해 학습시킴으로써 인지 능력을 가진 인간처럼 판단, 예측 등의 일을 할 수 있도록 한다. 학습 과정에 적용할 수 있는 알고리즘을 개발하고 데이터를 학습에 적용할 수 있도록 한다. 머신 러닝은 인공 지능의 한 분야이며 응용수학과 통계학에 기초하고 있다. 데이터에 데이터 과학을 적용하는 방법으로 크게 보면 회귀(regression)와 분류(classification)가 있다.

회귀와 분류는 다양한 분야에 적용되고 있다. 예를 들면, 필기체 숫자를 인식하여 분류, 사진이나 음성으로부터 사람 인식 등이 있다. 회귀 분석 중에 기본적인 선형 회귀 분석 방법은 두 변수 간의 상관 관계를 분석하여 선형적으로 관계를 구하는 것이다.

머신 러닝에 사용하는 파이썬 도구는 매우 다양하다. 대표적인 패키지로 numpy(넘파이), pandas(판다스), matplotlib(매트플롯리브) 등이 있다. 또한, 머신 러닝을 위해 Scikit-learn(사잇키런)과 Keras(케라스) 등이 있다.

24.3.3 딥러닝

딥러닝은 인공신경망이 발전한 형태로 볼 수 있다. 딥러닝이 처음 등장한 것은 인공신경망이 탄생한 후 40여년이 지난 1980년대이다. 이러한 딥러닝은 컴퓨터 하드웨어와 알고리즘에 문제가 있어서 빛을 보지 못하다가 2010년 이후 급격히 발전하여 성과를 내기 시작하였다. 딥러닝은 방대한 데이터 안에 내포된 규칙을 발견해 분류할 수 있다.

딥러닝은 2016년 알파고가 프로 바둑 기사를 이김으로써 우리나라에서도 유명해졌다. 구글을 비롯하여 세계적인 기업들이 딥러닝을 다양한 분야에 적용하는 과정에 있다. 예를 들면, 페이스북은 딥러닝을 이용해 얼굴 인식 알고리즘을 개발하였다. 또한, MS, 구글 등은 음성 비서를 개발하여 보급하고 있다. 이 밖에도 암 진단과 처방 등 다양한 분야에서 딥러닝 기술이 적용되고 있다.

Q 묻고 답하기

🖳 딥러닝의 장·단점은 무엇일까?

🖳
- 장점: 음성이나 이미지 인식 분야에서 정확도가 높다.
- 단점: 많은 계산 시간과 예측 결과에 대한 설명이 어렵다.

24.4 데이터 시각화 라이브러리 – matplotlib

matplotlib는 다양한 형태로 그래프나 그림을 그리는 데 사용하는 파이썬 2D 라이브러리다. 선 그래프, 히스토그램, 바 차트 등 다양한 그래프를 matplotlib를 이용해 쉽게 그릴 수 있다. matplotlib를 사용하여 그래프를 그리기 위해서는 다음과 같이 프로그램 코드 구조를 가져야 한다.

```
import matplotlib as plt           # matplotlib 라이브러리를 가져오고,
                                   # 라이브러리 이름이 길기 때문에 plt로
                                   # 줄인 이름을 사용

plt.plot([x축 값], [y축 값], 옵션)   # plot() 함수에 x, y 축 값 제공
plt.show()                         # 그래프 그리기
```

다음 〈표 24-1〉은 plot()의 옵션에 들어가는 약자를 정리한 것이다.

〈표 24-1〉 plot() 옵션들

색깔	마커 심볼	선 종류
b blue g green r red c cyan m magenta y yellow k black w white	. point o circle x x-mark + plus * star s square d diamond v triangle (down) ^ triangle (up) < triangle (left) > triangle (right) p pentagram h hexagram	- solid : dotted -. dashdot -- dashed (none) no line

24.4.1 점과 선 그래프 그리기

위의 그래프 그리는 프로그램 구조를 바탕으로 작성한 그래프를 그리는 간단한 예제가 다음과 같다. 아래 프로그램의 경우 plot() 함수에 주어진 값은 x축 값은 생략되고 y축 값만 주어진 상태다. x축 값이 주어지지 않으면 디폴트로 0부터 3까지 [0, 1, 2, 3]이 된다.

```python
import matplotlib.pyplot as plt

plt.plot([1, 2, 3, 4])
plt.ylabel('y-axis values')              # y축 이름을 표시
plt.show()
```

수행 결과

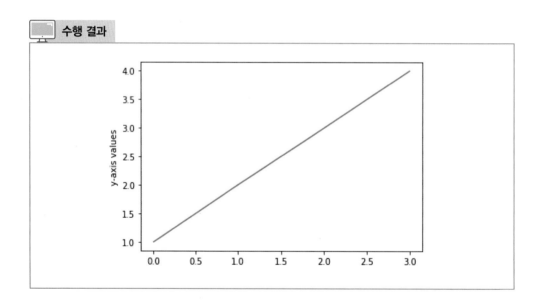

아래 예제는 옵션을 'ro'로 준 경우이다. 옵션 'r'은 빨간색(red), 'o'는 원(circle)을 의미한다. axis() 함수는 x축 값의 범위와 y 축의 범위를 지정한다. 아래 예는 x 축의 범위를 0부터 6, y 축의 범위를 0부터 12까지로 표시하게 된다.

```
import matplotlib.pyplot as plt

plt.plot([1, 2, 3, 4], [1, 7, 5, 10], 'ro')    # 마커 심볼 모양과 색깔을 지정
plt.axis([0, 6, 0, 12])
plt.show()
```

수행 결과

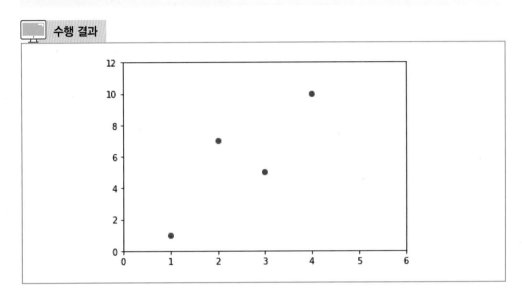

실습해보기 24-1

점선을 추가하도록 수정해 보자.

24.4.2 막대그래프(bar chart) 그리기

위에서 그린 그래프를 막대그래프로 그리고 싶다면 plot() 함수 대신에 bar() 함수를
이용하면 된다.

```
import matplotlib.pyplot as plt

plt.bar([1, 2, 3, 4], [1, 7, 5, 10])    # 막대 그래프 그림
plt.axis([0, 6, 0, 12])
plt.show()
```

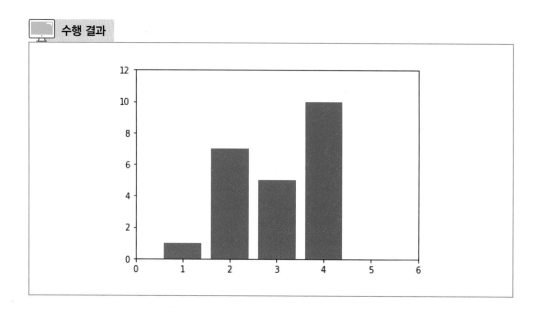

24.4.3 여러 개의 그래프 같이 보여주기

subplot() 함수를 이용하면 동시에 여러 개의 그래프를 보여줄 수 있다. 아래 예는 점
그래프와 막대 그래프를 위 아래로 배치하여 보여준다.

```python
import matplotlib.pyplot as plt

plt.figure(figsize = (10, 10))          # 그래프 가로와 세로 크기 지정
plt.subplot(2, 1, 1)
plt.title('dot graph')                  # 그래프 첫번째 행
plt.plot([1, 2, 3, 4, 5], [1, 7, 5, 10, 11], 'ro')
plt.axis([0, 6, 0, 12])

plt.subplot(2, 1, 2)                     # 그래프 두번째 행 위치
plt.title('bar graph')
plt.bar([1, 2, 3, 4, 5], [1, 7, 5, 10, 11])
plt.axis([0, 6, 0, 12])
plt.show()
```

수행 결과

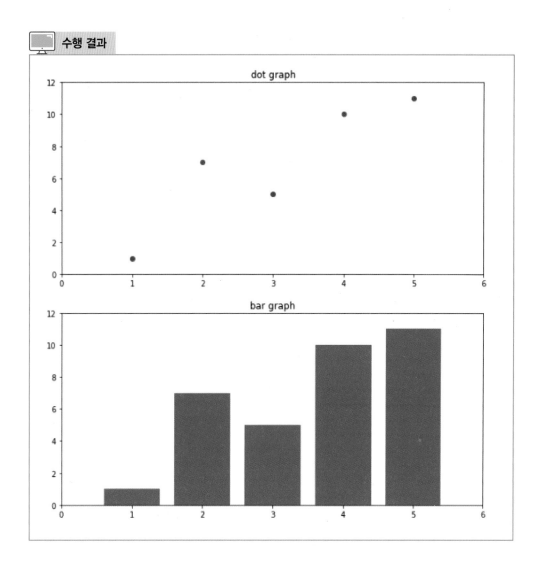

실습해보기 24-2

위의 그래프를 같은 행에 보여주도록 수정해 보자.

24.4.4 한글 이름 사용하기

그래프의 제목이나 x, y축의 이름을 한글로 나타내고자 하는 경우에는 다음과 같이
한글 폰트를 가져와야 한다.

```python
import matplotlib.pyplot as plt
from matplotlib import font_manager, rc

font_name = font_manager.FontProperties(fname = "c:/Windows/Fonts/
malgun.ttf").get_name()

rc('font' , family = font_name)

plt.figure(figsize = (10, 10))
plt.subplot(2, 1, 1)
plt.title('점 그래프')
plt.plot([1, 2, 3, 4, 5], [1, 7, 5, 10, 11], 'ro')
plt.axis([0, 6, 0, 12])

plt.subplot(2, 1, 2)
plt.title('막대 그래프')
plt.bar([1, 2, 3, 4, 5], [1, 7, 5, 10, 11], color = 'orange') # 막대 색깔을
plt.axis([0, 6, 0, 12])                                        # 오렌지색으로 지정
plt.show()
```

수행 결과

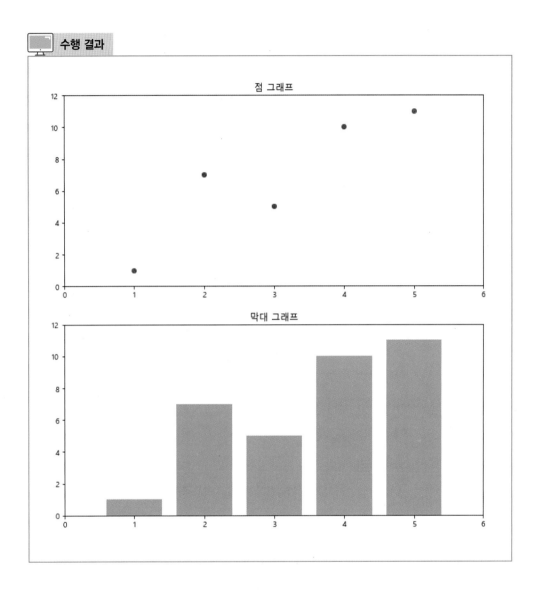

24.4.5 산포도 그래프 그리기

scatter() 함수를 이용하면 많은 점을 원하는 크기로 나타낼 수 있다. 아래 예제는 크기가 10인 원 모양으로 산포도를 표현한다.

```python
import matplotlib.pyplot as plt
import random

plt.title('산포도 그래프')

for i in range(100):
    x = random.uniform(0.0, 6.0)
    y = random.uniform(0.0, 100.0)
    plt.scatter(x, y, s = 10)

plt.xlabel('x축 값')
plt.ylabel('y축 값')
plt.show()
```

🖥 수행 결과

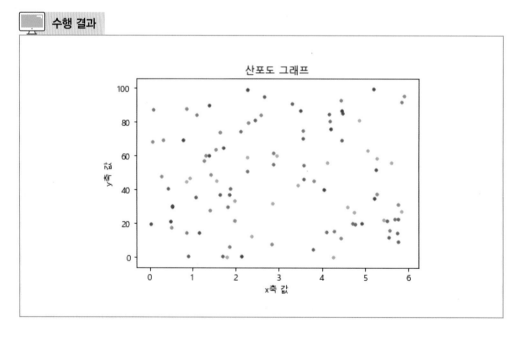

24.4.6 이미지 보여주기 – numpy

```python
import matplotlib.pyplot as plt
from PIL import Image

digitImage = Image.open("digit-5.png")
plt.imshow(digitImage)
plt.show()
```

수행 결과

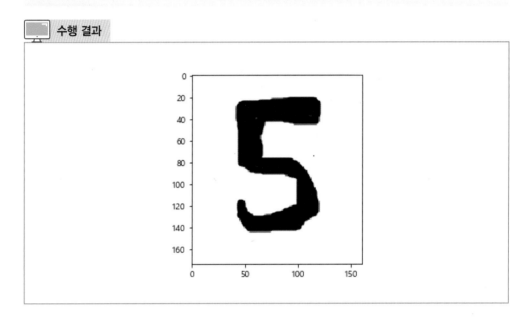

24.5 데이터 분석 라이브러리 – numpy

numpy가 제공하는 주요한 기능은 동일한 데이터의 다차원 배열이다. numpy에서 제공하는 기본적인 기능을 알아보자. 다음 예제는 1차원 벡터를 생성한다. 우선 numpy 라이브러리를 가져오고 np로 간략하게 사용할 수 있게 한다. np.arange(6)는 0부터 1씩 증가하여 5까지를 가지고 있는 1차원 벡터 배열을 생성한다.

```python
import numpy as np

a = np.arange(6)
print(a)
```

💻 **수행 결과**

```
[0 1 2 3 4 5]
```

그렇다면 2차원 형태의 3행 2열 행렬을 만들어 보자. 다음과 같이 reshape() 함수를 사용하면 된다.

```
a = np.arange(6)
a = a.reshape(3, 2)
print(a)
```

💻 **수행 결과**

```
array([[0, 1],
       [2, 3],
       [4, 5]])
```

다음은 3차원 형태 다차원 배열을 만들어 보자. 마찬가지로 reshape() 함수를 사용하여 쉽게 만들 수 있다.

```
a = np.arange(8)
a = a.reshape(2,2,2)
print(a)
```

💻 **수행 결과**

```
[[[0 1]
  [2 3]]

 [[4 5]
  [6 7]]]
```

1차원 벡터 배열을 그림으로 나타내면 다음과 같다. 그림에서 보는 것처럼, 배열 a가 0부터 5까지 연속된 데이터를 참조한다.

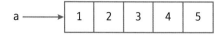

reshape(3,2)에 의해 1차원 배열이 2차원 배열로 바뀌기 때문에 이를 그림으로 나타내면 다음과 같다. 그림에서 보는 것처럼, 배열 a가 2차원 평면 형태로 나열된 데이터를 참조한다.

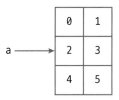

reshape(2,2,2)에 의해 3차원 배열이 만들어지게 되며 입체적인 배치가 된다. 이를 평면 형태로 그림으로 나타내 보면 다음과 같다. 그림에서 보는 것처럼, 배열 a가 3차원 형태로 나열된 데이터를 참조한다.

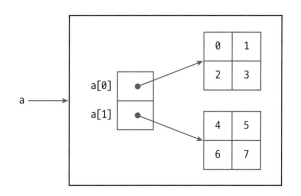

numpy의 특징으로 다차원 배열 행렬을 쉽게 나타낼 수 있다. 다음 예제는 2차원 형태의 3x2 행렬을 나타낸다. 또한, a = a + 10과 같이 행렬 각각의 원소에 10을 더하는 연산을 반복문 없이 간단하게 프로그래밍할 수 있는 장점이 있다.

```
a = np.arange(6)                 # 일차원 배열 생성
a = a.reshape(3, 2)              # 3x2 행렬로 변환

print('**덧셈 연산전의 행렬 값**')
print(a)

a = a + 10                       # 행렬 덧셈

print('\n**덧셈 연산 후의 행렬 값**')
print(a)
```

🖥️ **수행 결과**

```
**덧셈 연산전의 행렬 값**
[[0 1]
 [2 3]
 [4 5]]

**덧셈 연산 후의 행렬 값**
[[10 11]
 [12 13]
 [14 15]]
```

Q 묻고 답하기

🗂 numpy를 사용하면 무엇이 좋을까?

🗂
다양한 행렬을 쉽게 만들 수 있고 병렬 계산을 할 수 있어 속도가 빨라진다.

📖 **심화 학습**

파이썬은 배열과 리스트 두 가지를 제공한다. 그림에서 보는 것처럼, 배열은 같은 형의 데이터만을 나타낼 수 있다. 리스트에 비해 추가로 레퍼런스를 필요하지 않기 때문에 접근이 빠르고 메모리를 좀더 효율적으로 사용한다. 반면에 리스트는 레퍼런스를 통해서 한 단계를 더 거쳐야 하므로 상대적으로 더 느리고 레퍼런스를 위한 메모리가 추가로 필요하다. 장점은 레퍼런스를 이용하여 서로 다른 형의 데이터를 함께 나타낼 수 있다는 점이다.

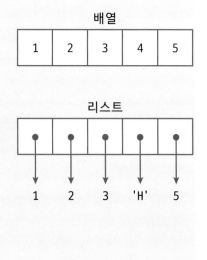

24.6 경사하강법과 선형 회귀 모델

24.6.1 경사하강법

입력된 정량값에 대해 특징을 파악하고 이를 바탕으로 정량 값을 예측하는 데 사용하는 기법이 회귀분석이다. 선형 회귀 분석에서 사용하는 회귀선은 yp = wx + b이다. 이때 오차는 yp에서 실제 측정된 또는 입력된 정량값 ym을 뺀 (yp - ym)의 제곱합이 된다. 오차 평균은 이를 개수 n으로 나누면 된다. 즉 수식으로 나타내면 다음과 같다.

$$\text{평균오차함수 Cost(w, b)} = \frac{1}{n}\sum_{i}^{n}(yp_i - ym_i)^2 = \frac{1}{n}\sum_{i}^{n}(yp_i - wx_i - b)^2$$

이러한 오차 함수에서 오차가 최소가 되는 w와 b를 구하는 것이 중요하다. 이 때 효과적으로 최소가 되는 w와 b값을 구하기 위해 사용하는 방법이 경사하강법이다. 즉 미분을 통해 오차 함수의 기울기를 구하고 이 기울기 값이 최소가 되도록 경사를 따라 내려갈 수 있도록 기울기를 갱신해 나간다. 기울기가 0이 되는 지점이 오차가 최소가 되는 지점이다.

하나의 예를 들어 설명해 보자. x와 y의 좌표 값이 (1, 10), (2, 20), (3, 30), (4, 40)이라고 가정해 보자. 이 때 평균 오차 함수를 그래프로 그려보면 다음과 같다. 아래 그림에서 보는 것처럼, w 값이 10일 때 평균 오차 함수가 가장 적게 됨을 알 수 있다.

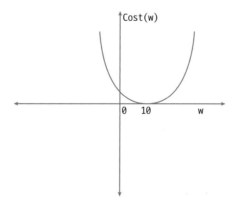

마찬가지로, 편향을 나타내는 b를 구해보면 b 값이 0일 때 오차 함수의 값이 최소값이 되는 것을 알 수 있다. 따라서 이 경우에 w = 10, b = 0일 때 오차 함수의 값이 쇠소가 된다.

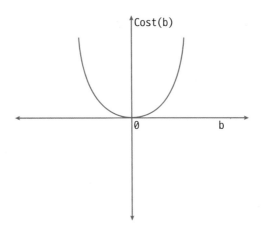

경사하강법으로 w에 대해 0이 되는 지점을 찾아가는 과정을 그림으로 나타내면 다음
과 같다. 그림에서 보는 것처럼, 경사를 타고 내려와서 10이 되는 지점에서 기울기가 0
이 됨을 알 수 있다.

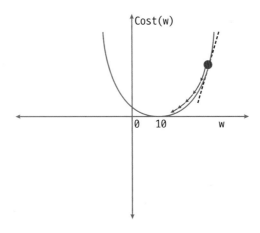

지금까지 설명한 원리를 바탕으로 경사하강법을 파이썬으로 구현하면 다음과 같다.

```
X = np.array([1, 2, 3, 4])
Y = np.array([10, 20, 30, 40])

plt.figure(figsize = (5, 3))
plt.scatter(X, Y, s = 40)
plt.show()
```

```python
def plot_prediction(pred, y):
    plt.figure(figsize=(5, 3))
    plt.scatter(X, y)
    plt.scatter(X, pred, s=10)
    plt.show()

## 경사하강법 구현
w = np.random.uniform(-20, 20)
b = np.random.uniform(-20, 20)

learning_rate = 0.1

for epoch in range(1000):
    Y_Pred = w * X + b

    error = np.abs(Y_Pred - Y).mean()
    if error < 0.0001:
        print("최적 w값 = ", w)
        print("최적 b값 = ", b)
        break

    w_grad = learning_rate * ((Y_Pred - Y) * X).mean()
    b_grad = learning_rate * (Y_Pred - Y).mean()

    # w, b 값 갱신
    w = w - w_grad
    b = b - b_grad

    if epoch % 400 == 0:
        Y_Pred = w * X + b
        plot_prediction(Y_Pred, Y)
```

이 프로그램을 실행하면 다음과 같다. 경사하강법의 원리에 따라 점진적으로 입력된 정량값을 나타내는 파란색 점과 예측 회귀선을 나타내는 주황색 점이 점점 겹치게 됨을 알 수 있다.

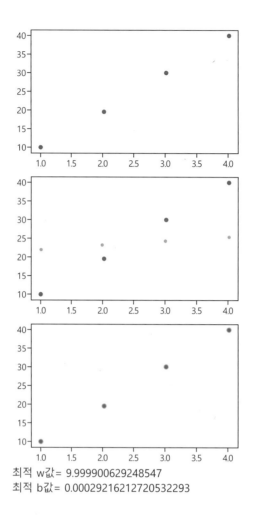

최적 w값= 9.999900629248547
최적 b값= 0.00029216212720532293

24.6.2 선형 회귀 모델

앞에서 경사하강법으로 예측한 선형 회귀를 LinearRegression 라이브러리를 이용하여 동일하게 구현할 수 있다. 아래와 같이 작성하면 선형 회귀 분석을 통해 w와 b를 구할 수 있다.

```
import numpy as np
import matplotlib.pyplot as plt

X_train = np.array([[1], [2], [3], [4]])
Y_train = np.array([10, 20, 30, 40])
```

```
from sklearn.linear_model import LinearRegression
#상수값이 있으면 true, 없으면 false
linear_regression = LinearRegression(fit_intercept = True)

my_model = linear_regression.fit(X_train, Y_train)

print("w = %.2f  b = %.2f " %(my_model.coef_, my_model.intercept_))

x_test = np.array([[5]])
print("X = 5일때 예측 Y값 = ", my_model.predict(x_test))
```

🖥 **실행 결과**

```
w = 10.00  b = 0.00
X = 5일때 예측 Y값 = [50.]
```

선형 회귀 분석에서 학습 과정과 예측 과정을 도식화하면 다음과 같다.

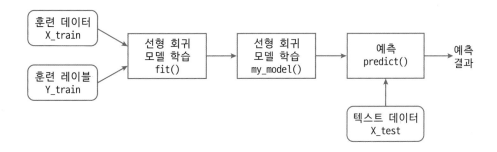

24.7 Scikit-learn(사잇킷런)

Scikit-learn은 파이썬 라이브러리로 분류, 회귀, 클러스터링, 차원 축소, 전처리 등을 위한 라이브러를 제공한다. 딥러닝과 강화학습은 다루지 않지만 기본적인 머신 러닝에 대한 기능을 쉽게 구현할 수 있다. 파이썬에서만 사용이 가능하고 GPU(Graphic Processing Unit) 지원 등이 부족하다.

다음은 Scikit-learn 중에서 svm(서포트 벡터 머신)을 이용하여 분류하는 예제이다. 예제에서 보는 것처럼, x 값에 따라 가장 가깝게 분류한 y 값을 알려준다.

```
from sklearn import svm

x = [[0, 0], [1, 1], [2, 2]]
y = [0, 1, 2]

clf = svm.SVC(gamma='scale')
clf.fit(x, y)

clf.predict([[3, 3]])
```

수행 결과

```
array([2])
```

Q 묻고 답하기

Scikit-learn은 svm 머신 러닝 모델만 제공하는가?

답
그렇지 않다. 나이브 베이즈, 가우시안 등 다양한 모델이 있다.

24.8 데이터 분석 라이브러리 – pandas

pandas에서 panda는 panel data의 줄임말이다. pandas 라이브러리는 테이블 형태의 수치 데이터를 다루기 위한 자료구조와 연산들을 제공한다. 데이터 분석에서 pandas 라이브러리는 데이터를 수집하고 분석하는 데 사용하는 강력한 라이브러리다. pandas는 1차원 배열 형태의 Series 객체와 2차원 배열 형태의 DataFrame 객체를 제공한다.

Series 객체는 Series 클래스의 인스턴스 객체로 생성된다. 아래 예제는 list1이라는 이름의 리스트 객체를 사용해 Series 객체를 생성·활용하는 사례를 보여 준다.

```
import pandas as pd

list1 = ['hello', 2, 4.5, 'AB', True]
sr1 = pd.Series(list1)   # 리스트 객체를 Series 객체로 변환
print(sr1)
```

수행 결과

```
0    hello
1        2
2      4.5
3       AB
4     True
dtype: object
```

아래 예제에서처럼 딕셔너리 객체를 인자로 Series 객체를 만들어 활용할 수도 있다. 딕셔너리 객체를 인자로 Series 객체를 생성할 경우, 해당 딕셔너리 객체의 키로 Series 객체를 인덱싱할 수 있게 된다.

```
import pandas as pd

dict1 = {'A':'hello', 'B':2, 'C':4.5, 'D':'AB', 'E':True}
sr1 = pd.Series(dict1)
print(sr1)
```

수행 결과

```
A    hello
B        2
C      4.5
D       AB
E     True
dtype: object
```

DataFrame 클래스를 사용해 2차원 배열 형태의 DataFrame 객체를 만들 수 있다. 서로 다른 데이터의 2차원 배열 구조는 엑셀이나 CSV 파일에서 사용된다. 딕셔너리 객체를 인자로 DataFrame 객체를 생성하는 방법은 다음과 같다.

```
import pandas as pd

dict1 = {'A':[1, 2, 3], 'B':[4, 5, 6], 'C':[6, 7, 8], 'D':[9, 10, 11]}
df1 = pd.DataFrame(dict1)
print(df1)
```

수행 결과

```
   A  B  C   D
0  1  4  6   9
1  2  5  7  10
2  3  6  8  11
```

DataFrame 객체를 생성할 때 index와 columns를 설정하면, 행 인덱스와 열 이름을 사용해 DataFrame 객체에 접근할 수 있다. 다음이 그 예를 보여 준다.

```
import pandas as pd

df1 = pd.DataFrame([[20, '컴퓨터공학과', '1학년', '남'],
                    [21, '컴퓨터교육과', '2학년', '여'],
                    [20, '영문과', '1학년', '남']],
                    index = ['준희', '서준', '미영'],



                   columns=['나이', '학과', '학년', '성별'])
print(df1)

print('\n행 이름\n')
print(df1.index)
print('\n열 이름\n')
print(df1.columns)
```

수행 결과

```
       나이        학과     학년 성별
준희    20  컴퓨터공학과   1학년   남
서준    21  컴퓨터교육과   2학년   여
미영    20      영문과   1학년   남


행 이름

Index(['준희', '서준', '미영'], dtype = 'object')

열 이름

Index(['나이', '학과', '학년', '성별'], dtype = 'object')
```

다음은 행과 열을 선택하는 예제이다. df1.loc['준희']는 df1.iloc[0]과 동일하다. 숫자를 인덱스로 사용할 때는 iloc[]을 사용한다.

```python
import pandas as pd

df1 = pd.DataFrame([[20, '컴퓨터공학과', '1학년', '남'],
                [21, '컴퓨터교육과', '2학년', '여'],
                [20, '영문과', '1학년', '남']],
                index = ['준희', '서준', '미영'],
                columns = ['나이', '학과', '학년', '성별'])
print(df1)

print('\n')
student1 = df1.loc['준희']
print(student1)


print('\n')
age = df1['나이']
print(age)
```

 수행 결과

```
         나이        학과      학년  성별
준희   20   컴퓨터공학과   1학년    남
서준   21   컴퓨터교육과   2학년    여
미영   20        영문과   1학년    남


나이              20
학과        컴퓨터공학과
학년          1학년
성별             남
Name: 준희, dtype: object


준희      20
서준      21
미영      20
Name: 나이, dtype: int64
```

Q 묻고 답하기

🖥 pandas 라이브러리가 제공하는 강력한 기능은 무엇인가?

답

엑셀과 같은 2차원 형태의 자료를 효과적으로 나타내고 처리할 수 있는 다양한 기능을 제공한다.

24.9 Keras(케라스)

딥러닝은 머신 러닝의 한 특정 영역으로 Keras는 딥러닝 프로그래밍 작성을 쉽게 할 수 있는 프레임워크를 제공한다. 딥러닝은 인간의 신경망 개념을 모델링한 것으로 볼 수 있는데 다음 [그림 24-4]와 같다. 그림에서 보는 것처럼, 입력 변수 A, B가 있고 두 입력의 가중치가 w1, w2로 주어질 때 출력 Y 값을 입력과 가중치를 이용하여 구할 수 있다. 이때 중간 층(layer)은 딥(깊이)을 나타내는 것으로 층이 많을수록 좀 더 섬세한 학습 표현을 가져올 수 있다.

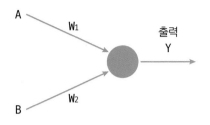

[그림 24-4] 신경망 모델

숫자를 인식하는 딥러닝 모델은 예를 들면 다음 [그림 24-5]와 같이 될 수 있다. 층이 2개인 경우를 가정한 것이다.

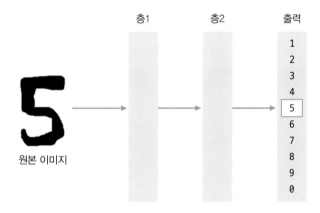

[그림 24-5] 숫자 인식 딥러닝 모델

Keras는 텐서플로우 상에서 다양한 딥러닝 모델을 간단하게 만들어서 훈련시킬 수 있는 파이썬 프레임워크이다. Keras는 동일한 프로그램을 CPU와 GPU에서 모두 실행할 수 있다. 원하는 딥러닝 프레임워크를 제공하는 API를 이용해 쉽게 만들 수 있는 장점이 있다.

Keras에서 제공하는 숫자 이미지 데이터를 이용하여 딥러닝을 구현하는 경우에는 우선 숫자 이미지 데이터 집합인 mnist를 가져와야 한다. mnist에는 모두 70,000개의 숫자 이미지가 있다. 다음 프로그램은 mnist에 들어있는 숫자 이미지 개수를 알려준다. 학습용 숫자 이미지 개수는 60,000개, 테스트용 숫자 이미지 개수는 10,000개임을 알 수 있다. 각 숫자 이미지는 28x28 크기를 가진다.

```
from keras.datasets import mnist

(trainImages, trainLabels), (testImages, testLabels) = mnist.load_data()
                                # 숫자 이미지를 가져와 학습용과 테스트용으로 나눔

print('학습 이미지 개수 = ', trainImages.shape)
print('테스트 이미지 개수 = ', testImages.shape)
```

🖥 수행 결과

```
학습 이미지 개수 = (60000, 28, 28)
테스트 이미지 개수 = (10000, 28, 28)
```

다음 예제는 테스트용 숫자 집합에서 세번째 숫자의 값과 해당 이미지를 보여준다. 수행결과에서 알 수 있는 것처럼 숫자 0에 대한 값과 해당 이미지가 출력됨을 알 수 있다. 이 값은 난수에 의해 랜덤한 숫자 값과 해당 숫자 이미지가 출력된다.

```
import matplotlib.pyplot as plt

print('테스트 세번째 숫자 = ', testLabels[3])

print('\n테스트 세번째 숫자 이미지')

digit = testImages[3]
plt.imshow(digit, cmap = plt.cm.binary)
plt.show()
```

수행 결과

테스트 세번째 숫자 = 0

테스트 세번째 숫자 이미지

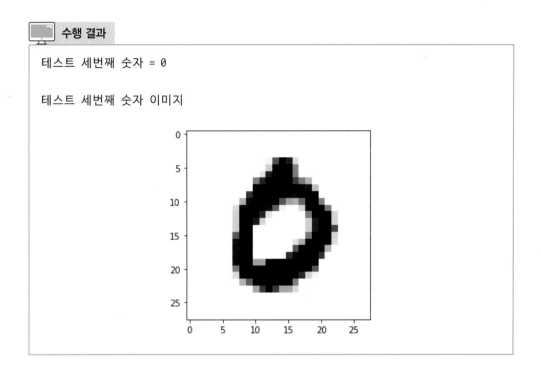

간단한 0과 1 두개의 값을 가진 입력 A, B에 의해 출력 Y가 AND 연산 값으로 다음
표와 같이 나온다고 가정하자.

A B	Y
0 0	0
0 1	0
1 0	0
1 1	1

이를 Keras 딥러닝 모델로 학습을 시켜 Y 값을 구하도록 해 보자. 아래 예제 프로그램
처럼 프로그램을 작성하게 되면 위의 표의 내용을 학습한 후에 딥러닝 모델에서 출력
값을 위의 진리표와 동일하게 예측한다. 즉, 예측 정확률 100%를 달성하게 된다.

```
from keras.models import Sequential          # Keras 딥러닝 라이브러리 가져옴
from keras.layers import Dense, Activation
from keras.optimizers import SGD
import numpy as np

model = Sequential([Dense(input_dim = 2, units = 1), Activation('sigmoid')])
                                             # 딥러닝 모델 구성

model.compile(loss = 'binary_crossentropy', optimizer = SGD(lr = 0.01))

X = np.array([[0, 0], [0, 1], [1, 0], [1, 1]]) # 입력에 따른 출력
Y = np.array([[0], [0], [0], [1]])

model.fit(X, Y, epochs = 10000, batch_size = 2) # 에포크와 배치 크기 설정

output_predict_values = model.predict_classes(X, batch_size = 2)

print('AND 연산 예측 값 output_predict_values = \n',output_predict_values )

print('\nAND 연산 실제 결과 값 Y = \n', Y)
```

🖥 수행 결과

```
AND 연산 예측 값 output_predict_values=
 [[0]
 [0]
 [0]
 [1]]

AND 연산 실제 결과 값 Y=
 [[0]
 [0]
 [0]
 [1]]
```

심화 학습

강화 학습(Reinforcement learning)은 인공지능 분야인 기계 학습의 한 영역이다. 강화 학습의 개념은 행동심리학에서 오랫동안 사용되어 온 것으로 개념 자체는 새로운 것은 아니다. 행동심리학자 스키너는 쥐를 이용한 동물 실험에서 행동과 보상 사이에 연관 관계를 이용하여 동물을 학습시킬 수 있다는 것을 발견했다. 이 개념을 인공지능 기계학습에 적용해 보면, 어떤 환경 안에서 에이전트가 현재의 상태를 인식하여, 선택 가능한 행동들 중 보상을 최대화하는 행동을 선택하게 하는 것이다.

강화 학습은 그림에서 보는 것처럼, 지능형 에이전트가 행동과 그에 따른 최대 보상을 얻도록 학습을 한다. 다시 말해서 에이전트는 전체적인 보상이 최대가 되도록 각 상태에서 취할 행동을 결정한다.

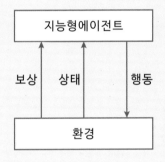

강화학습은 입력과 모범 답안 출력을 알려주고 학습시키는 지도학습과 다르게 강화 학습은 보상을 통한 학습을 통해 최적의 행동을 하도록 한다. 또한, 답을 알려주지 않고 특징을 스스로 학습하도록 하는 점에서 지도학습과도 차별화된다. 가장 대표적인 강화 학습으로는 알파고가 있다. 알파고는 바둑 게임 안에서 승리라는 목표를 달성하기 위해 바둑을 두는 수에 보상을 받을 수 있도록 학습한다. 이 밖에도 온라인 게임이나 주식 투자 등에서 매우 효과적인 학습 방법이다.

실습해보기 24-1

```
import matplotlib.pyplot as plt  # 그래프를 그리기 위함

plt.plot([1, 2, 3, 4], [1, 7, 5, 10], ':ro')    # 마커 심볼 모양과 색깔을 지정
plt.axis([0, 6, 0, 12])
plt.show()
```

💻 수행 결과

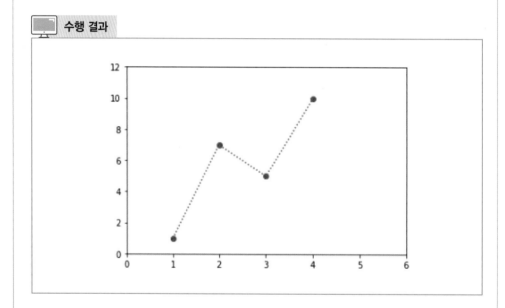

실습해보기 문제 해답

실습해보기 24-2

```
import matplotlib.pyplot as plt

plt.figure(figsize = (10, 10))     # 그래프 가로와 세로 크기 지정
plt.subplot(2, 2, 1)
plt.title('dot graph')
plt.plot([1, 2, 3, 4, 5], [1, 7, 5, 10, 11], 'ro')      # 붉은 색 점
plt.axis([0, 6, 0, 12])

plt.subplot(2, 2, 2)
plt.title('bar graph')
plt.bar([1, 2, 3, 4, 5], [1, 7, 5, 10, 11])             # 바 그래프
plt.axis([0, 6, 0, 12])
```

 수행 결과

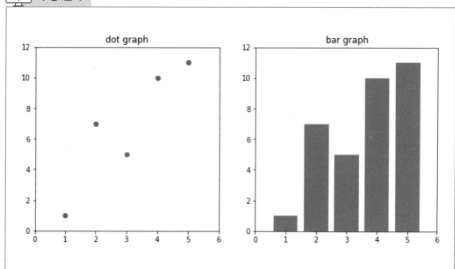

1.   빅 데이터의 특징은 양, 속도, 다양성, 정확성, 가치 등 5V로 나타낼 수 있다.

2.   빅데이터 분석과정은 목표 설정, 데이터 획득, 데이터 사전 가공, 데이터 탐색적 분석, 데이터 모델링, 사용자 맞춤형 서비스 등 6단계로 진행할 수 있다.

3.   인공지능에 대한 테스트 방법으로 튜링 테스트가 있다.

4.   인공지능이 가장 넓은 개념이며 딥러닝은 머신 러닝 기법 중의 하나다.

5.   matplotlib는 점, 선 등 다양한 그래프를 그리는 기능을 제공한다.

6.   numpy는 동일한 형의 데이터에 대한 다차원 배열과 병렬 연산 기능을 제공한다.

7.   pandas는 1차원 배열 형태의 Series 객체와 2차원 배열 형태의 DataFrame 객체를 생성 · 활용할 수 있게 지원한다.

8.   Scikit-learn은 기본적인 머신 러닝 기능을 제공한다.

9.   Keras는 딥러닝 프로그램을 쉽게 작성할 수 있는 프레임워크를 제공한다.

10.   선형회귀에서 효율적으로 예측하기 위해 경사하강법을 사용하는데, 경사하강법은 평균 오차 함수에서 기울기를 구해 기울기가 0인 지점을 찾는다.

1. 다음 빈 칸을 채워보자. 난이도 ★

   (1) 빅데이터의 특징을 나타내는 5V는 양, 속도, 다양성, (   ), (   )이다.

   (2) 딥러닝은 (   ) 기법중 하나다.

   (3) 점, 선 등 그래프를 그리는 라이브러리는 (   )이다.

2. 다음 내용이 맞는 지 틀린 지 O / X로 표시해 보자. 난이도 ★

   (1) 머신 러닝은 인공지능 보다 더 넓은 개념이다.   (   )

   (2) 2차원 리스트를 표현하기 위해 Series 객체를 사용한다.   (   )

   (3) 행렬과 같은 다차원 배열을 처리를 위해 numpy를 사용한다.   (   )

3. 0부터 10까지의 1차원 배열을 생성하는 문장은? 난이도 ★

4. 다음은 Keras로 구현한 AND 연산 예측 프로그램이다. ㉮, ㉯를 채워 보자. 난이도 ★★

```
from keras.models import Sequential
from keras.layers import Dense, Activation
from keras.optimizers import SGD
import numpy as np

model = Sequential([Dense(input_dim = 2, units = 1), Activation('sigmoid')])

㉮_____(loss = 'binary_crossentropy', optimizer = SGD(lr = 0.01))

X = np.array([[0, 0], [0, 1], [1, 0], [1, 1]])
Y = np.array([[0], [0], [0], [1]])

㉯_____(X, Y, epochs = 10000, batch_size = 2)

output_predict_values = model.predict_classes(X, batch_size = 2)

print('AND 연산 예측 값 output_predict_values = \n',output_predict_values )

print('\nAND 연산 실제 결과 값 Y = \n', Y)
```

CHAPTER
25
미세먼지 데이터 시각화

기본 학습 목표

▪ matplotlib 라이브러리를 이용하여 그래프를 그릴 수 있다.
▪ plt.bar()를 이용하여 막대 그래프를 그릴 수 있다.
▪ plt.subplot()를 이용하여 여러 그래프를 그릴 수 있다.

심화 학습 목표

▪ pandas의 DataFrame 객체를 적절하게 사용하여 프로그램을 작성할 수 있다.
▪ numpy를 이용하여 DataFrame 연산을 처리할 수 있다.

핵심 학습 요소

• matplotlib, bar(), subplot(), DataFrame()

문제 상황 CT

미세먼지 상태를 시간에 따라 어떻게 변하는 지 알고 싶다. 미세먼지와 초미세먼지 정보를 기상청으로부터 가져와서 막대 그래프로 보여준다. 미세먼지와 초미세먼지 농도에 따라 다른 색깔의 막대 그래프로 나타낸다.

문제 분석 CT

❊ **입력**

• 미세먼지 데이터를 초기 값으로 제공

❊ **출력**

• 초미세먼지 막대그래프
• 미세먼지 막대그래프

✳ 문제 분해

- 미세먼지와 초미세먼지 데이터 나타내기
- 미세먼지 막대그래프로 나타내기
- 초미세먼지 막대그래프로 나타내기

✳ 사용자 생각하기

- 어떤 색깔을 사용할 것인지 고려하기
- 가로축, 세로축을 어떻게 표시할 지 고려하기

✳ 데이터

- 초미세먼지를 나타내기 위한 정수 배열
- 미세먼지를 나타내기 위한 정수 배열
- 1시부터 10시까지 시간을 나타내기 위한 문자열 리스트

알고리즘 CT

✳ 전체 알고리즘 뼈대

✳ 알고리즘 효율성

- 배열에 대한 연산을 병렬로 처리하여 실행 속도를 높일 수 있음

📄 **프로그래밍** CT

✳ 변수

- hour: 1시부터 10시까지 문자열 리스트
- pm25: 시간에 따른 초미세먼지 정수형 배열
- pm10: 시간에 따른 미세먼지 정수형 배열

✳ 프로그램

numpy 배열과 막대그래프를 그리는 데 필요한 패키지를 import 한다. 시간, 미세먼지, 초미세먼지 데이터를 저장하는 리스트와 배열을 초기화 한다.

```python
import numpy as np
import matplotlib.pyplot as plt
from matplotlib import style


hour = ['1h', '2h', '3h', '4h', '5h', '6h', '7h','8h', '9h', '10h']
                                    #시간에 따른 미세먼지와 초미세먼지 값
pm25 = np.array([34, 37, 30, 27, 35, 38, 43, 42, 37, 35])
pm10 = np.array([46, 49, 41, 40, 81, 90, 53, 52, 55, 51])
```

Q 묻고 답하기

問 hour는 리스트형으로 하고 pm25와 pm10은 왜 배열형으로 하는가?

答
이 경우는 동일한 자료형이므로 hour의 경우도 리스트 대신에 배열을 사용해도 된다. 다만, numpy 배열을 사용하면 연산을 보다 효과적으로 처리할 수 있다. pm25와 pm10은 이 예제에서 병렬 처리 연산을 하기 때문에 배열로 초기화 하는 것이 좋다.

실습해보기 25-1

위의 프로그램에서 hour를 리스트 대신에 배열로 수정해 보자.

실습해보기 25-2

위의 프로그램에서 시간, 미세먼지, 초미세먼지 데이터를 Dataframe으로 나타내 보자.

아래 프로그램은 막대그래프 크기를 정한다. 또한, 막대그래프 배치를 정한다. 초미세
먼지 값에 따라 막대그래프 색깔을 지정한다. 범례를 표시하고 막대그래프 제목을 정
한다.

```python
plt.figure(figsize = (10,10))
plt.subplot(2,1,1)

for i in range(10):       # 초미세먼지 막대 그래프

    if pm25[i] < 15:
        plt.bar(hour[i], pm25[i], color = 'blue')
    elif 15 <= pm25[i] < 35:
        plt.bar(hour[i], pm25[i], color = 'green')
    elif 35 <= pm25[i] < 75:
        plt.bar(hour[i], pm25[i], color = 'orange')
    elif pm25[i] >= 75:
        plt.bar(hour[i], pm25[i], color = 'red')

plt.title('pm2.5')
```

실습해보기 25-3

그림 크기를 조절하거나 색깔을 다른 색으로 바꿔보자.

다음 프로그램은 앞에서 그린 막대그래프 아래에 막대그래프 배치를 정한다. 미세먼지
값에 따라 막대그래프 색깔을 지정한다. 막대그래프 제목을 정하고 화면에 표시한다.

```python
plt.subplot(2,1,2)        # 두번째 행에 위치

for i in range(10):
    if pm10[i] < 30:      # 미세먼지 막대 그래프
        plt.bar(hour[i], pm10[i], color = 'blue')
    elif 30 <= pm10[i] < 80:
        plt.bar(hour[i], pm10[i], color = 'green')
    elif 80 <= pm10[i] < 150:
        plt.bar(hour[i], pm10[i], color = 'orange')
```

```
    elif pm10[i] >= 150:
        plt.bar(hour[i], pm10[i], color = 'red')

plt.title('pm10')
plt.show()
```

전체 프로그램은 다음과 같다. 1~3번째 줄은 배열을 처리하기 위한 numpy 라이브러리와 그래프 표현을 위한 matplotlib를 import를 이용하여 가져온다. 그림의 가로 세로 크기를 설정한 후, 차례대로 초미세먼지 pm25와 미세먼지 pm10을 그래프로 보여준다.

```
01    import numpy as np
02    import matplotlib.pyplot as plt
03    from matplotlib import style
04
05
06    hour = ['1h', '2h', '3h', '4h', '5h', '6h', '7h','8h', '9h', '10h']
07    pm25 = np.array([34, 37, 30, 27, 35, 38, 43, 42, 37, 35])
08    pm10 = np.array([46, 49, 41, 40, 81, 90, 53, 52, 55, 51])
09
10    plt.figure(figsize = (10,10))  # 그림 가로, 세로 크기 설정
11    plt.subplot(2,1,1)             # 2행중 첫번째 행
12
13    for i in range(10):
14
15        if pm25[i] < 15:
16            plt.bar(hour[i], pm25[i], color = 'blue')
17        elif 15 <= pm25[i] < 35:
18            plt.bar(hour[i], pm25[i], color = 'green')
19        elif 35 <= pm25[i] < 75:
20            plt.bar(hour[i], pm25[i], color = 'orange')
21        elif pm25[i] >= 75:
22            plt.bar(hour[i], pm25[i], color = 'red')
23
24    plt.title('pm2.5')
25
26    plt.subplot(2,1,2)              # 2행중 두번째 행
```

```
27
28    for i in range(10):
29        if pm10[i] < 30:
30            plt.bar(hour[i], pm10[i], color = 'blue')
31        elif 30 <= pm10[i] < 80:
32            plt.bar(hour[i], pm10[i], color = 'green')
33        elif 80 <= pm10[i] < 150:
34            plt.bar(hour[i], pm10[i], color = 'orange')
35        elif pm10[i] >= 150:
36            plt.bar(hour[i], pm10[i], color = 'red')
37
38    plt.title('pm10')
39    plt.show()
```

테스트와 디버깅 CT

입력 값과 출력 결과	확인 및 유의사항
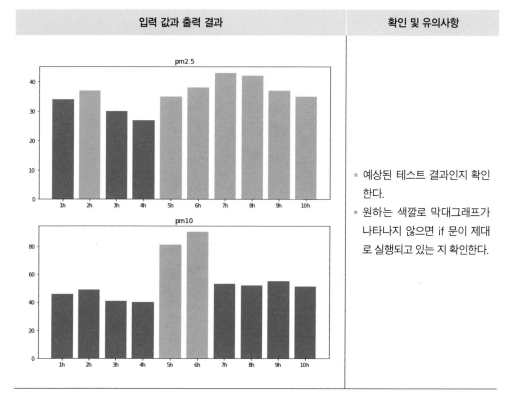	▪ 예상된 테스트 결과인지 확인한다. ▪ 원하는 색깔로 막대그래프가 나타나지 않으면 if 문이 제대로 실행되고 있는 지 확인한다.

심화 활동 CT

판다스의 DataFrame 객체를 활용해 초미세먼지와 미세먼지 데이터를 시각화시켜 보자. 또한, 초미세먼지와 미세먼지 데이터의 합도 시각화시켜 보여줄 수 있도록 수정해 보자.

실습해보기 문제 해답

실습해보기 25-1

```
import numpy as np
import matplotlib.pyplot as plt
from matplotlib import style


hour = np.array(['1h', '2h', '3h', '4h', '5h', '6h', '7h','8h', '9h',
'10h'])
pm25 = np.array([34, 37, 30, 27, 35, 38, 43, 42, 37, 35])
pm10 = np.array([46, 49, 41, 40, 81, 90, 53, 52, 55, 51])
hour
```

수행 결과

```
array(['1h', '2h', '3h', '4h', '5h', '6h', '7h', '8h', '9h', '10h'],
      dtype = '<U3')
```

실습해보기 25-2

```
dust_data = {'hour' : ['1h', '2h', '3h', '4h', '5h', '6h', '7h','8h', '9h',
'10h'],'pm25' : [34, 37, 30, 27, 35, 38, 43, 42, 37, 35],'pm10' : [46, 49,
41, 40, 51, 45, 73, 52, 85, 51]}
df = pd.DataFrame(dust_data)
```

실습해보기 문제 해답

실습해보기 25-3

```
plt.figure(figsize = (15,15))          # 그래프 크기 설정
plt.subplot(2,1,1)

for i in range(10):                     # 범위에 따른 막대 그래프 색상 지정
    if pm25[i] < 15:
        plt.bar(hour[i], pm25[i], color = 'blue')
    elif 15 <= pm25[i] < 35:
        plt.bar(hour[i], pm25[i], color = 'black')
    elif 35 <= pm25[i] < 75:
        plt.bar(hour[i], pm25[i], color = 'red')
    elif pm25[i] >= 75:
        plt.bar(hour[i], pm25[i], color = 'cyan')

plt.title('pm2.5')
```

수행 결과

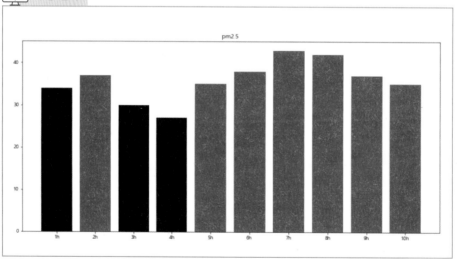

SUMMARY

1. 미세먼지 데이터를 그래프로 보여주기 위해서는 matplotlib를 import 해야 한다.

2. 동일한 자료형의 미세먼지 데이터를 배열을 사용하여 처리하기 위해서는 numpy를 import 해야 한다.

3. numpy 배열은 np.array() 메소드를 사용하여 생성한다.

4. 시간별 미세먼지와 초미세먼지를 함께 묶어 관리해 주는 DataFrame 객체를 사용하기 위해서는 pandas를 import 해야 한다.

5. 막대그래프는 matplotlib가 제공하는 bar() 메소드를 이용하여 그릴 수 있다.

6. 딕셔너리 객체를 인자로 pandas의 DataFrame 객체를 생성할 수 있다.

7. numpy 배열의 i번째 특정 원소는 배열이름[i]를 통해 표시한다.

8. DataFrame 객체의 행을 선택하는 경우 데이터프레임명.loc['행이름']을 사용한다.

9. DataFrame 객체의 열을 선택하는 경우 데이터프레임명['열이름']을 사용한다.

연습문제

1. 다음 빈 칸을 채워보자. `난이도 ★`

　(1) 미세먼지 데이터를 numpy 배열로 만드는 메소드는 (　　　)이다.

　(2) 막대그래프는 matplotlib 라이브러리의 (　　　)를 이용하여 그릴 수 있다.

　(3) 딕셔너리 객체를 인자로 사용하여 pandas의 (　　　) 객체를 생성할 수 있다.

2. 다음 내용이 맞는 지 틀린 지 O / X로 표시해 보자. `난이도 ★`

　(1) 리스트는 다양한 자료형이 섞일 수 있지만 배열은 그렇지 않다.　　　　(　)

　(2) numpy 배열을 이용한 덧셈과 리스트를 이용한 덧셈은 같다.　　　　(　)

　(3) DataFrame 객체의 특정 행은 iloc을 이용하여 접근한다.　　　　(　)

3. 미세먼지의 데이터가 [40, 30, 50]일 때 이를 numpy 배열로 만드는 문을 작성해 보자.
`난이도 ★★`

4. 다음은 미세먼지를 막대그래프로 보여주는 프로그램이다. 빈칸 ㉮와 ㉯를 채워보자.
`난이도 ★★`

```python
import pandas as pd
import numpy as np
import matplotlib.pyplot as plt
from matplotlib import style


dust_data = {'hour' : ['1h', '2h', '3h', '4h', '5h', '6h', '7h','8h', '9h', '10h'],
             'pm25' : [34, 37, 30, 27, 35, 38, 43, 42, 37, 35],
             'pm10' : [46, 49, 41, 40, 51, 45, 73, 52, 85, 51]}


df = ㉮_____(dust_data)    # 딕셔너리 객체를 인자로 DataFrame 객체 생성
```

```python
plt.figure(figsize = (10,15))
plt.subplot(3,1,1)              # 3개의 그래프를 행단위로 차례대로 보여줌
plt.title('pm2.5')

for i in range(10):
    if df.iloc[i][1] < 15:
        plt.bar(df.iloc[i][0], df.iloc[i][1], color = 'blue')
    elif 15 <= df.iloc[i][1] < 35:
        plt.bar(df.iloc[i][0], df.iloc[i][1], color = 'green')
    elif 35 <= df.iloc[i][1] < 75:
        plt.bar(df.iloc[i][0], df.iloc[i][1], color = 'orange')
    elif df.iloc[i][1] >= 75:
        plt.bar(df.iloc[i][0], df.iloc[i][1], color = 'red')


plt.subplot(3,1,2)


for i in range(10):
    if df.iloc[i][2] < 15:
        plt.bar(df.iloc[i][0], df.iloc[i][2], color = 'blue')
    elif 15 <= df.iloc[i][2] < 35:
        plt.bar(df.iloc[i][0], df.iloc[i][2], color = 'green')
    elif 35 <= df.iloc[i][2] < 75:
        plt.bar(df.iloc[i][0], df.iloc[i][2], color = 'orange')
    elif df.iloc[i][2] >= 75:
        plt.bar(df.iloc[i][0], df.iloc[i][2], color = 'red')

plt.title('pm10')

pmSum = ⓐ_____  # DataFrame 객체 내 두 배열의 각 원소를 더함

plt.subplot(3,1,3)
```

```
for i in range(10):
    if pmSum[i] < 45:
        plt.bar(df.iloc[i][0], pmSum[i], color = 'blue')
    elif 45 <= pmSum[i] < 115:
        plt.bar(df.iloc[i][0], pmSum[i], color = 'green')
    elif 115 <= pmSum[i] < 225:
        plt.bar(df.iloc[i][0], pmSum[i], color = 'orange')
    elif pmSum[i] >= 225:
        plt.bar(df.iloc[i][0], pmSum[i], color = 'red')

plt.title('pm2.5 + pm10')

plt.show()
```

원주율 계산기

기본 학습 목표

- 몬테카를로 시뮬레이션이 무엇인 지 알 수 있다.
- 원주율을 몬테카를로 시뮬레이션을 통해 구하는 프로그램을 작성할 수 있다.
- scatter() 메소드를 이용하여 시각화를 할 수 있다.
- uniform() 메소드를 이해하고 사용할 수 있다.

심화 학습 목표

- 몬테카를로 시뮬레이션을 면적을 구하는 데 적용할 수 있다.

핵심 학습 요소

- 몬테카를로 시뮬레이션, uniform() 메소드, scatter() 메소드

문제 상황 CT

원주율을 쉽게 계산하는 방법이 궁금하다. 사각형과 원의 성질을 이용해 원주율을 계산하고 싶다.

문제 분석 CT

입력

- 시뮬레이션 횟수

출력

- 계산으로 구한 원주율 값
- 사각형, 원, 점

문제 분해

- 원 그리기
- 점 그리기
- 원 안의 점 개수 구하기

사용자 생각하기

- 사용자에게 시뮬레이션 결과를 시각적으로 보여준다.
- 원하는 시뮬레이션 횟수를 선택하게 한다.
- 원 안의 점과 원 밖의 점을 보여준다.

데이터

- 실수형 x, y 좌표
- 원 안의 점의 개수
- 시뮬레이션 전체 횟수

알고리즘 CT

전체 알고리즘 뼈대

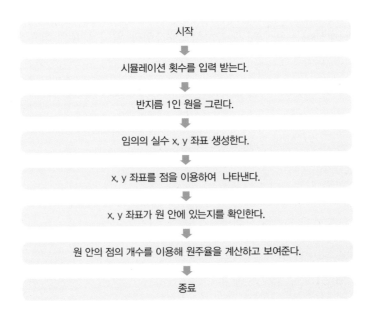

시작

↓

시뮬레이션 횟수를 입력 받는다.

↓

반지름 1인 원을 그린다.

↓

임의의 실수 x, y 좌표 생성한다.

↓

x, y 좌표를 점을 이용하여 나타낸다.

↓

x, y 좌표가 원 안에 있는지를 확인한다.

↓

원 안의 점의 개수를 이용해 원주율을 계산하고 보여준다.

↓

종료

❋ 알고리즘 효율성

- 시뮬레이션 횟수 증가에 따라 실행 시간이 느려짐
- 만족스런 원주율 값을 구하기 위해 어느 정도 시뮬레이션 횟수를 해야 하는지 고려함

프로그래밍 CT

❋ 변수

- inCircle: 원안의 점의 개수
- simCount: 시뮬레이션 횟수
- x, y: x, y 좌표 값

❋ 프로그램

몬테카를로(Monte Carlo) 시뮬레이션을 프로그램으로 작성하기 위해서는 몬테카를로 시뮬레이션이 무엇인 지를 먼저 이해해야 한다. 몬테카를로 시뮬레이션이란 난수를 이용하여 반복적 계산을 통해 확률적인 값을 구하는 시뮬레이션 방법을 일컫는다. 몬테카를로 시뮬레이션은 수치해석학, 통계역학, 이공계 복잡한 문제를 확률적으로 푸는데 넓게 사용된다. 특히, 최근에는 인공지능 바둑 프로그램인 알파고와 같은 프로그램에서도 몬테카를로 시뮬레이션을 통해 무수히 많은 바둑을 두어봄으로써 이길 확률과 질 확률을 계산한다. 몬테카를로 시뮬레이션은 수학적으로 보면 큰 모집단에서 무작위로 뽑은 표본의 특성은 그 개수가 많아질수록 모집단의 특성과 가까워진다는 통계와 확률분야의 개념에 바탕을 두고 있다.

알파고와 같은 인공지능 바둑 프로그램은 몬테카를로 트리 탐색(Monte Carlo tree search, MCTS)을 사용한다. 몬테카를로 트리 탐색 기법은 일종의 체험적 탐색 알고리즘으로 바둑 같은 비결정적 게임에도 사용되어 왔다. 바둑은 매우 복잡하여 경우의 수가 트리 형태로 나타나게 된다. 바둑 경우의 수를 트리 형태로 만들어서 시뮬레이션 즉 플레이를 끝까지 해 봄으로써 승패를 확률적으로 알 수 있다.

간단한 예를 들면, 주사위를 던져서 어떤 특정 수가 나올 확률이 1 / 6이라는 것을 몬테카를로 시뮬레이션을 통해 구할 수 있다. 방법은 무수히 많은 횟수를 난수를 이용하여 주사위를 던진 결과를 얻어 보고 특정한 주사위 숫자가 전체 횟수 중에서 몇번 나왔는지 계산해 보면 된다. 실제로 많이 던질수록, 즉 시뮬레이션 횟수를 늘릴수록 1 / 6에 가까운 값이 계산되어 진다.

다음 프로그램은 몬테카를로 시뮬레이션을 위한 시작 부분이다. 우선, 난수와 시각화를 위한 패키지를 import 한다. 원 안의 점의 개수를 0으로 초기화한다. 시뮬레이션 횟수를 입력으로 받는다. 시뮬레이션 횟수가 많을수록 좀 더 정확한 원주율 값에 가까워지지만 시뮬레이션 횟수가 늘어날수록 실행하는 데 걸리는 시간이 늘어남을 주의해야 한다.

```python
import random
import matplotlib.pyplot as plt

incircle = 0      # 원안의 점 개수 0으로 초기화

simCount = int(input("최대 몇번 시뮬레이션을 할까요?"))
```

Q 묻고 답하기

🔖 시뮬레이션 횟수는 얼마로 하는 것이 좋을까?

💬
몬테카를로 시뮬레이션 특성상 횟수가 늘어날수록 좀 더 실제 값에 가까워진다. 하지만 횟수를 크게 하면 수행 시간이 길어지기 때문에 이를 고려하여 적절한 값을 입력하는 게 좋다.

다음 프로그램은 원점이 (0, 0)이고 반지름 길이가 1인 원을 생성한다. 원의 내부는 채우지 않으며 원은 파란색으로 그린다. 원의 객체를 그래프 상에 표시하기 위해서는 add_patch() 메소드를 사용한다. 또한, set_aspect() 메소드를 이용하여 x축과 y축의 비율을 동등하게 설정한다.

```python
circle_center = (0, 0)
circle_radius = 1                                    # 반지름 길이 1

c = plt.Circle(circle_center, circle_radius, ec = 'b', fill = False)
                                                     # 채우지 않은 파란색 원

a = plt.axes(xlim = (-1, 1), ylim = (-1, 1))    # x, y축 설정
a.add_patch(c)                                       # 원 객체를 좌표축에 더함
a.set_aspect('equal')                                # x축과 y축 비율 동일하게
```

위의 프로그램에서 빨간색으로 채워진 원을 그리도록 수정해 보자.

for 반복문을 이용하여 시뮬레이션 횟수까지 반복하여 x, y 좌표를 생성한다. 생성한 x, y 좌표를 scatter() 메소드를 이용하여 점으로 표시한다. 점의 크기는 2로 한다. x, y 좌표 값이 반지름 1인 원 안에 속하는지를 조건문을 이용해 검사한다. 원 안에 있으면 원 안의 점의 개수를 하나 증가시킨다. 시뮬레이션 횟수가 끝나면 전체 시뮬레이션 횟수로 원안의 점의 개수를 나누어 원주율을 계산한다.

```python
for i in range(simCount):
    x = random.uniform(-1.0, 1.0)          # -1부터1까지 실수 x좌표 생성
    y = random.uniform(-1.0, 1.0)          # -1부터1까지 실수 y좌표 생성
    plt.scatter(x, y, s = 2)

    dot_value = x * x + y * y
    if dot_value <= 1:                      # 해당 (x,y)좌표가 원안에 있는지 검사
        incircle = incircle + 1

print("Pi = ", 4 * incircle / simCount)
plt.show()
```

화면 상에 표시되는 점의 크기를 10이나 3으로 바꿔보자.

전체 프로그램은 다음과 같다. 첫째 줄은 몬테카를로 시뮬레이션을 수행하기 위해 random 모듈을 가져온다. 6번째 줄은 시뮬레이션 횟수를 사용자가 입력하도록 한다. 8~15번째 줄은 반지름 1인 원을 그리는 부분이다. 17~19번째 줄은 난수를 이용하여 x, y 좌표 값을 구하고 이를 scatter() 메소드를 이용하여 작은 원으로 표시한다. 22~24번째 줄은 난수를 이용하여 얻은 좌표 값이 원안에 있는지를 보고 원안에 있으면 incircle 값을 1증가시킨다. 26번째 줄은 원주율을 계산하여 이를 출력한다.

```
01    import random
02    import matplotlib.pyplot as plt
03
04    incircle = 0
05
06    simCount = int(input("최대 몇번 시뮬레이션을 할까요?"))
07
08    circle_center = (0,0)
09    circle_radius = 1
10
11    c = plt.Circle(circle_center, circle_radius, ec = 'b', fill = False)
12
13    a = plt.axes(xlim = (-1, 1), ylim = (-1, 1))
14    a.add_patch(c)
15    a.set_aspect('equal')
16
17    for i in range(simCount):
18        x = random.uniform(-1.0, 1.0)    # -1부터1까지 실수x좌표 생성
19        y = random.uniform(-1.0, 1.0)    # -1부터1까지 실수y좌표 생성
20        plt.scatter(x, y, s = 2)
21
22        dot_value = x * x + y * y
23        if dot_value <= 1:                # 해당 (x,y)좌표가 원안에 있는 지 검사
24            incircle = incircle + 1
25
26    print("Pi = ", 4 * incircle / simCount)
27    plt.show()
```

입력값 / 출력 결과	확인 및 유의사항
최대 몇번 시뮬레이션을 할까요?10000 Pi = 3.1448 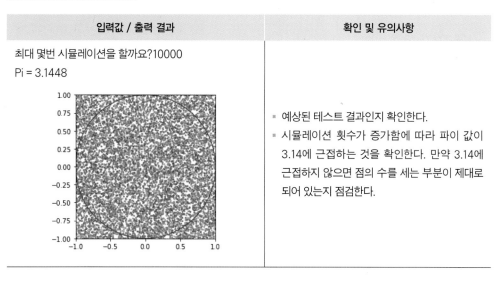	▪ 예상된 테스트 결과인지 확인한다. ▪ 시뮬레이션 횟수가 증가함에 따라 파이 값이 3.14에 근접하는 것을 확인한다. 만약 3.14에 근접하지 않으면 점의 수를 세는 부분이 제대로 되어 있는지 점검한다.

심화 활동 CT

몬테카를로 시뮬레이션을 이용해서 원주율 파이 값을 확률적 근사치로 구할 수 있음을 알 수 있다. 원의 반지름이 1인 원과 원의 반지름이 2인 원의 면적 크기 비율이 얼마인지를 몬테카를로 시뮬레이션을 이용하여 확률적으로 구하는 프로그램을 작성해 보자.

실습해보기 26-1

```
circle_center = (0, 0)
circle_radius = 1

c = plt.Circle(circle_center, circle_radius, ec = 'r', fill = True,
color = 'r')                              # 붉은 색으로 설정

a = plt.axes(xlim = (-1, 1), ylim = (-1, 1))
a.add_patch(c)
a.set_aspect('equal')
```

수행 결과

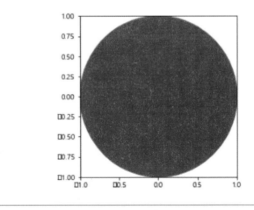

실습해보기 26-2

```
simCount = 1000
for i in range(simCount):
    x = random.uniform(-1.0, 1.0)          # -1부터1까지 실수x좌표 생성
    y = random.uniform(-1.0, 1.0)          # -1부터1까지 실수y좌표 생성
    plt.scatter(x, y, s = 1)
plt.show()
```

수행 결과

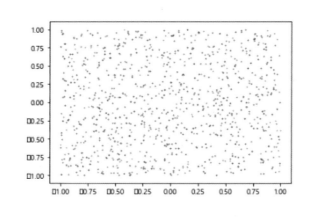

1. 몬테카를로 시뮬레이션은 난수를 발생시켜 확률적으로 근사치 값을 구하는 방법이다.

2. 몬테카를로 시뮬레이션을 이용하여 원주율을 구하기 위해서는 원의 방정식을 이용하여 난수로 얻은 무작위 좌표가 원 내에 있는 지 아니면 원 밖에 있는지를 세서 원주율을 구한다.

3. 원 안에 있는 점과 원 밖에 있는 점을 시각화해서 보여주기 위해서 scatter() 메소드를 사용한다.

4. 빈 원을 그리기 위해 Circle() 메소드를 사용하여 속성 fill = False로 한다.

5. 임의의 실수형 난수를 생성하는 메소드는 uniform()이다.

6. 두 원의 면적 비율을 구하기 위해서는 원의 방정식을 이용하여 각 원 안에 찍힌 점의 수를 센다.

7. 몬테카를로 시뮬레이션은 알파고와 같은 인공지능 게임 문제를 해결하는 데도 적용된다.

8. 원의 객체를 그래프 상에 표시하기 위해서는 add_patch() 메소드를 사용한다.

연 습 문 제

1. 다음 빈 칸을 채워보자. 난이도 ★

(1) 난수를 발생시켜 확률적으로 근사치 값을 구하는 방법을 (   )이라고 한다.

(2) 임의의 실수형 난수를 발생하는 메소드는 (   )이다.

(3) 원을 그리는 메소드는 (   )이다.

2. 다음 내용이 맞는 지 틀린 지 O / X로 표시해 보자. 난이도 ★

(1) uniform()은 정수형 난수를 생성하는 함수이다.   (   )

(2) Circle() 메소드에서 원 안을 채우기 위해서는 fill = True로 한다.   (   )

(3) 원 객체를 좌표 평면 상에 나타내기 위해서는 set_aspect() 메소드를
    사용한다.   (   )

3. 흰색으로 채워지고 원의 둘레 색은 파란색으로 하는 문을 작성해 보자. 난이도 ★★

연 습 문 제

4. 다음은 몬테카를로 시뮬레이션을 이용하여 원주율을 구현한 프로그램이다. 빈칸 ㉮, ㉯를 채워보자. 난이도 ★★

```python
import random
import matplotlib.pyplot as plt

incircle = 0

simCount = int(input("최대 몇번 시뮬레이션을 할까요?"))

circle_center = (0,0)
circle_radius = 1

c = plt.Circle(circle_center, circle_radius, ec = 'b', fill = False)

a = plt.axes(xlim = (-1, 1), ylim = (-1, 1))
a.add_patch(c)
a.set_aspect('equal')

for i in range(simCount):
    x = random.uniform(-1.0, 1.0)        # -1부터1까지 실수x좌표 생성
    y = random.uniform(-1.0, 1.0)        # -1부터1까지 실수y좌표 생성
    plt.㉮_____(x, y, s = 2)

    dot_value = x * x + y * y
    if ㉯_____:                     # 해당 (x,y)좌표가 원안에 있는 지 검사
        incircle = incircle + 1

print("Pi = ", 4 * incircle / simCount)
plt.show()
```

CHAPTER
27
숫자 인식기

기본 학습 목표
- Scikit-learn를 이용하여 간단한 머신 러닝 프로그램을 작성할 수 있다.
- Scikit-learn을 이용하여 숫자 인식 프로그램을 작성할 수 있다.
- 머신 러닝에서 훈련과 테스트 차이를 이해할 수 있다.

심화 학습 목표
- Keras를 이용하여 간단한 딥러닝 프로그램을 작성할 수 있다.
- 딥러닝 기법을 적용하여 문자 인식 프로그램을 작성할 수 있다.

핵심 학습 요소

- Scikit-learn: fit(), SVC(), train_test_split() 등
- Keras: add(), compile(), fit() 등

문제 상황 CT

사용자가 쓴 숫자를 올바르게 인식하게 하고 싶다. 단, Scikit-learn 라이브러리에 포함된 숫자 이미지를 이용하여 학습을 시킨다.

문제 분석 CT

입력
- 손으로 쓴 숫자 이미지

출력
- 숫자 인식률
- 예측한 숫자

❈ 문제 분해

- 숫자 인식을 위한 학습하기
- 숫자 인식률 계산하기
- 사용자가 쓴 숫자 인식하기

❈ 사용자 생각하기

- 숫자 인식을 위한 사용자 인터페이스를 고려
- 숫자 이미지 데이터 형태를 보여줌
- 숫자 인식 결과를 알려줌

❈ 데이터

- 숫자 이미지에 대한 데이터 배열
- 인식 숫자

```
알고리즘  CT
```

❈ 전체 알고리즘 뼈대

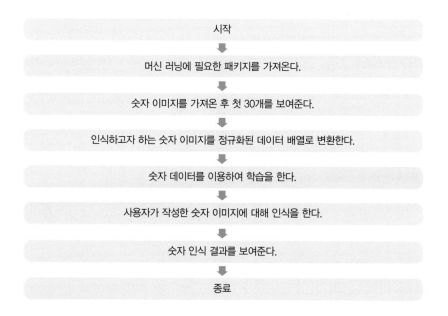

시작

머신 러닝에 필요한 패키지를 가져온다.

숫자 이미지를 가져온 후 첫 30개를 보여준다.

인식하고자 하는 숫자 이미지를 정규화된 데이터 배열로 변환한다.

숫자 데이터를 이용하여 학습을 한다.

사용자가 작성한 숫자 이미지에 대해 인식을 한다.

숫자 인식 결과를 보여준다.

종료

❈ 알고리즘 효율성

- GPU를 이용하여 병렬 처리를 통한 실행 시간 단축 고려

프로그래밍 CT

✖ 변수

- digitImage, data: 숫자 이미지를 변환한 숫자 배열
- n: 예측 숫자 정수
- digits: 숫자 데이터 집합

✖ 프로그램

머신 러닝에 필요한 패키지를 가져온다. 또한, 손으로 쓴 숫자 이미지 데이터를 sklearn.datasets.load_digits()을 이용하여 가져온다. train_test_split() 함수를 이용하여 이미지 데이터 중에서 학습용 데이터와 테스트용 데이터를 나눈다. 숫자 이미지 중에서 첫 30개의 숫자 이미지와 어떤 숫자 인지를 보여준다. 이때 사용되는 메소드가 imshow() 메소드이다.

> **Q 묻고 답하기**
>
> 문 훈련용 데이터와 테스트용 데이터를 나누는 비율은 얼마가 좋을까?
>
> 답
> 데이터의 특성에 따라 다르지만 보통 80~90% 정도를 훈련용으로 10~20% 정도를 테스트용으로 사용한다.

```
import sklearn.datasets              # 라이브러리 데이터 셋 가져옴
import matplotlib.pyplot as plt
import sklearn.svm
from PIL import Image
import numpy as np
from sklearn.model_selection import train_test_split

digits = sklearn.datasets.load_digits()
x_train, x_test, y_train, y_test = train_test_split(digits.data, digits.target,
test_size = 0.25, random_state = 0)    # 학습용과 테스트용으로 분리함
```

```
for i in range(30):
    plt.subplot(3, 10, i + 1)     # 30개의 이미지를 차례대로 배치
    plt.axis("off")
    plt.title(digits.target[i])
    plt.imshow(digits.images[i], cmap = "Blues")
plt.show()
```

실습해보기 27-1

위의 프로그램에서 테스트 데이터를 15%로 줄이고 첫 50개를 출력하도록 수정해 보자.

png 형식의 이미지를 받아서 넘파이 숫자 배열로 변환한다. 비교하려는 이미지 데이터 셋에 맞게 크기와 색의 농도를 맞춰준다. 원래 이미지는 0부터 255까지의 값으로 되어 있기 때문에 이를 0부터 16까지의 값으로 변환한다.

```
def conv_image_to_data(filename):
    blackImage = Image.open(filename).convert('L') #gray scale로 변환
    blackImage = blackImage.resize((8,8))
    digitImage = np.asarray(blackImage,dtype = float)

    digitImage = 16* np.divide(blackImage, 256)   # 0부터 16까지로 변환
    digitImage = np.floor(16-digitImage)
    digitImage = digitImage.flatten()

    plt.imshow(blackImage, cmap = "Blues")
    plt.show()
    print(digitImage)

    return digitImage
```

실습해보기 27-2

원래 이미지를 0부터 32까지의 값으로 변환하도록 수정해 보자.

아래 프로그램은 학습 모델을 이용하여 학습하는 부분이다. 테스트 데이터를 이용하여 예측 정확도가 얼마인지를 확인한다. 그런 다음에 자신이 쓴 숫자 이미지가 어떤 숫자 인지를 인식하도록 한다.

```
learning_model = sklearn.svm.SVC(gamma = 0.001)        # 학습 모델 설정

learning_model.fit(x_train, y_train)                   # 학습을 시킴
score = learning_model.score(x_test, y_test)
print("score = ", score)

data = conv_image_to_data("digit-thick-7.png")

n = learning_model.predict([data])                     # 학습을 바탕으로 예측함
print("예측 숫자는?", n)
```

Q 묻고 답하기

문 숫자 인식이 틀리는 경우도 있는가?

답
있을 수 있다. 틀린 경우 숫자 이미지를 좀 더 인식하기 쉽도록 다시 숫자를 만들어 본다.

전체 프로그램은 다음과 같다. 1~6번째 줄은 머신 러닝을 위한 sklearn 라이브러리, 행렬 처리를 위한 numpy 라이브러리, 그리고 시각적 표현을 위한 matplotlib 라이브러리를 가져온다. 8번째 줄은 숫자 데이터 셋을 가져온다. 9번째 줄은 데이터 셋을 훈련용과 테스트용으로 분리한다. 13~18번째 줄은 데이터 셋 중에서 처음 30개 숫자 이미지를 시각적으로 보여준다. 20~33번째 줄은 숫자 이미지 파일을 가져와서 sklearn에 들어있는 데이터 셋 형식으로 변환한다. 35번째 줄은 학습 모델을 지정한다. 37번째 줄은 학습 모델을 이용하여 학습한다. 38번째 줄은 테스트용 데이터 셋을 이용하여 테스트를 하고 정확도가 얼마인지를 구한다. 41~43번째 줄은 숫자 이미지 파일을 가져와서 변환한 후 학습 모델을 이용하여 예측을 해 본다. 아래 프로그램의 이미지 숫자가 7인데 실제로 학습 모델을 예측한 결과도 숫자 7임을 알 수 있다.

```
01    import sklearn.datasets
02    import matplotlib.pyplot as plt
03    import sklearn.svm
04    from PIL import Image
05    import numpy as np
06    from sklearn.model_selection import train_test_split
07
08    digits = sklearn.datasets.load_digits()
09    x_train, x_test, y_train, y_test = train_test_split(digits.data,
                \ digits.target, test_size = 0.25, random_state = 0)
                    # random_state 값을 0으로 지정하면 항상 동일한 형태로 분리
10
11    for i in range(30):
12        plt.subplot(3, 10, i + 1)
13        plt.axis("off")
14        plt.title(digits.target[i])
15        plt.imshow(digits.images[i], cmap = "Blues")
16    plt.show()
17
18    def conv_image_to_data(filename):
19        blackImage = Image.open(filename).convert('L') # gray scale로 변환
20        blackImage = blackImage.resize((8,8))
21        digitImage = np.asarray(blackImage, dtype = float)
22
23        digitImage = 16* np.divide(blackImage, 256)
24        digitImage = np.floor(16-digitImage)
25        digitImage = digitImage.flatten()
26
27        plt.imshow(blackImage, cmap = "Blues")
28        plt.show()
29        print(digitImage)
30
31        return digitImage
32
33    learning_model = sklearn.svm.SVC(gamma = 0.001)    # 학습 모델 지정
34
35    learning_model.fit(x_train, y_train)              # 모델을 학습시킴
36    score = learning_model.score(x_test, y_test)      # 학습 결과
37    print("score = ", score)
38
39    data = conv_image_to_data("digit-thick-7.png")
```

```
40
41   n = learning_model.predict([data])              # 예측을 함
42   print("예측 숫자는?", n)
```

테스트와 디버깅 CT

입력 값 / 출력 결과	확인 및 유의사항

예측정확도 = 0.9955555555555555
 	
``[[255. 255. 255. 255. 255. 255. 255. 255.]
 [255. 255.   0.   0.   0.   0. 255. 255.]
 [255. 255.   0. 255. 255.   0. 255. 255.]
 [255. 255. 255. 255.   0. 255. 255. 255.]
 [255. 255. 255. 255.   0. 255. 255. 255.]
 [255. 255. 255.   0. 255. 255. 255. 255.]
 [255. 255. 255.   0. 255. 255. 255. 255.]
 [255. 255. 255. 255. 255. 255. 255. 255.]]```
 	
``[[0. 0. 0. 0. 0. 0. 0. 0.]
 [0. 0. 16. 16. 16. 16. 0. 0.]
 [0. 0. 16. 0. 0. 16. 0. 0.]
 [0. 0. 0. 0. 16. 0. 0. 0.]
 [0. 0. 0. 0. 16. 0. 0. 0.]
 [0. 0. 0. 16. 0. 0. 0. 0.]
 [0. 0. 0. 16. 0. 0. 0. 0.]
 [0. 0. 0. 0. 0. 0. 0. 0.]]```
 	
예측 숫자는? [7]
	■ 예상된 테스트 결과인지 확인한다.
	■ 숫자 인식이 틀린 경우 변환된 숫자 이미지를 보완한다.

심화 활동 CT

Keras를 이용하여 숫자 인식 프로그램을 작성해 보자. 단, 2개의 레이어로 구성된 딥러닝 모델을 사용한다.

실습해보기 문제 해답

실습해보기 27-1

```python
import sklearn.datasets
import matplotlib.pyplot as plt
import sklearn.svm
from PIL import Image
import numpy as np
from sklearn.model_selection import train_test_split

digits = sklearn.datasets.load_digits()
x_train, x_test, y_train, y_test = train_test_split(digits.data,
digits.target, test_size = 0.15, random_state = 0)

for i in range(50):
    plt.subplot(5, 10, i + 1)
    plt.axis("off")
    plt.title(digits.target[i])
    plt.imshow(digits.images[i], cmap = "Blues")
plt.show()
```

실습해보기 27-2

```python
def conv_image_to_data(filename):
    blackImage = Image.open(filename).convert('L') #gray scale로 변환
    blackImage = blackImage.resize((8,8))
    digitImage = np.asarray(blackImage, dtype = float)

    digitImage = 32* np.divide(blackImage, 256)
    digitImage = np.floor(32-digitImage)
    digitImage = digitImage.flatten()

    plt.imshow(blackImage, cmap = "Blues")
    plt.show()
    print(digitImage)

    return digitImage
```

SUMMARY

1. Scikit-learn은 머신 러닝 프레임워크를 제공한다.

2. Scikit-learn은 필기체로 쓴 숫자 이미지 데이터 셋을 가지고 있다. 각 이미지 데이터 셋은 8x8 크기이며 0부터 16까지의 값과 각 이미지는 숫자 라벨을 가지고 있다.

3. matplotlib에서 이미지를 보여주는 메소드는 imshow()이다.

4. Scikit-learn에서 데이터 셋을 훈련용과 테스트 용으로 나누는 함수는 train_test_split()이다.

5. 머신 러닝 분류 학습 모델은 다양한데 그 중의 하나로 svm 학습 모델이 있다.

6. 내가 쓴 숫자를 인식하기 위해서는 png 파일로 만든 후 Scikit-learn의 숫자 이미지 데이터와 동일한 형태로 변환해야 한다.

7. Keras를 이용하여 숫자 인식을 하기 위해서는 Keras의 데이터 셋 중에서 mnist를 import 해야 한다.

8. Keras에서 딥러닝 모델을 구축하기 위해서는 add() 메소드를 사용하여 층(레이어)를 구성한다.

9. Keras에서 숫자 이미지 학습은 fit() 함수를 이용해서 한다.

연 습 문 제

1. 다음 빈 칸을 채워보자. `난이도 ★`

   (1) Scikit-learn에서 필기체로 쓴 숫자 각 이미지 데이터는 (　　　) 크기이다.

   (2) matplotlib에서 이미지를 보여주는 메소드는 (　　　) 이다.

   (3) 머신 러닝에서 학습을 위해서는 훈련용 데이터와 (　　　)가 있어야 한다.

2. 다음 내용이 맞는 지 틀린 지 O / X로 표시해 보자. `난이도 ★`

   (1) 학습용 데이터보다는 테스트용 데이터가 더 커야 한다.　　　　　　(　)

   (2) svm은 회귀 분석 모델이다.　　　　　　　　　　　　　　　　(　)

   (3) Keras에서 add() 메소드를 사용하여 원하는 다양한 딥러닝 레이어를 구성할
       수 있다.　　　　　　　　　　　　　　　　　　　　　　　　(　)

3. 다음은 Scikit-learn으로 구현한 숫자 인식 프로그램이다. ㉮, ㉯, ㉰를 채워 보자.
   `난이도 ★★`

```
import sklearn.datasets
import matplotlib.pyplot as plt
import sklearn.svm
from PIL import Image
import numpy as np
from sklearn.model_selection import train_test_split

digits = sklearn.datasets.load_digits()
x_train, x_test, y_train, y_test = ㉮_____(digits.data, digits.target,
test_size = 0.25, random_state = 0)  #random_state 값을 지정하면 항상 동일한
형태로 분리

for i in range(30):
    plt.subplot(3, 10, i + 1)
    plt.axis("off")
    plt.title(digits.target[i])
    plt.imshow(digits.images[i], cmap = "Blues")
```

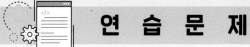

```
plt.show()

def conv_image_to_data(filename):
    blackImage = Image.open(filename).convert('L')        # gray scale로 변환
    blackImage = blackImage.resize((8,8))
    digitImage = np.asarray(blackImage, dtype = float)

    digitImage = 16* np.divide(blackImage, 256)
    digitImage = np.floor(16-digitImage)
    digitImage = digitImage.flatten()

    plt.imshow(blackImage, cmap = "Blues")
    plt.show()
    print(digitImage)

    return digitImage

learning_model = sklearn.svm.SVC(gamma = 0.001)

㉯_____(x_train, y_train)
score = learning_model.score(x_test, y_test)
print("score = ", score)

data = conv_image_to_data("digit-thick-7.png")

n = ㉰_____([data])
print("예측 숫자는?", n)
```

1. 인터넷에서 나이와 키의 관계를 조사하여 10세부터 20세까지를 그래프로 그려보자.
    난이도 ★

    (1) 남자에 대해서 그려보자.

    (2) 여자에 대해서 그려보자.

    (3) 두 그래프를 함께 그려보자.

2. matplotlib를 이용하여 다음과 같은 그래프를 그려보자. 난이도 ★

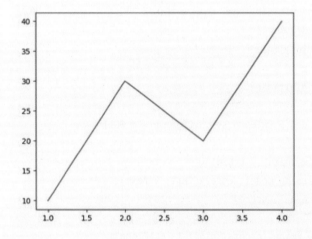

3. matplotlib를 이용하여 다음과 같은 그래프를 그려보자. 난이도 ★

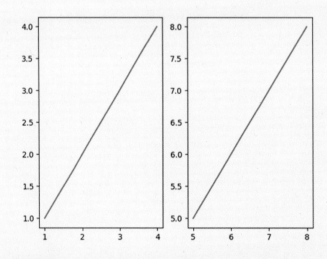

4. matplotlib 라이브러리를 이용하여 다음 그래프를 그리는 프로그램을 작성해 보자.
난이도 ★

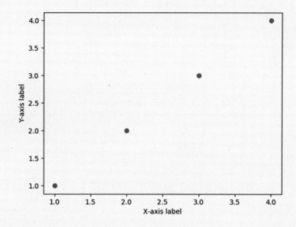

5. numpy를 이용하여 0으로 초기화된 2x3 행렬을 만들어 보자. 또한, 행렬에 20을 더하는 연산을 수행해 보자. 난이도 ★★

6. 다음 표의 데이터가 저장된 DataFrame 객체를 생성·활용해 배서준 학생의 기말고사 점수와 이미영 학생의 과제2 점수를 출력하는 프로그램을 작성해 보자. 난이도 ★★

	과제1	중간고사	기말고사	과제2
김준희	70	60	75	80
배서준	80	70	85	90
이미영	60	80	90	70

7. Keras 딥 러닝 모델을 이용하여 다음 표에 주어진 OR 연산을 학습시킨 후 이를 예측하는 프로그램을 작성해 보자. 난이도 ★★★

A B	Y
0 0	0
0 1	1
1 0	1
1 1	1

8. 원의 반지름이 2인 원과 한변의 길이가 4인 정사각형의 면적 비율이 얼마인지를 몬테카를로 시뮬레이션을 이용하여 구해 보자. 단, 시뮬레이션 횟수는 10,000으로 한다. 난이도 ★★★

9. 27장 심화활동 문제에서 epoch 값과 batch_size 값 변경에 따른 예측 정확율이 어떻게 변하는지를 심화활동 문제의 프로그램을 수정하여 알아보자. 난이도 ★★

INDEX

__init__(self)   233

A

abstraction   028, 045
add_patch() 메소드   460
algorithm   008, 031
analog data   011
artificial language   059

B

bar() 함수   415
Beep()   183
bool type   081
break 문   193
built-in class   069
built-in function   072
built-in type   069

C

call   033, 071
callee   071
caller   071
class   066
clause   079
compiler   064
compound statement   071
computational thinking   003, 015
computer   008

computing   003
concept   065
correctness   034

D

data   011
data attribute   066
DataFrame 객체   430
DataFrame 클래스   431
debugging   063
declarative programming language   059
decomposition   025
dictionary type   081, 103
digital data   011

E

effectiveness   034
efficiency   035
Ellipsis   308
else 절   182
execution flow   033
expression   070
extension   066

F

finally 절   238
finiteness   034
float type   081

format() 함수   133

for 문   117, 183, 310

function   071

G

generality   035

Geometry Manager   336

get() 메소드   286

global variable   072

global 키워드   221

GPU   325, 429

H

high level language   062

I

identifier   072

if 문   193

immutable object   080

imperative programming language   059

import 문   077

imshow() 메소드   471

indentation level   079

index   081

information   011

inheritance   068

input   032, 034

instance object   066

intension   066

interpreter   064

int type   081

isdigit()   134

iteration   033

iteration statement   071

K

Keras   412, 434

keyword   072

L

library   078

LinearRegression   428

list type   081, 102

list() 함수   102

literal   069

local variable   073

low level language   062

M

machine language   062

map() 함수   224

matplotlib   412, 413

meta-knowledge   048

method   066, 228

mnist   435

module   077

Monte Carlo   459
mutable object   080

N
name   065
natural language   058
None 객체   308
not in   308
numeric type   081
numpy   412, 421
numpy.arange( )   421

O
object   065
object oriented programming
       language   069
operation   011, 032, 070
operator   070
output   032, 034

P
package   078
pandas   412
paradigm   040
parameter   071
pattern recognition   027
plot() 함수   414
PPI(pixles per inch)   328

primitive type   069
problem   022, 023
problem instance   023
problem solving   022
processor   060
program   009, 059
programmable computer   009
programming   009
programming language   058
programming language translator   062

R
range() 함수   118
readability   035
readline() 함수   344
reference   070
reshape() 함수   422
return   214
return value   071

S
scatter() 메소드   461
scatter() 함수   420
Scikit-learn   412, 429
selection   033
selection statement   071
semantic error   063
sequence   033
sequence type   081

sequential execution	071
Series 객체	430
set_aspect() 메소드	460
set type	081, 104
set() 메소드	286
shuffle()	307
sklearn.datasets.load_digits()	471
sleep()	183
slicing	101
split()	192
statement	070
strftime()	181
string type	081
subclass	068
subplot() 함수	416
suite	079
super class	068
svm	430
syntax error	063
system	060

T

Tcl/Tk 언어	334
time()	157
time 모듈	181, 183
Tkinter 모듈	334
token	078
train_test_split()	471
try 문	237
tuple type	081, 105

Turtle 그래픽 모듈	325

U

unambiguity	034
user-defined function	072
user-defined type	069

V

variable	069

W

web address	046
web browser	046
web server	046
while 문	117, 193
widget	334
winsound 모듈	183

ㄱ

가독성	035
가변 객체	080
가장 적은 빈도수 값 구하는 함수	262
가장 큰 빈도수 값 구하는 함수	262
감성분석	408
개념	065
개념의 계층 구조	068
개념화	065

객체	065, 228
객체 지향 프로그래밍	228
객체 지향 프로그래밍 언어	068
결합도	208
경사하강법	425
고급 언어	062
구조적 프로그래밍	112
군집화	408
그래픽 사용자 인터페이스	325
기계어	062

ㄴ

내장 클래스	069
내장 함수	072
내장형	069
내포	066

ㄷ

데이터	011
데이터베이스	407
데이터 속성	066
데이터 형	069
들여쓰기 수준	079
디버깅	063
디지털 데이터	011
딕셔너리 객체	307
딕셔너리형	081, 103
딥러닝	410, 412

ㄹ

라이브러리	078
레퍼런스	070
리스트형	081, 102
리터럴	069
리턴 값	071

ㅁ

막대그래프	446
매트플롯리브	412
머신러닝	408, 410
메소드	066, 228
메타지식	048
명령식 프로그래밍 언어	059
명확성	034
모듈	077
모듈 random	307
몬테카를로 시뮬레이션	459
문법 오류	063
문자열형	081
문장	070
문장 묶음	079
문제	022, 023
문제 분해	025
문제 사례	023
문제 해결	023
문제해결	022
미세먼지	444

ㅂ

바 차트	413
반복	033
반복문	071
반환 값	071
변수	069
복합문	071
부울형	081
분류	408
불변 객체	080
비트맵 이미지	328
빅데이터	407

ㅅ

사용자 정의 클래스	069
사용자 정의 함수	072
사용자 정의형	069
상속	068
상위 개념	030
상위 클래스	068
상태 속성	066
서포트 벡터 머신	430
선 그래프	413
선언식 프로그래밍 언어	059
선택	033
선택문	071
수치형	081
수행	032
순차	033
순차 수행	071

순차탐색	144
숫자 이미지	471
숫자 패턴	247
슬라이싱	101
시스템	060
시스템 소프트웨어	060
시퀀스형	081
식	070
식별자	072
실수형	081
실효성	034

ㅇ

아날로그 데이터	011
알고리즘	008, 031
알파고	412
앨런 튜링	410
연산	011, 032, 070
연산자	070
연산자의 우선순위	111
예측 정확도	473
외연	066
웹브라우저	046
웹서버	046
웹 서비스	045
웹 주소	046
위젯	334
유한성	034
응용 소프트웨어	060
응집도	208

의미 오류   063
이름   065
이벤트 기반의 GUI   335
이진 탐색   144
인공 언어   059
인공지능   410
인공지능 바둑 프로그램인 알파고   459
인덱스   081
인스턴스 객체   066
인자   071
인자 전달   213
인터프리터   064
일반성   035
입력   032, 034
입출력장치   060

ㅈ
자동화   031
자연 언어   058
재귀함수   222
저급 언어   062
전역 변수   072
절   079
정보   011
정수형   081
정확성   034
주기억장치   060
주석문   122
중앙처리장치   060
지역 변수   073

집합 객체   307
집합형   081, 104

ㅊ
참조 범위   072
처리기   060
초미세먼지   444
추상 개념   029
추상화   028, 045
추상화의 수준   029, 030
출력   032, 034

ㅋ
컴파일러   064
컴퓨팅   003
컴퓨팅 사고   003, 015, 043
케라스   412
클래스   066, 228
클래스의 계층 구조   068
키워드   072

ㅌ
탐색   143
테스트용 데이터   471
텐서 플로우   435
토큰   078
투플형   081, 105
튜링 테스트   410

ㅍ

파이썬 언어의 키워드	098
판다스	412
패러다임	040
패키지	078
패턴 인식	027
프로그래머	017
프로그래밍	009, 058
프로그래밍 가능한 컴퓨터	009
프로그래밍 언어	058
프로그래밍 언어 번역기	062
프로그램	009, 059
피호출자	071
픽셀	327
필기체 숫자	412

ㅎ

하위 개념	030
하위 클래스	068
하이퍼텍스트	045
학생 클래스	284
한글 폰트	418
함수	071, 208
함수 dict()	103

행동 속성	066
호출	033
호출자	071
회귀분석	408
효율성	035
훈련용 데이터	471
흐름	033
히스토그램	413